中国人民大学劳动人事学院组编

教育部经济管理类主干课程教材

人力资源管理系列

Organizational Behavior

组织行为学

（第2版）

徐世勇 主编
孙健敏 主审

中国人民大学出版社
· 北京 ·

教育部经济管理类主干课程教材·人力资源管理系列

编 委 会

第2版前言

《组织行为学》出版三年多以来，心中一直忐忑不安，不知道能否得到同行和相关专业学生的认可。当前段时间中国人民大学出版社的熊鲜菊编辑约我修订本教材时，心中的一块石头总算落了地。

上一版的主要特点在其前言中有概括：第一，注重基本概念和基本理论的讲解；第二，语言表述尽量通俗易懂，少用学术语言；第三，每章的引例均是针对缺少工作经验的高校学生而设计的；第四，为了帮助学生顺利地进行知识迁移，将章末案例设计为发生在工作场所的事情；第五，尽量避免使用国外背景的案例。

本书的目标是写一本中国化的组织行为学教材。为了接近这一目标，与上一版相比，第二版有3个改进：第一，文字表述更加具有可读性，并增加了“读一读”等内容；第二，增加了一些对中国学者的介绍和研究成果，使学生更加了解组织行为学在中国的发展；第三，在每章增加了管理游戏、自测等内容，便于教师教学和学生参与性学习，这算是比较大的改动。

在第二版的成书过程中，我的三位学生做了很多工作。具体分工如下：袁超慧负责第4，7，8，9章的修改初稿，范香香负责第2，5，6章的修改初稿，张炜负责第3，11章的修改初稿。徐世勇负责第1，10，12章的修改初稿，并负责全书的修改、文字润色和定稿等工作。

本书第二版依然要感谢我的同事，他们是孙健敏教授、周文霞教授、李超平博士、王青博士等，感谢你们多年来对我工作的帮助和支持！同时，也要感谢中国人民大学出版社工商管理分社的诸位编辑，没有她们的辛勤工作，本书第二版也不能如此顺利地与读者见面。

由于个人水平所限，书中必有许多不足与疏漏之处，恳请广大读者批评指正！

徐世勇

第1版前言

第二次世界大战结束后，全球进入了以和平发展为主题的时期，国家之间的竞争已经由单纯军事力量的竞争转为包括军事实力、经济实力和文化软实力等多个领域的竞争。经济全球化、一体化的深入发展，使得企业与企业之间的竞争日趋白热化。按照管理大师德鲁克的观点，当代企业之间的竞争最终会体现为人才的竞争。“企”如果无人，则“止”。一个企业能否正常运转，甚至蓬勃发展，最终靠的是企业中人的智慧和勤奋，因此，了解人的特征与行为就成为企业生存与发展的必然需要。

组织行为学是在最近几十年成长起来的一门学科。由于它对人性与人的行为特别关注，自出现伊始就受到了管理领域相关学者的高度重视。每年发表在学术期刊上的相关文章不胜枚举，内容涵盖了员工人格、行为与绩效、激励、组织中的沟通、领导行为、工作压力、组织变革与组织文化等诸多领域。奋战在实践前沿的组织管理者也在深入体会人性的基础上不断探索和提出适合本组织的人事管理制度和管理方式，从GE公司的“末位淘汰”到海底捞的“把员工当作家里人”，无不体现了企业家对人性的深入思考。

有很多人认为东西方员工在人性和行为方面迥异。不过，从市面上众多的组织行为学教材来看，国内的大部分教材还没有跳出西方的研究框架和理论，其中以中国员工为研究对象的教材更是凤毛麟角。其中的原因很复杂，我们可以说是中国学者的研究积累还不够，难以取代西方研究成果在教材中的位置，也可以说西方管理理论已经“够用”来概括东西方人的心理和行为，还可以说，东西方员工在心理和行为方面根本就没有差异，因此也不必提出新的理论……无论何种原因，总之就是现在的结果——我们这本教材也难以跳出这一窠臼。

按照中国的传统观念，作为传道者尽管讲就可以，学生听不懂是学生自己的问题，在某种意义上还衬托出了传道者的高明。现代的社会变了，教师不但要传递正确的知识，而且要正确地传递知识，在十来年的教学中，我深深体会到了这一点，因此，当中国人民大学出版社找我谈，要写一本通俗易懂一点儿的组织行为学教材时，马上就引起了我尝试一下的兴趣。懂得一点儿教育心理学的人都知道，学习知识除去学习者的聪明与勤奋之外，还在于知识的呈现方式与学习者现有的知识体系、人生经验是否对接。对接了，则学习者很容易学习到相应的知识；如果不对接，学习者很难理解知识传播者的意图。对于组织行为学等应用学科而言，更是如此。基于这样一个想法，我们在编写本书时注意了以下几点：第一，注重基本概念和基本理论的澄清与讲解，较少涉及仍然处于学术争论中的内容；第二，在不影响知识准确性的前提下，语言表述尽量通俗易懂，少用学术语言；第三，每章的引例均采用发生在学校中或者一般传媒中报道的事例，帮助学习者将课本知识与身边事例建立联系，正文中所举事例也是针对缺少工作经验的在校学生设计的；第四，为了帮助学生将校园经验和人生经验向工作场所转移，我们将章末案例设计为发生在工作场所的事情；第五，为了便于理解，所选事例多采用发生在中国文化背景下的事情，尽量避免使用国外企业的案例。一言以蔽之，我们的目标是写一本更中国化的组织行为学教材。从最终的写作效果来看，本书离这个目标还着实很远。

本书是团队合作的结晶。我的几位学生在前期做了很多工作。具体分工如下：王舒整理了第 1、2 章的初稿，张雨嫣整理了第 3、4 章的初稿，徐世勇整理了第 5、6 章的初稿，李晨旸整理了第 7、8 章的初稿，秦小妹整理了第 9、10 章的初稿，张玉清整理了第 11、12 章的初稿。张玉清还帮助整理了全书的学习目标、章末思考题等内容。徐世勇负责全书的修改、文字润色和定稿等工作。

本书的完成与许多师长和朋友的帮助密不可分，特别是拜读本学院孙健敏教授、周文霞教授的相关著作让我受益匪浅，与李超平博士、王青博士和刘颖博士的讨论让我收获颇多，感谢你们多年来对我工作的帮助和支持。本书参考和引用了许多文献和宝贵资料，其中有很多来自于笔者熟识和尊敬的师长的工作，在此向他们表示诚挚的谢意。我博士毕业马上就要 10 年了，读书期间几位志同道合的同学组织了“心力达”学习小组，目前这个小组依然活跃，小组成员的每次相聚与讨论都让我的内心充满了收获的充实感。本书的内容也受到了这些朋友的影响，他们分别是北京师范大学的张西超博士、宋振韶博士，北京理工大学的张建卫博士，远在美国工作的郑先隽博士。同时，更要感谢中国人民大学出版社工商管理分社的诸位编辑，没有她们的辛勤工作，本书也不能如此顺利地与读者见面。本书得到了国家自然科学基金资助项目（70872104）支持，特此致谢！

由于个人水平所限，书中必有许多不足与疏漏之处，恳请广大读者批评指正！

徐世勇

序　言

尽管管理学在我国不像经济学那样吸引眼球，但由于实践中的管理问题不断出现，越来越多的人对管理学产生了兴趣，而管理学中的核心课程组织行为学也开始流行起来。近年来，国内出版了各种不同的组织行为学的教材以及著作，这些出版物为普及行为科学和管理学知识发挥了重要的作用。

作为教材，首先要明确所针对的读者群，是本科生，还是研究生？读者对象不同，教材的内容和范围的取舍以及表述的方式等方面都应该有所区别，以体现培养目标的差异。纵观国内的组织行为学教材，从体例到内容，大多属于西方教材的翻版，尤其是内容的难度和范围，无法区分针对的读者群。常常出现的情况是，给本科生用的教材，到了研究生阶段还在用。除了人为因素，其中一个重要原因是教材本身缺乏区分度。本书的出版，在一定程度上弥补了这个不足。

这是一本针对普通院校本科生的教材。在编写过程中，作者结合自己的教学和研究经验，针对我国的本科生大多缺乏实际工作经验、对组织和组织管理的很多现象缺乏感性认识等特点进行了编写。一是采用了直接对话式的表达方式，不仅提高了本书的可读性，而且易于理解；二是采用了很多与大学生学习和生活相关的案例，增加了书本内容与学生的关联度；三是在侧重基本知识介绍的同时，吸收了一些前沿的研究成果，为学生深入学习做了铺垫；四是书中穿插了形式多样的“视窗”和“读一读”栏目，有利于激发学生的学习兴趣，同时可以促进学生对基本概念和原理的应用。

本科生的教学重在基础，应该着重讲解基本概念、基本原理和基本技术。本科生教材的内容应该是本领域中经过科学研究已经成为定论的内容，而不应该是编写者个人的观点或一家之言，本书基本把握了这个原则。

本书作者徐世勇博士是我的同事，我们在工作中多有接触，也同时承担和参与了很多课题，还一起编写过其他教材，彼此都很熟悉。徐博士治学严谨，成果丰硕，教学效果好，很受学生欢迎。从这本教材中，能看出作者严谨的态度中也不乏风趣，在教材编写中体现了深入浅出的风格。我愿意将这本教材推荐给广大的本科生读者和老师们。

孙健敏

目录

第1章 概　论

管理是一种严肃的爱。

——西洛斯·梅考克

学习目标

1. 熟悉组织行为学的内涵与作用；
2. 了解组织行为学发展历程的各个阶段；
3. 理解组织行为学的学科基础；
4. 初步掌握组织行为学的研究方法。

开篇案例

管理的理论知识真的不重要吗

夏刚和王鹏刚从大学毕业，他俩在本科期间是同班同学，都是学管理专业的，目前，他俩又在同一家大型连锁餐饮企业的分店里找到了销售类的工作。

这个企业的销售需要销售员之间的配合，每个员工负责销售的不同环节，如果员工间的合作出现了出题，销售环节的衔接就会受到影响，从而危害整个销售。在头一个月里，夏刚感觉很不爽，他与一个同事因为性格不合发生了几次冲突，而王鹏与同事们相处的都很融洽，工作也干的风生水起。

你不禁会问，同一个学校、同一个专业毕业的两个人，为什么会有这么大的差距呢？

在大学读书期间，王鹏就认识到管理专业不仅需要实践历练，同时也需要理论学习。因此，王鹏在本科期间读了很多管理类的书籍，考试成绩优异；同时，他还担任校学生会部长，多次参与组织学校各种社团活动的工作，在寒暑假也积极参与社会实践活动。王鹏是个有心人，在活动中，他很注意把所学的概念和理论应用于学生工作中，这使他的管理能力得到了较大提升。

与王鹏的想法相反，夏刚却认为管理就是要靠实践，看很多书没有什么用。因此，夏刚在读书时参与了很多实践活动，包括学生社团工作、企业实习等，但是他完全不重视理论知识的学习，有时甚至为了参加社团活动而翘课。因此，夏刚的学习成绩较差，更谈不上把理论和实践结合到一起。

对于管理专业的学生来讲，组织行为学是一门以研究人为主的基础课程。在学习管理学和组织行为学的过程中，除了要在实践中积累经验，理论知识的积累也非常重要。有了扎实的理论功底，才能在工作中展示出发展潜力。

那么，组织行为学这门课中包含了哪些概念和理论呢？作为一名大学生如何把这些知识应用到实践中去呢？这正是本书要解决的问题。

我国古代的一位贤人叫荀子，他曾提出过这样一个问题：人的力气没有牛大，跑的没有马快，而牛马却为人所驱使，这是为什么呢？荀子的回答是：人是群居性的生物，他们可以联合成一个群体，因而力量大，而牛马却做不到这一点。①

现在的问题是：人们可以不需要什么努力就很自然地联合成一个高效率的群体吗？回答是否定的。历史上有很多组织（大至国家、政府，小到企业、学校，乃至一个班级），就是由于管理不善而分崩离析的。

通过对人类数千年文明史的回顾与研究，我们不难得到这样一个共识——管理无处不在。大到一个国家，小到一个机构，甚至一个人都需要进行管理。诸如举办奥运会、实现登月计划等大型活动，都需要有专门的人员和部门来进行人、财、物等多个方面的协调，不然的话，这个大型活动很快就会陷入一片混乱。在人、财、物的管理中，又以人的管理为最难。

组织行为学作为管理大家庭中的一个重要成员，主要研究的就是人，以及如何对人进行管理。通过这门课的学习，大家可以了解和掌握组织中人的很多行为规律，为今后在企业、政府等部门工作打下良好的理论基础。

在本章中，你将看到三个方面的内容：第一，学习组织行为学有什么用？包括它涉及哪些话题，这些话题对于促进社会进步、提升组织效率和员工福祉有什么帮助？第二，组织行为学的过去、现在和未来。包括组织行为学产生的社会环境是什么？组织行为学是在哪些更加基础的学科的支持下发展起来的？它在当今和可预见的未来面临哪些新的挑战？第三，俗语道，磨刀不误砍柴工，因此，在本章的最后一部分，我们将介绍组织行为学在回答本学科所面临的问题时所采用的具体研究方法。

第1节　组织行为学的内涵与作用

一、什么是组织行为学

组织行为学（organizational behavior，OB）作为管理学的一个重要分支，主

① “力不若牛，走不若马，而牛马为用，何也？曰：人能群，彼不能群也。”——《荀子·王制》

要是告诉我们组织环境中人的行为规律，特别关注在企业里员工的行为特点。国内外有很多学者都对组织行为学的定义提出了自己的观点，其中，斯蒂芬·P·罗宾斯编写的组织行为学教材影响较大，他认为，“组织行为学是一个研究领域，它研究个体、群体以及结构对组织内部行为的影响规律，以便应用这些知识来提高组织的效能”。我们将其作为本书对于组织行为学的定义。国内外其他学者的看法大家可以通过“读一读”来了解。

读一读

组织行为学的定义

当前对组织行为学的定义很多，我们对一些有影响力教材上的定义进行了整理，供大家参考。

● 国外学者对组织行为学的定义

斯蒂芬·P·罗宾斯认为，“组织行为学是一个研究领域，它研究个体、群体以及结构对组织内部行为的影响规律，以便应用这些知识来提高组织的效能”。

威廉·迪尔认为，“组织行为学是一门应用社会科学，研究工作组织中个人、团体和组织的行为问题”。

安德鲁·J·杜布林认为，“组织行为学是系统研究组织环境中所有成员的行为，以成员个人、群体、整个组织及其外部环境的相互作用所形成的行为作为研究对象的一门科学”。

乔·凯利对组织行为学的定义是：“组织行为学是对组织的性质进行系统的研究：组织是怎样产生、成长和发展的，它怎样对各个成员、对组成这些组织的群体、对其他组织以及更大些的机构发生作用。”

约翰·W·纽斯特罗姆的定义是：“组织行为学是一门研究人（个体和群体）在组织中的行为知识并加以应用的学科。它致力于寻找人的更有效的行为方式。”

● 国内学者对组织行为学的定义

徐联仓等人对组织行为学的定义是：“组织行为学是依据实证科学的分析方法，综合运用心理学、社会学、文化人类学、政治学等学科中的有关知识，系统地研究各种组织中人的心理和行为的科学。”

孙健敏、李原认为，组织行为学是“对组织中人的行为的系统研究”。

余凯成对组织行为学的定义是：“组织行为学是系统研究组织环境中人的行为表现及其规律的学科。”

张德提出的定义是：“研究组织中人的心理和行为表现及其规律，提高管理人员预测、引导和控制人的行为的能力，以实现组织既定目标的科学。”

陈国权对于组织行为学的定义是：“组织行为学是依据实证科学的研究方法，综合运用有关学科（包括心理学、社会学、文化人类学、政治学、工程学、信息和系统科学等）中的知识，系统地研究由人所形成的各种组织在个体、群体和组织层次上的行为，以达到组织所期望目标的学科。”

张兰霞提出的定义是："组织行为学是运用系统分析的方法，研究工作组织中人的心理和行为的规律，从而预测、引导和控制人的行为，以实现组织既定目标的科学。"

看了上面的"读一读"，你也许会认为，组织行为学有这么多定义，难以理解，更难以记忆。其实，稍加分析就会发现，尽管组织行为学的定义多种多样，但归纳起来主要包括三个方面的含义，明白了它们，你就掌握了组织行为学含义的精髓。这三个方面是：

第一，组织行为学是一门应用性很强的学科，它不像哲学、数学、物理等学科那样具有理论性和基础性。组织行为学的大多数观点是在社会学、心理学、系统科学、政治学等学科的基础上发展起来的。直白地讲，组织行为学是站在社会学、心理学和政治学等这些"巨人"的肩膀上才发展起来的。比如，"工作满意度"这个组织行为学中的概念就与社会心理学中"态度"这个概念有着千丝万缕的联系，我们可以直观地将工作满意度理解为员工对自己所从事的工作的满意程度（这个"满意程度"也就是"态度"）。

第二，组织行为学研究的是组织中人的心理和行为规律。在这里，"人"包括个体（一个人）、群体（一群人）和组织（由很多人群组成的机构）。同时，组织行为学关注特定组织内成员的心理和行为，如工厂里的工人、车间主任，商店里的店员和店长、学校里的教师和行政领导、政府里的公务员、军队里的士兵，以及医院里的医生和护士等。

第三，研究组织行为学的目的是要提高我们预测、引导和控制人的行为的能力，以达到组织既定的目标。组织行为学是应用性的学科，其根本目的是把研究所获得的知识应用到实际中去。因此，不论我们是研究个体行为、群体行为还是研究组织设计、管理伦理和工作压力，最终都要为管理工作服务。组织类型不同、所处环境不同、所处发展阶段不同，组织所需要解决的问题和要达到的目的也不相同。管理者学习和研究组织行为学的目的，就是要解决一个又一个特定的问题，实现不同情境下的组织目标。

二、组织行为学研究什么

组织行为学是一门系统地研究组织中人的行为和心理规律的学科，其中"组织行为"包含个体、群体和组织三个层次。

（一）个体行为

个体行为（behavior of individual）是指处于组织环境中的个人的所作所为。众所周知，一个人是带着自己的特点进入某个组织的，不同员工在年龄、性别、基本能力、人格特征、价值观和态度等方面都是不相同的。这些差别影响着员工在工作中的行为，这些特点又会随着员工在组织的长期工作和学习中得到发展或者改变，进而对员工的行为产生更大的影响。这就像在刚组成的一个班级里，每个同学的性格特点都不一样，但是随着时间的推移，很多同学的性格特点会受到班级中其他同学或者班规的影响而发生一些改变。

组织行为学研究个体层面的行为规律，目的在于对个体的行为进行引导和控制，激发个体的工作潜能，使之符合组织目标。其中具体的内容包括员工的气质、性格和能力对其工作效率的影响；员工的知觉、归因、工作态度、工作动力和价值观与其工作效率的关系等。

（二）群体行为

群体行为（behavior of group）是指由个体构成的群体作为一个整体表现出来的行为，包括群体中的人际互动行为（如沟通、谈判与冲突处理）、群体压力导致的从众行为等。组织中的人总是处在一定的关系之中，这些关系又表现为亲近或疏远的不同程度，并呈现为不同的群体。个体、群体、组织是一个不可分割的统一体。如果把组织看成一个系统，那么群体便是构成这个系统的子系统。要有效地达到管理目标，就必须研究群体心理与行为，包括群体心理的特征、群体的凝聚力、群体的合作与竞争、群体的冲突与沟通以及群体中的人际关系等。

（三）组织行为

组织行为（behavior of organization）是指由个体和群体构成的组织的整体所表现出来的行为，包括组织中的信息流动、组织决策、组织学习、组织发展、组织变革、组织文化和组织中的领导行为等。

三、组织行为学对企业和个人有什么用

管理两个人的小店和管理两万人的大型企业比起来，其难度差别之大不言而喻。因此，一般而言，组织中的人越多，管理工作就越复杂，尤其是在当今，随着组织系统日益复杂，管理思想在现代社会中发挥的作用自然也越来越重要。

组织行为学作为一门研究组织中个体、群体、组织的行为特点和规律的学科，能帮助人们更好地管理各个层次的行为，进而达到组织的目标。大致来讲，组织行为学在现代管理中发挥的作用主要体现在以下四个方面：

（一）开发员工的潜能

在古典管理时期，资金、技术、设备在生产中占据重要的地位，因此管理者把管理重心放在充分利用这些生产要素上，而忽略了劳动者这个因素对生产效率的重要影响，对人的研究不够重视。现代社会的资金存量、设备都较充足，企业之间的竞争主要是技术的竞争，而这种竞争的本质是人的竞争，因此，人的积极性与创造性就成为组织兴衰成败的关键。组织行为学考虑到了这种变化，它致力于了解员工的行为规范，激发人的积极性、主动性和创造性，从而帮助组织实现自己的

目标。

（二）提高员工的满意度和幸福感

一个浅显的道理是，世界上的一切事物都可以辩证来看待。在企业中，没有了雇员就不会存在雇主；同样地，没有了雇主，也就谈不上雇员。因此，组织在运行过程中，组织的所有者不仅要保证自己的目标实现，如不断提高组织绩效等，同时，也要为员工创造条件，使员工乐于在组织中工作。组织行为的一个重要作用是在关注如何提高员工工作绩效的同时，帮助组织提升员工的满意度和幸福感。

特别是在以“创新”和“人本”为主旋律的今天，关注员工的心理状态已经成为一个不可阻挡的大趋势。员工在组织中的人际关系与凝聚力不但对组织的生产效率具有重要的影响，也会对员工的身心健康产生重要的影响。通过对组织行为学的研究，可以更好地改善人际关系，增加员工的福祉。

（三）提高领导水平

大家都知道，人体是一个完整的机体，不论哪个器官出了问题，哪怕这个器官看上去不那么重要，都会让我们难受。例如，阑尾对人体来讲并不重要，但如果阑尾发炎的话，其难受程度会让人痛不欲生。

类似地，组织就像人的机体一样，也是一个完整的系统，组织的正常运行也需要各个方面很好地协调，而在组织协调中发挥决定性作用的就是组织的领导者。领导者的影响力与权威是领导决策得以实施的关键。组织行为学从领导者的影响力与领导者的行为角度研究了高效的领导所应具有的行为，为组织中的领导行为提供了借鉴。

另外，组织行为学的相关理论在改善领导者和被领导者的关系方面也发挥着积极作用。比如，组织中的员工是异质的，具有独特性，在组织中不同岗位的员工要具备不同的技能，充当不同的角色。通过组织行为学的研究可以更好地帮助管理者认识工作的性质及对人的要求，知人善任，使员工和岗位合理地匹配。

（四）组织变革和组织发展的推动力

每个人的一生都要经历出生、婴儿、幼儿、少年、青年、中年、老年和死亡的过程，这是自然规律，任何人都不能违背。类似地，任何一个组织通常也不会永远存在下去，也会随着社会环境的变化而发展、变化甚至消亡。

组织行为学的一个重要任务就是要研究组织在不同的阶段所遇到的主要问题，并提出相应的对策措施。这些研究可以使领导者更好地理解组织的生命与发展的动力，从而使组织能够更好地适应周围的环境。

第 2 节　组织行为学的过去、现在与未来

一、组织行为学在西方的发展历程

组织行为学的产生和发展过程，充分体现了“存在决定意识”的基本道理。在 18 世纪 60 年代西方的工业革命之后，西方的社会分工越来越细，几百人甚至上万人的大工厂开始大量出现。如何将这些人组织起来进行高效的大规模社会化生产，就成为摆在当时人们面前的一个难题。组织行为学就是在这样的大背景下，因应社会的需要而迅速发展起来的一门学科。

相对而言，我国的工业化进程要远远滞后于西方，在很长时间内没有发展组织行为研究的客观需要。因此可以这样说，现代的组织行为学是伴随着西方工业文明发展起来的。大致来看，组织行为学的发展过程可以分为以下几个阶段：

（一）古典管理阶段

英国在 18 世纪 60 年代（那时我国处于清朝的乾隆盛世时期）开始了第一次工业革命的进程。特别是在 1785 年，英国工程师瓦特改良的蒸汽机开始投入到生产中，这大大推动了机器的普及和发展。工业革命使得人类开始从手工业向机器大生产转变，整个社会的生产力获得了突飞猛进的发展。率先完成工业革命的英国，也因此很快成为世界上的“日不落帝国”。

到 19 世纪末 20 世纪初，机器大生产日益普及，人数众多的工厂开始大规模出现。为了实现对这些工厂的有效管理，管理开始真正形成一门科学。在这个时期，出现了两个理论流派——科学管理理论和经典组织理论。科学管理学派的最主要代表人物当推美国人泰勒。

泰勒认为管理的根本目的是谋求最高工作效率，而最高工作效率是雇主和雇员达到共同富裕的基础。在数十年的研究与实践中，泰勒提出了一整套科学管理的方法，如劳动定额、工时定额、工作流程图、计件工资制等。泰勒所倡导的科学管理方法用讲究效率、技术和方法的管理来代替凭个人经验办事的管理。例如，他主导进行的“铁锹试验”使得工作效率提高了 3 倍。由于泰勒所作出的卓越贡献，他被奉为科学管理的创始人，被后人誉为“科学管理之父”。

以泰勒为代表的一批管理研究者（如吉尔布雷斯夫妇）成功地运用精确调查研究和科学实验方法创造、发展了一系列提高劳动生产率的技术和方法，使管理理论研究走上了科学轨道，成为管理学产生的标志。泰勒及其同道所提出的管理理论称为科学管理理论。

除了以泰勒为代表的科学管理理论，同时代的一些学者还提出了经典组织理论。经典组织理论的代表人物包括德国学者马克斯·韦伯和法国学者亨利·法约尔等人。

韦伯被誉为“组织理论之父”，他在1910年提出的行政组织理论认为，行政组织具有如下特点：有明确的职权制度，等级森严；专业化强，分工明确；具有明确的规章制度；不受个人感情因素的影响；依据技术能力对员工进行选拔和晋升。法约尔在其1916年出版的《一般管理与工业管理》一书中，将管理的职能概括为计划、组织、指挥、协调、控制五个方面，并提出了劳动分工、权力与责任、纪律、统一指挥、统一领导、个别利益服从集体利益、报酬、集权化、等级制、秩序、公平、人员的稳定、主动性、集体精神等14条组织管理原则。该书比较完整地论述了经典组织理论的基本内容，书中提出的原则对后来组织结构和模式的发展有深刻的影响。

你可能会比较困惑，科学管理理论和经典组织理论有什么相同和不同的地方吗？

二者的不同之处在于：科学管理理论侧重于劳动管理，也就是对员工劳动效率的管理，而经典组织理论侧重于组织管理，也就是员工与员工之间、企业与企业之间的分工协作。

二者的相同之处在于：它们都假定人是理性和考虑经济的（理性人或经济人假设），都没有考虑组织中人的心理、个性与情感。科学管理理论过分重视机械的效率观念，不考虑员工的社会性本质，把工人的价值视同机器一样，完全忽视了工人的主观能动性和工人的理想、感情和尊严。类似地，经典组织理论所描述的组织具有“理性组织”的特点，强调稳定、严格、精确、有序，这与“人具有个性与情感”的基本事实存在严重冲突。因此，我们不妨说，在这个阶段现代意义上的组织行为的理念和思想还没有出现，但由于这两种理论存在的共同缺陷严重制约了组织的效率和员工福祉，因此组织行为的思想也就呼之欲出了。

视　窗

泰　勒

弗雷德里克·温斯洛·泰勒

弗雷德里克·温斯洛·泰勒（Frederick Winslow Taylor）出生于1856年（那时清政府与太平天国激战正酣），于1915年逝世。泰勒是美国著名的管理学家、经济学家，被后世称为“科学管理之父”，是管理思想发展史中最重要同时也是最富有争议性的人物。泰勒的研究影响了流水线生产方式的产生和人类的工业化进程。

泰勒出生于一个富有的律师家庭，后考入哈佛大学法律系，不久因眼疾辍学。此后有过许多的工作经历，先进入恩特普里斯水压工厂当模具工和机工学徒，后又转入米德维尔钢铁公司工作。泰勒从机械工人做起，历任车间管理员、小组长、工长、技师等职，他在该厂进行劳动时间和工作方法的研究，为以后创建科学管理理论奠定了基础。泰勒在米德维尔钢铁公司开始进行著名的“金属切削试验”，经过两年初步试验之后，给工人制定了一套工作量标准，米德维尔的试验是工时研究的开端。

泰勒于1893年开始独立从事工厂管理咨询工作。此后在多家公司进行科学管理的实验。在斯蒂尔公司，泰勒创立成本会计法。在西蒙德滚轧机公司，泰勒改革了滚珠轴承的检验程序。1898年，泰勒以顾问身份进入伯利恒钢铁公司，进行了著名的"搬运生铁块试验"和"铁锹试验"，搬运生铁块试验改进了操作方法，训练了工人，使生铁块的搬运量提高了3倍。泰勒对每一套动作的精确时间做了研究，从而得出了一个"一流工人"每天应该完成的工作量，这一研究结果非常杰出。

在后期，泰勒相继发表了《工场管理》、《论金属切削技术》、《制造业者为什么不喜欢大学生》、《商店管理》、《论成功之道》、《效率的福音》、《科学管理原理》等专著和论文。

泰勒一生致力于科学管理，他生前的研究受到曲解而使得推行研究结果举步维艰。为了排除人们的疑虑，泰勒不得不屡屡长途旅行，为其理论和方法进行说明和辩护。美国国会于1912年举行对泰勒制和其他工场管理制的听证会。在听证会上，泰勒捍卫了自己的观点。泰勒在听证会上作的精彩的证词，向公众宣传了科学管理的原理及其具体的方法、技术，成为他对科学管理原理所做的最好说明，引起了很大的轰动。

资料来源：根据百度百科（http：//baike. baidu. com/view/46040. htm）的资料整理而成。

（二）人际关系学派阶段

在这个阶段，有两个事件非常重要：一是《心理学与产业效率》（*Psychology and Industrial Efficiency*）的出版；二是由霍桑实验推动创立了人际关系学派。

在组织行为学的发展历史中，雨果·明斯特伯格（Hugo Munsterberg）的贡献不能不提。明斯特伯格出生在德国，到美国后在哈佛大学工作。他致力于将当时新产生的心理测验用于员工甄选，因此还受到了同事们的一些不解和轻视。1913年，雨果·明斯特伯格出版了其专著《心理学与产业效率》，这本书被认为是第一本工业与组织心理学（industrial and organizational psychology）的教材。在这本书中，明斯特伯格指出只有对人的行为进行科学的研究才能提出一般性的规律，并能鉴别出人与人之间的不同。

雨果·明斯特伯格

从1924年开始的八年里，美国哈佛大学心理学家梅奥等人在霍桑工厂进行了著名的霍桑实验，通过这个实验，梅奥等人创立了人际关系学派。在霍桑实验开始时，梅奥的初衷是试图找到通过改善生产条件和外部环境提高生产率的途径。他们为此进行了包括照明实验、福利实验、访谈实验和群体实验的一系列实验，但实验的结果出人意料。梅奥发现，无论工作条件（例如照明、温度、休息时间长短等）是否改善，实验组和非实验组的产量都在不断上升。这个在当时看来令人费解的结果表明，工作条件的改善不是决定产量的关键因素。因此，梅奥根据霍桑实验的观察结果得出以下结论：工人自身才是影响生产效率的根本原因，工人被团体所接受的融洽性和安全感在决定工作效率的因素中发挥最重要的作用，这比奖励性的工资作用更明显。

随着研究的深入，人际关系学派的成员提出了一些在当时看来是全新的观念：（1）人是社会中的人，因此人具有社会性。除了物质利益因素，影响人积极性的因素还包括社会的、心理的因素，如交往、友谊、归属感和尊严等。人的行为并不单纯出于追求金钱的动机，社会心理方面的需求是更为重要的。（2）除了工作方法和工作条件等物质因素外，生产效率的好坏还取决于工人的工作情绪，即员工在工作中感受到的肯定和满足感、员工的态度等。这强调新型的领导者应该注意倾听员工的意见，提高员工满意度。（3）除了正式组织对个体行为产生影响外，非正式组织，如由同乡组成的小团体，对个体行为也有不可忽视的作用，因此应该重视非正式组织对员工行为的影响。人际关系学派提出这些管理的新观念，客观上加深了人们对管理本质的认识。

梅奥

1949年在美国芝加哥大学一次跨学科的会议上，创立研究人的行为规律的综合性学科的构想被提出，并以“行为科学”来称谓这门综合性学科。行为科学涉及的内容比较广泛，包括政治行为、医学行为、教育行为等多个分支。20世纪60年代后，组织行为成为行为科学的一个重要发展方向，它主要涉及组织内的人和群体的行为，其特征是既注意人的行为，又注意组织的因素。组织行为学研究人的需要、动机、人格、情绪和思想等。由于人的行为表现是多方面的，因此组织行为学会涉及心理学、社会学、社会心理学、人类学和生理学等多个学科。

（三）人力资源学派阶段

20世纪50年代后期，美国经济出现了明显的衰退。人际关系学派只是片面地强调搞好员工氛围已经不能鼓励员工工作，这促使行为科学家重新探讨激励员工积极性的途径，此时心理学界对动机、需要、群体动力等研究趋于深化，这些客观因素催生了继人际关系学派之后的一个新学派——人力资源学派。

人力资源学派的核心思想是：企业中发生种种问题的根源在于未能发挥员工的潜力。这个学派的重要代表人物包括阿吉雷斯、麦格雷戈和马斯洛等人，他们都强调应该让员工承担更多的责任，发挥他们的潜力，满足员工的成就感，这样才能调动员工的积极性。

对这一学派有重大贡献的一位学者是心理学家马斯洛，他提出了“自我实现人”假设。马斯洛在他提出的需要层次理论中将人的需要分为生理需要、安全需要、爱与归属的需要、尊重的需要、自我实现的需要五个层次。“自我实现人”的假设认为，人具有内在的追求，管理者的任务主要是改善组织条件和工作方法，使人们更好地达到自己的目标。

另一位学者阿吉雷斯则主要从组织层面来分析影响员工发挥潜力的原因，认为传统的组织设计过于重视规章制度，使员工处处听命于上级，变得消极被动，既束缚了员工的创造性和积极性，又阻碍了个性的成熟和发展。在人力资源理论提出之前，人际关系学派主张管理者在物质福利方面改善与员工的关系，但始终未能让员工承担更多的责任，满足员工的成就感。阿吉雷斯主张企业管理者应当从组织制度上进行改革，鼓励员工多负责任，让他们有成长和成熟的机会，这样才能从根本上解决员工积极性的问题。

麦格雷戈提出人性假设对立的两种观点，即X理论和Y理论。X理论把人看成是厌恶工作、需要严格加以控制的消极因素；Y理论与X理论相反，认为人并不天生厌恶工作，人们在工作中能自我约束，在现代工业社会中，一般人没有充分发挥潜力。根据Y理论，现代组织的管理者应该让员工负更多的责任，更好地发挥人的因素的作用。

（四）权变理论阶段

在西方管理思想史中，对人进行管理的认识是不断发展的，在权变理论出现之前，管理学者都认为，一切管理问题都存在一个最优的方案。后来，学者们渐渐认识到，这个思路对于解释管理实践中的问题没有什么帮助。在20世纪60年代末，在人力资源学派成长的过程中，权变理论逐渐进入管理领域。通俗来讲，权变理论的学者认为，没有最好的管理方式，只有最合适的管理方式。

具体来讲，权变理论认为管理的对象和环境是变化多端的，因此，简单化的、普遍适用的方案并不存在，必须按照对象和情境的具体情况来选择具体的对策。在权变思想的基础上，组织行为学认为遵循权变理论并不等于没有理论，而是告诉人怎样从错综复杂的情境中寻找关键变量，然后找出变量与变量之间的因果关系，从而针对一定的情境，使用一定的对策。

目前组织行为学的理论和方法，虽然倾向于人力资源学派，但是也受到权变理论的重要影响。例如，近十余年来对领导行为、激励方式、组织设计、工作再设计等的研究，都是在权变思想的影响下进行的，我们会在后面的章节中详细介绍这些内容。

组织行为学在西方的发展历程见表1—1。

表1—1　组织行为学在西方的发展历程

阶段	开始的大致时间	形成的核心思想	代表性人物
古典管理阶段	20世纪初	（1）人是理性和考虑经济的。 （2）组织是具有理性的。	泰勒、法约尔、韦伯
人际关系学派阶段	20世纪20年代	（1）人具有社会性。人的行为并不单纯出于追求金钱的动机，社会心理方面的需求更为重要。 （2）应该重视非正式组织对员工行为的影响。	雨果·明斯特伯格、梅奥

续前表

阶段	开始的大致时间	形成的核心思想	代表性人物
人力资源学派阶段	20世纪50年代后期	企业中发生种种问题的根源在于未能发挥员工的潜力。应该让员工承担更多的责任，发挥他们的潜力，满足员工的成就感。	阿吉雷斯、麦格雷戈、马斯洛
权变理论阶段	20世纪60年代末	管理的对象和环境是变化多端的，简单化的、普遍适用的方案并不存在。必须按照对象和情境的具体情况来选择具体的对策。	

二、组织行为学在中国

从汉代开始我国经济发展水平在世界上就占有一席之地，但是由于封建社会“重农轻商”的思想和传统，中国的经济形式一直以小农经济为主，封建统治者对商品经济的压制，使得商业在我国没有得到应有的发展。中国古代有士、农、工、商的说法，从这个排序中也可以看出商人和商品经济在当时的地位。

在小农经济形态下，往往是一个大家长带领几个家庭成员在农田里劳动。显而易见，这样的人员规模根本就不需要什么复杂的管理。如前文所述，商品经济导致的大规模生产才会刺激出对管理的需要。因此，在漫长的封建社会中，商品经济发展的滞后直接阻碍了管理思想在我国的萌芽，我国的管理主要是作为政治统治的附庸而存在。中国古代的统治者没有把人作为劳动者来研究，在很大程度上忽视了劳动者在劳动过程中的主观能动性。

视　窗

我国工业心理学创始人陈立

陈立

陈立（1902—2004），字卓如，湖南平江人，我国工业心理学的创始人。1928年陈立毕业于上海沪江大学，1930年留学英国，师从著名心理学家斯皮尔曼教授，1933年获得英国伦敦大学理科心理学博士学位，1935年回国任职。

陈立是我国最早从事工业心理学研究的著名工业心理学家，他在1935年出版的《工业心理学概观》是我国最早的一部工业心理学专著。他曾在清华大学筹建疲劳研究实验室，在北京、上海、江苏等地的工厂调查劳动环境对生产的影响，并设计了一套纺织工操作测验。陈立还在杭州开展对事故分析、细砂工培训、操作分析、工艺流程、视觉疲劳等方面的研究，发表了《细砂工培训中的几个心理学问题》（1956）等论文。

陈立还积极从事工业心理学的教学工作，培养了一批工业心理学的专业人才。陈立相关的主要著作有《管理心理学》（主编，1982）、《陈立心理学科学论著选》（1993）等。

资料来源：根据百度百科（http：//baike. baidu. com）的资料整理而成。

20 世纪 70 年代后期，西方的组织行为学理论开始传入我国，引起我国学者的关注，不少理论工作者、教育工作者和实际工作者对行为科学作了大量的介绍和评论。上海管理教育研究会于 1979 年成立了行为科学研究组织，开展中国式行为科学与管理心理学的探讨，这是中国组织行为学科发展的开端。

到 20 世纪 80 年代中期，国内学者结合国内组织的特点和需要，应用中国的管理理论和实践结果，开始探索具有中国特色的组织行为学。80 年代以来，组织行为学的地位和作用逐渐得到了应有的肯定和重视，在各高等院校的管理类专业的本科、研究生与工商管理硕士的教学中，组织行为学被列为重要的学习课程。

三、组织行为学的未来

大家都知道，人类历史上经历了三次技术革命。第一次技术革命使蒸汽机技术大发展，第二次技术革命推动了电力技术的广泛应用，第三次技术革命就是目前的电子信息技术革命。每一次大的技术变革都会引起管理方式的重大变革。20 世纪 80 年代以来，随着信息技术和全球化的发展，原有的企业管理方式经历了一轮改革的浪潮。随着这些变化，组织行为学研究的重点发生了很大的变化，面临新的机遇和挑战。

（一）组织行为学所面临的七大挑战

迈入 21 世纪以来，组织所处的环境一直在发生着变化，信息技术飞速发展，知识经济和网络经济日益兴起，全球经济一体化使得企业间竞争日益激烈，行业结构日益分化，员工向多元化发展，企业承担越来越多的社会责任，组织面临的环境越来越呈现复杂性和动态性特点。在这样的大背景下，组织行为学面临着哪些挑战呢？组织行为学的研究者要为这些变化提出哪些解决方案呢？

挑战一：如何改善产品质量、提高生产率？

管理者面对越来越激烈的竞争，为了提高竞争力，不得不削减开支、提高组织的生产率、提高产品质量、改善服务，这要求管理者重新思考有关组织设计、员工参与、变革计划制定等问题。组织行为学将为管理者处理这些问题提供启示性建议。

挑战二：如何改善人际技能？

企业的管理者如何做一个有效的倾听者？如何提供及时有效的反馈方式？如何精于授权？如何创建有效的团队？这些问题越来越受到现在的管理者和将来的管理者的关注。组织行为学在提高和开发人际管理技能方面提供了理论和实践的支持，为解决以上若干问题提供帮助。

挑战三：如何对多元化的劳动力进行管理？

劳动力多元化是指员工的构成在性别、种族、国籍方面越来越多样化。组织在面对不同的生活方式、家庭需要和工作风格的员工时，需要采取不同的政策。劳动力多元化对管理实践意义重大。管理人员需要改变他们的管理哲学，承认差异，并能够保证员工稳定和提高生产率的方式对差异作出反应。

挑战四：如何进行授权？

员工开始在组织中承担决策的责任，与管理者的角色界限变得模糊不清。决策制定被推到了操作层，在这样的环境中，员工对自己工作的控制程度越来越高，他们可以自由选择工作日程、程序，解决与工作有关的问题。管理者需要学会如何放松控制，员工需要学会如何对自己所做的工作承担责任及如何恰当地决策。

挑战五：如何激发和应对变革？

现在变革已经成为组织发展的常态，这需要管理者和员工不断获取新的知识和技能以满足新的工作要求。变革的环境需要组织提高变革水平，组织必须鼓励革新，掌握变革的艺术，维持灵活性，不断改善质量，通过持续不断地革新产品和服务来赢得市场上竞争的胜利。员工对革新和变革发挥着重要的作用，管理的任务是刺激员工的创造性和对变革的容忍性，使员工成为变革的推动力。组织行为学需要为此提供丰富的观点和技术，帮助组织实现这些目标。

挑战六：如何应对员工对企业的忠诚度减弱？

从 20 世纪 80 年代中期开始，为了适应全球性的竞争、不友好的接管、收购和兼并等问题，公司开始摒弃传统的工作稳定性、资历和报酬政策，应对政策发生了一系列变化，这直接导致员工忠诚度的急速下降。组织行为学所面临的一个重要挑战就是为管理者设计出能够调动忠诚度不高的员工的工作积极性的方法。

挑战七：如何改善道德行为？

今天，组织成员越来越发现自己面临着道德困境（ethical dilemma）。所谓道德困境是指需要决定什么是正确的和错误的行为的情境。近年来，区分正确的和错误的界限变得模糊不清了。管理者对此作出了一系列的回应，以应对组织面临的道德困境。今天的管理者需要为员工创造一种有道德并且健康的气氛，在这样的气氛中，员工可以全力从事自己的工作，尽量减少碰到模棱两可情境的机会。

读一读

旧生代面对新生代的苦恼：90 后员工怎么管理

调查显示，2014 年全国有接近 727 万名普通高校毕业生“入市”，其中绝大部分是 90 后。部分企业 85 后员工所占比例为 70%以上，他们已经陆续成长为企业的核心人才。

然而，新生代员工注重自我实现、职业观念多变等特点，导致其稳定性相对较低、离职率相对较高，使企业的人员置换成本上升，客户服务的持续性受到影响。因此，企业需要不断转变理念和工作方式，力求从新生代员工身上获得更大价值。

资料来源：摘自黄杰新：《新生代员工何以为根?》，载《人力资源》，2014（7）。

（二）组织行为学在未来的变化

变化一：组织行为学中“组织”的含义将会不断扩大。

一般来说，组织层面的组织行为包括：组织结构与行为、组织中的利益团体、权力系统和政治行为、组织文化、组织发展和变革管理等。近年来，组织行为学所研究的组织的范围越来越广，被称为一种广义的组织，包括了组织与环境之间的相互关系。“新组织”的兴起，为组织理论的研究提出了许多新课题，如团队的组成结构，员工能力结构及运作中的互动关系，跨文化的沟通与冲突解决系统的建立等。美国麻省理工学院教授D. 韦斯特尼、约翰·范·马林等人认为“新组织”具有以下四个特点：

第一，网络化。竞争的加剧要求企业最大限度地利用内外资源，对顾客要求做出尽可能快的反应，并与环境中的变化因素建立网络以求稳定，减少经营风险，这在组织内外分别表现为跨职能团队和与环境互动加强。

第二，扁平化。信息技术的发展和员工素质的提高使管理跨度的扩大成为可能，企业对于环境和技术变化快速灵活反应和成本控制都需要组织趋于扁平化。

第三，灵活性。企业环境越来越不可预测，这就需要企业增强灵活性来提升竞争优势。

多元化企业的员工、利益相关者及其思想、文化观念越来越多元化，激励制度和职业道路也灵活多样。

第四，全球化。全球市场的发展使得企业有条件充分利用不同国家和地区的社会资源和生产要素，来增强企业竞争力。企业的员工、资金、设备、原材料和中间产品都有可能来自于不同的国家，都可能向其他国家提供自己的产品和服务，都要学习国外企业的管理经验。

变化二：组织行为学中“行为”的含义也会发生变化。

随着社会的发展和企业面临环境的快速变化，组织必须建立新的行为，才能生存和发展。近年来，西方学者提出的组织学习、组织创新和知识管理就是组织中“新行为”的例子。再如，在组织行为学的研究发展过程中，相继有人提出了个性、能力、价值观、态度等概念，最近又提出了“胜任力”的概念，还提出了“自我效能感”的概念来表达某人在某种环境下对完成某项具体任务的信心程度。关于“态度”的概念，研究也更具体化，提出了“工作承诺”和“组织承诺”等新概念。

变化三：组织行为学与其他学科的交叉融合将会进一步加强。

组织行为学在其发展过程中融合了多学科的理论和方法，比如心理学、社会学、文化人类学、政治学等学科。可以预见，今后组织行为学与这些学科之间的交叉融合将会不断加强。随着科学的发展和技术的进步，人们对自然和社会现象复杂性的认识将日益加深，大量新的发现将会不断地冲击现有组织行为学的传统观念，许多新的交叉性组织行为学理论将会不断产生。

读一读

双剑合璧——自然科学和社会科学联合起来研究人的行为

基因结构与功能的发现是20世纪自然科学的一项重大成就，它使得我们能够对人性作进一步的认识与阐释。基因可以说是主宰人性的原动力，其本性是自私和复制，其习性是与环境的合作交流。这些特性也表现在人类身上：人类的本性即动物性是由天赋决定的，通过遗传代代相继；习性即文化性则可随环境改变，为个体后天学习得来。孟子的“性善论”与荀子的“性恶论”各执其一端，而孔子“性相近，习相远”的观点，则更为合理地概括了人性之双重性的善恶两面。

资料来源：摘自孔宪铎：《基因与人性》，载《文史哲》，2004（4）。

第3节　组织行为学的学科基础和研究方法

一、站在巨人肩膀上的组织行为学：组织行为学的学科基础

在本章第1节我们分析了关于组织行为学的定义。你一定还记得，我们从这些定义中提炼出了组织行为学的三个方面，其中第一方面讲组织行为学是一门综合性的应用学科，在其发展过程中，吸收了许多学科的概念、理论和方法。下面我们就简要地介绍一下推动组织行为学发展的有关学科。

（一）心理学

心理学思想在东西方都有着悠久的历史。科学心理学的建立，是以1879年德国心理学家冯特（W. Wundt）在莱比锡大学建立的世界第一个心理实验室为标志的。百余年来，心理学理论的发展异常迅猛，并在各个领域得到了比较广泛的应用。

我们都知道，人的心理活动是内隐而难以观测的，而行为却是看得见的。心理活动与行为之间具有密切的联系，人的行为并不是随意做出的，行为的背后往往会有一些心理活动在起作用。因此，要研究组织中人的外显行为的规律性，必须以心理学作为理论基础。

心理学对组织行为学的发展做出了很大的贡献，其中学习心理学家、人格心理学家、咨询心理学家，以及最重要的工业和组织心理学家对于丰富组织行为学的知识作出了不可忽视的贡献。早期的工业和组织心理学家主要关注疲劳、厌倦和其他与工作条件有关的妨碍工作绩效的因素，近期他们的研究已经扩展到学习、激励、

情绪、人格、培训、领导有效性、绩效评估、工作满意度、个体决策过程、绩效评估、态度测量、工作设计及工作压力等方面，这些研究课题都与心理学具有千丝万缕的联系。

（二）社会学

社会学（sociology）是研究各种社会现象的学问。前面介绍的心理学主要关注的是个体，而社会学主要研究社会系统，个体只是在其中充当某个角色。具体地讲，社会学主要研究人在社会、机关、组织和群体中的社会行为，内容包括：社会劳动分工、社会角色和地位、社会结构、社会中各种群体、宗教、反社会行为、自杀等。

组织是由很多群体组合而成的，因此组织行为学把组织看作一个开放、有机的组织。组织、群体和个人与环境构成互动的、复杂的社会体系，彼此之间相互依存。因此，研究组织中人的行为必须从其所处的整个社会关系着手，这样才能全面认识人的行为规律。

社会学家为组织行为学领域注入了很多新鲜的知识，包括群体动力学、工作团队设计、组织文化、正式组织理论及结构、官僚主义、沟通、地位、权力、冲突及工作和生活的平衡。组织行为学中与群体有关的知识很多来源于社会学，譬如，群体的形成，群体中成员的角色/角色关系，群体中成员的地位/地位关系，群体的信念、价值观、目标、规范和规章制度，群体的权威和权力，婚姻制度和关系等。

（三）社会心理学

社会心理学（social psychology）是心理学的一个重要分支，同时也是心理学和社会学相互渗透结合的产物，它主要研究在社会环境中人与人行为之间的相互影响。具体来讲，它关注在复杂的社会结构及过程中一个人的思想、情感和活动是如何与其他人的信念、动机及行为相互交织和相互作用的。

社会心理学的研究包括：人的社会行为和社会态度，社会群体的形成过程和规律，群体中成员的态度、士气、领袖、宣传、信息沟通、组织管理、经济行为和国际关系，人在社会群体中的攻击心理、助人心理、对权威的服从、对群体规范的顺从，群体内外的冲突等。

以上提到的这些研究结果对组织行为学的研究具有重要借鉴作用。组织行为学中有关群体、沟通、价值观/态度、组织文化等内容都与社会心理学的内容密切相关。另外，社会心理学家的重要贡献还在于对行为和态度变化的研究，以及在沟通模式、满足个体需求、群体决策流程等方面的研究。

（四）人类学

人类学（anthropology）主要研究人类本身的发展进化过程、特点及规律，通过对社会的研究，了解人类及其行为。一般而言，人类学分为体质人类学、文化人类学（又称社会人类学）和考古学，而其中与组织行为学关系最密切的是文化人类学。文化人类学过去主要研究原始社会及其文化，现在逐步扩展到对现代文明社会及其文化的研究。文化对于人类的行为具有很大的影响。人类通过不断社会化的学习过程，使行为超越了本能性行为，在文化环境中逐步形成价值观念、规范、风俗、习惯、民族性等。

组织行为学中很多有关组织文化和跨文化的知识来源于人类学。譬如，不同组织的员工的教育程度、家庭背景以及所处的社会环境不同，这会导致他们表现出不同的态度与行为。因此，任何组织的管理者和领导都必须根据不同的文化背景和现实环境，选择相适应的有效的组织形式和领导方式。

（五）政治学、伦理学、生物学、生理学等

政治学主要研究政治环境中个体和群体的行为。具体的研究主题包括冲突、权力分配以及个人如何使用权力来实现自身利益。随着政治学的发展和人们对组织是政治实体的判断，组织行为学的研究中逐渐引入了政治学的观点，包括冲突、组织内的政治、权力等众多政治学研究的课题对我们准确地解释和预测组织中人的行为具有重要贡献。

除了政治学外，伦理学、生物学、生理学等也为组织行为学的发展提供了基础。伦理学的道德规范，会影响组织中人的行为。人体的生物特征也会影响人的行为，人体有自己的生物节奏的规律性，有体力、智力、情绪的低潮与高潮。直到20世纪80年代，组织行为学才开始运用生理学知识来进行研究，如研究工作压力对个体、群体、组织的行为和工作绩效的影响，主要分析当人们承受工作压力时，身体所作出的生理反应，以及引起身体生物结构的变化和如何预防等。

二、工欲善其事，必先利其器——组织行为学的研究方法

你可能会问，组织行为学中这么多的知识点和概念是怎么想出来的？我怎么知道组织行为学为我提供的知识是对的呢？如果你能问出这样的问题，说明你已经开始对组织行为学感兴趣了。不过，在这里首先指明一点，在组织行为学的研究中，“想”非常重要，但仅靠“想”是不能建立起组织行为学的学术体系的。

在组织行为学的发展中，相关学者发展了很多具体的研究方法，通过这些方法可以产生一些正确的知识。这些研究方法各有特点，既可单独使用，也可将几种方法配合起来同时兼用，以便相互补充。当然，本书无意详细讲解组织行为学的研究方法，你若对方法感兴趣的话，建议你阅读管理研究方法的有关书籍。下面仅介绍几种常见的研究方法：

（一）观察法

组织中人的行为具有很大的差异性，为把握其活动的规律，必须对人的行为进行观察、统计、总结，从而发现其中的共性与差异，发掘其中的规律。观察是取得

直接资料和间接经验的一种重要方法，在没有条件进行访问或实验的场合，观察是取得资料的主要途径。

现场观察是指在正常工作和劳动情景下，有目的、有系统地观察、研究对象以获得数据，作出结论。适用情况有：对领导的工作能力和作风的研究；对于职工的工作技能和工作压力的研究等。运用现场观察法，必须明确了解“观察什么”、“怎样观察”和“怎样记录”等问题，以便不失时机地捕捉到有关信息。

观察法作为一种基本的研究方法，与日常的、片断的、随意的观察有很大的不同。观察法按一定步骤进行。第一步是做好准备工作，观察前，必须明确观察的目的并制定详细计划，选好观察对象；第二步是观察的进行，详细记录被观察者的各种行为表现，要注意的是，在观察中必须有选择性和针对性，既要全面又要重点深入；第三步是得出合理的结论，在观察结束后必须对所观察到的事实加以认真整理、分析、概括，作为分析依据。

现场观察的最大优点在于：对于所研究的群体不施加任何影响，不改变活动进程，因此能够掌握研究对象的许多生动活泼的实际材料，有很大的现实意义，资料的可靠性、可信度较高；使用方便，所得材料真实，因而得到广泛的应用。

现场观察也有一定的缺点，由于它只能了解到一些表面现象，很难通过这些表面现象去进一步把握本质特征，研究者对于被研究者的情况即使了解的很清楚，但任何群体都有特殊性，很难把研究成果运用于其他的群体中去，因此，实际使用时，还必须与其他方法结合起来，才能取得更好的效果。

总而言之，观察法对组织行为学的研究者而言是一种简便易行、行之有效的方法，如果能结合以下研究方法，效果会更好。

（二）访谈法

访谈法分为有组织谈话和无组织谈话。有组织谈话的过程结构严密，层次分明，具有固定的谈话模式。主试者根据预先拟定的提纲提出问题，被试者针对提出的问题进行回答，谈话过程像是口头问卷。在无组织谈话中，主试者提的问题涉及的范围广，被试者可以根据自己的想法，主观地、创造性地回答问题，有利于双方的情感交流。访谈法简单可行，便于迅速获取第一手资料，但是主试者的驾驭能力对谈话效果影响很大。

（三）问卷调查法

问卷调查法就是运用内容明确、表达正确的问卷量表，让被试者根据个人的情况自行选择的研究方法。常用的问卷量表有是非量表、选择量表、等级排列量表三种。问卷调查法可以在较短的时间内取得广泛的材料，并使结果达到数量化、程序化，但是难以对取得的材料进行定性分析，因而也无法用于指导实际的工作行为。

问卷调查法的优点是简单经济，能同时进行大样本的群体调查，快速收集大量资料，数据容易量化，适用于态势研究。这种方法很有价值，研究者和管理者可以用这种方法来调查员工的工作满意度，以及影响员工积极性的因素等，许多公司还用这种方法来发现顾客对公司产品的青睐度。

问卷调查法不大适用于针对具体行为，而且对涉及态度问题的回答未必完全真实，通过调查的形式较易了解被调查者的态度或想法，却不易了解其行为。面对面调查往往会给人增加心理负担，使人产生防御心理。被调查者还受到社会赞许性的影响，所获得结果的可靠性会降低。另外，问卷调查法也存在回收率低的问题。

（四）心理测验法

心理测验法就是采用标准化的心理测量表或精密的测量仪器，来测量被试者有关的心理品质的研究方法。常用的心理测验有能力测验、人格测验、机械能力测验、语言能力测验、管理能力测验、学术倾向测验、心理健康测验等。

现在，学者们已经开发了很多用于组织行为研究的心理量表，这些量表的信度和效度都经过了严格的检验。在企业人事管理中，这些心理测验常常用来进行人员考核、岗位测量与导引、员工选拔等。

（五）实验法

实验法是指在严格控制的环境条件下研究变量间相互关系的方法。其做法是：先假设一个或多个自变量（变量的概念你在下一节马上会看到）对另一个或另几个因变量的影响，然后设计一个实验，系统地改变自变量，然后测量这些自变量的改变对因变量的影响。

组织行为学研究中用到的自变量主要有性格、能力、动机、领导风格、组织设计等，因变量主要有工作满意度、工作行为、工作绩效和出勤率等。实验法有实验室实验法和自然实验法两种类型。

三、从变化开始着手：组织行为学研究中常见的变量

变量是刻画事物在幅度、强度和程度上变化特征的一个概念。比如，人就不是一个变量。为什么呢？因为“人”这个概念本身不具有变化的属性。但是人的某些特征是可以变化的。比如，年龄就是一个变量，它可以描述人在大、小、老、幼方面的变化；再比如，性别也是一个变量，它可以描述人在生理方面的差别。

在组织行为学研究中主要涉及两种类型的变量，即自变量和因变量。任何一个系统（或模型）都是由各种变量构成的，当我们分析这些系统（或模型）时，可以选择研究其中一些变量对另一些变量的影响，我们选择的影响其他变量的变量就叫做自变量，而被影响的变量就叫做因变量。

在组织行为学中，常见的自变量主要有个性、领导方式、沟通方式、奖励制度、组织设计、工作压力水平等。因变量在组织行为学中就是所要测量的行为和反应，如生产率、缺勤率、离职率以及工作满意度等。

读一读·想一想

霍桑实验

从 1924 年开始，美国西方电气公司在霍桑工厂进行了一系列实验，目的是根据科学管理原理，探讨工作环境对劳动生产率的影响，研究心理和社会因素对工人劳动过程的影响。

霍桑实验共分五阶段：

(1) 照明实验。实验假设为“提高照明度有助于减少疲劳，使生产效率提高”。经过两年多的实验发现，照明度的改变对生产效率并无影响。具体结果是：当实验组照明度增大或减弱时，实验组和控制组都增产，甚至实验组的照明度减至 0.06 烛光时，产量亦无明显下降，直至照明减至实在看不清时，产量才急剧下降。

(2) 福利实验。经过两年多的实验发现，不管工资支付办法或休息时间等福利制度怎么改变，产量都持续上升。分析发现导致生产效率上升的主要原因有：参加实验的光荣感——参与实验的女工曾被叫进部长办公室谈话；成员间良好的相互关系。

(3) 访谈实验。事先不规定内容，每次访谈的平均时间为1～1.5 个小时，多听少说，详细记录工人的不满和意见。计划持续了两年多，工人的产量大幅提高。

(4) 群体实验。选择 14 名男工人单独工作，实行特殊的工人计件工资制度。结果发现，产量保持在中等水平上，每个工人的日产量平均都差不多，而且不如实地报告产量。这一实验表明，为了维护班组内部的团结，可以放弃物质利益的引诱。

(5) 态度实验。对两万多人次进行态度调查，实验者耐心倾听并作详细记录，不作反驳和训斥，而且对工人的情况要深表同情，结果产量大幅度提高。因为谈话形成了良好的人际关系，从而得出人际关系比人为的措施更有力的结论。

资料来源：参见余白：《霍桑实验——管理科学发展的里程碑》，载《高等函授学报（哲学社会科学版）》，1994 (2)。

[问题]

1. 在这个研究中用到了哪些研究方法？
2. 实验的因变量和自变量分别是什么？

本章小结

1. 我们把组织行为学定义为一个研究领域，它研究个体、群体以及结构对组织内部行为的影响规律，以便应用这些知识来提高组织的效能。

2. 组织行为学研究的对象包含个体、群体和组织三个层次。其中个体行为是指处于组织环境中的个人的所作所为；群体行为是指由个体构成的群体作为一个整体表现出来的行为；组织行为是指由个体和群体构成的组织的整体所表现出来的行为。

3. 组织行为学在现代管理中发挥的作用主要体现在四个方面：发挥和开发员工的潜能，提高员工的满意度和幸福感，提高领导水平，推动组织变革和组织发展。

4. 组织行为学在西方的发展经历了古典管理阶段、行为学派阶段、人力资源学派阶段、权变理论阶段，于20世纪70年代后期开始大量传入我国。我国学者从20世纪80年代中期开始系统地探索中国特色的组织行为学研究。

5. 组织行为学是一门综合性的应用学科，它建立在心理学、社会学、社会心理学、人类学、政治学、伦理学、生物学、生理学等学科的基础上，其研究方法包括观察法、访谈法、问卷调查法、心理测验法、实验法等。

本章思考

1. 组织行为学在企业的管理实践中可能起到怎样的作用？
2. 总结组织行为学发展各阶段的主导思想。
3. 组织行为学与人力资源管理的关系如何？

心理测试：你的自尊程度如何

指导语：请根据以下每个题目符合自己的程度来评分。评分分为四个等级：4表示非常符合，3表示符合，2表示不符合，1表示非常不符合。

1. 我感到自己是一个有价值的人，至少与其他人在同一水平上。
2. 我感到我有许多好品质。
3. 归根到底，我倾向于觉得自己是一个失败者。
4. 我能像大多数人一样把事情做好。
5. 我感到自己值得自豪的地方不多。
6. 我对自己持肯定态度。
7. 总的来说，我对自己是满意的。
8. 我希望我能为自己赢得更多的尊重。
9. 我确实时常感到自己毫无用处。
10. 我时常认为自己一无是处。

计分方法与分数解释：五个正向题目（即1，2，4，6，7题）和五个反向题目（即3，5，8，9，10题），正向题目和反向题目数一样。总分范围是10～40分，分值越高，表示自尊程度和自我接纳程度越高。

资料来源：徐世勇等：《管理技能开发》，北京，中国轻工业出版社，2010。

管理游戏一：最能代表我的动物

目的：使学员分析自己，进一步认识自己；使听众学会如何更巧妙地了解别人；让受训学员以趣味的方式彼此相识。

内容：以更有趣的方式向别人介绍自己，找出最能代表自己的动物，让别人对自己有更深刻、更形象的了解，同时也是认识自我的过程。

参与人数：不限。

所需时间：总时间依具体人数而定，平均每人2分钟。

所需的材料与场地：写有动物名字的动物图画或幻灯片；场地不限。

导入语示例：每个人都有自己独特的性格，动物也是一样，有些时候，你会惊奇地发现，你的性格跟某种动物在某种程度上有一定的相似性。

游戏步骤：

1. 让受训学员围坐成一个圆圈。

2. 将各种各样的动物图片给大家看，也可以将图片贴在教室的墙上，或者做成幻灯片。

3. 给大家2分钟的时间想一个最能代表自己的动物，必须解释原因，以及有什么特定的含义。

4. 给每个人2分钟的时间来介绍，让每个人分别描述所选择动物的性格，说出理由。

讨论：

1. 某些特定的职业（例如销售人员）很容易吸引具有某种性格特征的人，看看你的周围是这样吗？

2. 那些和你喜欢的动物相同或者相近的人，他们身上有哪些地方很像？沟通起来如何？

3. 通过大家喜欢的动物，你对他们有怎样的了解？

4. 当不同性格的人碰到一起时，应该如何相处？

5. 你记住了多少人的名字，哪些因素促成了你迅速记住对方的名字？

游戏提示：

最能代表你的动物，可以从外形、特点、性格、优点、劣势等方面寻找相似点。

资料来源：上海国家会计学院：《个体、团队与组织》（上海国家会计学院CFO丛书），北京，经济科学出版社，2011。

管理游戏二：自我称赞

目的：通过展示自己的优点来认识自我。

时间：10分钟。

辅助设备：无。

步骤：

1. 将学员分成2人一组；

2. 成员1回答成员2下面的三个问题：

(1) 你最喜欢自己身体或者相貌的哪个部分？

(2) 在个人品质方面，你认为自己哪个方面最好？

(3) 在个人才能方面，你最喜欢自己的哪个方面？

注意：只给积极正面的评价，不要谦虚。

3. 成员 1 和成员 2 交换。

游戏讨论：

通过这个游戏你对自己有哪些新认识？

资料来源：徐世勇等：《管理技能开发》，北京，中国轻工业出版社，2010。

章末案例：东方公司的困境

东方科技发展有限公司创立至今已经 15 年，主营各种电子产品和产品配件，公司的两位创立者在校期间曾经从事过电脑营销的暑期实践，积累了很多的经验和资源，于是在毕业之后，就决定创办自己的公司。

在公司创办之初非常艰难，遇到了许多问题。首先是没有足够的资金，两位创立者就向亲属借了 5 万元当做投资；没有营业场地，就从别的公司的营业场所租了一张桌子，作为自己的营业场所；没有现成的客户，就从他们原先认识的朋友中开拓客户。在那个时候，整个公司就两个人，推销、搬运、验货、送货等全部工作都是两个人亲自来干，辛苦自不必说，倒也可以把整个流程顺利地走下来。公司刚开始主要经营打印机，当时卖一台打印机的利润还是相当可观的，这样一年下来，经营情况还不错。

第二年，由于公司的经营情况有好转，于是租了一个门市，招了一名员工帮助进货，业务量开始有起色。由于在从事电脑营销期间积累下来大量经验，两位创立者都对整个市场发展的行情把握得比较好，公司发展速度很快，在当年该公司做得比较好的产品是惠普公司的外设产品。他们决定招聘一个在惠普 PC 和服务器产品方面有丰富经验的人加入公司，为了吸引对方加盟，他们提出加盟者与公司对所经营的惠普 PC 和服务器产品毛利二八分成的分配方式，并于年中开始代理惠普公司的 PC 和服务器产品。

第三年是公司稳定发展的一年，微机和外设的销量都有明显增长，人员增加不少，公司有了自己的独立门市，并有点儿惠普专卖店雏形的味道了。

第四年对公司来说又是一个转折点，公司办公地点从临时门市搬进了写字楼，同时又吸收了一名合作者加盟，任销售部经理，公司与他毛利润二八分成。这样，整个公司的经营分成门市和写字楼两个相对独立的部分，各有一名合伙人负责，权责分明。

从公司的发展过程来看，还是比较顺利的。随着公司业务的不断发展、公司规模的不断扩大，公司的两位创立者现在已经是高层管理者了，他们发现在公司经营中开始出现大量的问题：公司各个部门之间各行其是，部门之间的沟通和协作非常少，除去早期加盟者之外，其他员工的士气和热情都不高，两位创立者很担心员工的积极性问题会大大影响公司日后的发展。公司除了给予物质上的激励外，再无其他能够调动员工积极性的办法。现实的情况是，像该公司这样的规模和经营情况的公司在物质激励方面的余地并不大，因为利润已经很薄了，这是 IT 产品中硬件销售业的总体态势。公司领导者常常为这样的事情头疼不已，如何提高员工的积极性，是公司需要解决的一个大问题。

公司出现这些问题的原因是多方面的，随着公司规模的扩大，管理问题必将显得日益突出。公司的两位创立者虽然意识到了对员工的激励和管理的重要性，但是由于缺乏组织行为学和管理学的知识，并不知道如何帮助公司走出困境。在公司的初创时期，依靠企业创立者的奋斗精神和人际关系就能够使公司正常运行，但是随着公司规模扩大、业务范围拓宽，公司原先的激励方式已经不能适应企业的新形势。为了改变这种情况，公司必须采取灵活多样的激励方式。

困扰公司两位创立者的员工激励问题，就是组织行为学要研究的范畴之一，激励理论中的需要层次理论、公平理论就可以对这个问题进行分析。在本书后面即将介绍的员工态度和价值观、需要与动机、工作者间的沟通、领导行为理论等，也将帮助组织管理者更好地解决这个问题。

[思考题]

1. 在这个案例中，管理者遇到了哪些管理困境？分别可以应用哪些组织行为学的知识来解决问题？

2. 在这个案例中，组织行为学理论是如何在开发员工的潜能、提高领导水平、推动组织变革和组织发展等方面发挥作用的？

第2章

人格与工作

知人者智，自知者明。

——老子

学习目标

1. 了解人格的含义；
2. 理解气质、性格在组织行为学中的含义及作用；
3. 熟悉认知风格的含义及分类；
4. 初步掌握工作场所中的人格理论及测量工具。

开篇案例

当一个人刚进入大学时，会认识很多来自全国各地的同学，在与同学们相处的过程中，我们可以很容易发现每个人的性格差异，我们会觉得一些同学是外向的、活泼的，另一些同学则很安静；一些同学喜欢组织同学们一起开展活动，另一些同学更喜欢独处。

赵明和李全是同班同学，两个人平时都很喜欢旅行，但是赵明细心谨慎，而李全追求新鲜感并且具有冒险性，因此两个人的旅行习惯非常不一样。赵明在旅行之前会把一切都计划好，预订好旅馆，在网上查询信息，记录下来想要买的旅行纪念品和想要去吃的当地美食，计划好旅行路线上每一站的到达和停留时间，他还会在旅行之前整理出一个必备品的清单。李全与赵明就大不相同，李全经常是想到去一个地方就希望尽快动身，带上一些应急用品就出门，不像赵明计划得那么详细。两个人虽然很不相同，但是旅行对他们来说各有各的乐趣。

赵明和李全的行为差异表现在哪些方面？又是什么导致了他们行为的差异？这就是本章要回答的问题。

第1节　人 格

一、人格的含义

(一) 人格含义的复杂性

在描述人与人之间的差别时，人格是一个最常用的概念。人格（personality）一词源于拉丁语“persona”，其最初的意思是指面具、脸谱，但其含义很快就发生了变化。从历史到现代，persona具有如下几个常见的含义：

（1）指舞台上的假面具。这是persona最早的含义。据说古罗马的一名戏剧演员为了遮掩他的斜眼而戴上面具，这个面具就称为persona。

（2）指生活中的假面具。persona代表了一个人的外在表现，也就是说，persona的含义从舞台上的面具转变为生活中的面具。

（3）指一个人在生活中所扮演的角色。此时，persona开始表示一个人真实的一面，而不再指假面具。

（4）指与工作相适应的个人品质的总和。这与现代心理学中对人格的通常定义很相近，对于现代心理学中人格概念的演变起了重要作用。

（5）表示一个人的尊严和优越。在罗马时代，贵族是“最有人格”的，平民“有一定的人格”，而奴隶仅被当作能够使用工具的动物，根本就不属于“人”的范围，因此奴隶是没有人格的。我们可以看出，此时persona是指一个人社会地位的高低，或者说是“人”与“非人”的区别。

（6）人格表示一个人的崇高性。这实际上是伦理学上的一个描述。我们平常说一个人“人格卑劣”，实际上是说这个人道德方面不高尚。

(二) 组织行为学中人格的概念

组织行为学中对人格的定义最接近上述第4条的表述，即指与工作相适应的个人品质的总和。具体来讲，人格心理学者和组织行为学者认为，人格是一个人在遗传素质的基础上，通过与后天环境的相互作用而形成的相对稳定的、独特的心理行为模式。为了更好地理解这个概念，读者需要注意以下几个要点（参见图2—1）：

第一，人格是由一个人内在的心理特征与外部行为方式共同构成的。比如，如果你具有喜欢帮助别人的人格特征，那么你不但具有乐于助人的内心状态，而且能经常做出帮助人的行为。

第二，人格是一个系统模式，它不是多个单一的心理特征或行为方式的拼凑，而是许多心理特征和行为方式相互联系形成的有一定组织和层次结构的模式。例如，我们大家都很熟悉《三国演义》里张飞这个人物，他性格豪爽、非常勇敢，但也比较粗心，待人也不是很友善。豪爽、粗心、不友善、勇敢，再加上其他特征有机地结合在一起，就构成了张飞的人格系统。

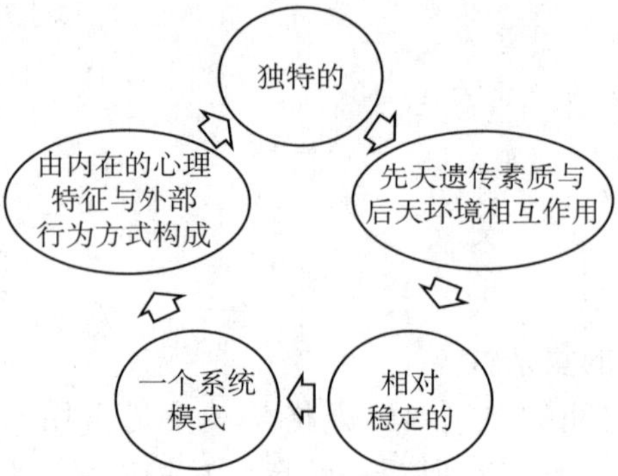

图 2—1　人格概念的要点

第三，这种心理行为模式是独特的。我们不否认人与人之间在某些心理或行为特征上有共同性，但从整体上来讲，每个人的人格都是独一无二的。这种独特性不仅表现在某些个别的心理或行为特征上，更主要的表现在整个模式上，从而使得人与人相互区别开来。例如，日常学习中与你朝夕相处的同学、室友，尽管他们的人格特征远没有小说中脸谱式的人物那么明显，但是我们仍然能觉察出他们人格的独特性。

第四，这种心理行为模式是相对稳定的。这是讲一个人的人格及其特征在时间上具有前后一贯性，空间上具有一定的普遍性。例如，如果你是一个性情比较急躁的人，你昨天是这样，今天是这样，明天很可能也是这样，这就是所谓人格在时间上的前后一贯性。如果你在学习上比较急躁，工作中也是这样，甚至在日常生活和人际交往中也表现出急躁，这就是所谓人格在空间上的普遍性。当然，并不排除你有时在某种场合偶尔也会表现得比较沉稳，这时我们会说："你的举止不像你本人。"当然，人格的稳定性是相对的，并不是终生不变的。

第五，这种独特的行为和心理模式不是生下来就有的，而是在先天遗传素质的基础上，通过与后天环境相互作用形成的。当然，非要说出一个人的人格结构中哪些是由遗传决定的，哪些是由环境决定的，这也非常困难。一个人从受精卵开始，遗传素质与环境作用就不可分割地联系在一起，它们相互作用，共同对人格的形成和发展发挥作用。

通过分析，我们不难发现，且不论人格在其他领域的含义，仅在组织行为学中，人格概念实际上就具有非常丰富的内涵，它实际上是指一个人在心理和行为方面稳定的特异性。因此，可以这样说，人格是一个复杂的系统。心理学的研究认为，人格包括动机、气质、性格和认知风格等方面。本节以下部分主要介绍气质、性格和认知风格三个方面，动机在其他章节介绍。

二、气质

（一）气质的含义

气质是另外一个描述人与人之间心理和行为稳定差异的常用概念。在日常生活中，我们经常会用到“气质”这个词，但其所指的意思与组织行为学和心理学中所表达的意思大相径庭。在组织行为学和心理学中，气质是指一个人天生的、表现在心理活动的动力方面的典型的、稳定的心理差异和特征。从这个定义上，我们也可以看出气质和人格在含义上的不同。气质指的是天生的差异，而人格并没有强调差异的先天性。为了更好地理解这个概念，需要注意以下两点：

第一，气质是先天的心理特征。它是随着遗传与生俱来的，因此更加受制于生理组织因素。

比如，刚来到世间的婴儿就有些明显的差异，有的爱哭，有的好动，有的比较安静。这些最初的特征更多地显示为气质方面的特点。除了人类之外，在动物身上也会表现出一些气质方面的差异。我们经常会发现即使是一个品种的宠物狗，它们在行为上也会有差异，有的天生好动，有的就相对安静一些。

第二，气质是人的心理活动的动力特征。

动力特征是指心理活动过程的速度、稳定性、强度和指向性等方面的特征，这些特征一般与活动的内容、动机和目的无关。例如，如果你是一个稳定沉着、具有内向气质的人，不论是参加庆祝会还是追悼会，不论是受到表扬还是批评，你都会喜乐自持，哀怒有控，不会表现出手舞足蹈或呼天抢地等情不自禁的举动来。

心理活动过程的速度指的是知觉、思维、情感和行为方面发生的速度。比如，同样是做课堂上老师布置的作业，有的同学可能解题速度极快，但也许错误较多，而有的同学则可能速度极慢，显得拖拖拉拉，但是正确率高。

稳定性是指注意力集中时间的长短。例如，老师上课时，班级里有些同学能够较长时间集中注意力到老师的讲课上，而有的同学则不能。

强度是指情绪和情感的强弱程度、意念力的强弱程度等。例如，班级里的同学在面对老师的表扬时，有的人可能会手舞足蹈，而有的人可能仅仅是开心地一笑。

（二）气质的分类

历史上，关于气质的分类可以追溯到公元前 400 年左右的古希腊著名学者希波克里特，他认为人体内有四种体液：黏液、黄胆汁、黑胆汁和血液。四种体液的配合比例不同，构成了四种不同类型的人。大约 500 年之后，古罗马的一位医生盖伦提出人的四种气质类型是胆汁质、多血质、黏液质和抑郁质。

苏联的著名学者巴甫洛夫（1927）认为，气质的差异主要受到人的神经活动特征的影响。他依据神经的兴奋过程和抑制过程的三个基本特征，即强度、平衡性和灵活性，将气质类型划分为四种，如表 2—1 所示。强度是指神经系统的兴奋过程和抑制过程的耐受程度，强的神经活动类型能够承受强烈而持久的刺激。平衡性是兴奋过程和抑制过程的相对力量，无论是兴奋过程占优势还是抑制过程占优势都是不平衡。灵活性是指兴奋过程和抑制过程相互转换的速度，灵活性高表示转换迅速，灵活性低表示转换速度慢。

表 2—1　巴甫洛夫的高级神经类型学说

高级神经活动过程	高级神经活动类型	气质类型
强、不平衡	不可遏制型	胆汁质
强、平衡、灵活	活泼型	多血质
强、平衡、不灵活	安静型	黏液质
弱	抑制型	抑郁质

现代学者认为气质可以分为四种类型，并沿用了盖伦对四种气质类型的称谓，但四种气质类型的内涵与古罗马时代已经有很大不同，反而与巴甫洛夫的研究具有很大的相似之处。

（1）胆汁质的人。如果你是胆汁质类型的人，你的情绪兴奋性高，反应迅速，心境变化剧烈，抑制能力较差；易于冲动，热情直率，不够灵活；精力旺盛，动作迅猛，性情暴躁，脾气倔强，容易粗心大意；感受性较低而耐受性较高，外倾性明显。

（2）多血质的人。如果你是多血质类型的人，你的情绪兴奋性高，思维、言语、动作敏捷，心境变化快但强度不大，稳定性差；活泼好动，富有生气，灵活性强；乐观亲切，善交往，浮躁轻率，缺乏耐力和毅力；不随意反应性强，具有可塑性；外倾性明显。

（3）黏液质的人。如果你是黏液质类型的人，你的情绪兴奋性和不随意反应都较低，沉着冷静，情绪稳定，深思远虑，思维、言语、动作迟缓；交际适度，内心很少外露，坚毅执拗，淡漠，自制力强；感受性较低而耐受性较高；内倾性明显。

（4）抑郁质的人。如果你是抑郁质类型的人，你的感受性很强，善于觉察细节，见微知著，细心谨慎，敏感多疑；内心体验深刻但外部表现不强烈，行动迟缓，不活泼；易疲劳，疲劳后也易恢复；办事不果断和缺乏信心；内倾性明显。

气质与神经类型的行为特点见表 2—2。

表 2—2　气质与神经类型的行为特点

气质与神经类型	内、外向	情绪稳定性	行为特点
胆汁质（兴奋型）	外向	不稳定	暴躁、好动、攻击、兴奋、善于社交、冲动、乐观、积极
多血质（活泼型）	外向	稳定	有领导能力、无忧无虑、灵活、活泼、逍遥自在、敏感、健谈、开朗、社交型
黏液质（安静型）	内向	稳定	被动、谨慎、有思想、温和、能控制、可信赖、脾气好、安静
抑郁质（抑制型）	内向	不稳定	寂静、不善社交、保守、悲观、严肃、刻板、焦虑、忧虑

动手测一测

同学们，你们可以翻到本章测试题1，测量一下自己属于哪一种气质类型哦！欢迎你和小伙伴们分享交流哦！

我们熟悉的一些艺术作品中，很多人物都具有显著的气质特征，如《水浒传》中的李逵就是胆汁质的代表，《红楼梦》中的王熙凤则是多血质的典型，林黛玉属于抑郁质的人物，薛宝钗则是黏液质的人物。因此，气质类型的划分对于认识个体差异具有很大启发。不过有研究表明，在现实生活中单一气质的人并不常见，绝大多数人的气质类型是四种典型类型的结合。例如，我国学者阮承发等人（1984）对我国几所高校的364名大学生的调查表明，单一气质的人占34%，混合气质的人占66%左右。

读一读·想一想

如果遇到下面的情形，你会怎么做呢

一家电影院在放映电影时，在一天内会将同一部电影连续播放很多遍，顾客购买了特定日期特定电影的观看券后，可以在对应的日期内任意选择该电影的一个场次进行观看。

一天，电影院正在播映一部电影，已经开播10分钟了，张朋、李明、王欣、陈华四个人一起来到电影院观看这部电影，他们都迟到了，电影院门口的工作人员拦住他们，阻止他们进入影院，因为按照影院的规定，为了不影响其他人观看电影，开场超过10分钟就要等下一场。

张朋的第一反应是跟工作人员大声申辩，说还没有过10分钟，自己必须进去。张朋的大吵大闹引来很多人围观。李明看到这种情况，趁着人多混乱就偷偷溜了进去。王欣则仔细看了看贴在墙上的电影院规定，确定工作人员并没有强词夺理，就坐在门口的椅子上等待下一场。陈华看到大家都围在这里，乱哄哄的，而工作人员又堵在那里不让进入，就叹了一口气，郁闷地回家了。

[问题] 在这个事件中，四个当事人张朋、李明、王欣以及陈华分别属于哪种气质类型？

（三）气质在组织管理活动中的作用

作为人格结构中最不易改变的部分，气质对人的行为和活动有明显的影响，因此气质对于组织管理工作也具有重要意义。

第一，人—职匹配中需要考虑气质类型与工作岗位的匹配。每个人都有自己的气质特征，每个岗位都会对人有一些特殊要求，要尽量使人的气质特征与岗位要求相互协调配合，才能有利于工作。

例如，如果你是一个多血质的人，尽可能给你安排要求灵活应对的工作任务，如采购员、推销员；如果你是一个胆汁质的人，可以委派给你突击性、开拓性的工作；如果你是一个黏液质的人，你可以做一些核算和监督方面（如会计、统计等）的管理工作；如果你是一个抑郁质的人，可以安排你做一些研究工作。另外，一些特殊职业对人某一方面的气质特征有特殊要求，如飞行员、运动员、驾驶员、宇航员等工作责任重大，要求极灵敏的反应，敢于冒险，机智果断，能经受高度的身心紧张等，此时更加需要考虑气质与职业岗位的匹配。

第二，根据人的气质特征来合理调整团队构成，增强团体战斗力。人的气质特征有积极的一面，也有消极的一面，合理调整不同气质的人员，组成一个团队，形成气质互补的组合，就可以起到相互克服气质的消极影响，发挥气质的积极作用，从而达到增强凝聚力、战斗力的目的。比如，一个领导班子要做出一个重大决策，需要有果断、机智、冷静、细心、创新、激情等不同气质类型的心理品质，但是很少有人同时具备上述品质，这就要求气质互补的团队组合。

视　窗

高绩效管理团队的气质搭配

组建一个代表企业利益的高素质的团队不仅要看成员的个体素质，还要看成员之间的团队合作是否有默契，成员组织管理的依据之一是各个成员的气质类型要匹配。在组成一支高效的团队之前，先研究有关人员的气质类型是非常必要的。

胆汁质的人思维敏捷、精力充沛、乐观进取、工作有冲劲，缺点是有时表现出比较急躁且缺乏耐心。因此，在团队中，如果有承担挑战性比较强的职位则可以由这种气质类型的人员担任，比如可以作为商务人员在价格谈判时大显身手。针对这种类型人员的弱点，要注意对其在耐心、沉着和自制力等方面的心理修养。这种类型的人员适合和黏液质以及抑郁质的人员搭配，可以激发黏液质人员的激情，鼓励他们和别人多沟通，而抑郁质的人比较谨慎，可以弥补胆汁质员工在这个方面的不足。

多血质的人活泼好动、兴趣广泛、爱交际、善于适应新的环境、反应灵活迅速，遇到困难能积极主动地找到解决问题的途径，这种气质类型的人具有极强的人际交往和沟通能力，也会积极营造良好的气氛，可以和黏液质或者抑郁质的人配合起来做单调细致、环境过于安静的工作。在管理这些人员的过程中，要注意不要总是安排同一种工作让他们做。

黏液质的人总体上属于缄默而沉静类型，这种人稳重踏实、忍耐力强，任何时候都严格恪守既定的生活秩序和工作制度，与人交际适度，也不轻易表现自己的才能。这种类型的人适合做领导者、法律人员、技术人员或者财务人员，他们不适合做富于变化和挑战性大的工作。在管理过程中应该注意对其兴趣的培养，可以和多血质谈判者搭配，促进其沟通。

抑郁质的人一般非常腼腆、行动和反应缓慢、优柔寡断、性格孤僻，具有明显的内倾性。这种类型的人不适合做需要与各色人物打交道、变化多、伤脑筋的工作，但是这类人能做到察言观色，能发现一般人不易察觉的细微之处，能够弥补胆汁质和多血质的人在这个方面的不足，看问题也常常有独到的见解，想问题比较周到，不轻易下结论。这类人员适合担任翻译、财务人员、技术人员或者法律人员。在对其管理的过程中，应该积极培养他们的自信心和主动性，多肯定他们的成绩，多鼓励他们和别人交流，以提高其反应速度和灵活性。

资料来源：参见周渝霞：《论商务谈判中气质类型与人员组织管理的关系》，载《湖北成人教育学院学报》，2010，16（6）。

第三，在组织管理中，需要“因气质施教”。多血质的人豁达大度、反应灵活、接受能力强，对他们的培养、教育可采用批评和劝导相结合的方式；胆汁质的人积极主动、生气勃勃、容忍力强，培养、教育他们，既要开展有说服力的严厉批评，提高他们的自制力，又不能激怒他们，激化矛盾；黏液质的人沉着、坚毅、冷静，情绪反应较慢，对待他们要耐心说服、开导，多用事实说话；抑郁质的人，情感深刻、脆弱、孤僻、冷淡，对待这样的人，不可在公开场合批评他们、训斥他们，而应在关怀中激励，在情感中引导，使他们自觉接受别人的批评或主张。参见表2—3。

表 2—3　不同气质类型的施教方式

气质与神经类型	性格特点	施教方式
胆汁质	积极主动、生气勃勃、容忍力强	既要开展有说服力的严厉批评，提高他们的自制力，又不能激怒他们，激化矛盾
多血质	豁达大度、反应灵活、接受能力强	采用批评和劝导相结合的方式
黏液质	沉着、坚毅、冷静，情绪反应较慢	耐心说服、开导，多用事实说话
抑郁质	情感深刻、脆弱、孤僻、冷淡	不可在公开场合批评他们、训斥他们，而应在关怀中激励，在情感中引导，使他们自觉接受别人的批评或主张

三、性格

（一）性格的含义

性格是人对现实的稳定态度和习惯化的行为方式。为了更好地理解性格的定义，需要把握以下几个方面：

第一，性格是人格结构中最具有道德评价的部分。我们大家都知道，气质并无好坏之分，而性格却有好坏之分，如我们遇到的人，有的大公无私，有的却自私自利。例如，在面对地震等重大自然灾害时，有的人会不惜牺牲自己的生命救护老人、妇女和儿童，有的人可能会退缩自保，有的人甚至会趁火打劫，这就是人们面对现实时所表现出来的不同态度。

第二，性格是在社会生活中逐渐形成的。由于生活环境不同，人的性格特征会出现很大变化。所以说，比起气质来，性格具有很大的可塑性，它是人格结构中比较易变的部分。俗话说，近朱者赤、近墨者黑，就是讲环境对人的影响，其中的

“赤”与“黑”可以理解为性格的“好”与“坏”。

第三，性格也具有较强的稳定性。性格一旦形成就比较稳定，在个体的生活实践中经常表露出来，除非经受重大的外部影响，否则很难发生改变。

第四，性格有复杂的结构。构成性格的特征可以分为态度、情绪、意志、认知四个方面。

性格的态度特征是指对待和处理社会关系的性格特征。比如，我们身边常常见到，有的人对待别人善良、诚实、热情，有的人残酷、虚伪、冷淡；有的人勤劳，有的人懒惰；有的人自律，有的人放任。

性格的情绪特征是指情绪活动的强度、稳定性、持久性及主导心境等方面的特征。比如，班级里有的同学情绪稳定，有的情绪波动较大，有的同学比较乐观，而有的则比较悲观。

性格的意志特征是指一个人是否具有明确的目的性、纪律性，是否具有较强的独立性与自制力等。比如我们常看到，有的同学遵纪守法，有较强的意志力，而有的同学违规违纪，依赖性强。

性格的认知特征是指在感知、注意、记忆、思维、想象等认识过程中表现出来的性格特征。比如班级里有的同学善于分析，有的善于综合；有的同学记的快、忘的也快，而有的记的慢、忘的也慢。

（二）性格与气质的关系

气质与性格是人格结构中的重要组成部分，二者既有相似之处，又有明显区别。

气质和性格在一起反映了人格的不同侧面：气质更多地反映人格的自然属性，而性格反映了人格的社会属性。气质的形成多与遗传因素有关，而性格则更多受到社会环境的影响，可塑性比前者大。在社会意义的评价上，气质无好坏之分，无论哪种气质类型的人都可以取得显著成就，而性格则有好坏之分（如我们普遍的认知是勤奋比懒惰好、诚挚比虚伪好），对事业有显著影响。

另外，气质和性格之间也会相互影响。首先，气质可以影响性格的表现方式，使同一性格内容有不同的表现色彩。例如，助人为乐的性格特点在不同气质类型的人身上会有不同的表现：胆汁质者表现为热情、豪爽、快速、有力的助人方式；多血质者能灵活机动地帮助人想出各种解决问题的方法；黏液质者不露声色、脚踏实地地给予支持；抑郁质者从细枝末节处发现对方的难处，给予细致的关怀。虽然表现风采各异，但都有共同的性格内容。

其次，气质可以影响性格形成的难易和速度。例如，胆汁质的人容易形成勇敢的性格；黏液质的人容易形成自制力。

最后，性格可以在一定程度上调控、掩盖或改造气质，使气质的消极因素得以抑制，积极因素得以发展。比如，具有意志坚强性格特征的人，胆汁质者可克制急躁，黏液质者能鼓起勇气，多血质者能尽力使自己脚踏实地一些，抑郁质者能减少自己的消极情绪。

四、认知风格

人格的另外一个方面是认知风格（cognitive style）。认知风格也叫做认知方式，是指人们偏爱使用的信息加工方式。比如，我们常见到有的同学喜欢与别人讨论问题，而有的则喜欢自己独立思考。认知方式也具有一定的稳定性，儿童时期所表现出来的某种认知风格可能会保持到成年。

大卫·威坦等人提出的学习风格理论在管理理论中非常具有影响力。大卫·威坦认为，认知风格由大量与个体解释信息和对信息作出反应的方式有关的因素组成。基于这种思考，他们提出了两个维度：个体收集信息的方式、评估所接受的信息的方式。

个体收集信息的方式可以分为两种倾向：具体经验（concrete experience）和抽象概念（abstract conceptualization）。如果你是一个具有具体经验倾向的人，你会倾向于通过直接经验来获得信息，通过实际的具体的感觉体验来进行认知，倾向于将自己沉浸于环境之中获得信息，这种类型的人通过体验和参与可进行最有效的学习。如果你是一个具有抽象概念倾向的人，你会倾向于对抽象的、符号的或者理论的信息进行掌握和学习，更喜欢学习那些能够进行理性的检验或智力性探索的信息，喜欢从书本中获得信息。

认知风格的第二个维度是评估所接受的信息的方式，即关于对信息进行解释、评估和反应的策略，与问题的具体解决模式有关，分为反思性观察（reflective observation）和积极实验（active experimentation）两种倾向。如果你是一个具有反思性观察倾向的人，你会避免迅速作出判断，对信息从不同角度进行思考和反思；如果你是一个具有积极实验倾向的人，你会对得到的信息立即采取行动，将获得的新信息运用于目前的问题或者情境，用实验的方式检查信息的含义和价值。

这样，可以将人的认知风格分为 4 种：发散（diverging）、吸收（assimilating）、会聚（converging）和适应（accommodating）。

（1）发散。显而易见，这种人在具体经验和反思性观察维度上得分较高，擅长从多种不同的观点和角度来观察一个具体的情境，喜欢收集大量的信息和进行头脑风暴，往往对艺术、历史、政治、英语和心理学等领域感兴趣。如果你是这种类型的人，你会倾向于选择社会服务和艺术传媒方面的工作，偏爱与人交往。

（2）吸收。这种人在反思性观察和抽象概念维度上的得分较高，擅长处理广泛的信息，并将其整理成简明、相互联系和有逻辑性的形式，认为理论在逻辑上的完善比实用价值更加重要，往往对经济学、社会学和化学专业更加感兴趣。如果你是这种类型的人，你会倾向于选择教育研究和法律等方面的工作，偏爱以收集信息为主的工作。

（3）会聚。这种人在抽象概念和积极实验维度上具有较高的得分，擅长发现理论的实际用途，是问题的解决者和决策者，喜欢处理技术任务和已经描述好的问题，而不是社会和人际问题，往往对物理、工程和计算机专业感兴趣。如果你是这种类型的人，你会倾向于选择解决技术问题的工作，如工程、计算机科学和医学技术。

（4）适应。这种人在积极实验和具体经验维度上具有较高的得分，擅长处理实际经验，喜欢实施计划，让自己投身于新的、有挑战性的经历中，往往对商务和管理专业感兴趣。如果你是这种类型的人，你会倾向于选择商务、组织行政等方面的工作，并且喜欢领导或者行政类的工作。

认知风格并不是未来选择职业道路的唯一因素，更不是决定个人命运的因素。认知风格可以帮助个人进行有效学习，例如，如何最容易地吸收信息和进行反应，还可以帮助个人确定在一个有效的团队中与什么类型的人共同工作。

视　窗

另外两种认知风格

1. 场独立性和场依存性

场独立性和场依存性是由心理学家维特金（Witkin，1940）发现的认知风格，它主要表现在人对外部环境（“场”）的依赖程度上。场独立性的人在加工信息时，主要依据内在标准，与人交往时难以体察入微。场依存性的人在加工信息时，主要依据外在标准，与别人交往时能够较多考虑对方的感受。总体来看，场独立性和场依存性没有好坏之分。场独立性的人在认知方面有优势，而场依存性的人在处理人际关系时有优势。

2. 沉思和冲动

这是卡根等人发现的认知风格，它们的差异主要表现在对问题的思考速度上。冲动型的认知风格是反应快，但精确性差。沉思型的认知风格是反应慢，但精确性高。人们的研究发现，当任务强调整体性的信息加工时，沉思型的学生所犯的错误较多，当强调细节性的信息加工时，冲动型的学生所犯的错误较多。

资料来源：彭聃龄主编：《普通心理学》，北京，北京师范大学出版社，1988。

第2节　工作场所中的人格

本节中，我们对一些对组织行为具有高度预测性的人格特质进行更为细致的评估。我们先介绍工作场所中几种常见的人格理论，接着介绍几种与工作有关的人格，包括马基雅维里主义、自尊、自我监控、冒险倾向以及A型人格。

一、卡特尔16PF

卡特尔（Raymond B. Cattell，1905—1998）是美国著名的人格心理学家。在介绍他的理论之前，先介绍一个与人格有关的概念——特质（trait）。特质是指在个体身上表现出来的持久而稳定的特点，包括害羞、进取心、顺从、懒惰、忠诚等，这些特点可以用来描述一个人的行为。卡特尔通过因素分析的统计方法，得出了 16 种人格特质，这些特质代表着行为差异的基本属性，每个因素特质又分为低分者特征和高分者特征两个极端（见表 2—4），卡特尔的理论因此称为 16 种人格因素（16 personality factor，16PF）。而后，卡特尔在这 16 种个性特质的基础上设计出一种自陈式问卷。问卷共有 A，B，C 三种模式，A，B 模式由 187 个问题组成，C 模式较简洁，只有 107 个问题，该测验的信度与效度均不错，在企业管理、医院组织等领域得到广泛应用。

表 2—4　　卡特尔的 16 种人格特质

	人格特质	低分者特征	高分者特征
A	乐群性	缄默孤独	乐群外向
B	聪慧性	迟钝、知识面窄	聪慧、富有才识
C	情绪稳定性	情绪激动	情绪稳定
E	恃强性	谦虚顺从	支配、攻击
F	兴奋性	严肃谨慎	轻松、兴奋
G	有恒性	权宜敷衍	有恒负责
H	敢为性	畏怯退缩	冒险敢为
I	敏感性	理智、着重实际	敏感、感情用事
L	怀疑性	信赖随和	怀疑刚愎
M	幻想性	现实、合乎常规	幻想、狂放不羁
N	世故性	坦白直率、天真	精明能干、世故
O	忧虑性	安详沉着、有自信心	忧虑抑郁、烦恼多端
Q1	激进性	保守、服从传统	自由、批评激进
Q2	独立性	依赖、随群附众	自立、当机立断
Q3	自律性	矛盾冲突、不拘小节	知己知彼、自律严谨
Q4	紧张性	心平气和	紧张困扰

视　窗

走近卡特尔

雷蒙德·卡特尔是美国杰出的心理学家，1905 年出生于英格兰斯塔福郡，后进入伦敦大学主修物理和化学，3 年后获理学学士学位，毕业后进入伦敦大学研究生院主修文学和哲学，先后获得文学硕士和哲学博士学位。1928—1931 年，在英格兰埃克塞特大学任讲师。1932—1937 年，创办并主持了英格兰莱斯特市心理诊所。1937 年应美国著名心理学家 E. 桑代克邀请到美国哥伦比亚大学师范学院工作一年，之后分别在克拉克大学及哈佛大学讲学，1944 年以后长期供职于伊利诺伊大学。卡特尔的主要著作有《多元实验心理学手册》、《人格的种类和测量》、《人格研究导论》、《人格》、《一个系统的理论与事实研究》、《人格和动

雷蒙德·卡特尔

机：结构与测量》、《人格和社会心理学》等。

卡特尔最突出的贡献在于将因素分析的统计方法应用于人格心理学的研究，一共找到了16种根源特质，并编制出“卡特尔16种人格因素问卷”（sixteen personality factor questionaire，16PF）。这份问卷也可以称“卡特尔16种人格因素量表”或“卡特尔16项个性因素测验”，是世界公认的最具权威的个性测验方法，在临床医学中广泛应用于心理障碍、行为障碍、心身疾病的个性特征的研究，对人才选拔和培养也很有参考价值。

资料来源：郑雪：《人格心理学》，广州，广东高等教育出版社，2004。

二、人格的五因素模型

人格的五因素模型是由麦克雷和科斯塔等人（McCrae and Costa et al.，1989）基于已有理论和问卷提出的人格理论。该理论认为人格由五个主要特质构成，它们分别是外向性（extraversion）、宜人性（agreeableness）、责任感（conscientiousness）、神经质（neuroticism）和经验的开放性（openness to experience）。五个维度的英文首字母构成了“OCEAN”一词。每个特质的具体含义见表2—5。

表2—5　五因素模型的特质含义

五因素名称	主要关注点	低分者特征	高分者特征
外向性	对人际关系的舒适感程度	封闭内向、胆小害羞、安静少语	喜欢群居、善于交际、自我决断
宜人性	服从别人的倾向性	冷淡、敌对、不受欢迎	合作、热情、信赖他人
责任感	对信誉的关注程度	精力分散、缺乏计划、不可信赖	有条不紊、持之以恒、值得信赖
神经质	个体承受压力的程度	平和、自信、有安全感	紧张、焦虑、失望、缺乏安全感
经验的开放性	对新奇事物的热衷程度	保守、喜欢熟悉的事物	富有创造性、有好奇心、具有艺术的敏感性

人格的五因素模型是当前在工作场所应用最为广泛的人格理论框架，很多研究发现，五因素模型中的一些特质与工作绩效有着重要关系。其中一个最重要的发现是，责任感这个维度几乎可以预测所有职业的绩效——无论是专业技术人员，还是管理者、销售人员、警察、技术人员。这个结果并不难解释，责任感高的人会在工作中付出更多的努力，这种付出会影响其工作绩效。其他的几个人格因素与绩效的关系没有责任感那么显著，很多情况下会受到岗位类别的影响。例如，有研究发现，外向性可以预测管理者和销售人员的绩效，研究者认为可能是这两个岗位都与人际交往有关的缘故。还有研究发现，经验的开放性可以预测培训绩效。目前的研究没有发现神经质与工作绩效的关系。

视　窗

五因素模型与“大五”人格模型一样吗

1. 词汇学传统和理论取向——不同的历史渊源

在探索人格分类系统的历程中，“大五”结构最早由词汇学研究者提出，用以概括词汇学研究中反复出现的五个基本维度：外向性、随和性、尽责性、情绪稳定性和智慧（intellect）或文化（culture），后来将上述思想应用于特质研究，创制了人格形容词表，将词典中的人格描述词收集、整理、缩减、分析，再次验证了“大五”结构的存在。五因素模型主要源于对已有心理学理论或问卷中重要概念的概括和分析，与许多经典理论中的核心问题都有关。词汇学研究的“大五”结构以及前人理论和问卷共同构成了五因素模型的基础，“大五”结构只是五因素模型诸多理论来源中的一种。

2. 不同的内容和形式

虽然两个模型都是对人格结构的探索，得到的五个因素的内容和形式也比较相近，但两个模型不完全一致。

首先，两个模型的命名系统是不同的，“大五”结构一直采用罗马字母命名系统，即Ⅰ，Ⅱ，Ⅲ等，前面的因素比后面的因素更重要，对人格结构有更强的解释力，也更容易被重复验证。五因素模型则以首字母的缩写命名，即“OCEAN”模型，即外向性（E）、神经质（N）、宜人性（A）、责任感（C）和经验的开放性（O）。

其次，“大五”和五因素模型的结构是不同的。五因素模型明确指出每个因素下的六个子维度，而“大五”结构虽然也包括多个维度和层级，但是 5 个因素的相对重要性并不完全等同，对应的人格描述词的个数也不一定完全相同。

最后，两个模型维度的内容也不完全一致，其中最明显也最具争议的差异就是第五个因素的内容和命名。五因素模型强调开放性特征，如独创性、好奇心、对艺术的兴趣、幻想等，而“大五”结构则强调智慧特征，如世故性、洞察力、创造力、好想象等。

资料来源：尤瑾，郭永玉：《“大五”与五因素模型：两种不同的人格结构》，载《心理科学进展》，2007，15（1）：122～128 页。

三、MBTI 人格理论

MBTI 的全称为“Myers-Briggs Type Indicator”，它是一种迫选型、自我报告式的人格测评工具，用以衡量和描述人们在获取信息、作出决策、对待生活等方面的心理活动规律和不同的人格类型表现。它以荣格的心理类型理论为基础，由美国的布里格斯（Briggs）和迈尔斯（Myers）母女共同研制开发。根据美国心理类型应用中心主席麦考利（McCaulley）估计，全世界每年有 170 万各类人员接受 MBTI 的测试，它已成为泛美航空公司、美国海军武器中心、弗吉尼亚电力公司、苹果公司等大型机构管理人员选拔与评估的重要手段。该量表从四个维度来解析人格：

首先，从人们倾向于将心理能量集中在外部世界还是内部世界的角度，可将人格分为外向型（Extroversion，E）和内向型（Introversion，I）。如果你是一个外向型的人，你会较多关注外部世界的人和事，你的心理能量是指向外部环境的，偏好通过交谈的方式沟通，喜好社交和表达，兴趣广泛；如果你是一个内向型的人，你会倾向于将心理能量指向自身的观念和经验，你喜欢反思，不喜欢与人交流，喜好独处，兴趣不广泛但比较执著。

其次，从人们如何获取信息的角度，可将人格分为感觉型（Sensing，S）和直觉型（iNtuition，N）。如果你是一个感觉型的人，你倾向于通过感觉器官获取真实存在的信息，不依赖于理论上的解释，你相信自己所看到、听到和触摸到的，通常有敏锐的观察力，注重具体细节，比较实际；如果你是一个直觉型的人，你往往依靠直觉来获取信息，关注现实背后的可能，喜欢寻找事物发展的可能性，想象力丰富，富有创造性。

再次，从人们如何处理信息和作出决策的角度，可将人格分为思考型（Thinking，T）和情感型（Feeling，F）。如果你是一个思考型的人，你在处理信息和作出决策时依靠的是事实和逻辑，擅长逻辑思维、客观分析，不以感情为转移，理性公平；如果你是一个情感型的人，你对于别人的情感很敏感，喜欢权衡事物对自己和他人的价值和意义，在决策时过多考虑人的因素而不是客观事实，具有同情心、理解力。

最后，从人们对待外部世界的方式上，可将人格分为判断型（Judging，J）和知觉型（Perceiving，P）。如果你是一个判断型的人，你会喜欢用判断的方式对待外部世界，生活得有计划、有秩序，你擅长使用系统、有组织的方式来解决问题，做事有条不紊，有计划、有目的；如果你是一个知觉型的人，你喜欢灵活，你会随着信息的变化调整工作目标，喜欢用感知的功能来对待外部世界，容易冲动，适应性强，对事物的变化持开放态度。

以上每个人格维度都有两种不同的功能表现形式，经组合可得到 16 种人格类型。每个人都可以归为这 16 种类型中的一种。每种类型都有相应的行为特征和价值取向，均有相应的优点和缺点，可以为个人的发展提供一种参考（见表 2—6）。

表 2—6 MBTI 维度的解释与说明

人格类型	特征
外向型（E）	性格开朗、善于社交、充满自信
内向型（I）	安静、害羞
感觉型（S）	注重实际，偏爱程序化和秩序化，注重细节
直觉型（N）	依赖无意识的处理过程，关注宏观的“大场面”
思考型（T）	运用理智和逻辑处理问题
情感型（F）	依赖个人的价值观和情绪
判断型（J）	喜欢控制，偏爱充满秩序的结构化的世界
知觉型（P）	灵活变通，顺其自然

取每个维度上偏好类型的代表字母，即可以由四个字母构成你的性格类型，如 ISFJ 即内向感觉情感判断型，ENFP 即外向直觉情感知觉型。四个维度、八个类型可以组合成 16 种人格类型，如表 2—7 所示。

表 2—7　MBTI 的人格类型表

内向感觉思考判断 ISTJ	内向感觉情感判断 ISFJ	内向直觉情感判断 INFJ	内向直觉思考判断 INTJ
内向感觉思考知觉 ISTP	内向感觉情感知觉 ISFP	内向直觉情感知觉 INFP	内向直觉思考知觉 INTP
外向感觉思考判断 ESTJ	外向感觉情感判断 ESFJ	外向直觉情感判断 ENFJ	外向直觉思考判断 ENTJ
外向感觉思考知觉 ESTP	外向感觉情感知觉 ESFP	外向直觉情感知觉 ENFP	外向直觉思考知觉 ENTP

在国外，MBTI 因其独到的理论根基、严格的操作规程和极强的实用性而广泛应用于团队建设、生涯设计、教育学习以及个体与家庭治疗等领域。例如，桑普尔（Sample）综述前人的研究发现，16 种人格类型中有 4 种在典型组织中占统治地位，分别是 ISTJ，ESTJ，INTJ，ENTJ，这 4 种人格类型在组织中所占百分比明显高于基础人群。赖尼瑟（Reynierse，1993）调查了 1 952 名低、中、高层企业管理者，发现这些人与一般人群相比在外向、思考、判断这三个功能上表现突出，在信息获取方式上低层管理者更倾向于感觉，随着管理层级的升高，逐渐向直觉过渡，高层管理者中以直觉方式获取信息者占多数。目前，使用 MBTI 的组织包括苹果电脑、AT&T、花旗集团、通用电气、3M 等公司。

四、与工作绩效有关的其他人格特质

除了五因素模型外，还有其他一些人格特质也可以预测员工的绩效。

（一）自我监控

自我监控（self-monitoring）是指个体根据外部情境因素调整自己行为的能力，这一人格特质日益受到人们的重视。

如果你是一个高自我监控者，你对环境线索十分敏感，能根据不同情境采取不同行为，在根据外部环境因素调整行为方面表现出很强的适应性，并能够使公开的角色与私人的自我之间表现出极大差异；如果你是一个低自我监控者，你则倾向于在各种情境下都表现出自己的真实性情和态度，不能伪装自己，因而在你是谁以及你做什么之间存在着高度的行为一致性。

例如，小张是刚毕业的大学生，他的能力很强，工作也很努力，并且工作结果也不错，但是他的业绩评估效果仅达到平均水平，这使他的老板非常恼火。小张的问题在于他不会使用政治手腕，无法调整自己的行为以适应变化的环境，正如他所说：“我生活得很真实，从不会为了取悦他人而改变自己。”小张的这种状况就属于低自我监控。

一些初步的证据表明，高自我监控者比低自我监控者更关注他人的活动，但是有关自我监控的研究还处于起步阶段，因此很难做出较多预测。另外，高自我监控的管理者在职业中会更为灵活应变，更可能在组织中占据核心位置，得到更多的晋升机会（不论在组织内还是跨组织）。我们还可以做出这样的假设：由于高自我监控者能够根据不同的观众而做出不同的呈现，当管理岗位上要求个体扮演多重甚至相互冲突的角色时，他们会更为成功。

（二）控制点

控制点（locus of control）是指人们认为自己可以控制命运的程度，是个体对于自己命运根源的认知。我们常常能够感知到，一些人认为自己是命运的主人，可以控制命运，我们称其为内控型（internals）；另一些人则认为自己受命运的操纵，认为生活中所发生的一切均是运气和机遇的作用，认为自己被外界的力量左右，我们称其为外控型（externals）。

大量内控和外控的比较研究一致表明，外控得分高的个体对工作更不满意、缺勤率更高、对工作环境更为疏远、对工作的投入程度更低。另外，与外控者相比，内控者在首次面试中往往更积极和主动地采取行动，在第二次面试中，这种表现更为明显。外控者采取主动行动的可能性更低。

为什么外控者对工作更不满意？原因可能在于：当面对同样的情境时，内控者容易把组织结果归因于自己的活动，而外控者感到那些对自己来说很重要的组织结果均是自己无法左右的，如果自己所处的情境缺乏吸引力，内控者认为除了自己之外没有别人可以责备。另外，不满意的内控者更倾向于离开令自己不满意的工作，而不是继续留守。

控制点在缺勤率方面的影响十分有趣。与外控者相比，内控者的缺勤率较低，原因是他们认为自己可以通过恰当的习惯确保身体健康，他们对自己的健康承担更多责任，并有良好的健康习惯，其结果是，他们的患病概率下降，因而缺勤率也较低。

控制与流动率产生了两种对立的影响力量。一方面，当内控者感到对工作不满意时倾向于采取实际行动，可能会更迅速地离开；另一方面，内控者倾向于在工作中做得更为成功，对工作更为满足，这些因素又与较低的流动率相联系。

总体来说，研究证据表明，内控者在工作上会干得更好，但这一结论在不同工作中也存在一定的差异。外控者则更为顺从，更乐于遵循别人的指导。内控者在决策之前积极搜寻信息，对获得成功有更强烈的动机，更倾向于控制环境。外控者对于结构分明和条理清楚且只有严格遵从指示才会成功的工作来说，会做得很好。内控者在复杂的工作中做得很好，包括绝大多数管理和专业技能的工作，因为这些工作需要进行复杂的信息加工和学习活动。另外，内控者也适于从事具有创造性和独立性的工作。例如，几乎所有成功的销售人员都是内控型的人。为什么呢？如果你不相信自己可以有效地影响结果，那么你的销售活动很难成功。

（三）自尊

人们喜爱或不喜爱自己的程度各有不同，这一特质称为自尊（self-esteem）。有关自尊的研究为组织行为学提供了一些很有趣的证据。比如，与自尊心弱的人相比，自尊心强的人相信自己拥有工作成功所必需的大多数能力，有更强的成功预期，在工作选择上会更为冒险，更可能选择那些非传统性的工作。

有关自尊方面最普遍的发现是，自尊心弱的人更可能寻求他人的认同，更倾向于按照自己尊敬的人的信念和行为行事，因为他们比自尊心强的人更容易受外界影响，他们需要从别人那里获得积极的评价。从管理的角度来看，自尊心弱的人更注重取悦他人，他们很少站在不受欢迎的立场上。

人们还发现自尊与工作满意度之间存在相关性，大量研究证实，自尊心强者比自尊心弱者对他们的工作更为满意，这一点并不令人感到意外。

（四）马基雅维里主义

马基雅维里主义（Machiavellianism）人格特质以尼科洛·马基雅维里（Niccolo Machiavelli）的名字命名，此人曾著有关于如何获得和操弄权术的专著。如果你是一个高马基雅维里主义的人，你更讲求实效，保持着情感的距离，相信结果能替手段辩护。"只要行得通，就采用它。"这是高马基雅维里主义者一贯的思想准则。

人们对马基雅维里主义与行为结果的关系方面进行了大量研究，这些结果也受到情境因素的调节。高马基雅维里主义者比低马基雅维里主义者更愿意操纵别人，赢得更多利益，更难被别人说服，却更多地说服别人。研究发现，高马基雅维里主义者在以下条件下工作更有成效：（1）当他们与别人直接面对面交往而不是间接地相互作用时；（2）当情境中要求的规则与限制最少，并有即兴发挥的自由时；（3）对具体问题的情感卷入与能否成功无关时。

高马基雅维里主义者是不是一个好员工要取决于他们的工作类型，以及在评估绩效时是否考虑其道德内涵。当结果不能为手段辩护，行为有绝对的规范标准，以及上一段落中列出的三个条件不存在时，我们可以预期高马基雅维里主义者的绩效水平会大打折扣，但是对于需要谈判技能的工作（如劳工谈判者）和成功能带来实质效益的工作（如拿佣金的销售人员），高马基雅维里主义者会十分出色。

（五）A型人格

我们身边总有一些人争强好胜，并且总是体验到一种时间上的紧迫性，这些人就拥有A型人格（type A personality）。A型人格者总是不断地驱动自己要在最短的时间里干最多的事，并对阻碍自己工作的其他人或事进行攻击（如果这样做是允许的）。在竞争日趋激烈的社会中，这种特点被高度推崇，而且它与进取心和物质利益的成功获得正相关。

A 型人格表现为：

（1）运动、走路和吃饭时通常节奏很快；

（2）对很多事情的进展速度感到不耐烦；

（3）总是试图同时做两件以上的事情；

（4）无法打发闲暇时光；

（5）着迷于数字，他们的成功是以每件事中自己获益多少来衡量的。

B 型人格是与 A 型人格相对应的，其特点正好相反。B 型人格“很少受到这种欲望的折磨，诸如要获得越来越多的东西，或无休止地压缩完成工作的时间”。

B 型人格表现为：

（1）从来不曾有时间上的紧迫感以及其他类似的不耐烦；

（2）认为没有必要表现或讨论自己的成就和业绩，除非环境要求如此；

（3）充分享受娱乐和休闲，而不是不惜一切代价实现自己的最佳水平；

（4）充分放松而不感内疚。

A 型人不断给自己施加时间压力，总为自己规定最后期限，因此常常处于中高度的焦虑状态之中，这些特点也导致一些具体的行为结果。比如，A 型人是速度很快的员工，他们对于数量的要求高于对质量的要求。从管理角度来看，A 型人表现为愿意长时间工作，但他们的决策欠佳也绝非偶然，因为他们做得太快了。A 型人很少具有创造性，因为他们关注的是数量和速度，遇到问题时常常依赖于自己过去的经验。面对环境中的各种挑战和困难，他们很少改变自己的反应方式；面对一个新问题时，他们很少会专门花时间来研究和开发具体的解决方法。因此，他们的行为比 B 型人更易于预测。

A 型人格与 B 型人格在受聘可能性上存在差异吗？显而易见，回答是肯定的。A 型人在职业面试中做得更好，因为他们更可能被评价为具有一些理想特质，如工作积极性高、能力强、富于进取和成功动机高。

小链接

A 型与 B 型人，谁更容易成功

在组织中，A 型人格与 B 型人格的人谁更容易成功呢？尽管 A 型人工作十分勤奋，但 B 型人常常占据组织中的高层职位。最优秀的推销员常常是 A 型人，但高级经营管理人员常常是 B 型人。这是为什么呢？答案在于 A 型人倾向于放弃对质量的追求，而仅仅追求数量，然而在组织中晋升的常常是那些睿智而非匆忙、机敏而非迟钝、有创造性而非仅有好胜心的人。因而有学者戏称，A 型人生来就是要由 B 型人来驱动的，B 型人制定战略目标、方案和计划，A 型人则负责具体实施，拼命去实现它们。

（六）冒险性

人们在冒险意愿上存在差异，并且这种接受或回避风险的倾向性对管理者做决策所用的时间以及做决策之前需要的信息量都有影响。比如，一项研究让 79 名管理者进行模拟人事练习，要求他们做出聘用决策。低冒险性的管理者比高冒险性的管理者做出决策花的时间更长，使用的信息量也更多。有趣的是，两组的决策准确性是相当的。

总体来说，大企业中的管理者倾向于不愿意冒险，尤其是与那些成长取向的创业者相比，后者主要致力于管理小型企业。从总体的工作人员来看，在冒险倾向性上也存在差异。了解这些差异并进一步根据工作的具体要求考虑与冒险倾向性的匹配性是很有意义的。比如，愿意冒险这种特点可能成为从事审计工作的财会人员的主要障碍，因此最好在这项工作中安排低冒险倾向的人，但是对一名股票经纪人来说，高冒险倾向性可能会产生更高业绩，因为这类工作需要迅速做出决策。

本章小结

1. 人格是个体在遗传素质的基础上，通过与后天环境的相互作用而形成的相对稳定的、独特的心理行为模式。人格包括动机、气质、性格和认知风格等方面。

2. 气质是指一个人天生的，表现在心理活动的动力方面的典型的、稳定的心理差异和特征。现代学者综合了过去的研究，将气质分为胆汁质、多血质、黏液质和抑郁质四种类型。在人—职匹配、团队构成中都需要考虑气质的匹配，组织管理中也需要“因气质施教”。

3. 性格是人对现实的稳定态度和习惯化的行为方式。气质与性格这两种人格结构中的重要组成部分，既有相似之处，又有明显区别，也会相互影响。

4. 认知风格也叫做认知方式，是指人们偏爱使用的信息加工方式。认知风格理论中较有影响力的是大卫·威坦等人提出的学习风格理论，将认知风格分为个体收集信息的方式、评估所接受的信息的方式两个维度，其中前者分为具体经验和抽象概念，后者分为反思性观察和积极实验，最后形成发散、吸收、会聚和适应四种类型的学习风格。

5. 工作场所中几种常见的人格理论包括卡特尔 16PF、人格的五因素模型、MBTI 人格理论。另外，可能影响工作绩效的人格特质包括自我监控、控制点、自尊、马基雅维里主义、A 型和 B 型人格及冒险性。

本章思考

1. 你属于哪种气质类型？书中描述的各气质类型的特点与你的生活经验相符吗？

2. 组织行为学中的人格包括哪几个方面？请总结各方面的定义及类型。

3. 请选择一项人格测验工具，为自己做一下测试。

管理游戏：印象卡

目的：了解自我评价和他人评价的异同。

人数：15人。

辅助设备：卡片。

步骤：

1. 每5人分成一组，围圈而坐。
2. 请每个人从教师手中取出一张卡片，作为印象卡。
3. 每个成员在自己的印象卡正面写上名字、自我评价，并画上自我印象的肖像画。
4. 把印象卡交给自己右边的组员。
5. 在卡片的背面写上你对卡片主人的印象和评价。
6. 教师将卡片收回，再发还到本人手中。

游戏讨论：

讨论和分析卡片中自评和他评的差别。

心理测试：你是哪种气质类型的人

指导语：气质是指人典型的、稳定的心理特点。下面是有关气质的60道选择题，没有对错之分，回答时不要猜测什么是正确答案，请根据你的实际情况与真实想法作答。

1. 做事力求稳妥，一般不做无把握的事。

A. 很符合　B. 比较符合　C. 介于中间　D. 不太符合　E. 很不符合

2. 遇到可气的事就怒不可遏，只有把心里的话全说出来才痛快。

A. 很符合　B. 比较符合　C. 介于中间　D. 不太符合　E. 很不符合

3. 宁可一个人做事，也不愿很多人在一起。

A. 很符合　B. 比较符合　C. 介于中间　D. 不太符合　E. 很不符合

4. 很快就能适应一个新环境。

A. 很符合　B. 比较符合　C. 介于中间　D. 不太符合　E. 很不符合

5. 厌恶那些强烈的刺激，如尖叫、噪音、危险镜头等。

A. 很符合　B. 比较符合　C. 介于中间　D. 不太符合　E. 很不符合

6. 和人争吵时，总是先发制人，喜欢挑衅。

A. 很符合　B. 比较符合　C. 介于中间　D. 不太符合　E. 很不符合

7. 喜欢安静的环境。

A. 很符合　B. 比较符合　C. 介于中间　D. 不太符合　E. 很不符合

8. 善于与人交往。

A. 很符合　B. 比较符合　C. 介于中间　D. 不太符合　E. 很不符合

9. 羡慕那种善于克制自己感情的人。

A. 很符合 B. 比较符合 C. 介于中间 D. 不太符合 E. 很不符合

10. 生活有规律，很少违反作息制度。

A. 很符合 B. 比较符合 C. 介于中间 D. 不太符合 E. 很不符合

11. 在多数情况下，情绪是乐观的。

A. 很符合 B. 比较符合 C. 介于中间 D. 不太符合 E. 很不符合

12. 碰到陌生人会觉得很拘束。

A. 很符合 B. 比较符合 C. 介于中间 D. 不太符合 E. 很不符合

13. 遇到令人气愤的事，能很好地自我控制。

A. 很符合 B. 比较符合 C. 介于中间 D. 不太符合 E. 很不符合

14. 做事总是有旺盛的精力。

A. 很符合 B. 比较符合 C. 介于中间 D. 不太符合 E. 很不符合

15. 遇到问题时常常举棋不定、优柔寡断。

A. 很符合 B. 比较符合 C. 介于中间 D. 不太符合 E. 很不符合

16. 在人群中从不觉得过分拘束。

A. 很符合 B. 比较符合 C. 介于中间 D. 不太符合 E. 很不符合

17. 情绪高昂时觉得干什么都有趣，情绪低落时觉得干什么都没意思。

A. 很符合 B. 比较符合 C. 介于中间 D. 不太符合 E. 很不符合

18. 当注意力集中于某一事物时，别的事物很难让自己分心。

A. 很符合 B. 比较符合 C. 介于中间 D. 不太符合 E. 很不符合

19. 理解问题总比别人快。

A. 很符合 B. 比较符合 C. 介于中间 D. 不太符合 E. 很不符合

20. 碰到危险情况时，常有一种极度恐惧感。

A. 很符合 B. 比较符合 C. 介于中间 D. 不太符合 E. 很不符合

21. 对学习、工作、事业抱有极大的热情。

A. 很符合 B. 比较符合 C. 介于中间 D. 不太符合 E. 很不符合

22. 能够长时间做枯燥、单调的工作。

A. 很符合 B. 比较符合 C. 介于中间 D. 不太符合 E. 很不符合

23. 符合兴趣的事，干起来劲头十足，否则就不想干。

A. 很符合 B. 比较符合 C. 介于中间 D. 不太符合 E. 很不符合

24. 一点小事就会引起情绪波动。

A. 很符合 B. 比较符合 C. 介于中间 D. 不太符合 E. 很不符合

25. 讨厌做那种需要耐心、细心的工作。

A. 很符合 B. 比较符合 C. 介于中间 D. 不太符合 E. 很不符合

26. 与人交往不卑不亢。

A. 很符合 B. 比较符合 C. 介于中间 D. 不太符合 E. 很不符合

27. 喜欢参加热烈的活动。

A. 很符合 B. 比较符合 C. 介于中间 D. 不太符合 E. 很不符合

28. 爱看感情细腻、描写人物内心活动的文学作品。

A. 很符合　B. 比较符合　C. 介于中间　D. 不太符合　E. 很不符合

29. 工作、学习时间长时，常感到厌倦。

A. 很符合　B. 比较符合　C. 介于中间　D. 不太符合　E. 很不符合

30. 喜欢长时间讨论一个问题，愿意实际动手干。

A. 很符合　B. 比较符合　C. 介于中间　D. 不太符合　E. 很不符合

31. 宁愿侃侃而谈，不愿窃窃私语。

A. 很符合　B. 比较符合　C. 介于中间　D. 不太符合　E. 很不符合

32. 别人说我总是闷闷不乐。

A. 很符合　B. 比较符合　C. 介于中间　D. 不太符合　E. 很不符合

33. 理解问题常比别人慢一些。

A. 很符合　B. 比较符合　C. 介于中间　D. 不太符合　E. 很不符合

34. 疲倦时只要经过短暂的休息就能精神抖擞，重新投入工作。

A. 很符合　B. 比较符合　C. 介于中间　D. 不太符合　E. 很不符合

35. 心里有话时，宁愿自己想，不愿说出来。

A. 很符合　B. 比较符合　C. 介于中间　D. 不太符合　E. 很不符合

36. 认准一个目标就希望尽快实现，不达目的，誓不罢休。

A. 很符合　B. 比较符合　C. 介于中间　D. 不太符合　E. 很不符合

37. 同样和别人学习、工作一段时间后，常比别人更疲倦。

A. 很符合　B. 比较符合　C. 介于中间　D. 不太符合　E. 很不符合

38. 做事有些莽撞，常常不考虑后果。

A. 很符合　B. 比较符合　C. 介于中间　D. 不太符合　E. 很不符合

39. 老师和师傅讲授新知识、新技术时，总希望他讲慢些，多重复几遍。

A. 很符合　B. 比较符合　C. 介于中间　D. 不太符合　E. 很不符合

40. 能够很快忘记不愉快的事情。

A. 很符合　B. 比较符合　C. 介于中间　D. 不太符合　E. 很不符合

41. 做作业或完成一项工作总比别人花的时间多。

A. 很符合　B. 比较符合　C. 介于中间　D. 不太符合　E. 很不符合

42. 喜欢运动量大的剧烈活动，或参加各种娱乐活动。

A. 很符合　B. 比较符合　C. 介于中间　D. 不太符合　E. 很不符合

43. 不能很快地把注意力从一件事转移到另一件事上。

A. 很符合　B. 比较符合　C. 介于中间　D. 不太符合　E. 很不符合

44. 接受一个任务后，就希望迅速完成。

A. 很符合　B. 比较符合　C. 介于中间　D. 不太符合　E. 很不符合

45. 认为墨守成规比冒风险好一些。

A. 很符合　B. 比较符合　C. 介于中间　D. 不太符合　E. 很不符合

46. 能够同时注意几件事。

A. 很符合　B. 比较符合　C. 介于中间　D. 不太符合　E. 很不符合

47. 当我烦闷的时候，别人很难让我高兴。

A. 很符合　B. 比较符合　C. 介于中间　D. 不太符合　E. 很不符合

48. 爱看情节起伏跌宕、激动人心的小说。

A. 很符合　B. 比较符合　C. 介于中间　D. 不太符合　E. 很不符合

49. 对工作认真严谨，具有始终如一的态度。

A. 很符合　B. 比较符合　C. 介于中间　D. 不太符合　E. 很不符合

50. 和周围人的关系总是处不好。

A. 很符合　B. 比较符合　C. 介于中间　D. 不太符合　E. 很不符合

51. 喜欢复习学过的知识，重复检查已经完成的工作。

A. 很符合　B. 比较符合　C. 介于中间　D. 不太符合　E. 很不符合

52. 希望做变化大、花样多的工作。

A. 很符合　B. 比较符合　C. 介于中间　D. 不太符合　E. 很不符合

53. 小时候会背许多首诗歌，我似乎比别人记得清楚。

A. 很符合　B. 比较符合　C. 介于中间　D. 不太符合　E. 很不符合

54. 别人说我“出口伤人”，可我并不觉得。

A. 很符合　B. 比较符合　C. 介于中间　D. 不太符合　E. 很不符合

55. 在体育活动中，常因反应慢而落后。

A. 很符合　B. 比较符合　C. 介于中间　D. 不太符合　E. 很不符合

56. 反应敏捷，头脑机智灵活。

A. 很符合　B. 比较符合　C. 介于中间　D. 不太符合　E. 很不符合

57. 喜欢有条理且不麻烦的工作。

A. 很符合　B. 比较符合　C. 介于中间　D. 不太符合　E. 很不符合

58. 兴奋的事常常使我失眠。

A. 很符合　B. 比较符合　C. 介于中间　D. 不太符合　E. 很不符合

59. 老师讲新的概念，常常听不懂，但是弄懂以后就很难忘记。

A. 很符合　B. 比较符合　C. 介于中间　D. 不太符合　E. 很不符合

60. 如果工作枯燥乏味，马上情绪就会低落。

A. 很符合　B. 比较符合　C. 介于中间　D. 不太符合　E. 很不符合

计分标准：

选A得2分，选B得1分，选C得0分，选D得−1分，选E得−2分。计算总分。

测试结果：

1. 将每题得分填入下表相应的“得分”栏内。

2. 计算每种气质类型的总分数。

3. 气质类型的确定：如果某种气质得分明显高于其他三种，且均高出4分以上，则可定为该种气质。如果某种气质得分超过20分，则为典型类型；如果某种气质得分在10～20分，则为一般类型。

如果两种气质类型得分接近，其差异低于3分，又明显高于其他两种，高出4分以上，则可定为两种气质的混合型。

如果三种气质得分均高于第四种，而且相互接近，则为三种气质的混合型。

胆汁质	题号	2	6	9	14	17	21	27	31	36	38	42	48	50	54	58	总分
	得分																
多血质	题号	4	8	11	16	19	23	25	29	34	40	44	46	52	56	60	总分
	得分																
黏液质	题号	1	7	10	13	18	22	26	30	33	39	43	45	49	55	57	总分
	得分																
抑郁质	题号	3	5	12	15	20	24	28	32	35	37	41	47	51	53	59	总分
	得分																

资料来源：参见邢群麟：《世界上最经典的 1 500 道心理测试题》，北京，中国言实出版社，2006。

章末案例：乔布斯的性格与事业成功

在我们身边有很多这样的孩子，他们聪明、有灵气、好动，没有规矩，他们与人交往困难，他们的家长对教育问题无能为力，任其自然，他们给家里带来很多的麻烦。早早地他们就被贴上“淘气包”、“坏孩子”、“差生”、“无可救药”等标签。在美国有这样的一个孩子，他成了伟大的乔布斯。作为苹果的灵魂人物、硅谷的商业偶像，乔布斯也是一个性格自相矛盾的人物，他从禅宗寻求宁静，却又强势逼人。

史蒂夫·乔布斯从小就有强烈的不安全感。他从小就很淘气，总是做与常人不同的事情。他的一位同学在多年以后回忆起史蒂夫时曾这样描述他：他是一个孤单的、爱哭的男孩。史蒂夫与这位同学曾参加过同一支游泳队，这也是他参加的为数不多的体育运动队。“如果比赛失败了，他会自己跑到一边哭泣。他和别的同学很难相处，他就是这样一个家伙。”这位同学说。在中学时，史蒂夫因为身材矮小、体型瘦弱和奇怪的个性而被同龄人排斥。可就是这样一种内心强烈的不安全感，让史蒂夫不停地追求与众不同的东西，也造就了他性格上的倔强与不服输。

史蒂夫从小就多动，乔布斯夫妇收养史蒂夫之后，就举家迁往南旧金山的一座工业城镇，史蒂夫在那里长到了 3 岁。小时候的史蒂夫调皮多动，早晨往往很早就起来捣乱，好像他属于那种天生爱搞恶作剧的孩子。有一次，他和小伙伴们跑到了医院，就是想尝尝杀虫剂究竟是什么味道。还有一次，史蒂夫把发夹塞到了电源插座内，让它发出难闻的气味以满足自己的好奇心。他在邻居家的摄像机前做鬼脸，骑在三轮车上对街坊四邻大喊大叫，他还看了很多不健康的电视节目。

史蒂夫·乔布斯性格中有一种任性不服输的劲儿。他爱捣乱、不服从老师的管理、不完成老师布置的家庭作业和课外作业，他认为做这些作业纯属浪费时间，被学校几次勒令退学。在史蒂夫上小学四年级时，他受到一位名叫伊莫金·特迪·希尔的老师的深刻影响，这位老师最终改变了他的人生。“她在我心目中是一位了不起的老师，”史蒂夫说，“她教四年级提高班的课程时，仅花了1个月的时间就了解了我的情况。她极力敦促我学习，甚至会这样说，‘我真希望你能完成这些作业，你要是能完成我就给你5美元。’就这样，希尔老师激起了我内心的学习热情。”史蒂夫在那一年学的知识要比小学其他任何一年都多。

孤僻、不合群是乔布斯性格上的弱点。乔布斯在上学时，从他的同龄伙伴那里并没有收获什么，得到的尽是麻烦，因为他与他们格格不入。多年后，乔布斯与朋友史蒂夫·沃兹尼亚克相识，发现俩人在性格上有相似之处，他们都很孤僻、不合群，不爱开玩笑，也不是团队里的活跃分子。乔布斯对电子学有一种特别深的爱好，他时常沉浸在自己的世界里。

做事专心的性格给乔布斯很大帮助。史蒂夫·乔布斯在11岁时，心中的自由精神和超常的智力水平在学校毫无施展和提升的机会。他渐渐变得郁郁寡欢，并感到深受挫折，最终向父母提出退出那所学校，并获得了父母的支持和同意。他在这个时候就能以足够的意志力说服他的父母搬家。他这种刚强的个性加上做事专心的品性，使他能够克服前进道路上的任何障碍，这一点在史蒂夫小时候就显现出来了。

善于说服人让乔布斯获得了经济利益。乔布斯和沃兹用一个称为“蓝匣子”的自制装置来盗打长途电话。沃兹在斯坦福直线加速器中心的图书馆里做了几次实验性研究，当然有几次失败了。他提出了一个设计方案，根据这个方案设计的“蓝匣子”要比其他盗打电话高手所用的“蓝匣子”好得多，其中最大的优点就是它不需要开关，只要有人拨打长途电话，这个装置就会被自动激活。这一技术上的革新让沃兹风光了好多年。“我们简直入迷了，”史蒂夫说，“真是难以想象，仅仅制作了这么简单的一个小匣子就能把电话打到世界各地。”当然，没有任何一个电话盗打者认为拨打这种免费电话是一种偷盗行为，实际上，唯一受损的是电话公司，而这点损失在电话公司看来是无所谓的。还有什么能比这样做更让人感觉荣耀呢？

资料来源：根据百度百科（http：//www.doc88.com/p-668150390734.html）整理而成。

［思考题］

1. 乔布斯的性格对其事业成功有哪些有利的影响？

2. 乔布斯的性格对其事业成功有哪些不利的影响？

第3章

员工的态度与价值观

先相信你自己，然后别人才会相信你。

——屠格涅夫

学习目标

1. 了解组织行为学中态度的含义和作用；
2. 掌握态度与行为改变的理论；
3. 理解并熟记工作满意度、价值观的概念；
4. 了解价值观的各种类型。

开篇案例

米卢是历史上唯一一位连续4届带领不同国家的国家足球队打入世界杯16强的主教练。他1944年生于南斯拉夫巴斯塔。米卢在1983—1986年出任墨西哥队的主教练，带领球队闯入了1986年的世界杯并且打入了复赛。之后连续四届世界杯他分别带领哥斯达黎加队、美国队、尼日利亚队和中国队闯入了世界杯。

中国人称博拉·米卢蒂诺维奇为“米卢”，这种简称虽不符合外国人的习惯，不称名也不道姓，但这个颇具中国特色的称呼透着十二万分的亲切，中国人喜欢这么叫，米卢蒂诺维奇也喜欢听。米卢的头顶上有种神奇的光环，他给中国球迷留下了太多美好的时刻。

2001年1月米卢和中国足协签订了一份为期两年半的工作合同，他的任务就是带领中国队进入2002年的韩日世界杯。米卢到来之后，一句口号也随之响遍中国大江南北——“态度决定一切”。

米卢选队员的一个标准便是“态度决定一切”。例如，对待替补队员，米卢坚持“态度决定一切”。卡中之战申思首发出场，这出乎很多人的意料。米卢的解释是：申思的训练态度好。米卢认为，应该给兢兢业业训练的球员上场的机会，这会化解不能上场的球员的不满情绪。

除了对待队员外，米卢自己也一直在身体力行“态度决定一切”的信条。米卢对待比赛的态度十分端正，在他脸上几乎找不到得意忘形或不知所措的表情。米卢重视每一个对手，也非常尊重每位对手。米卢的赛后评论总是给对手以极高的评价，与对手的主教练握手甚至拥抱。他对对手的尊重，也引起队员对对手足够的重视。

资料来源：根据网络资料（http://baike.baidu.com/view/174316.htm）整理而成。

米卢所说的态度是什么意思？从理论上说，真的存在“态度决定一切”的可能性吗？本章将从态度和价值观的角度来回答这个问题。

第 1 节　员工的态度

一、什么是态度

我们在认识客观事物或在工作交往中，总是对人或事作出各种各样的评价，这种对客观对象所表现出来的心理倾向，是一种内在的心理准备状态，它一旦变得持久稳定，就会成为态度。例如，你不喜欢某位同学，无论他做什么你可能都看不惯。如果这种不喜欢变得比较稳定，那么我们就说你对这位同学形成了一种态度性的看法。在此，我们给出态度的定义：态度是指一个人对外界特定事物所持有的评价性的、较为稳定的内部心理倾向。

为了更好地理解态度，我们需要注意如下几点：

第一，态度是一种内在的心理倾向。你可以将自己对某个事物的态度通过外在行为表现出来，也可以隐藏不露。就像当你讨厌某个人时，你可以选择表达出来，也可以藏在心里。

第二，态度总是指向特定的对象。任何一种态度都是有针对性的，反映了主体和客体的关系。你不可能喜欢所有的人，总是要指向某个具体的人。

第三，态度具有一定的稳定性和持久性。一旦态度形成，就将持续一段时间，不会轻易改变，这就叫做态度的抗变性。当你喜欢一个人时，你不会突然讨厌他。

第四，态度是一个复杂的结构，它包括判断成分、情感成分和行为成分。任何态度都是在对某些人、事、物的喜好性做出评价之后，产生某些情感判断，随后会出现一些行为反应。一般认为，态度的心理结构由认知成分、情感成分和行为成分构成。

认知成分（cognitive component）表明了人对事物评价性的看法。当然，这种评价性的判断是主观的，可能与实际相符，也可能不符。如你认为你的同学误会了，或班主任非常关心自己的学习和生活等，你的这些判断也许是对的，也许是错误的。

情感成分（affective component）是态度中的情感要素，它与个体对某事或某人的情绪体验有关，即人对事物的好恶，带有感情色彩和情绪特征。人的喜爱或讨厌、热爱或憎恨、尊敬或蔑视、耐心或厌烦、热情或冷淡、谦逊或骄横等，都反映出人的态度。

行为成分（behavioral component）是指个体以某种行为方式对某人、某事、某物表现出来的目的和意图，即人对事物的行为准备状态和行为反应倾向。如果你喜欢你的老板（对他的态度是积极的），你就会说这个人的好话；如果你喜欢组织行为学这门课程，你就会坚持听课。行为成分可以通过观察或者询问有关行为和意图的问题来测量。

态度的结构参见表3—1。

表3—1 态度的结构

态度的心理结构	主要内容
认知成分	人对事物评价性的看法。当然，这种评价性的判断是主观的，可能与实际相符，也可能不符。
情感成分	态度中的情感要素与个体对某事或某人的情绪体验有关，即人对事物的好恶，带有感情色彩和情绪特征。
行为成分	个体以某种行为方式对某人、某事、某物表现出来的目的和意图，即人对事物的行为准备状态和行为反应倾向。

态度的三种成分之间的关系是复杂的，但在一般情况下三者是协调一致的。比如，如果你对学习的重要意义认识得很清楚（认知成分），则情感上会热爱学习（情感成分），表现在行为上是专心致志，认真负责，甚至废寝忘食（行为成分）。这三个方面交织在一起，表明你对学习有一个积极的态度。

二、态度与行为的关系

最初很多人认为，态度决定行为，即有什么样的态度必然会导致什么样的行为，但随着研究的深入，人们发现态度与行为的关系受到许多因素的影响，这使得态度和行为之间的关系更加错综复杂。克劳斯（Kraus，1995）认为，态度和行为的关系可能会受到以下几个因素的影响：

（1）具体性。态度和行为的具体性可以增强二者之间的相关程度。态度和行为越具体，二者之间的关系越明确。比如，如果问是否愿意保护环境（态度），大多数人会回答“是”，但是这并不意味着他们愿意从垃圾箱中挑选出可再利用的物品（行为）。如果问是否愿意挑选可再利用的物品（态度），此时态度和实际的挑选行为之间的关系就变得更加明显。

（2）社会规范。事实上，决定行为的因素并不仅仅是态度一个因素，社会规范就是其中的一个。设想有甲、乙两个同学都具有吸烟有害健康的观念，他们的父母也都反对吸烟，上了大学之后，他们分别住在两个不同的宿舍中，甲同学所在的宿舍的同学都认为吸烟不好，此时他当然不会吸烟，而乙同学的舍友恰好都是吸烟的，他们认为吸烟是一个人成熟和独立的表现，渐渐地，在乙同学的宿舍中就会形成“我们宿舍的人都要吸烟”的不成文的规定（这就是社会规范），乙同学与舍友生活的时间越长，他就越有可能出现吸烟的行为。

（3）态度体验。如果评价的是你有过体验的事情，则态度和行为之间的关系会更加强烈。例如，如果调查大家对酒后驾车的态度，很多人都认为酒后驾车是不对的（态度），但是在实际中还会有人酒后驾车，如果你看了酒后驾车造成事故的现场后，你的态度和行为之间就会出现更大的一致性。

态度与行为的关系参见表3—2。

表3—2　　态度与行为的关系

态度与行为关系的影响因素	主要内容
具体性	态度和行为的具体性可以增强二者之间的相关程度。态度和行为越具体，二者之间的关系越明确。
社会规范	不同的社会规范会对具有相同态度的人产生不同的行为影响。
态度体验	如果评价的是个人有过体验的事情，则态度和行为之间的关系会更加强烈。

以上都是在说明态度如何影响人的行为。一种更新的观点认为，不是态度影响行为，而是行为影响态度！这种观点称为自我知觉理论。比如，当问你是否喜欢曾经就读的中学时，你可能会这样想：我在这个学校度过了三年的时光，我当然喜欢它。

视　窗

20世纪30年代，美国社会心理学家拉皮尔（R. T. Lapiere，1934）曾进行过一项著名的研究。他和一对中国留学生夫妇在美国西海岸旅行，和他预期不符的是，一路上的旅馆和餐馆都很好地接待了他们，一万多英里的旅途只有一次遭到拒绝。

之后他分别向这些餐馆、旅馆寄去了两种问卷，问他们是否愿意在店中接待中国顾客。因为这些店都接待过中国人，为了不引起他们的疑心而保证回答的真实性，拉皮尔给其中一半寄去的问卷中还加入了是否愿意接待德国人、法国人等问题，同时，还给未光顾过的一些店寄发了问卷，作为控制组。

收回的答卷中答不愿接待的占93.4%，答愿意接待的只有1家旅馆。两种问卷的回答差别很微小。光顾过和未光顾过的两组被调查者的回答，其差异也很不显著。这个实验表明店家的真实态度与实际的接待行为并无相关或不一致性。

资料来源：章志光：《社会心理学》，北京，人民教育出版社，2008。

三、态度的作用

我们为什么要研究态度呢？人们发现，尽管态度与行为之间没有必然的因果关系，但作为行为的指导和动力系统，它对员工的行为有着重要的影响。态度的作用主要包括以下四个方面：

第一，态度影响认知与判断。态度一旦形成会对认知产生反作用，有正向作用，也有负向作用。以正确的价值观为基础的科学态度会对人的社会认知、判断产生积极的影响，而消极的态度容易使人产生偏见、误解，导致判断失误。例如，一旦你对某人产生了某种积极的态度，无论他做什么，你都可能会解读为积极行为；相反，如果你对某人有了偏见（也是一种态度），无论他做什么积极的事情，你都可能会做出负面的判断。比如你热爱的球队由于状态不佳连着两场败给了同一支水平较弱的球队，你可能不会觉得是球员的表现不够好，而是把责任都推到裁判身上，认为他偏袒另一支球队。

第二，态度影响忍耐力。忍耐力指人对挫折的耐受、适应能力，它和人对所从事活动的态度有密切关系。例如，追求真理、热爱科学的人，对试验失败有较强的忍耐力；对团体有认同感、抱有忠诚态度的员工，当团队处于困境时，会更积极地寻求解决办法。

第三，态度会影响行为效果。例如，如果你对待工作的态度是积极的，你可能会想方设法提高自己的工作技能，也愿意投入更多的时间和精力，在这种情况下，工作效果一般会有显著改善；反之，如果你对工作持厌恶的态度，效率就可能会降低。

第四，态度影响人与人之间的相容性。相容性是指在社会交往中，人们与所在群体的融合程度以及组织的凝聚力。如果人与人之间持有真诚、友好、热情、谦和、宽容、互助的态度，那么社会成员之间会和睦相处，相容性高，组织也会富有凝聚力；反之，虚伪、冷漠、敌视、傲慢、苛求、尖刻的态度会导致人际关系紧张，凝聚力降低。

视 窗

兰伯特（W. E. Lambert，1960）等曾做过一个“教会会员群体对耐痛力增长特色的效应”实验。他们以基督徒与犹太教徒大学生为被试，使用一种类似血压计的改装耐压器来测定耐痛力的水平。实验前告诉所有被试，测试目的是确定正常人耐痛的程度。初测时，仅仅是记录两教派群体各个人的耐痛水平。休息时，对基督教徒的一半学生被试说：“据报告说，基督徒的耐痛力不如犹太教徒”，而对犹太教徒的一半学生被试说：“据报告说，犹太教徒的耐痛力不如基督教徒”。结果，再测时发现，那些被告知上述话语的两组被试，其耐痛水平都显著提高，而其余未被告知上述话语的两组被试，其耐痛水平与初测结果无显著差别。研究者认为，这种变化主要是由于休息时实验者的指导语激起各半组被试对自己宗教群体的效忠态度所致。这个实验表明，一个人对自己所属的群体有认同感、荣辱感、责任感，并时时能被激起效忠态度，就会表现出巨大能量与挫折耐力。

资料来源：章志光：《社会心理学》，北京，人民教育出版社，2008。

四、态度与行为改变的理论

（一）认知失调理论

20世纪50年代末期，著名社会心理学家列昂·菲斯廷格（Leon Festinger）提出了认知失调理论（cognitive dissonance theory），试图解释态度和行为之间的联系。失调就是指不一致，而认知失调是指个体认识到自己的态度之间，或者态度与行为之间存在着矛盾。菲斯廷格指出：任何形式的不一致，都会导致心理上的不适感，因而个体将试图减少这种不协调，寻求使不协调最少的稳定状态。换言之，个体被假设会自动地设法使认知失调的状态降到最低的程度。高中时你可能因为贪玩而来不及完成作业，你知道不交作业是不对的，怀着忐忑的心情来到学校，当你发现你同桌写的作业比你还少时，你可能觉得没啥大不了的，因为有人比我写的还少。

显然，没有人能够完全消除不协调状态。例如，大家都知道逃税是不对的，但还是有很多人逃税，或者家长告诉孩子饭后刷牙，但家长却做不到。类似的认知失调还可以举出许多例子。当事人会如何来消除心理上的不和谐感呢？会有何种强度的期望来消除这种不安呢？菲斯廷格认为，人们消除认知失调的愿望是否强烈，取决于三个因素：

因素一：造成失调的因素的重要性。如果不协调的因素相对而言不太重要，则改变这种不平衡的压力就比较低，人们往往会不在乎；反之，若造成失调的因素非常重要，压力就大，人们会有强烈的愿望想要消除这种不协调。例如，某公司的废弃物排入当地的河流中并因此使公司获得很大收益（假设这种行为尚无相关法律禁止），但公司的管理者坚信企业不应该污染河流，显然该管理者面临着高度的认知失调。公司收益和河水都非常重要，因此这种认知失调无法被忽略。

管理者可能采用下述四种做法来消除失调：第一种是改变行为，停止向河流排放废弃物；第二种是认为这种不协调的行为比起公司的发展不重要，污染之后可以治理，以此来减少不协调程度；第三种是改变态度，认为污染河流没有什么大错；第四种是寻找其他因素来平衡不协调因素，比如公司生产的产品的社会效益要大于污染的损失。

因素二：个人认为自己对失调因素的影响程度。即当事人认为自己影响、应付失调的能力有多大。如果他认为这种不协调是不可控制的结果，他没有选择的余地，就不大可能改变态度。如果人们自认为无能为力，造成失调的原因在于外部环境条件或上级命令和规定，正好可以把行为作外部归因，从而减轻自己对失调所负的责任。例如，如果不协调行为是老板指令的结果，那么减少不协调的压力就比个人自发行为所带来的不协调要小。尽管失调存在，但可以被合理化，得到辩解。

因素三：失调可能带来的后果。这里所说的失调带来的后果是指因失调而可能得到的报偿有多大。如果陷入失调，但由此获得的报偿或收益很大，那么可以产生一种平衡，认知失调造成的压力也就不会过于强烈。实际上，高报偿本身就是一种强有力的平衡剂，足以矫正认知失调的不一致性。奖赏也影响个体试图减少不协调的动机。当高度的不协调伴随着高奖赏时，可以减少不协调所产生的紧张程度。

由于上述三个因素，认知失调下的行为变得相当复杂，有认知失调并不意味着一定采取行为恢复平衡，朝着减少不协调的方向努力，而认知失调理论的价值就在于帮助我们预测人们改变其态度和行为的倾向性究竟有多大。认知失调越大，压力就越大，想消除不平衡的欲念就越强。当上述三个因素的作用达到一定程度时，降低不协调的努力会发生。例如，如果工作需要人们去做与他们的个人态度相冲突的事情，他们将努力改变自己的态度，以便使他们的态度与言行协调一致。

读一读·想一想

A：你们作业写完了吗？昨天的数学作业太难了，只能不写了。

B：英语老师不是说举办个英语演讲，表现好的，老师会有奖励，我在准备演讲，哪有时间写。

C：数学作业有什么好写的！我从来没写过，不是活的好好的！

[问题] 同样是没写作业，差距怎么就这么大呢？A，B，C 三位同学这番话差距在哪里，请同学们运用认知失调理论分析一下。

（二）态度形成的三阶段理论

一般认为，态度的形成需要经历三个阶段：服从、同化和内化。

（1）服从。在服从阶段，一个人会表现出行为成分，但是还没有形成认知和情感成分，因此，这时他的态度还没有完全形成。例如，刚上小学的小朋友，他们有时会规规矩矩地坐在座位上，但这也许不是因为他们喜欢坐在座位上，可能更多的是因为他们如果不坐在座位上很可能会受到老师的惩罚。

（2）同化。同化就是指与群体保持一致。在同化阶段，一个人的态度中会有一定的情感成分和认知成分，但此时态度还没有完全形成。接着上面的例子，一个人在小学高年级或者到了初中之后，他在上课时间规规矩矩坐在座位上可能是因为大家都坐在座位上，如果自己在教室中走来走去会跟其他人不同，他会觉得自己可能会受到孤立，因此会感到很大的压力。

（3）内化。内化是指个体从内心深入接受了某种新的观点，并把它纳入自己的价值体系中，成为自己行为准则的一部分。

读一读·想一想

小宇毕业之后找了一家管理风格很强硬的公司，规章制度较多，要求很严格，但他本身的个性有些无拘无束，刚进公司时小宇的行为规范和公司的要求产生了一些冲突，但因为公司硬性的制度，以及违反制度可能受到惩罚，小宇不得不严格遵守。

渐渐地小宇和周围的同事熟悉了起来，为了和大家保持良好的关系，避免受到孤立，小宇在很多方面都选择了从众。由于大家大多遵守公司的规章制度，认同企业的文化，对小宇也产生了很大的影响。

又过了一段时间，在经历了公司内部的培训，以及更加深入地了解公司文化之后，小宇加强了对于企业价值观的认同，同时在经历了较长时间与公司同事的交往后，也渐渐耳濡目染，开始将自己看做公司的一员，会按照公司所要求的以及公司文化所期待的方式自觉行动了。

[**问题**] 在这个故事中，小宇态度转变的三个阶段分别是什么?

五、如何改变员工的态度

在工作场所，转变员工的态度对提高人力资源管理的效率具有重要意义，同时也有助于建立良好的企业文化。为了有效地转变员工的态度，需要了解影响员工态度转变的因素，并掌握转变员工态度的方法。影响员工态度转变的因素分为外部因素和内部因素。

(一) 影响员工态度转变的外部因素

(1) 人际影响。员工的上司、下属、同事的意见和态度对员工态度的转变有重要影响，尤其是具有权威的上级、关系密切的同事及企业中非正式组织的领导。

(2) 企业内部的信息沟通。信息沟通是指对每一个员工和对全体员工的信息传递，这对改变员工态度结构中的认知成分具有重要影响。

(3) 企业文化的影响。企业文化是指企业独特的价值观、历史传统、行为准则等。这种文化是影响和制约员工态度的软因素。

(二) 影响员工态度转变的内部因素

(1) 员工的认知。员工对某事原有态度的强度会影响到态度改变的进程。若之前只有观念但没采取行动，则较容易改变；若采取了行动，则较难改变；若做了公开表态，则更加难以改变。

(2) 员工的需要。如果新的态度对象能够满足员工的需要，就比较容易接受，形成积极的态度，从而使原有的态度得到转变。

（3）员工的个性心理特征。一般认为胆汁质、多血质的员工态度转变比较容易，而黏液质、抑郁质的员工态度转变比较难；性格外向比内向的员工更容易转变态度。另外，低自尊、低智力、低自信者，更易被说服。年轻人从学校毕业，与社会接触较少，充满热情，求知欲很强，也容易改变自己的态度和观点。

影响员工态度转变的因素见表3—3。

表3—3　员工态度转变的影响因素

影响员工态度转变的因素	主要方面
外部因素	人际影响：员工的上司、下属、同事的意见和态度对员工态度的转变有重要影响，尤其是具有权威的上级、关系密切的同事及企业中非正式组织的领导。
	企业内部的信息沟通：信息沟通是指对每一个员工和对全体员工的信息传递，这对改变员工态度结构中的认知成分具有重要影响。
	企业文化的影响：企业文化是指企业独特的价值观、历史传统、行为准则等。这种文化是影响和制约员工态度的软因素。
内部因素	员工的认知：员工对某事原有态度的强度会影响到态度改变的进程。
	员工的需要：如果新的态度对象能够满足员工的需要，就比较容易接受，形成积极的态度，从而使原有的态度得到转变。
	员工的个性心理特征：一般认为胆汁质、多血质的员工态度转变比较容易，而黏液质、抑郁质的员工态度转变比较难；性格外向比内向的员工更容易转变态度。

六、工作满意度

（一）工作满意度的内涵与作用

工作满意度（job satisfaction）是得到广泛认可的员工态度类型，它是指员工由于对工作特点进行评估而产生的对工作所持有的一般性的满意与否的态度。洛克（Locke，1976）认为它“源自对个体的工作或者工作经历的评估的一种快乐或积极的情绪状态”。对工作高度满意的员工，对工作持积极态度；相反，对工作不满意的员工，对工作持消极态度。人们在谈论员工的态度时，往往是指工作满意度，因此，这两个词经常可以互换。这里的工作不仅包括岗位职责范围内的行为，也包括与同事、领导相互交往，遵守组织的规章制度，符合绩效评估标准等因素。

在满意度和绩效的讨论中，早期的观点可以概括为一句话：“快乐的员工是高绩效的员工”。也就是说，员工的工作满意度越高，他的绩效越高。不过，大量的研究表明，满意度和绩效之间的正相关关系很弱，就个体而言，满意的员工不一定有高的生产率，同时不满意的员工生产率不一定就会很低。不过，另外的研究表明，部门或者组织成员整体满意度提高了，部门和组织层面的绩效确实会提高。因此，如果从组织而非个体层面来考察组织的整体工作满意度与组织整体生产率之间的关系，我们就会发现高满意度的组织就是高产的组织。

满意度和缺勤率之间有一定程度的负相关。虽然高的工作满意度不一定导致低的缺勤率，但是低的工作满意度更有可能导致缺勤现象。两者的关系由于存在其他因素的影响，并非高度相关。比如，如果组织对员工的病假提供慷慨的福利，那么这无形中会鼓励一部分满意的员工也去申请休病假。

相对于满意度和缺勤率之间的关系，满意度和离职率之间的负相关程度更高。在满意度和离职率之间的关系中，一个重要的影响变量是员工的绩效水平。预测高绩效员工的流动情况时，工作满意度并不重要，而离职率对低绩效员工工作满意度的影响要高得多。影响离职率的因素有很多，比如劳动力市场供需状况、员工的绩效水平、员工对工作的期望水平等。

高工作满意度还有很多其他作用。针对服务行业所做的工作满意度与客户满意度的研究表明，感到满意的员工会提高顾客的满意感和忠诚度，同时不满意的顾客也会造成员工工作满意度下降。有研究显示，高度满意的员工一般会有健康的体魄，能更快地学会新的工作任务，在工作中出现较少的事故，抱怨也较少。

读一读·想一想

76%的大学生职场新人对工作不满意

12 月 11 日发布的“人民网—麦可思—2010 届大学毕业生‘职场新人’月度跟踪调查”研究报告显示，2010 届就业大学毕业生中，只有 24%的被调查者对自己所从事的工作表示满意，其中，男性本科毕业生的工作满意度（28%）明显高于女性（23%）。调查结果显示，从用人单位类型来看，就职于政府机关、科研事业单位的毕业生对工作的满意度最高（35%），其后为外资、合资、中外合资企业（34%）和国企（32%）。从行业类型来看，就职于公共行政单位的毕业生对工作的满意度最高（37%），其次为金融、保险、房地产业（30%）。从就业地区来看，就职于东部沿海中等发达地区的毕业生对工作的满意度最高（30%）。

调查还发现，毕业生的工作收入和工作强度与工作满意度之间有直接关系。毕业生对工作的满意程度随着其收入的降低而下降，也会随着其加班时间的增多而下降。从收支差来看，2010 届被调查大学毕业生中“非月光族”群体的工作满意度最高。另外，对于工作不满意的人群来说，排在首位的职场问题是“个人发展空间小，找不到发展方向”（36%）。

资料来源：《北京日报》第 15 版/专刊·教育，2010－12－15。

［问题］毕业生为什么会对工作普遍不满意？本书中提到的方法是否可以有效提高毕业生的满意度？是否有其他的方法提高工作满意度？

（二）如何提高工作满意度

企业要使员工满意，就要最大限度地满足员工的合理需要，激发员工的积极主动性和能动性，才能使企业有足够的竞争力。要满足员工的需要必须树立“以人为本”的企业文化价值观。具体要做到以下六点：

(1) 把员工的需要同企业的目标有机地结合起来，尽量满足员工的需要。企业满足了员工在企业范围内的需要就会激发员工的积极性和干劲，使员工自觉实现企业的目标。

(2) 适当地放权，鼓励员工提合理化建议，让员工参与企业的决策，使其有主人翁责任感、对企业的归属感以及自我实现的成就感。

(3) 为员工营造一个良好的工作环境。不仅包括工作和休息环境，还包括文化环境和人际环境等。

(4) 管理人员实行走动管理，经常与员工自由交谈，保持上下沟通，促进了解。

(5) 重视员工培训。培训是现代企业激励员工的有效方法之一，可以满足员工不断提升自我的需要，同时员工的绩效提高也有助于企业绩效的提升。

(6) 建立精神激励机制。员工是“社会人”而不是“经济人”，因此对员工的激励应既有物质上的奖励，又要给员工精神上的荣誉感。

视　窗

除了工作满意度，很多学者认为其他的一些概念也属于工作中的态度。比较常见的有以下四个概念：

(1) 工作卷入。是指个人对其目前所从事的工作的心理认同程度。从组织的角度来看，是激发员工动机的关键和建立竞争优势的主要基础；从个体的角度来看，提高工作卷入可以使员工感到工作更有意义，从而更加愉快、全神贯注地投入到他们的工作中。

(2) 组织承诺。艾伦和迈耶（Allen & Meyer，1990）提出组织承诺应包含情感承诺、继续承诺以及规范承诺。情感承诺指组织成员对组织的感情依赖、认同与投入。继续承诺是指员工继续留在该组织是为了不失去多年的付出所换来的职位和福利等待遇。规范承诺是指员工受长期社会影响所形成的继续留在组织中的社会责任感和义务感。

(3) 心理契约。是指双方（组织与员工）对于相互之间责任和义务的期望，它包括两个水平：个体水平——员工个体（或雇员）对于相互责任的期望；组织水平——组织（或雇主）对于相互责任的期望。

(4) 组织认同。是指个体源于组织成员身份的一种自我概念，它是个体认知并内化组织价值观的结果，也是个体在归属感、自豪感和忠诚度等方面流露出的情感归依。组织认同有两大特性：①组织认同反映的是一种关系，是员工自我概念与组织之间的一种关系；②组织认同是以员工自我为中心，按照员工的自我标准对其自我身份的确认与寻求，组织认同是从组织那里折射出来的员工自我。

资料来源：参见张彬，陈加洲：《工作投入、工作卷入与工作嵌入的研究综述》，载《华东经济管理》，2009，Vol. 23，No. 12，130～133 页；奚菁：《组织认同与组织承诺之比较及其对管理实践的启示》，载《前沿》，2009（11），162～165 页；陈加洲，方俐洛，凌文辁：《心理契约的测量与评定》，载《心理学动态》，2001，vol. 9，no. 3，253～257 页。

第 2 节　员工的价值观

一、价值观的内涵

顾名思义，价值观（values）反映了个体或群体认为哪种事物、行为更加重要。人与人的价值观之间存在很大差别。比如，有人更看重工作的物质报酬、权力和地位，有人更看重工作的趣味性、成长的机会和做出的贡献，这就反映了不同的价值观。罗克奇认为，价值观是一系列基本信念的总和，是个人或社会对某种特定的行为方式或存在的终极状态所持有的持久信念，它是人们判断好与坏、对与错、重要与不重要的基本信念。

价值观包括内容和强度两种属性。内容属性表明某种行为或存在状态是重要的；强度属性表明其重要程度。例如，甲、乙两个人都认为诚实是做人的基本准则，这说明二人在价值观的内容属性方面是一致的，甲在任何情况下都保持诚实的行为，而乙则偶尔会违背这个准则，对甲来讲，诚实这种价值观的强度属性更大。

一个人一系列的价值观按重要程度排列，形成层级，就构成其价值观体系。价值观体系反映了人们对各种事物和行为主次轻重的评价。价值观和价值观体系影响人们对行为方式、手段和目的的选择。

二、价值观的形成过程和影响因素

（一）个人价值观的形成过程

一个人的价值观不是与生俱来的，而是受到各种因素的影响而渐渐形成的，与态度、兴趣爱好等不同，价值观一旦形成，就会相对稳定，不易改变。

根据西蒙和哈明的理论，一种价值观的形成需要经过三个阶段：

阶段一：选择。在这个阶段，一个人最初会确定自己选择的范围，然后从这个可选择的范围内进行选择，对每一种可选择的后果加以充分考虑之后再做出判断。

阶段二：赞赏。接着阶段一的过程，当一个人选择了某种价值观之后，他首先自己会对整个价值观感到满意，随后会公开这个选择。

阶段三：行动。在选择了自己喜欢的价值观之后，一个人按自己选择的方向行事，在以后的岁月里会将其作为一种生活方式加以重复。到了这个阶段，一个人的价值观就形成了。

经过这三个阶段，一个人最初选择的规范就会内化为个人的价值观（见图 3—1），如果没有完整地经过这一过程，形成的就不是价值观，而只是愿望、态度、兴趣等偏好，这种偏好没有价值观稳定持久。

图 3—1　西蒙和哈明价值观形成三阶段理论

（二）个人价值观形成的影响因素

影响价值观形成的因素有很多，主要有文化、父母、老师、朋友、经验等。

（1）文化的影响。文化具有地域性和时代性，不同地区和年代的文化会塑造出不同的价值观，当然也有一些价值观是普适的。文化在现代社会中往往通过书籍、电视、报纸、网络等媒介得到传播，影响人们的价值观。

（2）父母的影响。所谓“龙生龙，凤生凤，老鼠生来会打洞”，父母对孩子的价值观有重要影响，这不仅有遗传基因的作用，更重要的是后天的塑造。父母是孩子的第一任老师，通过对孩子的言传身教，价值观会作为社会基因在家庭内部传承下去。

（3）老师的影响。正规教育在大多数人的成长中起到至关重要的作用，老师会引导学生判断是非对错、什么会被认可、什么会被批评，从而影响个体形成了个体的价值观。

（4）朋友的影响。物以类聚，人以群分。在个体进入青春期后，就会更多地和同伴交往，受到同伴的影响，群体内的压力和归属的需要使得个体在与朋友的交往中不断调整自己对人和事物的基本认识，从而对价值观的形成具有重要影响。

（5）个人经验的影响。经验是个体对成功或失败原因的反思，可以加强或者改变人的价值观。不同的人，即使拥有同样的经历，也会由于个体的归因方式不同，对价值观产生不同的影响。比如，有的人认为自己在事业上能够取得成功源于勤奋努力，他就会认为勤奋具有重要价值；有的人认为自己的人脉是成功的首要因素，于是，他就注重建立和维持广泛的社会关系。

个人价值观形成的影响因素见表 3—4。

表 3—4　个人价值观形成的影响因素

个人价值观形成的影响因素	主要内容
文化的影响	文化具有地域性和时代性，不同地区和年代的文化会塑造出不同的价值观。
父母的影响	父母对孩子的价值观有重要影响，这不仅有遗传基因的作用，更重要的是后天的塑造。
老师的影响	正规教育在大多数人的成长中起到至关重要的作用，老师会引导学生判断是非对错、什么会被认可、什么会被批评，从而影响个体形成了个体的价值观。
朋友的影响	群体内的压力和归属的需要使得个体在与朋友的交往中不断调整自己对人和事物的基本认识，对价值观的形成具有重要影响。
个人经验的影响	经验是个体对成功或失败原因的反思，可以加强或者改变人们的价值观。

（三）组织价值观形成的影响因素

组织与人一样，它也具有自己的价值观。那么组织的价值观在形成中有哪些影响因素呢？

（1）创始人的信念和价值观。现实生活中，许多具有强文化的公司都继承了创始人的观念和行事原则。例如，华为集团的任正非、海尔集团的张瑞敏都对公司文化的形成产生了重要影响。不过随着公司的成长，除非刻意保持创始人的观念和行事原则，否则这些观念与行事原则将会逐渐消失。

（2）现有管理层的信念和价值观。在经营过程中，传统与现实之间在各个方面都会不断出现冲突，现有管理层会根据现实情况不断调整组织的信念和价值观。

（3）现行法律制度。国家有关就业、环境、税收等法律法规都会对公司信念和价值观的建立过程产生重大影响。

（4）特定市场中的游戏规则。一个市场的自由竞争程度以及公认的规则和惯例，会导致出现相应的“游戏规则”，这些规则会约束企业的信念和价值观。

（5）当前社会的主导价值观。在每一个社会中，社会价值观与企业价值观都会相互影响。例如，日本经济成功的很大一部分原因就是向西方世界展示了其集体力量。

组织价值观形成的影响因素见表 3—5。

表 3—5　　组织价值观形成的影响因素

组织价值观形成的影响因素	主要内容
创始人的信念和价值观	现实生活中，许多具有强文化的公司都继承了创始人的观念和行事原则，可以说很多企业一开始的价值观都是企业创始人价值观的缩影。
现有管理层的信念和价值观	在经营过程中，传统与现实之间在各个方面都会不断出现冲突，现有管理层会根据现实情况不断调整组织的信念和价值观。
现行法律制度	国家有关就业、环境、税收等法律法规都会对公司信念和价值观的建立过程产生重大影响。
特定市场中的游戏规则	一个市场的自由竞争程度以及公认的规则和惯例，会导致出现相应的“游戏规则”，这些规则会约束企业的信念和价值观。
当前社会的主导价值观	在每一个社会中，社会价值观与企业价值观都会相互影响。

三、价值观的分类

（一）斯普兰格的价值观分类

德国学者斯普兰格（E. Spranger）在《人的类型》一书中把人的社会生活归纳为六个方面，并将人相应地分为六种类型：理论型、经济型、审美型、社会型、权力型和宗教型。

（1）理论型。该类型的人以追求真理为目的，能冷静客观地观察事物，关心理论问题，力图根据事物的体系来评价事物的价值，碰到实际问题时往往束手无策。他们对实用和功利缺乏兴趣。多数理论家和哲学家属于这种类型。

（2）经济型。该类型的人总是以经济的观点看待一切事物，强调有效和实用，务实，讲享受，追求实用价值，不愿高谈阔论。一切以经济为中心，注重效益和经济收入，以追求财富和获得财富为个人生活目的。实业家大多属于这种类型。

（3）审美型。重视外形及和谐匀称的价值，注重外在形象的美和心灵的感受，追求美和美好的创造，认为美是人生最伟大的追求，用审美价值来评判周围所有的事物。艺术家属于这种类型。

（4）社会型。崇尚人的交往和帮助他人，致力于增进社会福利。强调对人的热爱，以爱护他人、关心他人为崇高职责，热心社会活动，喜欢与人交往，随和，能容忍他人，肯牺牲自己。努力为社会服务的慈善、卫生和教育工作者属于这种类型。

（5）权力型。该类型的人重视权力，并努力去获得权力，有强烈的支配和命令别人的欲望，不愿被人支配。

（6）宗教型。关心对宇宙整体的理解和体验的融合，相信命运，注重超自然的力量和感觉的东西，宁愿相信直觉而不愿正视现实或逻辑推理，喜欢沉思。

美国心理学家奥尔波特（G. W. Allport）以斯普兰格的这六种价值类型为理论依据，于1931年编制了奥尔波特—弗农—林德西量表，用以了解这六种价值观对被调查者的重要性程度。他们认为，每个人都可能同时具有不同类型的价值观，只不过以一种价值观为主导。

斯普兰格的价值观分类见表3—6。

表3—6　　斯普兰格的价值观理论

斯普兰格的价值观类型	主要内容
理论型	以追求真理为目的，能冷静客观地观察事物，关心理论性问题，力图根据事物的体系来评价事物的价值，碰到实际问题时往往束手无策。
经济型	以经济的观点看待一切事物，强调有效和实用，务实，讲享受，追求实用价值，不愿高谈阔论。
审美型	重视外形及和谐匀称的价值，注重外在形象的美和心灵的感受，追求美和美好的创造。
社会型	崇尚人的交往和帮助他人，致力于增进社会福利。强调对人的热爱，以爱护他人、关心他人为崇高职责。
权力型	重视权力，并努力去获得权力，有强烈的支配和命令别人的欲望，不愿被人支配。
宗教型	关心对宇宙整体的理解和体验的融合，相信命运，注重超自然的力量和感觉的东西，宁愿相信直觉而不愿正视现实或逻辑推理，喜欢沉思。

（二）格雷夫斯的价值观分类

行为科学家格雷夫斯曾对企业组织做了大量调查，就员工的价值观进行分析，最后概括出以下七个价值观等级：

第一级，反应型。这种类型的人完全照着自己基本的生理需要做出反应，他们不顾及环境和条件，并没有意识到自己和人类的种种特点，这种人非常少见，几乎等同于婴儿。

第二级，部落型。这种类型的人依赖成性，服从于传统习惯和权势。他们的价值观是从父母或上级身上学到的，喜欢按部就班，喜欢友好而专制的和睦群体，缺少自主性和能动性。

第三级，自我中心型。这种类型的人有很强的自我意识，奉行个人主义，很难听取他人意见，不好相处，但是愿意服从权力。

第四级，坚持己见型。这种类型的人态度鲜明，难以接受不同的价值观，却要别人接受自己的价值观。不容忍模棱两可的意见。价值观具有恒常性，不受或很少受到周围人的影响。

第五级，玩弄权术型。这种类型的人热衷权术，非常现实，巴结奉承领导，通过玩弄他人取得社会地位和影响，往往不择手段。

第六级，社交中心型。这种类型的人看重人际关系和集体和谐。希望被人喜爱，与人友好相处，易受别人的影响，通常受到现实主义、权力主义和坚持己见者的影响。

第七级，存在主义型。这种类型的人喜欢自由和创造性的工作，重视挑战性的工作和学习机会。能容忍不同的观点和态度不鲜明的意见，对僵化的制度、滥用权力等现象敢于批评。

格雷夫斯的价值观分类见表 3—7。

表 3—7　　格雷夫斯的价值观理论

格雷夫斯的价值观类型	主要内容
反应型	完全照着自己基本的生理需要做出反应，他们不顾及环境和条件，并没有意识到自己和人类的种种特点。
部落型	依赖成性，服从于传统习惯和权势。他们的价值观是从父母或上级身上学到的，喜欢按部就班，喜欢友好而专制的和睦群体，缺少自主性和能动性。
自我中心型	有很强的自我意识，奉行个人主义，很难听取他人意见，不好相处，但是愿意服从权力。
坚持己见型	态度鲜明，难以接受不同的价值观，却要别人接受自己的价值观。不容忍模棱两可的意见。价值观具有恒常性，不受或很少受到周围人的影响。
玩弄权术型	热衷权术，非常现实，巴结奉承领导，通过玩弄他人取得社会地位和影响，往往不择手段。

续前表

格雷夫斯的价值观类型	主要内容
社交中心型	看重人际关系和集体和谐。希望被人喜爱，与人友好相处，易受别人影响，通常受到现实主义、权力主义和坚持己见者的影响。
存在主义型	喜欢自由和创造性的工作，重视挑战性的工作和学习机会。能容忍不同的观点和态度不鲜明的意见，对僵化的制度、滥用权力等现象敢于批评。

（三）罗克奇的价值观分类

弥尔顿·罗克奇的价值系统理论认为，各种价值观是按一定的逻辑意义联结在一起的，他把个体的价值观分为工具性价值观和终极性价值观两类。终极性价值观（terminal values）是指所要达到的目标或存在的终极状态。工具性价值观（instrumental values）是达到理想化终极状态所采用的行为方式或手段。罗克奇鉴别出来的终极性价值观和工具性价值观如表 3—8 所示。终极性价值观中包括世界和平、家庭安全、自由、快乐、自尊和智慧等。工具性价值观中包括诚实、雄心勃勃、负责、宽容、心胸开阔和勇敢等。

表 3—8　　终极价值观与工具价值观

终极性价值观	工具性价值观
舒适的生活（富足的生活）	雄心勃勃（辛勤工作、奋发向上）
振奋的生活（刺激的、积极的生活）	心胸开阔（开放）
成就感（持续的贡献）	能干（有能力、有效率）
世界和平（没有冲突和战争）	欢乐（轻松愉快）
美丽的世界（艺术和自然的美）	清洁（卫生、整洁）
平等（兄弟情谊、机会均等）	勇敢（坚持自己的信仰）
家庭安全（照顾自己所爱的人）	宽容（谅解他人）
自由（独立、自主的选择）	助人为乐（为他人的福利工作）
幸福（满足）	正直（真挚、诚实）
内在和谐（没有内心冲突）	富于想象（大胆、有创造性）
成熟的爱（性和精神上的亲密）	独立（自力更生、自给自足）
国家安全（免遭攻击）	智慧（有知识、善思考）
快乐（快乐的、休闲的生活）	符合逻辑（理性的）
救世（救世的、永恒的生活）	博爱（温情的、温柔的）
自尊（自重）	顺从（有责任感、尊重的）
社会承认（尊重、赞赏）	礼貌（有礼的、性情好）
真挚的友谊（亲密关系）	负责（可靠的）
智慧（对生活有成熟的理解）	自我控制（自律的、约束的）

资料来源：斯蒂芬·P·罗宾斯：《组织行为学》，北京，中国人民大学出版社，2002。

与奥尔波特的研究发现一致，罗克奇发现价值观在不同的人群中有很大差异，但相同职业或类别的人倾向于拥有相同的价值观。

（四）中国当今劳动力中占主导地位的价值观

了解中国当今劳动力中占主导地位的价值观，有助于改善管理活动。表 3—9 显示了中国当今劳动力中占主导地位的价值观。

表 3—9　　中国人的价值观演化

阶段	进入劳动力领域的时间	现在大概年龄	主导价值观
崇拜主义	新中国成立初期	60～75 岁	忠诚、爱国、热情、服从、崇拜、勤奋刻苦、诚实、节省
文化革命主义	“文革”时期	45～60 岁	猜疑、明哲保身、压抑、稳重、谨慎、踏实
文化精英主义	20 世纪 80 年代	30～45 岁	好学、忠诚、传统、成功、负责、健康
物质主义	20 世纪 90 年代	小于 30 岁	灵活、对组织忠诚度减弱、享受、竞争、思考、好学、成就、独立

资料来源：陈国海：《管理心理学》，北京，清华大学出版社，2008。

（五）三种经营管理价值观

企业经营管理价值观是对经营管理好坏的总的看法和评价。企业主要有三种经营管理价值观，即最大利润价值观、企业价值最大化价值观和企业价值—社会效益最优价值观，它们之间的直观比较见表 3—10。

表 3—10　　三种经营管理价值观的比较

比较方面	最大利润	企业价值最大化	企业价值—社会效益最优
一般目标	最大利润	令人满意的利润水平加上其他集团的满意	利润只是一般手段，只具有第二位的重要性
指导思想	个人主义、竞争、野心勃勃	既有个人主义又有合作	合作
政府的作用	越少越好	虽然不好，但不可避免，有时是必要的	企业的合作者
对职工的看法	只是一种手段，只有经济的需要	既是手段，也是目的	本身就是目的
领导方式	专权方式	开明、专制、民主混合	民主、高度的参与式
股东的作用	头等重要	主要的，但也要考虑其他集团	并不比其他集团更重要

资料来源：陈国海：《管理心理学》，北京，清华大学出版社，2008。

企业经营管理价值观与企业经营行为有直接关系，它决定着企业行为的选择和结果。研究表明，高盈利者更重视生产率、能力、进取心、竞争等观念。低盈利者则重视服从、信任、社会福利等观念。当企业处在生命周期不同发展阶段时也会采用不同的经营管理价值观。在创业阶段，企业的生存至为关键，利润对企业的生存是首要的；在成长、发展阶段，企业则有能力关注职工的福利等问题，当然企业外部的环境和文化也会影响企业自身的经营管理价值观。

本章小结

1. 态度是指一个人对外界特定事物所持有的评价性的、较为稳定的内部心理倾向。

2. 态度的心理结构由认知成分、情感成分和行为成分构成，其中认知成分表明人对事物评价性的看法，情感成分是态度中的情感要素，行为成分是指个体以某种行为方式对某人、某事、某物表现出来的目的和意图，一般情况下三者是协调一致的。

3. 态度和行为的关系受到具体性、社会规范和态度体验的影响。关于态度改变行为的理论主要有列昂·菲斯廷格的认知失调理论和态度形成的三阶段理论。

4. 工作环境中，态度可能影响认知与判断、忍耐力、行为效果和人与人之间的相容性。

5. 在改变员工态度的过程中可能存在许多影响因素，包括外部的人际影响、企业内部的信息沟通、企业文化的影响和内部的员工的认知、需要、个性心理特征。

6. 工作满意度是指员工由于对工作特点进行评估而产生的对工作所抱有的一般性的满意与否的态度。满意度和绩效之间的关系在个体层面很弱，在部门或者组织整体层面呈显著正相关；满意度和缺勤率之间有一定程度的负相关；满意度和离职率之间的负相关较强。

7. 罗克奇认为，价值观是一系列基本信念的总和，是个人或社会对某种特定的行为方式或存在的终极状态所持有的持久信念，它是人们判断好与坏、对与错、重要与不重要的基本信念。价值观包括内容和强度两种属性。

8. 价值观的形成需经过三个阶段：选择、赞赏和行动，这个过程中会受到文化、父母、老师、朋友、经验等因素的影响。相似地，组织价值观的形成会受到创始人的信念和价值观、现有管理层的信念和价值观、现行法律制度、特定市场中的游戏规则和当前社会的主导价值观的影响。

9. 价值观有不同的分类方式，斯普兰格将价值观分为理论型、经济型、审美型、社会型、权力型和宗教型；格雷夫斯将价值观分为反应型、部落型、自我中心型、坚持己见型、玩弄权术型、社交中心型、存在主义型七个层次；弥尔顿·罗克奇把个体的价值观分为工具性价值观和终极性价值观两类。

本章思考

1. 请讨论态度和行为的关系究竟是怎样的。

2. 请搜索学术论文数据库，试总结影响工作满意度的因素及工作满意度可能对哪些变量产生影响。

3. 试总结自己的价值观，并分析自己在怎样的环境影响下形成了这样的价值观。

管理游戏一：美好的世界

目的：我们在改变生活的时候，只知道我们不想要什么还不够，还必须清楚地知道我们想要什么。这个游戏能帮助你了解积极的规范，同时有利于激发积极、乐观的态度。

时间：10 分钟。

材料：纸和笔。

开场白示例：

有两个建筑工人，小明和小红，坐在一根大梁上，准备吃午饭。小明打开他的午餐盒，做了个鬼脸说："又是黄面包，我讨厌黄面包！"小红想了一会儿，放下他的三明治说："你知道，小明，我已经和你一起工作 5 年了，当你每天打开饭盒时，你总是说同样的话——又是黄面包！如果你不喜欢黄面包，为什么不让你老婆给你做点别的吃的呢？我敢打赌，她会做的。"小明看着小红奇怪地说："我自己做的午饭。"

如果你只知道你不想要什么，什么也不会改变。我们发现我们经常都那么做，我们再也不想那么做下去了，现在是该确定我们想做什么的时候了，我们开始吧。

步骤：

1. 把不合理的行为写在纸上，然后在上面打个"×"。

2. 将班级的成员两两分组。

3. 请每组的第一个成员针对自己的不合理行为提出一个改进设想，然后，另外一个成员说："是的，而且……"使这个建议更好。两个人互相交替，直到互相不能提出建议为止。

资料来源：朵妮·泰百玲，莎丽·蔚丝：《培训游戏大全》，张振霞译，北京，企业管理出版社，2006。

管理游戏二：我的未来

步骤一：设想自己取得了梦想中的成功。

要求：必须指明在哪个方面取得了什么样的成功。

步骤二：写一篇自传，描述自己取得成功的成长过程。

要求 1：对已发生事情的描述尽量客观。

要求 2：对未发生事情的描述要符合基本逻辑，同时也要敢于大胆设想。

要求 3：允许对自己的行为进行反思和分析。

要求 4：描写尽量生动，像已见的自传体著作一样。

要求 5：字数不能少于 1 万字。

步骤三：分享与评价。

要求1：跟自己的家人和朋友分享自己的自传。

要求2：写完自传后，评价自己在哪些方面有所改变。

资料来源：徐世勇等：《管理技能开发》，北京，中国轻工业出版社，2010。

心理测试：信任的测量

指导语：本量表用于测量关系密切者的相互信任，共有18个题目，涉及信任的三种内涵：可预测性、可依靠性和信赖。可预测性指我们能否预见同伴的特定行为，包括受我们欢迎的行为和不受我们欢迎的行为。可依靠性是信任的最核心成分。信赖则"使人能无保留地确信同伴将继续负起责任并关心自己"。

阅读下列题目并确定其是否符合你与同伴之间的关系，并挑选恰当的数值表明你对该题目同意或不同意的程度。

1＝完全不同意　　2＝部分不同意　　3＝略微不同意　　4＝中性

5＝略微同意　　6＝部分同意　　7＝完全同意

1. 我知道同伴将怎么样做，他的行事总不出我所料。(P)

2. 我发现同伴是个可以完全依靠的人，尤其是在遇到重大事件时。(D)

3. 我同伴的行为变化莫测，我总是无法预料下一次他又会做出什么令我吃惊的事。(P)

4. 尽管时间不停地流逝，未来谁也无法确定，但我相信无论发生什么事我的同伴都会给我力量。(F)

5. 根据过去的经验，我无法完全信赖同伴对我的承诺。(D)

6. 有时候我很难绝对肯定同伴会一直照顾我，未来太不确定了，随着时间的流逝，我们的关系会发生很大的变化。(F)

7. 我的同伴是个十分诚实的人，即便他说出令人无法相信的话，别人也会相信他说的是事实。(D)

8. 我的同伴让人不易捉摸，有时候无法确定他将如何行事。(P)

9. 我的同伴已被证明是一个可以信赖的人，无论他与谁结婚也不会做出不忠的事（即使有绝对的把握不被抓住）。(D)

10. 我从不认为无法预测的冲突和严重的紧张会损害我们的关系，因为我们的关系能经受住任何暴风骤雨的考验。(F)

11. 我对同伴的行为方式十分熟悉，他做事总会有一定的规矩可循。(P)

12. 如果以前我从未与同伴共同面临某一特殊问题，我也许会担心他可能会不顾及我的感情。(F)

13. 即使在熟悉的场合，我也不能完全肯定同伴会重复上一次的行为方式。(P)

14. 面临未知的新环境我感到十分安全，因为我知道同伴决不会让我吃亏。(F)

15. 我的同伴不一定是可以让人信赖的人，我能想起他有好几次不可信赖的行

为。(D)

16. 想到我在两个人关系上的感情投资，我偶尔会感到不舒服，因为我很难对未来完全放心。(F)

17. 事实证明我的同伴过去并非总是值得信任，有几次我曾犹豫是否让他参加容易暴露我的弱点的活动。(D)

18. 我同伴的行为具有连贯性。(P)

评分说明：

1. 题目1，2，4，7，9，10，11，14，18按得分进行记录。

2. 题目3，5，6，8，12，13，15，16，17反序计分，如得1分计7分、得7分则计1分。

3. 各题目得分累加即得量表总分。

4. 得分越高表明信任度越高，量表总分从18分（信任度低）至126分（信任度最高），中间值为72分。

5. P为可预测性，包括题目1，3，8，11，13，18。D为可依靠性，包括题目2，5，7，9，15，17。F为信赖，包括题目4，6，10，12，14，16。

资料来源：汪向东，王希林，马弘：《心理卫生评定量表手册》，184～185页，北京，中国心理卫生杂志社，1999。

章末案例：满意度与员工流失

A企业是一家1992年进入中国的国际贸易公司，虽然只有二十几个员工，却是行业内知名企业，也为行业培养了不少新生力量。贸易行业员工流失率高是普遍现象，A企业员工流失问题尤为严重。经过深入访谈调研发现，员工普遍反映没有发展空间、直接面对老板工作压力大、工作氛围不好、佣金发放制度苛刻等。公司规模小，从组织结构上看更多的是一个一个负责具体职能岗位的员工向老板汇报，没有部门的概念，发展空间和压力问题都难以改善，但佣金发放方面是可以改进的，也是企业应该重点考虑的。访谈中大部分员工都提到，对佣金基本没有指望，不但发的时间晚，而且遇到有投诉等任何问题都拿不到，这样对员工显然有失公平。实际上，企业财务人员稍微多用点时间，企业几乎不用耗费成本，每个月计提一次佣金，回款即发放，那么对员工的激励性是不言而喻的。

后来经过管理层的深入讨论，决定在尽可能节约成本的前提下提高员工的满意度。他们实施了六种方法，收到了良好的效果，具体如下：

尊重员工——倾听员工，创建平等文化

当生存和安全已经不是问题时，员工更希望得到充分的尊重，因此让员工体会到来自企业和同事的尊重非常重要。从企业方面，应该更多地就企业的经营发展、内部运营管理进行充分沟通，尤其是同员工切身利益相关的各类政策和决策，听取员工的意见与建议，取得员工的理解、认可和支持。从人的方面，更多地塑造一种平等的文化氛围，倡导不同级别的员工只是分工不同，他们的地位是平等的，目标是共同的，每个人都很重要。

公平公正——健全制度，管理者树立公正意识

员工都希望受到公平公正待遇，否则会产生极大的失落感，公平公正性改善也会促进员工满意度的提升。要做到公正，企业首先应该做到凡事都有一把用于衡量的“尺子”，重要事项都有规章制度作为依据进行决策；其次企业各级管理者都应做到正直公正，严格执行规章制度，客观评价员工，不能主观臆断，也不能偏听偏信。

绩效导向——导向明确，奖优罚差

每个人都希望得到认可。如果没有一个明确的绩效导向，付出多、业绩好的员工得不到相应的认可，员工满意度肯定会下降。反过来，有一个明确的绩效导向，奖优罚差，不但可以提高员工满意度，还可以提高激励性。

自我实现——增加工作的独立性和授权

相信每个人都不希望碌碌无为地度过一生。尽量为员工提供从头到尾完成一项工作的机会，在工作中增加员工独立决策的权限，有利于个人能力、能动性、创造力的发挥，随之而来的是工作的成就感以及这种成就感带来的员工对工作的满意度。

即时激励——缩短等待期，增加发放频次

每个公司的发薪日都不相同，如每月 5 日、17 日等，对公司来说，哪天发薪对成本影响不大，而对于员工尤其是尚无充足积蓄的员工来说，尽早发薪绝对会提升满意度。薪酬发放周期方面，每月分两次发放肯定要比每月发放一次更令人满意，而相应成本基本一样。还有就是佣金或者销售提成等的发放，回款后马上计提要比经过半年的漫长等待期再发放激励性强得多。

加强内训——共同提高，共同满意

在内部培训中，不需要企业承担什么成本，而内部讲师可以在被认可中获得成就感，在准备培训材料和培训实施中获得能力和知识的提升。员工在培训中可以获得与业务紧密联系的知识技能。企业收获了全体员工知识能力的提升，以及公司知识的传承。

［**思考题**］以上这些方法为什么能够提高员工的满意度？

第4章

员工工作动机与激励

你无法推任何人上阶梯，除非他本人想爬上去。

——安德鲁·卡内基

学习目标

1. 了解动机的定义和分类；
2. 理解工作动机的理论；
3. 初步掌握组织中激励员工的各种策略。

开篇案例

著名电影《肖申克的救赎》中，银行家安迪被指控醉酒后枪杀了妻子和她的情人，安迪被判无期徒刑，他将在肖申克监狱中度过余生。

安迪入狱的第一天，老囚犯们打赌谁会在第一个夜晚哭泣。一个叫瑞德的人认为弱不禁风、书生气十足的安迪一定会哭，结果安迪的沉默使他输掉了两包烟，也使他对安迪刮目相看。

之后他们成了好朋友，安迪通过瑞德的关系弄到了一张偌大的海报和一把被认为仅仅能雕琢小石子的锤子。此后的20年里，安迪每天都用那把小锤子挖洞，然后用海报将洞口遮住。终于在一个雷雨交加的晚上，安迪顺着辛辛苦苦挖出的通道，又经过肮脏的下水管道，爬出了牢不可破的监狱。

第二天典狱长看到海报后那条长长的通道震惊了。没有人想到一把小小的锤子能成为安迪越狱的工具。想当初瑞德还开玩笑地对安迪说："如果想用这把锤子逃出去，恐怕需要整整600年。"可是也如安迪自己所说：有一种鸟儿是永远也关不住的，因为它的每片羽翼上都沾满了自由的光辉。

学完本章，大家会更理解安迪创造的奇迹。正是因为在痛苦的牢狱生活中，他始终深深地渴望自由，这种强烈的精神力量支撑着他不放弃，最终他成功地夺回了自由。这种个人层面的动机怎么和组织的激励联系起来？这就是本章要回答的问题。

第1节 全面地认识动机

一、动机

同学们，你们是否有过这样的疑问：为什么有些人能够比其他人取得更大的成就？为什么有些人学习成绩一直很优秀，而有些人却成绩平平？为什么同时参加工作，有的人很快就会做出很大业绩，有的人却一直默默无闻？你可能会把这些差异归结为能力因素或者环境因素，如有的人天生聪明，有的人有能力超强的父母……当然，你的推断很有道理，可是，很多情况下，我们会发现即使在能力相当、机会相当的情况下，有的人也会比另外的人取得更大的成就，原因在于他们付出了比常人更多的努力。

那么，为什么他们会更加努力呢？你可能会说这是性格、教育等因素造成的。本章从动机和激励的角度对这个现象进行解释——他们有取得成就的强烈欲望和动力，或者说他们对成功更加有兴趣，愿意为获得成就在其他方面做出牺牲。那什么是动机呢？它为什么能够让人们主动地从事某些工作、实现目标呢？

（一）动机的定义

动机（motive）是促使人从事某种活动的念头，它是指由特定需要引起的，想满足各种需要的特殊心理状态和意愿。

假设你为了在期末的组织行为学考试中取得好成绩，会采取哪些行动呢？可能会苦读教材、多做练习；可能进行大量的拓展阅读，进行知识积累；也可能多参与课堂互动，经常与老师和同学探讨相关问题……导致你做出这一系列行为的都是“期末取得好成绩”这个念头，你的这种意愿就可以称为动机。

国内外很多人对动机提出了自己的看法与定义。

有人认为可以把动机理解为推动人从事某种事情的念头或愿望。毛泽东在《纪念白求恩》中写道：“一个外国人，毫无利己的动机，把中国人民的解放事业当作他自己的事业。”又如茅盾在《一个女性》中所写：“正像她自己在花丛中追逐一只彩蝶，动机只是爱美而好玩罢了。”

平彻奇和申克（Pintrich & Schunk）认为，动机是由目标或对象引导、激发和维持个体活动的一种内在心理过程或内部动力。动机始于个体生理上或心理上的缺失，激发行为或者驱动个体朝着特定的目标而努力。

近现代的心理学文献中，学者们从动机的特征入手，把动机描述为“引起并维持人的行为的内部唤醒状态”，或“一种由需要所推动的，达到某一目标的行为动力，它起着激起、调节、维持和停止行动的作用”。宋书文主编的《心理学词典》中动机是指“推动人们行动的内在力量”。

美国学者罗宾斯把动机定义为一种过程，它体现了个体为了实现目标而付出的努力强度、方向和坚持性。他认为动机的定义中有三个关键的因素：强度、方向和坚持性。

强度是指个体试图付出多大的努力。这也是我们谈到动机时，大多数人都能够关注到的要素。我们需要注意的是，高强度并不一定能够带来令人满意的工作业绩，除非这种努力方向与目标是一致的。因此，我们不仅需要考虑努力的强度，而且需要注意努力的方向。最后，动机还有一个坚持性的维度，是指个体的努力可能维持的时间有多长。受到动机激励的个体可以长时间地从事一项任务，直到实现其目标。

通过以上各种不同的定义可以发现，人们对动机的理解不尽相同。有一些定义强调动机有一定的目的和内在的推动作用，而有的定义强调动机对个体的激发作用。

尽管如此，我们还是能够达成一定的共识：(1) 动机是激起个体行为的内部过程，它能为个体提供方向和能量；(2) 动机是一种既观察不到也测量不到的内部过程，对其性质、强度以及存在与否等的了解，只能从外部观察到的行为上做出推断；(3) 对动机的定义无论是陈述性的还是描述性的，实质上都是假说。

动机与需要和诱因有关。下面我们来看看这两个概念的含义和它们与动机的关系。

需要（need）是个体内部的一种不平衡状态（包括生理和心理的不平衡），是个体活动的源泉。在需要得到满足后，这种不平衡状态暂时得到消除；当出现新的不平衡时，新的需要又会产生。

动机以需要为基础，通常情况下，没有得到满足的需要会导致更加强烈的感受和行为改变。假设将来工作后，你对自己的工资不满意，这时你可能会做出几种行为来改变目前的情况：要求加薪和升职，更努力工作以求升职和加薪，或者换一个工资更高的工作。这种寻求改变的动力就是我们所说的动机。

诱因指能满足个体需要的刺激物，它具有激发或诱使个体朝向目标的作用。诱因有积极和消极之分，凡是个体趋向或接受它而得到满足时，这种诱因称为积极诱因；凡是个体因逃离或躲避它而得到满足时，这种诱因称为消极诱因。

（二）动机的形成条件

人的动机形成有内在和外在两个条件。

内在条件就是人的需要，在需要的基础上才产生了动机，离开了需要就没有动机。需要主观上常表现为意向或者愿望。模糊意识到的需要叫意向，而愿望是指明确意识到并且想实现的需要。

愿望只有实践才能够成为活动的动力。当愿望让人开始行动，并且有了一定水平的强度，还有了满足需要的对象时，才能引发动机。需要对激发动机主要起推动作用，这主要反映了动机形成中个体内部的力量。

诱因是引发动机的外部条件，它对激发人的动机行为起了牵引作用，这主要强调了动机形成过程中环境的作用。

一般情况下，动机形成过程中内外条件的作用并不相等，当然也有起同样重要作用的情况，而且仅有强烈需要或者外在诱因的情况下，引发行为的动机也是存在的。

比如特别饿的时候，不用看到美味也会想到吃东西，这就是由强烈需求诱发的动机。再比如坐火车时，当看到别人津津有味地吃着在火车停靠站点买来的卤鸡腿时，也会产生买卤鸡腿吃的动机，虽然自己带有可以充饥的方便面，这就是由诱因激发的动机。

总之，动机发生的途径可以总结为：由强烈的内在需要引发；由强烈的外在诱因触发；由内在需要和外在诱因联合引发。同时，诱因还有引起内在需要变化的功能，由强变弱，由无变有。

读一读·想一想

方溪是某重点高校的学生，毕业时他遇到了择业上的难题。

方溪的专业是软件工程，就业前景光明，加上他在校时成绩优异，社团活动经验丰富，不出意外，能找到一份稳定、待遇好的工作。

不过方溪当初选专业时是听从父母的意见，他本身的职业理想是当导演，上学时他就给同学们拍过很多创意短片，也得到了很多奖励。他想在这条路上发展下去，可是老师和家长都认为这一行不稳定，能不能出名要靠运气。

经过一番挣扎犹豫，方溪还是选择一家大型国有企业做计算机工程师。

［问题］方溪在做职业选择所考虑的因素中，哪些是需要，哪些是诱因？

二、动机的类型

动机本身是不能直接观察到的，但可以根据个体的外部行为表现加以推断。我们在工作场所进行推断时，有必要把动机进行分类，以便更好地了解多样化的动机，提高员工的动机水平，从而更好地完成组织目标。我们可以从不同的角度探索动机的分类方式（见表 4—1）。

表 4—1　　动机分类

	动机类型	定义	举例
分类方式一	基本动机	以生理为基础，非习得性的动机	饥饿、口渴、睡眠、避痛
	社会性动机	以社会文化为基础，可以学习的动机	成就动机、交往动机、兴趣
分类方式二	有意识动机	动机产生时，个体可以意识到活动的目的	以道德感、义务感和社会责任感为内容的理想和信念
	无意识动机	动机产生时，个体没有意识到活动的目的	人的本能
分类方式三	内在动机	由个体内在需要引起的动机	为了满足自己的成就感而努力学习
	外在动机	在外部环境影响下产生的动机	为了获得奖学金而努力学习

首先，动机可以分为基本动机和社会性动机。

基本动机是指以生理为基础，非习得性的动机。我们所知道的最普遍的基本动机包括饥饿、口渴、睡眠、避痛、性以及母性的照顾等。

有些动机是习得性的，是以社会文化为基础的，称为社会性动机。比如与人交往的需要引发交往动机，获得成就的需要产生成就动机，权力的需要产生权力动机等，还有兴趣、爱好等都是人的社会性动机。

其次，根据是否意识到自己活动的目的，可以把动机划分为有意识动机和无意识动机。

有意识动机是指动机产生时，个体对活动的目的有意识；无意识动机是指动机产生时，个体没有意识到或者没有清楚意识到，比如定式，它会使人们以某种习惯的方式对刺激情境做出反应，在解决问题时带有某种倾向性。

例如，“13”放在阿拉伯数字中间，你会把它读为数字 13，如果把它放在英文字母当中，你会把它读为英文字母 B。再如，为下属作绩效考核时，如果认为某位下属好，考评时就会不自觉地降低对其的要求，忽略他的一些错误；如果认为某位下属差一些，考评时会不自觉地提高对他的要求，并放大一些小错误。

再次，动机还可以划分为内在动机和外在动机。

由个体内在需要引起的动机叫内在动机，在外部环境影响下产生的动机叫外在动机。比如，员工由于认识到提高自己的工作技能，获得一种终身就业能力的重要性而努力工作，这种动机就是内在动机；员工为了获得特别奖励而努力工作，这种动机就是外在动机了。

这两种动机之间的关系十分密切，在推动个体的活动中常常共同发挥作用。

需要注意的是，外在动机只有在不损害内在动机的情况下，才是积极的。要是过分强调外部激励对绩效的贡献可能会降低追求成就感、自我实现等高层次需要。就拿上面的例子来说，假设某员工努力工作既为了提高自己的专业技能，又为了获得公司的年终大红包，一旦员工对红包的厚薄不满，他的积极性就会大打折扣，最终毁掉的是该员工提升专业技能的积极性。

读一读·想一想

A，B，C 三位同学，A 学习认真刻苦，希望超过其他同学，成绩名列前茅，拿到高额奖学金。B 同学热衷于学生会活动，希望竞选上学生会主席，提高自己在同学中的威望和影响力。至于 C 同学，则热衷广泛交友，他加入了一些社团，不仅积极参加社团活动，还喜欢在周末等空闲时间和社团的朋友们聚会、出游，从人际交往中得到了很大的满足。我们身边总有类似 A，B，C 的朋友，因为个人的动机不同，也有不同的行为表现。

[问题] A，B，C 三位同学的行为表现分别是以哪种动机为主导的？

三、动机与工作绩效的关系

管理的目的在于充分利用所拥有的资源，使组织高效地运转，提高组织绩效，实现组织目标。动机的性质和强度决定了人们行为的方向和进程，对于调动人们潜在的积极性，不断地提高工作绩效，具有十分重要的作用。

然而，强动机不一定会导致高绩效。动机与绩效的关系还受到其他主客观因素的影响，如工作方法不当、身体状况不好等，其中一个主要因素是个体的能力水平。能力对动机与绩效的影响如图 4—1 所示。这种关系有助于我们解释一些问题，例如，能力平平却非常努力的运动员（或学生）总是胜过有天赋但懒惰的竞争对手。

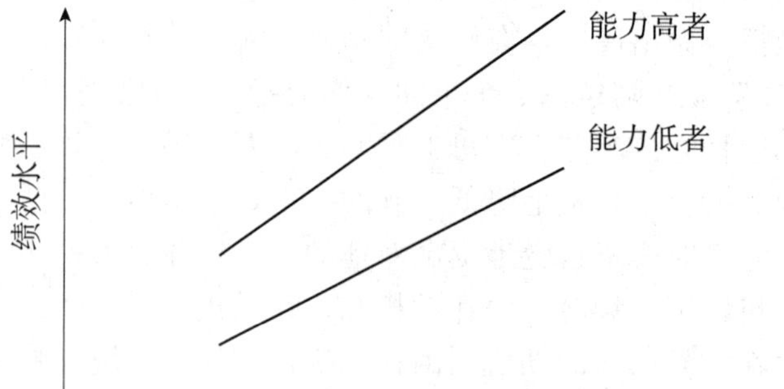

图 4—1 能力对动机与绩效的影响

随着理论的不断发展，更多的学者认为还应在这种关系中加入机会这一变量，即：绩效$=f$（能力，动机，机会），如图 4—2 所示。

在现实生活中，很容易找到这样的例子，即使一个能干而且想干的人也可能遇到一些制约绩效的障碍。因此，当你评价一名员工为什么没有取得他应该取得的绩效水平时，不要忘了看一看员工是否有足够的工具、设备、材料和供应？员工是否有有利的工作条件、有热情帮助的同事、有支持性的规章制度，是否拥有做出工作决定所需的充分信息、是否有充分的时间完成工作？如果没有，那么绩效水平就会受到影响。

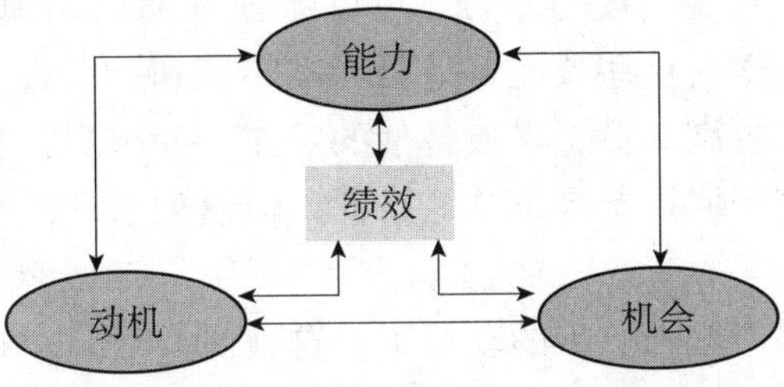

图 4—2　绩效与动机、能力和机会的关系

我们可以得出这样的结论：动机是影响绩效的一个重要因素，但不是唯一的因素。

关于图 4—2 中几个概念之间的关系，可以用下式来表达：

$$P=f\ (M,\ A,\ C)$$

式中，P 为绩效；M 为动机；A 为能力；C 为机会。

为了实现高绩效，员工必须有努力工作的意愿（动机），必须有有效工作的能力，必须有合适的机会，即有利的外部条件支持，如各种资源和信息。任何一方面的缺陷都有可能影响绩效。因此，为了提高员工的工作绩效，管理者必须努力保证这三项条件都得到满足。

读一读·想一想

有三家公司的项目部竞标同一个项目，它们的负责人张斌、李强和赵刚都很重视此次竞标，希望自己可以获胜。

张斌是个 29 岁的年轻人，刚接手项目部，斗志昂扬。他所在的公司高管对于此次竞标也非常重视，在资金、人员和政策等方面都给他足够的支持，但是他最后落败了，因为他自身的经验、能力相比其他两家公司的负责人都较弱。

李强在三个人中经验最丰富，能力最佳，他对此次竞标势在必得，但是公司高层对于这个项目并不热衷，在资金和人员上给予李强很有限的支持，在这种氛围中，连项目部自身的员工也不太配合他的工作，因此他最后也失败了。

赵刚不仅自身能力出众，经验丰富，并且得到了公司上层各方面的大力支持和部门员工的全力配合，最终取得了竞标的胜利。

［问题］

1. 三个人各有哪些优势和劣势？
2. 这个案例说明想要获得良好的工作绩效需要哪些条件的支持？

激励的意义

从上面内容可以看出，在绩效函数中动机、能力与机会三者都很重要，但是在绝大多数情况下，动机是其中最难满足的条件。

如果员工缺乏实现绩效的能力，可以派他参加培训项目，学习新的工作技能。如果这名员工无法学会这些技能，他可能被转换到一个相对简单的工作岗位上，而由另一位技能水平更高的员工来接替他的工作。如果员工缺乏材料、资源、设备和信息，管理者可以采取措施提供这些条件，但是如果动机不足，管理者就会面临更为复杂的问题。

那么我们该如何增强员工的动机呢？这就需要对员工进行激励。激励一词，源自英文单词motivation，联系到动机的拉丁文movere和英文motive，便不难看出二者有密切的联系。那么究竟什么是激励？

心理学家对此有各种不同的解释。

阿特金森（J. W. Atkinson）认为，激励就是此时此刻对行动的方向、强度与持续性的（直接）影响。

琼斯（M. R. Jones）提出，激励涉及行为是怎样发端、怎样被赋予活力而激发、怎样延续、怎样导向、怎样终止，以及在所有一切过程中，该有机体呈现何种主观反应。

弗鲁姆（V. Vroom）则认为，激励是一个过程，这个过程主宰着人们，在多种自愿活动的备选形式中所做出的抉择。

在组织行为学中，激励主要是指持续激发人的动机的心理过程。通过激发和鼓励，使人产生一种内在的驱动力，使之朝着所期望的目标前进的过程。

有个故事说的是一位农夫赶着毛驴去赶集，当毛驴按要求好好走时，就喂它胡萝卜，不好好走时就用大棒打它，这样很快到达了目的地。用此来比喻，激励就是调动人的积极性、主动性和创造性的过程。

与其他调整人的行为的方式（如强制、督促等）相比，激励的特点在于通过改变人的动机以改变人的行为，这种改变是自觉自愿的。

现代企业把人力资源更多地看成是资本，而不是成本，因此，从企业角度来看，激励是一种投资，投资的回报是工作绩效的提高。任何想长久发展的企业，必须建立有效的激励机制。

哈佛大学的詹姆斯教授发现，按时计酬的分配制度仅能发挥20%～30%的能力，如果受到充分激励，员工的能力可以发挥80%～90%，两相比较，60%的能力的提升就是有效激励的效果。

激励的具体作用如下：

（1）激励有助于组织形成凝聚力。组织的特点是把不同的人统一在共同的组织目标之下，使之为实现目标而努力。因此，组织的成长与发展壮大，依赖于组织的凝聚力。激励则是形成凝聚力的一种基本方式。通过激励，可以使人们理解和接受组织目标，认同和追求组织目标，使组织目标成为组织成员的信念，进而转化为组织成员的动机，并推动人们为实现组织目标而努力。

（2）激励有助于提高员工工作的自觉性和创造性。个人的行为不可避免地带有个人利益的动机，利益是调节员工行为的重要因素。通过激励可以使员工认识到在实现组织最大效益的同时，也可以为自己带来利益，从而可以将员工的个人目标与组织目标统一起来。二者统一的程度越大，员工的工作自觉性越高，其工作的主动性和创造性也越能得到发挥。

（3）激励有助于员工保持良好的工作绩效。在客观条件基本相同的前提下，员工的工作绩效与员工的能力和激励水平有关。通过激励可以使员工充分挖掘潜力，利用各种机会提高自己的工作能力，这是提高和保持高水平绩效的重要条件。另外，通过激励还可以激发员工持之以恒的工作热情。

第 2 节　员工的工作动机理论

一、早期的工作动机理论

在 20 世纪 50 年代，激励理论得到了充分的发展，并产生了三种传统的动机理论，即需要层次理论、X 理论和 Y 理论以及双因素理论。

（一）需要层次理论

需要层次理论是由 A. H. 马斯洛在 1943 年的《人类激励理论》一书中提出的，

读一读 · 想一想

张部长是国内某事业单位的一位高官。上任伊始，他就感觉本单位存在人员素质低、管理水平低、工作效率低等问题。

在一次出国访问中，张部长遇到在国外一家著名机构做高管的刘东。在告别晚宴上，张部长趁着一个合适的机会，表达请刘东到国内工作的愿望。后来几次出国，张部长都亲自登门拜访刘东，颇显诚意，有一次甚至特意为了这件事情出国。在张部长的感动之下，刘东终于回国到该事业单位工作。张部长深为感动，并且力排众议，将刘东的薪水提高到了天价，并为他提供了很好的办公条件。

三个月之后，刘东突然给张部长打了一个电话："张部长，感谢你对我的信任。三个月了，我在这里什么事情都没有做成。再过个一年半载，我这个人就要废掉了，因此我必须离开！"

[问题]

1. 刘东的需求是什么？
2. 张部长在满足刘东需求时忽略了哪些问题？

并且在1954年所著的《激励与个性》一书中作了更详细的介绍。他通过对自我实现者个性因素和优秀品质的研究，得出了心理健康标准，并提出了这一理论。按对个体的重要程度，马斯洛将人类的需要分为五个层次，按从低级到高级排列，呈一个金字塔式的阶梯状结构。这五个层次见图4—3。

图4—3 马斯洛的需要层次

（1）生理需要。它是人类维护自身生产的最基本要求，即原始需求，包括对食物、水、氧气、睡眠和性等的需要。我们知道，人的正常机能的运转和平衡依靠这些基本的需求，它也是推动人们行动的首要动力。马斯洛认为，只有这些需要达到必须满足的程度时，人们才会产生其他需要。正如马斯洛所说："对于一个饥饿已达危险程度的人，除了食物，其他任何兴趣都不存在。他梦里是食物，记忆里是食物，思想活动的中心是食物，感情的对象是食物。"

（2）安全需要。顾名思义，它是人类要求保障自身安全，比如，对人身安全、财产安全、健康、稳定性和摆脱恐惧、焦虑等的需要。

（3）归属需要。它是指人们具有进行社会交往和归属某种群体的需要，对爱情、友谊和摆脱孤独的需要。例如，当遇到难过伤心的事情时，我们希望得到别人的安慰；在工作场合中，我们希望与同事和睦相处，关系融洽；当我们身处一个集体中，希望得到别人的认同、接受和支持，并为成为该群体中的一员而感到自豪。

（4）尊重需要。我们知道，尊重的需要又可分为内部尊重和外部尊重。内部尊重也可称为自尊，是指个体希望自己有能力、自信、独立。外部尊重也可称为受人尊重，是指个体希望被社会承认，受到别人的尊重和高度的评价。马斯洛认为，我们的尊重需要得到满足，能使我们对自己充满信心，对社会满腔热情，体验到自己的用处和价值。

（5）自我实现需要。指对充分挖掘自己的潜能、创造力，实现自我人生理想的需要。这种需要主要体现在两个方面：一是胜任感，表现为追求卓越，并出色地完成任务，喜欢承担具有挑战性的工作，在工作中彻底地发挥创造力；二是成就感，主要表现为进行创造性活动并取得圆满成功。

马斯洛把前四种需要归为基本需要，把自我实现需要归为发展需要。基本需要是生存所必需的，其中生理和安全需要的满足产生物质激励，这些需要如果得不到满足，人们就会从肉体上消亡；归属和尊重需要的满足产生社会激励，这些需要如果得不到满足，人们会在心理上脱离社会生活而成为社会大海中的孤岛。自我实现需要是因存在价值而产生的需要，这种需要的满足产生精神激励。马斯洛通过对少数自我实现者的研究，提出自我实现者的动机是超越性或成长性动机，是要发展潜能和认识世界。

马斯洛认为，需要的各层次有如下关系：(1) 一般来说，这五种需要按阶梯排列，其产生和发展遵循逐层递进的规律。低层次的需要满足后，才会向更高一层发展。不过也存在例外，比如我们常常听到艺术创作者在食不果腹、衣不蔽体的情况下也会有创作的精神需求。(2) 可能会同时存在多种需要，但每一时期内总有一种需要是占支配地位的，而且需要不可能完全满足，越到上层，满足的百分比越小。(3) 高层次的需要满足后，低层次的需要仍然存在，只是对行为影响的比重减小而已。

我们用一种粗略的方式来表述，马斯洛的需要层次理论可以转化成图 4—4 中所描述的工作中的需要层次模型。如果我们将此理论应用到一个实际组织中，员工的低层次需要一般都能够得到满足（85%的基本需要和 70%的安全需要），但是只有 50%的归属需要、40%的尊重需要和 10%的自我实现需要能够得到满足。

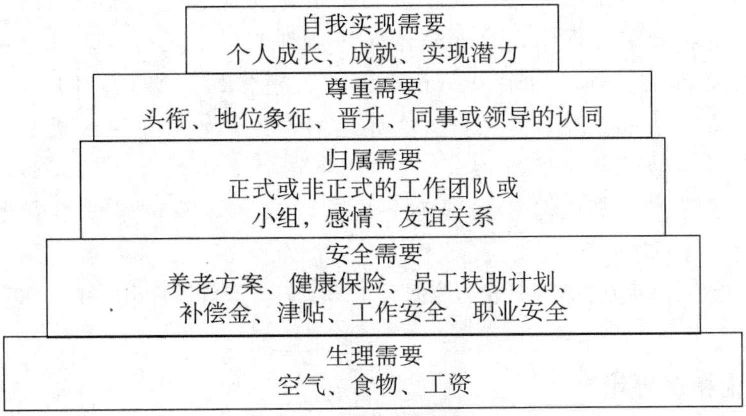

图 4—4　工作中的需要层次模型

在这里必须说明，马斯洛并没有提出将他的需要层次理论与工作动机直接联系起来。事实上，他并没有研究组织中的员工激励问题，在他提出这个理论大约 20 年以后，才有人渐渐意识到这个问题。麦格雷戈在其广为流传的《企业中人的因素》一书中引入了该理论，使马斯洛的理论在管理研究中风靡一时。显而易见，需要层次理论对现代的动机管理方法产生了巨大的影响。马斯洛的需要层次理论的指导意义在于：作为管理者，应该根据员工不同层次的需要，找出一般激励因素和采用相应的组织措施，满足不同层次的需要，引导和控制员工的行为去实现组织目标。充分发挥每个人的能力、技术和潜力，为个人成长、成就和提升提供保证。尤其值得我们注意的是，员工的需要是不断发展的，当某层次需要基本上得到满足后，就必须满足其另一层次的需要。因此，管理者要随时注意员工积极性减弱的信号，才能使各项管理措施更加有效。

视　窗

马斯洛

亚伯拉罕·马斯洛（Abraham Maslow，1908—1970）是人本主义心理学最主要的创始人之一，他的父母是从俄国移居美国的犹太人。18岁时，马斯洛听从父母之命进入纽约市立学院学习法律，但由于缺乏对法律的兴趣，第二个学期便退出而进入威斯康星大学学习心理学，在威斯康星大学学习期间，马斯洛最早接触到的是铁钦纳的构造主义心理学，但马斯洛厌倦构造主义心理学的元素论方法，他发现华生的行为主义方法较之构造主义更合理一些，因此，他开始对华生的学说产生兴趣。1934年，在威斯康星大学获得博士学位后，马斯洛前往哥伦比亚大学担任著名机能心理学家桑代克的助手，在桑代克的指导下做了关于人类支配倾向、性行为等实验。1943年马斯洛来到纽约布鲁克林学院，在那里，马斯洛开始接触到霍妮的社会文化精神分析理论、弗洛姆的人本主义精神分析以及惠特海默的格式塔心理学，这些理论对马斯洛产生了深刻的影响，促使马斯洛彻底摒弃行为主义的简单化观点，而形成一种动力的、整体的人格观。1951年马斯洛应邀担任布兰迪斯大学心理学系教授兼系主任。在此期间，他开始对健康人或自我实现者的心理进行研究，出版了《动机与人格》（1954）和《存在心理学探索》（1962）。这两本书是他的代表作，奠定了人本主义心理学的理论基础。1967年，马斯洛被推选为美国心理学协会主席。1970年，因心脏病去世。

亚伯拉罕·马斯洛

资料来源：叶浩生：《西方心理学理论与流派》，广州，广东高等教育出版社，2007。

（二）X理论和Y理论

道格拉斯·麦格雷戈提出了两种截然不同的人性假设：一种基本上是消极的，称为X理论；另一种基本上是积极的，称为Y理论。他认为管理者关于人性的观点是建立在一组具体假设基础之上的，并根据这些假设采取不同的管理方式来对待下属。

视　窗

麦格雷戈

道格拉斯·麦格雷戈（Douglas McGregor），1906年出生，是美国组织行为学家，是20世纪中叶行为科学时代最具影响力的管理思想家之一。1924年（18岁）获韦恩大学文学学士学位，1935年获哈佛大学哲学博士学位，随后留校任教，1937—1964年，在麻省理工学院从事心理学、工业管理和组织发展方面的教学科研工作，1948—1954年，任安第奥克学院院长，1964年辞世。主要代表作为《企业的人性面》（1957）。

根据X理论和Y理论，管理者分别有以下假设：

X 理论

（1）一般的人天生就是好逸恶劳，而且只要他们能够做到，就设法逃避工作。

（2）对绝大多数的人都必须用强迫、控制、指挥、处罚、威胁等手段，使他们做出适当的努力去实现组织的目标。

（3）一般的人情愿受人指导，希望避免负责任，缺乏进取心，把个人的安全看得最重要。

Y 理论

（1）外力的控制和处罚的威胁都不是促使人们为组织目标做出努力的唯一手段；人们在实现承诺的目标过程中，将会进行自我指导和控制。

（2）在承担目标的工作中消耗体力和脑力，正如游戏或休息一样是自然的。

（3）在适当的条件下，一般的人不仅可以学会接受任务，而且可以学会寻求承担组织任务。

（4）在解决种种组织问题时，大多数人而不是少数人具有运用高度想象力、机智和创造的能力。

X 理论和 Y 理论的管理方式见表 4—2。

表 4—2　　X 理论和 Y 理论的管理方式

X 理论	Y 理论
严格指导、控制员工，运用胡萝卜加大棒的奖惩方式	使员工的工作具有一定的自主性和挑战性
主要运用物质手段激励员工	让员工参与目标的制定
制定严格的制度和法规，运用权威和控制实现管理目标	少用惩罚，信任员工

麦格雷戈坚信 Y 理论比 X 理论更有效。他认为 X 理论的主要组织原则是通过运用权力实现指挥与监督，即等级制原则，而 Y 理论是一体化原则，即个人目标与组织目标一体化，这就要创造一种条件，不断地鼓舞组织成员去发挥和自愿使用其能力、知识、技能，来达到组织目标，使个人目标和组织目标协调一致。

因此，他建议管理者有效地运用 Y 理论，诱导出员工的工作热情，充分发挥员工的想象力和创造性，让员工参与到决策过程中来，在工作中进行自我管理、自我引导，并在融洽的群体关系中实现组织目标。

读一读

神话还是科学

总体来说，与女性相比，男性在工作中追求卓越的动机更强，女性希望保持良好人际关系的动机更强。

请注意，性别差异并不意味着每个男性的成就动机都比女性强。请考虑性别和寿命的因素。平均来看，女性的寿命比男性长，但是相当一部分（大约占 45%）夫妻中，丈夫活得比妻子长。同样地，男性和女性在动机上存在差异，但我们要防止将一种群体差异转换为普遍性的结论或刻板印象的倾向。

研究表明，我们更愿意用“个性特质”来形容男性，比如积极、坚定和好胜。我们常常用“社群特质”来形容女性，比如乐于助人、富有爱心和体贴。这些证据可能体现了关于男女特质的性别刻板印象，而不能证明男性与女性具有不同的动机。

不过，对1 398名德国工人的研究表明，男性更容易被个体奋斗激励，而女性则更容易被群体奋斗激励，而且在长达17个月的研究过程中，这种性别差异始终没有改变。这些差异导致的结果是，男性比女性获得更高水平的“客观的”职业成功（收入、职位），而女性则比男性更多地参与到家庭生活中。

我们不知道这些差异是与生俱来的，还是社会化形成的。如果是社会化形成的，那么证据表明这一过程很早就开始了。一项研究让4～9岁的孩子讲述自己生活的故事，结果表明，女孩比男孩更有可能强调交流（友谊、帮助他人和亲密接触）。

资料来源：A. E. Abele，“The Dynamics of Masculine-Agentic and Feminine-Communal Traits：Findings from a Prospective Study”，*Journal of Personality and Social Psychology*，October 2003，pp. 768—776；R. Ely，G. Melzi，and L. Hadge，“Being Brave，Being Nice：Themes of Agency and Communion in Children’s Narratives，”*Journal of Personality*，April 1998，pp. 257 - 284.

（三）双因素理论

双因素理论又称“激励—保健因素”理论，是行为科学家赫茨伯格（Herzberg）于1959年提出的。

20世纪50年代末期，赫茨伯格和他的助手们在美国匹兹堡对200名工程师、会计师进行了调查访问。访问主要围绕两个问题：（1）在工作中，哪些事项是让他们感到满意的，并估计这种积极情绪持续多长时间；（2）又有哪些事项是让他们感到不满意的，并估计这种消极情绪持续多长时间。

视窗

赫茨伯格

弗雷德里克·赫茨伯格，1923年生，是著名的组织行为学家、管理学家。先后获纽约市立学院学士学位和匹兹堡大学博士学位。曾任犹他大学特级管理学教授、凯斯大学心理系主任。长期在美国和全球30多个国家从事管理教育和咨询工作。在各种学术刊物上发表论文百余篇，代表作有《工作激励》（1959）、《工作与人性》（1966）等。

通过对调查的资料分析，赫茨伯格在《工作激励》一书中提出了双因素理论的基本观点，能促使人们产生工作满意感的因素称为激励因素，促使人们产生不满意的因素称为保健因素。

激励因素往往是由工作本身的内容和性质引起的，包括成就、赞赏、工作的挑战性与趣味性、责任以及成长的机会。满足这些因素会提升员工的满意度，能对员工产生更大的激励，但是满意不能消除员工的不满。

保健因素往往是由外界的工作环境和工作关系引起的，包括物质工作条件、工资福利、人际关系、公司政策等。正如卫生保健有助于人们预防疾病一样，这些因素能够预防问题的产生，它们的恶化会引起人们对工作的不满。即使达到了人们的要求，保健因素也不能带来满意，只能消除不满意。这样就形成了既不是满意，又不是不满意的中性状态。

按照赫茨伯格的观点，传统上认为的满意的对立面是不满意的观点是不正确的。他认为满意的对立面是没有满意，不满意的对立面是没有不满意。管理层应该认识到保健因素是必需的，不过一旦它使不满意消除以后，就不能产生更积极的效果，只有激励因素才能使人们有更好的工作业绩。由此可见，赫茨伯格的双因素的分类和传统的激励观不同（见图 4—5）。

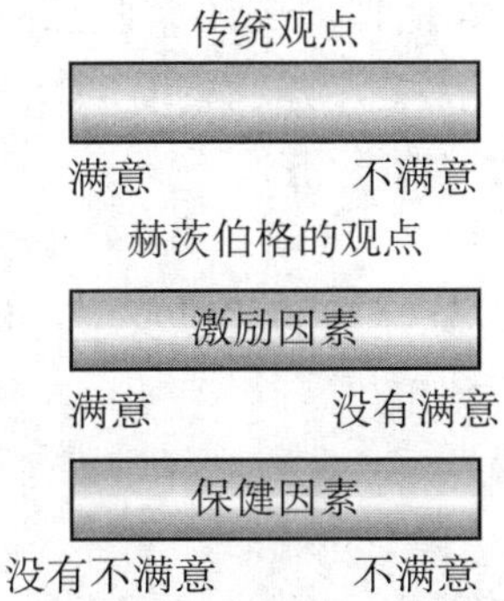

图 4—5　传统观点和赫茨伯格观点的比较

赫茨伯格的双因素理论对企业的实际管理有着重要意义。这意味着传统的工资、工作条件等保健因素并不能提升员工的满意度，因为保健因素的作用是一条递减曲线，当员工的工资、奖金等报酬达到某种满意程度后，其作用就会下降，甚至适得其反。管理者要想持续、有效地激励员工，就必须从工作本身的相关因素出发：

（1）改进并丰富员工的工作内容，增加工作挑战性，使员工能从工作中感到成就、责任和成长。

（2）高层管理者应适当放权，减少过程控制，给予下属一定的工作自由度。

（3）可以及时对员工的成就给予肯定、表扬，使他们感受到重视和信任。

（4）最后还应注意的是，保健因素和激励因素是部分重叠的，有些保健因素，如工资和奖金，还是重要的激励因素，因此需要慎用工资和奖金，把它们同个人的工作绩效挂钩，按贡献决定报酬，并要与精神激励等方法结合起来使用。

读一读·想一想

财务经理的苦恼

某公司财务部每月的招待费都会有一些结余。陈经理上任伊始，便形成了这样一个不成文的惯例：若财务部结算完本部门的招待费后还有结余，陈经理会用这笔钱请手下员工吃饭。听到这个消息，大家一阵欢腾，纷纷赞扬领导关心下属。无形之中，大家的工作卖力不少。这样执行了一年之后，陈经理发现大家对吃饭的兴趣不大了，有两位女部下声明要减肥，不去吃饭了。

陈经理发现这个情况后，修改了决定：以后不吃饭了，如果招待费结余，要不发点钱，要不就买点东西给大家。于是财务部又开始欢腾起来，毕竟每个人可以多拿200元钱啊。

大约又过了半年，陈经理发现大家对这200元的“奖励”又开始习以为常了。有一次，由于业务需要，有一个月招待费没有结余，有人竟然提议先预支下个月的。陈经理感到，该找一个方法来解决这个不大不小的问题了。

可是不久，在一次开会时公司领导暗示陈经理：财务部不要以本部门的名义发钱了，也不要发东西了，这样可能会有负面影响。陈经理把领导的意思透露给大家。快退休的老张唠叨说：“我们的账清楚得很，其他部门还不是把招待费都吃掉了，在没有耽误工作的前提下，我们省下了这么一点儿招待费，归我们自由支配也是应该的。”其他人倒是没有说什么，可陈经理明显感觉大家对这个事情很不满。

[问题]

1. 为什么一段时间之后下属对陈经理的奖励反应冷淡了？
2. 该案例是怎么体现双因素理论的？

二、近期的工作动机理论

虽然早期的工作动机理论在提高员工动机方面有不可替代的作用，但是它们不能被实证研究证明。当代的工作动机理论在这一点上则体现出其更具优越性的一面，每个理论中都有大量的有效证据支持其结论。

（一）ERG 理论

美国耶鲁大学的克雷顿·奥尔德弗（Clayton Alderfer）在马斯洛提出的需要层次理论的基础上，进行了更接近实际经验的研究，提出了一种新的人本主义需要理论。奥尔德弗认为，人共存在3种核心的需要，即生存（existence）需要、关系（relatedness）需要和成长（growth）需要，因而这一理论称为ERG理论。

（1）生存需要。是最基本的、维持人的生命存在的需要，如衣食住行、安全条件、工资等，相当于马斯洛的需要层次理论中的生理需要和安全需要。

（2）关系需要。对社交、和谐人际关系及相互尊重的需要，这种需要通过与他人的交往而得到满足，相当于马斯洛需要层次理论中的归属需要和尊重需要中的外在部分。

（3）成长需要。个人要求得到提高和发展，获得自尊、自主及充分发挥自己能力的需要，这种需要通过发展个人的潜力和才能而得到满足，相当于马斯洛需要层次理论中的尊重需要和自我实现需要。

ERG理论与马斯洛的需要层次理论有相同之处，认为低层次的需要满足之后，高层次的需要就会产生。ERG理论与马斯洛的需要层次理论又有许多不同，主要包括以下两点：

（1）ERG理论认为，不一定是低层次需要得到满足时才会产生高一层次的需要，人在同一时间可以有多种需要，并且需要层次的升级不一定严格按照生存——关系——成长的顺序，而是可以越级的。有的人在满足生存需要后可能迫切要满足关系需要，有的人则可能直接要求满足成长需要。

(2) ERG 理论提出了“受挫—后退”规律，即如果较高层次的需要没有得到满足时，有可能退而求其次，进一步加强对较低层次需要的追求。比如一个人社会交往需要得不到满足，可能会增强对得到更多金钱或更好的工作条件的愿望。

ERG 理论启发我们，员工不同的需要会导致他们在工作中不同的行为表现，从而决定了他们不同的工作结果，这些结果又与满足他们的需要有密切的关系。

企业管理人员要了解员工的真实需要，满足其高层次的需要，否则可能会使其倒退回对低层次需要的不合理的追求。这种情况如图 4—6 所示。

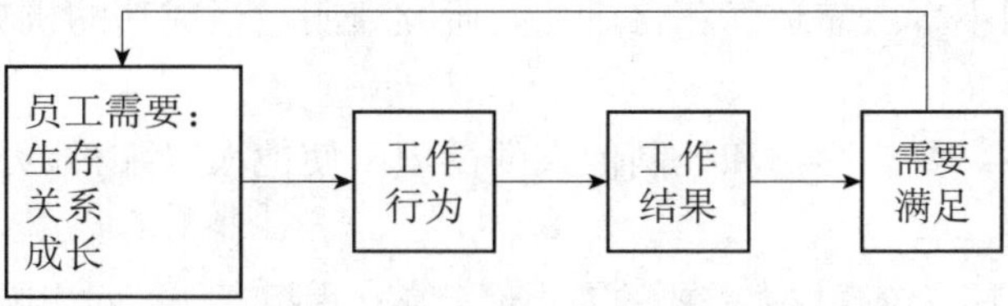

图 4—6　奥尔德弗的工作需要与工作成果的关系图

读一读·想一想

李良是个能干且有进取心的人。在大学里他学的是企业管理，成绩优秀。毕业后，几家全国性的大公司积极争取他去工作，他选了一家著名的大型企业，福利待遇都很好，而且有发展潜力。到公司的前五年，李良工作非常努力，每个星期差不多要花 80 个小时在办公室工作，公司对他的报酬也很合理。他很快被提升为低层主管经理，他的工资比刚进公司时增加了 3 倍。正在这时他恋爱并结婚了。

因为家庭的新的责任，李良感觉到了工作与婚姻家庭之间的矛盾冲突。从此，他不再像从前那样加班加点了，同时他发现并不怀念当初工作占用了所有时间的生活。结婚一周年这一天，他用所有的积蓄现付购买了一艘中型旅游客船，然后向公司老板提交了辞职书，他说：“我对我的职位不太满意，我想试试做其他事。我知道这很难，但我想我对旅游事业有兴趣，我会成功的。我可以肯定这次改行会给我带来幸福。”

[问题]

1. 为什么李良突然改变他的动机？

2. 为了使公司中有前途的年轻经理们不要像李良那样辞职，公司应如何应对这种情况？

3. 根据动机理论观点，如何解释李良的行为？

（二）麦克利兰的成就需要理论

美国哈佛大学教授戴维·麦克利兰探讨了人们在基本的生理需要满足以后高层次需要的问题，提出了他的成就需要理论。该理论认为个体在工作情境中有三种重要的需要：

（1）成就需要。追求卓越、达到标准、争取成功的内驱力。

高成就需要是一种追求成功的强烈动机。如果你是高成就需要的人，你会追求个人成就，而不是物质报酬，报酬只是被看作一种认可的方式，你更希望把事情做得比以前更好、更有效，并且乐于接受挑战。

高成就需要的人寻求这样的环境：个人能够为解决问题承担责任；及时获得对自己绩效的反馈以便判断自己是否有改进；喜欢中等难度的任务目标。高成就者不是赌徒，他们不喜欢靠运气获得成功，研究表明，当成功的机会是50%时，他们的绩效最高。

（2）权力需要。影响和控制他人的欲望，使他人以某种形式行事而不以其他方式行事的需要。

如果你是具有较高权力需要的人，你会喜欢承担责任，对影响和控制别人具有很大的兴趣，喜欢处于竞争和受重视地位的环境，你也会追求出色的成绩，但你这样做并不像高成就需要的人那样是为了个人的成就感，而是为了获得地位和权力或与自己已具有的权力和地位相称。与有效的绩效相比，你更关心威望和获得对其他人的影响力。

（3）归属需要。建立友好和亲密的人际关系的欲望。

如果你是高归属需要的人，你更倾向于与他人进行交往，并从中获得满足感。你渴望友谊，喜欢合作而不是竞争的工作环境，希望沟通与理解，对人际关系更为敏感。有时，归属需要也表现为对失去某些亲密关系的恐惧和对人际冲突的回避。归属需要是保持社会交往和人际关系和谐的重要条件。

视　窗

麦克利兰

麦克利兰，1917年出生于美国纽约州弗农山庄，1938年获韦斯利恩大学心理学学士学位，1939年获密苏里大学心理学硕士学位，1941年获耶鲁大学心理学哲学博士学位。曾先后任康涅狄格女子大学讲师、韦斯利恩大学教授及布林莫尔学院教授，1956年开始在哈佛大学任心理学教授，1987年获得美国心理学会杰出科学贡献奖，后转任波士顿大学教授直到退休。1998年逝于马萨诸塞州列克星顿市。

研究表明，成功的领导者具有较高的权力需要以及较低的归属需要，他们属于人际影响能力强，而不是支配能力强的人。

麦克利兰的成就需要理论对实际管理具有重要意义：

（1）管理者应该分配给高成就需要的员工具有适度挑战性的工作，激发他们的工作积极性，及时给予他们工作反馈，并且给他们一定的自主完成工作的权力。

（2）高成就需要并不是与生俱来的，而是在实践活动中培养起来的，因此组织应尽量创造有利条件，将员工培养和训练为具有高成就需要的人。

读一读·想一想

林涵是某公司的科技人员，他大学毕业后到该公司工作，参与了一个分梳技术研制的项目，在刚开始的时候，公司处于经营低谷，一方面，由于消耗资金比较大，领导不太理解和支持；另一方面，人力、物力条件都不充分具备。后来公司换了个技术出身的李总，当他了解到这个情况，又了解了分梳的重要性以后，对项目给予了很大的支持。林涵在回想这个项目的完成时说："作为一名知识分子，在企业里想干一些事，像我们这样从学校毕业以后到基层工作的人，就是要干出点成绩。一个人要想干成一件事，如果没有企业领导的支持，没有周围人创造的环境条件，也很难，这次项目，多亏有领导的支持继续了下去，我觉得对我自己来说是很有意义的事情，也算是为企业做了一点贡献。"

［问题］

1. 林涵是麦克利兰理论中有哪种需要的人？为什么？
2. 林涵的故事给了领导者怎样的启发？

（三）公平理论

公平理论由约翰·斯达西·亚当斯提出，他认为员工不仅关心自己收入的绝对值，更关心自己收入的相对值。员工选择的相对参照物有三类：（1）"他人"，包括同一组织中从事相似工作的其他个体，还包括朋友、邻居及同行；（2）"制度"，指组织中的薪金政策与程序以及这种制度的运作；（3）"自我"，指的是员工自己在工作中付出与所得的比率，它受到员工过去的工作标准及家庭负担程度的影响。

我们知道公平在动机中发挥着作用。员工会把自己的投入（如努力、经历、教育背景、能力）和产出（如薪水、晋升、认可）与相关人员的投入和产出进行比较。如表 4—3 所示，如果我们觉得自己的比率与比较对象的比率相同，则为公平状态，我们会认为自己所处的环境是公平的。当我们觉得比率不同时，就会承受公平张力。如果我们觉得自己的报酬过低，那么这种张力会产生愤怒；如果我们觉得自己的报酬过高，那么这种张力会产生内疚。

表 4—3 公平理论

比率比较	感知
收入$_A$/付出$_A$＜收入$_B$/付出$_B$	员工 A 与员工 B 相比由于报酬过低产生不公平感
收入$_A$/付出$_A$＝收入$_B$/付出$_B$	员工 A 与员工相比 B 后产生公平感
收入$_A$/付出$_A$＞收入$_B$/付出$_B$	员工 A 与员工 B 相比由于报酬过高产生不公平感

注：收入$_A$/付出$_A$：代表员工 A 的收入与付出。
收入$_B$/付出$_B$：代表员工 B 的收入与付出。

基于公平理论，当员工感到不公平时，他们可能会采取以下几种做法：

（1）改变自己的投入（如果员工的报酬过低，他们会降低努力程度；如果员工的报酬过高，他们会投入更多努力）。

（2）改变自己的产出（如计件工资的员工通过增加产量但降低质量的做法来提高自己的工资）。

（3）歪曲对自我的认知（如“我过去总以为自己的工资属于中等水平，但现在我发现自己比其他所有人都努力得多”）。

（4）歪曲对他人的认知（如“你的工作并不像我以前所认为的那样令人满意”）。

（5）选择其他参照对象进行比较（如“我可能不如我表哥挣钱多，但我比我父亲在这个年龄时要好得多”）。

（6）离开该领域（如辞职）。

近年的研究扩展了公平或公正的含义。长期以来，公平理论聚焦于分配公平，即员工对报酬数量及报酬分配的公平程度所持的看法，现在人们越来越从组织公平的角度来看待公平。组织公平是指对工作场所公平性的整体感知，例如，我认为这是一个公平的工作场所。组织公平分为三类：

（1）分配公平。对结果公平的感知，例如，我得到了应得的加薪。

（2）程序公平。对结果的判定过程的公平性的感知，例如，我参与了加薪的过程，并且获得了对于我为什么能获得所要求的加薪的良好解释。

（3）互动公平。个体对尊严及尊敬的感知程度，例如，当告知我获得加薪时，我的主管很友善，而且夸奖了我。

对于管理者来说，公平理论的启示是：

（1）要及时体察员工的不公平心理，认真分析、诱导、教育员工正确认识和对待自己和他人。

（2）要坚持公平、公正、公开的原则，制定合理的考评机制和分配制度。

视　窗

随着研究的深入，国外的学者进一步丰富了组织公平的内涵。研究发现，分配的结果会影响到人们的公平感，比如报酬的数量和分配是否公平。

除了结果公平，程序公平（Thibaut &Walker，1975）也可以影响人们的公平感，程序公平是指决策过程的公平程度，就是用来分配结果的程序是否公平。比如决策过程公开化就可提高程序公平。以下的这个案例就很好地说明了程序公平的重要性。

一家研究院为了激励员工打算分房子。老院长根据员工的能力、贡献、任职时间等因素做好了详细的分房计划，但是在计划执行之前老院长生了场重病，不得已提前退休，分房的事情暂时搁置。新院长上任后，老院长告知了他自己的计划，新院长就按照他的意思公布了分房方案，出乎意料的是，这个方案遭到了大家的一致反对，即使是分房的受益者也不觉得足够公平。大家强烈要求要重新商讨分房方案。无奈之下，新院长决定开员工代表大会讨论新的方案。有趣的是，新出炉的方案和当初老院长的计划几乎完全一致，大家却感到很满意。

（四）期望理论

期望理论是由心理学家维克多·弗鲁姆提出的，他认为，一种行为倾向的强度，取决于个体对这种行为可能带来结果的期望程度，以及这种结果对行为者具有的吸引力，即当员工认为努力会带来良好的绩效评估时，他就会受到激励而付出更大的努力。

动机强度的大小取决于效价与期望值的乘积。用公式表述为：

动机（M）＝效价（V）×期望值（E）

式中，效价（V）指个人对某一行动成果的价值评价，它反映个人对某一成果或奖酬的重视与渴望程度；期望值（E）是个人对某一行为导致特定成果的可能性或概率的估计与判断；动机（M）是直接推动或使人采取某一行动的内驱力。

显然，只有当人们对某一行动成果的效价和期望值同时处于较高水平时，才有可能产生强大的驱动力。

弗鲁姆的期望理论辩证地提出了在进行激励时要处理好三方面的关系，这也是调动人们工作积极性的三个条件（如图 4—7 所示）。

第一，努力与绩效的关系。如果个人认为能够通过自身的努力获得良好的绩效，工作积极性就会比较高，这要求绩效评估要在很大程度上反映出员工的努力成果，否则，员工就会失去努力工作的动力。

第二，绩效与奖励的关系。如果员工认为工作的高绩效使得自己得到相应的奖励，就会产生更大的工作热情。这里的奖励不仅是物质上的报酬，比如绩效工资，还包括精神上的赞赏认可等。

第三，奖励与满足个人需要的关系。组织奖励可以满足个人目标或个人需求的程度，以及潜在的奖励对个体的吸引力。

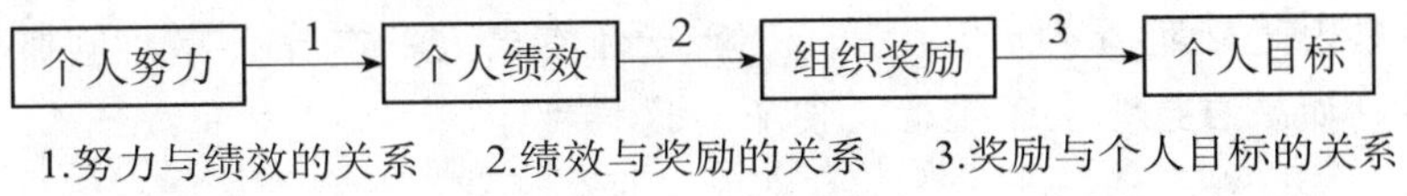

图 4—7　期望理论

期望理论的关键在于认为有三种关系会直接影响个人努力或动机。只有三种关系都提高了，个人才会更加努力。表 4—4 显示了这三种关系的各种情况，以及相应的努力程度。在运用该理论对员工进行激励时，管理者需要做好如下五项工作：

（1）发现员工重视的报酬或奖励是什么。

（2）根据组织目标，明确期望出现的员工行为（如让员工明白阿谀奉承是不受欢迎的，埋头苦干是会得到肯定的）。

（3）确保绩效目标可以达到，否则员工可能不愿意付出努力，这也要求管理者要为下属创造支持的环境，确保期望的绩效与报酬之间的联系是直接的、清晰的和明确的。

（4）确保对员工没有冲突的期望（如既要求员工做出色的营销员，又要求员工做有效的管理者，这两个期望之间可能存在冲突）。

（5）确保奖励或报酬的差距或变化幅度是巨大的。小的奖励只会产生小量的努力和因此而增加的小量绩效，大的奖励会产生较大的努力和因此而增加的大量绩效。

表4—4　影响工作努力的各项因素

努力与绩效的关系	绩效与奖励的关系	奖励与个人目标的关系	工作努力的程度
高	高	高	很大
高	高	低	不很大
高	低	高	不很大
低	高	高	不很大
高	低	低	小
低	高	低	小
低	低	高	小
低	低	低	极小或没有

小链接

我不要当主管

某学生自大学毕业后在某跨国企业中工作，已有六个年头了。和他一批来的大学生，很多已被提拔到主管或更高的职位。他表现也不错，组织有意提拔他为主管。在一个场合，人力资源部经理向他透露了这个意思。没想到第二天，他就约了人力资源部经理，一见面就眼睛湿润，很委屈的样子，说自己怎么都不愿意做主管。询问之下，他说自己不想做主管的主要原因是家庭离不开他，妻子、孩子还有老人一有什么事，他都要抽出时间和精力悉心照料，如果自己当上了主管，便不能这样做了。

在管理激励中，设定激励目标和采用激励措施时应该注意：

（1）设置的目标要考虑到被激励者的能力，让他经过努力是可以达到的。

（2）管理者可以通过指导和培训等方法，提高下属对通过努力实现预期目标的期望，从而充分调动他们的积极性。

（3）激励目标和措施要因人而异，因此要经常注意员工需要和能力的变化。

（4）目标实现后要予以一定的强化，如应有的奖励等，让员工对出自上级的目标保持较高的效价。

读一读·想一想

随着就业市场竞争日趋激烈，很多大学生毕业后都打算先出国进修两年硕士，一则镀镀金，二则也见见世面。如果运气好的话，还可以在国外就业。

小王是一所名牌高校的大学生。他生在一个小城市，家境条件一般。看看周围很多同学都忙着出国考试，他却不以为然。小王认为，出国进修硕士每年需要30万元，读了硕士回来还有可能变“海带”，因此，小王对出国很不热心，每天过着悠闲的校园生活，有时还劝周围的同学也放弃。

尽管在名牌高校读书，小王的父母还是很为小王的就业担心，有一天，跟小王的大表哥说起这个事情，表哥也认为小王应该出国读书。于是跟小王的父母商量，小王出国的费用他可以资助30万元，前提是小王回来后在自己的公司干3年。

小王的父母跟他商量这件事情，小王好像忘记了自己原来的观点，一口答应下来。开始拼命地复习功课，最后如愿以偿，去了美国。

[问题]

1. 小王为什么有这样的转变？
2. 你认为小王应该出国吗？请用本小节的理论来详细说明你的理由。

（五）强化理论

强化理论（reinforcement theory）亦称操作性条件反射理论，一般认为是由斯金纳（B. F. Skinner）首先提出的。所谓强化是指在人的行为之后发生的某种结果对该行为的反馈作用。那些能产生积极或令人满意结果的行为，以后会经常得到重复，即得到强化；反之，那些产生消极或令人不快结果的行为，以后重新产生的可能性很小，即没有得到强化。从这种意义上说，强化理论也是解释人的行为反应原因的理论之一。

例如，你是一名新员工，正在学习如何与老板相处。一开始，你用友好和非正式的方式接近老板，但老板的反应是冷淡和厌烦。由于老板没有作出积极的反应，你不大可能继续这种行为。事实上，下一次你的行为可能更加正式和职业并且发现老板更喜欢这种方式。你很可能将会继续这种新的行为方式，因为它导致了积极的结果。

根据强化的性质和目的可把强化分为五种：

第一种，正强化，又称积极强化。指某一行为之后伴随着喜爱刺激的出现。例如，企业用某种具有吸引力的结果（如奖金、休假、晋级、认可、表扬等），表示对员工努力工作的肯定，从而激励员工在工作中更加努力。

第二种，负强化，又称消极强化。指某一行为之后伴随着讨厌刺激的解除。若员工能按所要求的方式行动，就可减少或消除令人不愉快的处境，从而也增大了员工符合要求的行为重复出现的可能性。例如，公司对员工的训斥使员工开始正确的行为，如果员工继续这种正确的行为，训斥及其导致的不愉快就会消失。

第三种，正惩罚。指某一行为之后伴随讨厌的刺激物。即在消极行为发生后，以某种带有强制性、威慑性的手段（如批评、行政处分、经济处罚等）给人带来不愉快的结果。例如，对某些迟到的同学给予批评，希望利用这种惩罚改变这些同学的迟到行为。

第四种，负惩罚。指某一行为之后伴随喜欢刺激的解除。例如，有些企业后任领导上任后停止和取消了前任领导对某些行为的奖励、支持，使这些行为被削减。

第五种，自然消退，又称衰减。指对原先可接受的某种行为强化的撤销。对于某行为在一定时间内不予强化，此行为将自然下降并逐渐消退。例如，某企业曾对员工加班加点完成生产定额给予奖励，后经研究认为这样不利于员工的身体健康和企业的长远利益，因此不再发给奖励，从而使加班加点的员工逐渐减少。

在实际运用强化理论进行奖励和惩罚时，要注意以下几点：

（1）及时反馈。当员工做出成绩以后，要及时给予奖励，使被强化者及时意识到强化与目标行为之间的联系，收到最佳激励效果。

（2）因人而异，形式多样。我们知道，同一种刺激如果多次重复，其作用就会衰减，因此，管理者要善于利用新颖奇特的刺激来提高激励效果。

（3）研究表明，奖励的效果要大于惩罚，因此要奖惩结合，以奖励为主。

（4）管理人员在选择强化（激励）的时间间隔与频率上要精心设计。

（5）实事求是。正负强化都必须注意准确性。表扬、批评都必须在调查的基础上，做到实事求是，恰如其分，力求准确。

小链接

美国福克斯波罗公司“金香蕉”奖

及时激励即使是很小的表示，也能起到良好的作用。当年，美国福克斯波罗公司为求生存，急需新的技术成果。一天，公司一位科研人员拿着一件自己研制的新产品样品来到总经理办公室。该样品构思精巧，设计新颖，总经理一下子惊呆了。惊喜之余，他在自己的抽屉、橱柜中东翻西找起来，最后，终于找到一件“奖品”——一根香蕉。他兴冲冲地把香蕉递给对方说：“伙计，奖给你的！”这位科研人员十分感动，因为这根金香蕉是当时总经理所能拿出来的唯一奖品。此后，福克斯波罗公司决定，用“金香蕉”奖章作为对本公司科研成果的最高奖励。

读一读·想一想

妈妈教育七岁的儿子好好做功课，她会说：“如果你把作业做完，就可以玩一会儿电脑游戏。”这种允诺通常很管用，可是有一天，儿子突然对妈妈说，“我对电脑游戏不感兴趣了，我也不想做功课。”妈妈想了想说：“好吧，我很高兴你不喜欢电脑游戏了。不过，如果你好好去做功课，你今天就不用吃你不喜欢的胡萝卜了。”听完这句话，儿子就高高兴兴去做功课了。

又过了一段时间，儿子迷上了动画片，妈妈答应他每天可以看一个小时，但是儿子期中考试数学不及格，妈妈便取消了动画片时间，取而代之，儿子每天必须得多做一个小时的数学题。

［问题］在这个小故事中，正强化、负强化、正惩罚和负惩罚分别是什么？

第 3 节　激励员工的有效策略

一、几种动机理论的关系

在第 2 节，我们介绍了许多员工的工作动机理论，这些理论为有效地激励员工提供了依据。

我们介绍过马斯洛的需要层次理论、双因素理论、ERG 理论、麦克利兰的成就需要理论，这些理论告诉我们需要是推动员工活动的动力和源泉。因此，要想有效激励员工，必须了解员工的需要究竟是什么，处在什么层次上。不同员工的需要不同，即使是同一个员工，在不同时间段的需要也会不同。一般来说，员工有多种需要，但必然有占主导地位的需要。了解员工需要，对症下药，就能用小成本换取大收益，使激励的效果更为显著。

强化理论告诉我们，组织通过对员工的努力不断给予回报，员工就会持续做出组织所期望的行为，如按时上班、不断创新等。公平理论则进一步强调，员工对自己努力的回报是有具体要求的，如果一个员工认为自己的努力能换来自己认为应该得到的等值回报，那么员工就会继续某项行为，否则就会放弃。

期望理论告诉我们，一个员工会选取具体的目标来满足自我需要，他对具体目标的选择存在一个有意识的决策过程。如果他认为该目标有实现的可能性，并且认为实现该目标后会带来对自己有价值的结果，那么他就会朝着该目标努力，否则他就会放弃该目标，重新选取其他目标来满足自己的需要。

一个明显的问题是，在诸多动机理论中，哪些理论更具有应用价值，我们需要以哪些理论为依据来制定激励策略呢？一种普遍的观点认为，由于员工行为的复杂性，每种理论都不能全面揭示和预测员工的行为，把这些理论结合起来可以更好地帮助我们理解员工的行为，在此基础上制定出具体的激励措施。

二、激励的方式

激励员工的方式多种多样，应该依据情况的变化而变化。不同的工作要求、不同的员工特点、不同的时间以及不同的组织环境需要不同的激励方式。

（一）物质激励

按照马斯洛的需要层次理论，员工的需要可以分为物质需要、社会需要和精神需要。尽管从整体进程来看人类已经处在知识经济时代，但是我国仍处在社会主义初级阶段，小康建设的目标尚未完成的现实决定了很多人主要的需要层次还是物质需要。因此，物质激励仍然是一种主要的激励形式，具体的方法包括如工资、奖金、股权、保险金等。然而，要使物质能够成为一种激励因素，管理者必须记住下面几点：

（1）金钱的价值不一，相同的金钱，对不同收入的员工有不同的价值。例如，对公司中工资高的员工和工资低的员工而言，同样的金钱给后者带来的价值比前者要大，前者往往更加关注职位的晋升、更高的社会地位和更多的尊重。

（2）对于某些人来说，金钱总是极端重要的，而对另外一些人来说，可能从来就不那么看重。有些人生来就把金钱看得很淡，给予再多的金钱也不一定能对其产生很大的激励。

（3）金钱激励必须公正。一个人对所得的报酬是否满意不只看其绝对值，而要进行社会比较或历史比较，通过比较，判断自己是否受到了公平对待，判断的结果会影响到一个人的情绪和工作态度。这种观点可以从亚当·斯密的公平理论中得出，员工会根据不同方面的对比，来判断自己是否得到了公平的对待。

（4）金钱激励必须反对平均主义，平均分配等于无激励，还会使员工感觉不公平。平均主义无疑会对工作积极性产生很大的影响，就像改革开放前的“大锅饭”现象，干多干少一个样，这会使组织员工觉得不公平，进而消极怠工。

（二）目标激励

目标管理是指一个组织从上到下全面地设立一个共同认可的目标的过程，让组织的主管人员和员工亲自参加目标的制定，并让他们发挥自己的积极性去完成，在工作中实行自我管理的一种管理制度或方法。管理者通过目标管理可以提高员工的工作积极性和绩效，满足员工的成就感。依据前文提到的麦克利兰的成就需要理论、期望理论和公平理论，在发挥目标激励的作用时，应注意以下几点：

（1）个人目标尽可能与集体目标一致。只有当个人目标与组织或者集体目标一致时，才能确保有效的激励和组织的利益同时得到保证。

（2）目标的难度要适中。目标过于简单，员工会觉得没有挑战性，达不到激励的效果，而目标过高，则会使员工丧失信心，因此适当的难度是激励有效性的重要保证。

（3）目标应该尽量具体明确。目标必须能精确观察和测量，要规定实现目标的时间。对目标的表达要避免含糊和一般化，摒弃“尽可能”、“尽力”和“在一定时间内”等模糊字眼。

（4）目标要通过上下一致沟通来确定，让员工有参与感。目标管理与目标设置的区别在于目标管理强调目标是与员工经过充分沟通商量之后确定的。这也是目标管理能够对员工产生激励的一个重要原因，就是让员工参与进来。

（三）参与激励

管理者可以通过让员工参与管理来激励员工。参与管理指让下属参加组织的决策过程及各级管理工作，让下级与企业的高层管理者共同研究和讨论组织中的重大问题。

各种参与管理方案的显著特征是共同决策。下属在很大程度上可以与直接上级共享决策权。参与管理需要员工具备决策所需的能力和知识，并且员工参与解决的问题要与自己的切身利益相关。只有这样，参与管理方案才能够让参与各方建立起信任和信心、对员工起到激励作用。

在马斯洛的需要层次理论、双因素理论、ERG 理论、公平理论等理论中，都可以找到参与激励的理论依据。参与激励不但满足了员工的成就动机，使他们自我实现的需要获得满足，而且通过参与决策过程，还增加了员工对于目标认同的可能性，提高了决策过程中的信息透明度和公平感。

（四）工作激励

依据麦克利兰的成就动机理论，工作本身也具有激励力量。为了更好地发挥员工工作积极性，管理者要考虑如何才能使工作本身更有意义和挑战性，给员工一种自我实现感。工作激励通过工作设计，主要有以下几种方式：

（1）工作扩大化。是指通过扩大工作范围横向扩展工作。研究表明，在工作中使用知识范围的扩大对员工产生了积极的影响，比如满意感提高、客户服务状况改善、差错率降低等。

（2）工作丰富化。是指增加工作的深度，赋予员工更多的责任、自主权和控制权。员工会承担更大的责任，有更大的自主权，得到更多工作绩效的反馈。

（3）工作轮换。是指当员工感觉到一项工作已不再具有挑战性时，让员工到水平、技能要求相近的另一个工作岗位上去工作。工作轮换可以增加工作的挑战性，给员工发展和成长的机会，增加员工和他人交往的机会。

（五）培训激励

依据马斯洛的需要层次理论，每个人都有发挥自己潜能、提升自己能力的需要。弗鲁姆的期望理论认为，只有当员工认为自己有能力完成目前的工作任务时，他们才有可能接受这项任务。培训制度不但可以满足员工提升自我能力、开发个人潜能的需要，还可以提高他们完成工作任务的自信心，因此，培训在很多组织中都可以作为一种激励措施来提高员工工作的积极性。从外部环境来看，随着知识经济的到来，当今世界日趋信息化，知识更新速度不断加快，员工知识结构不合理和知识老化现象日益突出。通过培训可以充实他们的知识，培养他们的能力，给他们提供进一步发展的机会。

（六）荣誉和晋升激励

荣誉激励成本低，但效果很好。给予员工荣誉能够满足他们的自尊需要，从而起到激励的作用，因此，应该给那些工作表现突出、绩效优异的员工必要的荣誉奖励，这是很好的精神激励方法。晋升是对员工能力和业绩的承认和反馈，因此也会起到激励作用。相比于那些工资较低的员工，工资高的员工更倾向于这种激励，能够给其带来成就感。

三、激励方式的选取原则

以上只是宽泛地介绍了几种常见的激励方式。实际上，在管理实践中，具体的方式方法可以说无穷无尽、不胜枚举。无论选用哪些激励方式，都要满足以下几个原则：

（一）激励的公正性

公平公正这一基本原则中已经提到了激励要透明的问题，这一原则将直接影响到能否调动真正优秀者的积极性并且是否打击未受奖者的积极性。在激励的过程中，一定要树立激励机制前人人平等的观念，实际操作中必须做到铁面无私、一视同仁，千万不能因个人偏好而有任何不公的言语和行为。主要的改善方法有：（1）公开制定激励的标准，对各项指标尽可能量化，减少人为操作的可能；（2）选择受奖对象必须充分尊重民意，最好让全体员工都参与到这个过程中来；（3）对受奖者要进行公开表扬，使之充分感受到荣耀和成就感。

（二）激励的普及性

激励的普及性主要是指激励覆盖面的广度，这一原则将直接影响企业的整体士气。主要的改善方法有：（1）将激励的精神尽可能多地贯彻到所有的规章制度和管理过程中，让组织中的所有人时刻感受到制度力量的同时也能被激励前进；（2）避免平均主义，这样既可以降低激励的成本，又让人看到奖励的价值；（3）合理运用典型的示范力量，一般来讲，榜样的力量是巨大的，但众人的眼光一直集中在几个人身上难免也会影响其他人的积极性。

（三）激励的适度性

激励的适度性是指激励次数的多少和力度的大小，适度性不够容易产生大范围的牢骚和不满的情绪，若是太过也会过分刺激员工的欲望，使企业内机会主义和短期行为盛行。主要的改善方法有：（1）增强激励的成本收益观念，管理成本的投入需要有相应的回报产生，并不是高投入必然就有高产出；（2）尽量与员工的期望值相符，期望值是员工的主观评价标准，是员工能够获得最大激励的基准点。

（四）激励的及时性

激励的及时性是指激励措施实现的快慢。“机不可失，时不再来”，现代心理学研究表明，及时激励的有效率可达到 80%，而延迟激励的有效率仅为 7%。主要的改善方法是员工一旦出色地完成了工作，马上就给予实质性的奖励；一旦犯下错误，应马上进行相应的惩罚。当然，这里的及时并不单指时间上的迅速，主要体现为一种不拖泥带水，遇事果断的雷厉风行的工作作风，那种认为什么事都放到年终算账的想法和做法完全是贻误和浪费时机。

本章小结

1. 动机是一个过程，始于个体生理或心理上的缺失，从而激发行为或者驱动个体朝着特定的目标努力。需要唤起了指向诱因的驱力，这就是动机的基本过程。

2. 动机可分为生理动机、社会性动机；有意识动机、无意识动机；内在动机、外在动机几类。

3. 绩效$=f$(能力，动机，机会)，动机是影响行为效果的一个重要因素，但不是唯一的条件。（1）激励有助于组织形成凝聚力；（2）激励有助于提高员工工作的自觉性、主动性和创造性；（3）激励有助于员工保持良好的工作绩效。

4. 本章介绍了三种传统的激励理论。马斯洛将人类的需要分为五个层次：生理需要、安全需要、归属需要、尊重需要、自我实现需要，按低级到高级排列，呈一个金字塔的阶梯的结构形式。麦格雷戈提出了两种相反的观点：X 理论和 Y 理论。赫茨伯格提出了双因素理论，即“激励 保健因素”理论，激励因素使人由没有满意走向满意，保健因素将不满意改变为没有不满意。

5. 本章介绍的现代激励理论包括 ERG 理论、成就需要理论、公平理论、期望理论、强化理论。

6. 激励的运用可以体现在了解员工的需要、把握有效的激励方式、对不同的员工实施不同的激励措施三个方面。

本章思考

1. 回忆一下你高中阶段的学习动机，三年之中是否发生了变化？这些动机分别是在什么条件下形成的？属于什么类型的动机？

2. 分析你目前的学习动机，哪种工作动机理论最适用于解释你的动机？

3. 总结书中和你在现实生活中体验到的激励方式，分析这些激励方式为什么能激发人的动机。

管理游戏一：赞美的力量

目的：通过赞美激励别人。

游戏时间：8分钟。

参与人员：以个人为单位参加。

游戏道具：准备一首舒缓、轻松的乐曲。

步骤：

1. 闭目，放松，想出现实中你最讨厌的一个人，把这个人明确化，想象出他的优点或比你强的方面来（特征、个性、外在等）。

2. 把它们写出来，写出对这个人的赞美语句，至少三句话。

思考：

1. 如何通过对对方的赞美来进行激励？

2. 你认为赞美在企业中激励效果如何？

3. 你还能够想到哪些感情激励方法？

资料来源：上海狼牙企业管理咨询有限公司（诺汉威拓展培训），www. nuohanwei. com。

管理游戏二：糖豆

目的：让学生通过给予和接受赞扬来熟悉别人。

参与人数：集体参与，人多时应分组。

时间：15分钟。

道具：纸、铅笔或钢笔，一些奖品。

场地：教室。

程序：

1. 给每个人5分钟的时间，让他们如实地、尽可能多地写出对成员的赞扬（糖豆），这些赞扬可以是程度较浅的（你的领导真不错，你的衣服和你很相称等），也可以是比较个人的（任何赞扬者乐意听的）。唯一的原则是，在相互交换写下的赞扬时，必须进行目光交流。这些写下来的赞扬可以是匿名或折起来的，但把它交给接受者时，给予的人必须注视接受者。

2. 直到所有的成员把自己写的赞扬（糖豆）都给了别人，收到"糖豆"的人才可以打开它们。每个人都坐下后，同时打开收到的"糖豆"。

3. 评价一下现场的气氛。

4. 在向成员发出信号让他们看自己手中的"糖豆"前，向他们提问："你们中有多少人从某个你们从未给过他'糖豆'的人那儿收到了至少一个'糖豆'？""你们对此感觉如何？""为什么我们中有那么多人忽视了真诚的赞扬？"

5. 每个人打开自己收到的"糖豆"时，整个班级的情绪不断高涨，班级内相互支持的风气也会显露出来。有些成员可能会感到有些窘迫，但毫无疑问，这样的经历令人愉快。

相关讨论：

1. 为什么我们总是压抑自己如实赞扬我们所关心的甚至是一直留心观察的同学呢？

2. 当你看到别人所写的关于你的一些优点时，你的感受如何？

3. 你能对这个练习进行改编，使之成为你生活的一部分，让自己更加清醒、更善于接受他人吗？

4. "糖豆"是匿名的，这样做有什么目的？为什么？如果不是匿名的，会不会更好？

5. 如果你将收到的"糖豆"与那些和你有过眼神接触的人对应起来，你会怎么做？这对促进双方的关系有什么帮助？

6. 你还要再送一些"糖豆"给其他人吗？当你想做的时候，为什么不去做呢？

资料来源：陈国海：《管理心理学》，北京，清华大学出版社，2008。

自我测验：测一测你的学习动机

对下面的题目打"√"或"×"。

1. 如果别人不监督我，我极少主动地学习。

2. 当我读书时，需要很长时间才能提起精神来。

3. 我一读书就觉得疲劳与厌烦，只想睡觉。

4. 除了老师指定的作业外，我不想多看书。

5. 如果有不懂的地方，我根本不想弄懂它。

6. 我常想自己不用花太多的时间成绩也会超过别人。

7. 我迫切希望在短时间内就大幅度提高自己的学习成绩。

8. 我常为短时间内没能提高成绩而烦恼不已。

9. 为了及时完成某项作业，我会废寝忘食，通宵达旦。

10. 为了学好功课，我放弃了许多感兴趣的活动，如体育锻炼、看电影、郊游等。

11. 我觉得读书没意思，先去找个工作。

12. 我常认为课本上的基础知识没啥好学的，只有高深的理论，读长篇作品才带劲儿。

13. 只在我喜欢的科目上狠下工夫，而对不喜欢的科目放任自流。

14. 我花在课外读书上的时间比花在教材上的时间要多得多。

15. 我把自己的时间平均分配在各科上。

16. 我给自己定下的学习目标，多数因做不到而不得不放弃。

17. 我几乎毫不费力就能实现自己的学习目标。

18. 我总是同时为实现几个学习目标忙得焦头烂额。

19. 对付每天的学习任务，我已经感到力不从心。

20. 为了实现一个大的目标，我不再给自己制定循序渐进的小目标。

分数算法和解释：

打“√”记1分，打“×”记0分，将各题得分相加。

0～5分：说明学习动机上有少许问题，必要时可调整；6～13分：说明学习动机上有一定问题和困扰，可调整；14～20分：说明学习动机上有严重的问题和困扰，需调整。

章末案例：海尔集团的OEC管理

企业能不断地高速发展，必然有强劲的企业核心竞争力支持着它，而海尔人总结出的海尔文化则融会了海尔最经典的经营理念，成为企业发展的核心力量。

海尔定律，即斜坡球体论，是说企业在市场经济中的位置就如同斜坡上的一个球体，受到来自市场竞争和内部员工惰性的影响会向下滑，要想巩固自己所处的位置，必须有充分的止动力。所谓的止动力来自于管理，管理是稳定企业的必需力量。

基于海尔定律，张瑞敏又借鉴国外先进企业的管理方法，提出了具有海尔特色的OEC管理模式，即海尔模式。OEC是overall，every，control and clear的缩写，OEC管理可表示为：每天的工作每天完成，每天的工作要清理并要每天有所提高，即“日事日毕，日清日高”。

OEC管理是海尔在长期发展中摸索出来的独具特色的企业管理模式，从1991年推行OEC管理后，海尔的各项主要经济指标均达国内同行业先进水平，企业实力也得到明显增强。事实证明，这种模式是符合中国特色的科学管理方法。

OEC管理是由三个基本框架构成的，即目标体系、日清控制体系和有效激励机制。这三个体系形成了一个完整的管理过程：首先由目标体系确立目标，然后由日清体系来保证完成目标的基础工作，日清体系的结果与激励机制挂钩来激励全企业向目标努力。

目标体系将企业的目标层层分解，量化到每个人、每天做的每件事，做到人人都管事，事事有人管。每个人都清楚每天要完成的每件工作，再小的事都有明确划分，甚至每一块玻璃、每一个地段，都标有责任者的名字。

“日事日毕，日清日高”体系包括两个方面，即“日事日毕”和“日清日高”。

“日事日毕”，即当天所发生的种种问题在当天解决，防止问题积累。

“日清日高”，即对工作中的薄弱环节不断改善，不断提高，每天寻找差距，以求第二天干得更好。当日的工作必须当日完成，同时还要找出差距、问题，提出改进措施。每个管理人员都要建立“日清”台账。

激励机制是日清控制系统正常运转的保证条件。海尔的激励机制坚持两个原则：一是公开、公平、公正，通过3E卡可明确地计算出日收入状况，使员工心里有数；二是计算依据合理，如海尔实行的“点数工资”，就是从多方面对每个岗位进行半年多的测评，并且根据具体条件的变化不断进行调整，又如“计点工资”，将一线职工工资100%地与奖金捆在一起，按点数分配，在此基础上对一、二、三线的每个岗位实行量化考核，从而使劳动与报酬直接挂钩。

在激励的方法上，海尔多采用即时激励的方式，这也体现了“日清”的精神。如在质量管理上利用质量责任价值券，员工人手一本质量价值券手册，手册针对每一个缺陷明确规定了自检、互检、专检三个环节应负的责任价值及每个缺陷应扣多少钱。发现缺陷后，当场撕价值券，由责任人签收。质量券分红、黄两种，红券用于奖励，黄券用于处罚。

实行“三工并存，动态转换”的激励政策，促进员工不断提高。“三工”即优秀员工、合格员工和试用员工（临时工），他们在收入和福利方面各有区别。“三工”之间可以动态转化，根据所做的贡献或所犯的错误，给员工分类，可上可下，这样能时刻激励员工提高能力和素质。

实行合格班组、信得过班组、免检班组、自主管理班组和 SBU 班组的“班组升级”制度。

另外，海尔还设立海尔奖、海尔希望杯奖、职工合理化建议奖等多项奖，又采用职工姓名命名小改小革等形式，对职工进行精神激励，激发员工的工作热情。

OEC 管理实现了基础管理的精细化、规范划、科学化、标准化、目标化、效率化、效益化和经济化，有效地提供了企业的止动力，让海尔能在竞争日益激烈的环境中稳住地位。OEC 管理提高了流程的控制能力，在整个企业的运营过程中有效地控制了各个部门、各个环节间的联系，使企业能有条不紊地运转。正是因为有可靠的基础管理方法，不但保证企业能正常运行，并且把这种管理引入海尔纵向与横向发展的领域，有效地支持了进一步发展的基础管理需要。同时，OEC 管理也加强了员工素质的培养，时刻要求员工和企业要有进步，这为企业的壮大提供了准备。正是因为这套严格的管理，让企业在变化的环境中能有条不紊运转，并且有足够的准备向新的领域、新的台阶迈进。

资料来源：中国人力资源开发网，http：//www.chinahrd.net/case/info/59557。

[思考题]

1. 海尔集团用了哪些措施激励员工？这些措施分别反映了哪些动机理论？

2. 在知识经济时代，员工队伍发生了哪些变化？在激励方面应采取哪些措施来应对这些变化？

第5章

知觉归因与个体决策

勇敢地去追随自己的心灵和直觉，只有自己的心灵和直觉才知道自己的真实想法。

——史蒂夫·乔布斯

学习目标

1. 了解知觉和社会知觉的含义及相关理论；
2. 熟悉归因的概念，理解并运用归因偏差的理论；
3. 理解决策的概念；
4. 掌握决策模型和个人决策风格的理论，并能用于解释日常生活中的现象。

开篇案例

陆乔为找工作忙了三个月。经过这段时间的努力，他拿到了创新工场、阿里巴巴、网易研究院、人人网、腾讯、百度这几个公司的offer，现在正为选择哪个公司而发愁，不知道选择哪一个才好。

陆乔对这几个公司所提供的职位进行了比较。百度、腾讯、阿里巴巴这三个公司所提供的职位差不多，都是软件开发工程师，薪水也差不太多，地点差距却很大，北京、深圳、杭州，几乎是从南到北。陆乔很希望在他应聘的部门可以得到更多的技术上的积累，在上面提到的任何一家公司好好干，都可以锻炼自己。去百度的话，自己在Linux方面、C/C++编程方面能够得到更多的锻炼，这可能是他最希望做的事情，但是陆乔也希望拿到工作地的户口，考虑到这方面的因素，百度就显得不是好的选择了。从技术角度和以后的发展来看，这几家公司也不分伯仲。总的来说，陆乔在选择时考虑的主要因素有：公司规模、知名度、发展前景、薪水和福利、加班频率和补偿、地域、户口。

陆乔有这么多需要考虑的因素，但是这些因素之间又没有一个明显的优先级，百度公司给他更高的薪水但没户口，创新工场给他户口但薪水低，他拿了高薪水又不甘心没户口，或者有了户口又嫌自己拿得比别人少，腾讯公司既有户口又有高薪水，但是公司的规模不如网易研究院，陆乔感到很没头绪。

陆乔遇到的是一个决策问题，如何更好地作出决策、如何确定决策标准、如何为众多决策标准分配权重，就是本章要解决的主要问题。

第 1 节　知觉与社会知觉

一、知觉

（一）知觉的含义

我们都知道，知觉与感觉是相近的概念，为了更好地理解知觉这个概念，我们需要简单说一下感觉。所谓感觉是客观事物直接作用于人的感觉器官，在人脑中所产生的对事物个别属性的反应。

知觉是指一个人为了给观察到的对象赋予一定的意义，而进行的组织和解释感觉印象的过程。或者说，是一个人选择、组织、解释刺激，形成一种有意义的心理过程。

从以上的分析我们不难看出，知觉是一个复杂的过程，它经过生理和心理两个历程。人类的知觉首先以感觉为基础，感觉只是人对客观事物的基本反应，认识不全面，还要上升到知觉。例如，把一条横线和一条竖线交叉放在一起，我们观察到的“横线和竖线交叉放在一起，产生一个形状‘＋’”是一个感觉过程，而在此基础上产生了各种判断，有人把它叫做数学中的加号，有人把它看作医生诊断出的阳性结果，而有人则把它看作基督教中的十字架，以上所说的数学符号、阳性结果、十字架，就需要知觉过程的参与。

需要说明的是，知觉是一种积极、能动的认识过程。这种能动性主要体现在四个方面，如图 5—1 所示。

图 5—1　知觉的能动性

首先，知觉具有选择性。人要对某个对象进行某个方面的认识判断，必须对该对象在该方面所有的信息进行收集和分析后得出结论，但是，由于人的有限理性，加上背景、需要、兴趣、经验和能力等方面的不同，人们会选取一部分信息进行认识判断，形成结论，而其他的信息则被作为背景，这种现象就是知觉的选择性。例如，我们所熟悉的，在课堂上，对于认真听讲的学生来说，教师的声音是知觉的对象，而周围环境中其他声音则成为知觉的背景，而对于上课看课外书的同学来说，教师的声音就成了背景，课外书就是知觉的对象。

我们一起来欣赏图5—2，同学们，你看到了什么？

图5—2 知觉的选择性

资料来源：百度，http：//www.docin.com/p-558600453.html。

如图5—2所示，这是一幅奇妙的图画，以玫瑰花为对象时，画框是背景，以玫瑰花为背景时，可以看到画中的一对恋人。然而，由于对细节的巧妙运用，玫瑰花、恋人和画框三者之间又分不清对象和背景的差别。

其次，知觉具有整体性。在知觉的过程中，人并不是被动地吸收信息，而是力求将观察到的对象知觉为具有一定结构的整体形象，即使是一个不完整的形象，人们也会在知觉水平上将其形成一个完整的形象。我们在看影视剧时，当看到被纱巾遮住半边脸的女子时，没有人会将其看作半个脸，而是在知觉水平上将其"修复"成一张完整的美丽面孔。

再次，知觉具有理解性。这种整体形象的形成会由于知觉者的知识经验、实践经历、个人兴趣爱好等因素的不同而不同。简而言之，对同一个知觉对象，不同的人会有不同的理解。比如，当我们看到天上的一片云彩，有的人说像飞龙，而有的人则说像奔马。看看图5—3，中间是什么？

最后，知觉具有恒常性。我们不难发现，当知觉的条件发生变化时，我们知觉

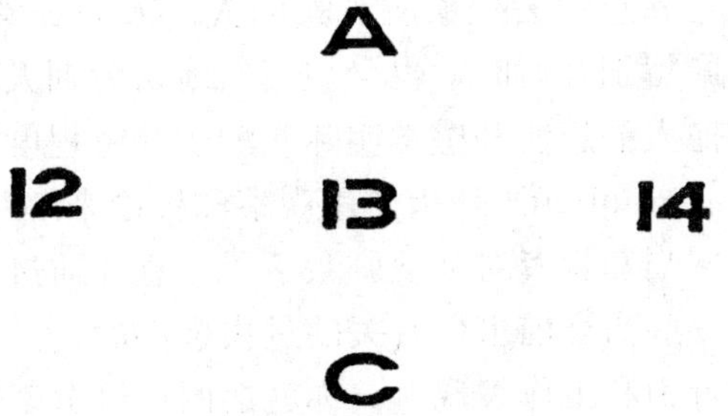

图 5—3 知觉的理解性

资料来源：孙健敏：《组织行为学》，上海，复旦大学出版社，2005。

到的映像仍然保持不变，这就是知觉的恒常性。例如，无论在光线强烈还是微弱的情况下，我们都把煤看作黑色的，把雪看作白色的，而实际上，在强光下，煤所反射的光线要远远高于微光下雪所反射的光线。

（二）知觉过程

根据达夫特等（2004）的观点，知觉过程实际上包括五个阶段：注意、组织、解释、检索、判断，如表 5—1 所示。具体来说，当一个人已经注意到某一个刺激时，知觉过程中的每一阶段都会给上一个阶段提供反馈信息，根据这些反馈信息，这个人可能会调整他的知觉。

表 5—1 知觉过程的五个阶段

阶段	含义
注意	人们会关注所有信息中的某一部分，并把其余部分过滤掉
组织	当一个人对刺激给予注意时，他就会开始对刺激中的有关信息进行组织，这样就会在下一阶段更好地解释这个刺激
解释	在该阶段，知觉者寻找对刺激的解释
检索	当知觉者对某项刺激给予注意并通过组织和解释对它产生认识后，知觉者会回忆一些与当前事件有关的过去事件的信息
判断	知觉者使用当前信息和检索出来的过去信息来得出一个最终的结论

阶段一：注意。这是知觉过程的初始阶段。在这个阶段，人们会关注所有信息中的某一部分，并把其余部分过滤掉。比如，当我们观看篮球比赛时，主要关注的是拿球队员以及围绕在其周围的运动员，而会忽视整个场馆中其他各种各样的信息。这个阶段实际上是将知觉对象从背景中分离出来的过程。

阶段二：组织。当一个人对刺激给予注意时，就会开始对刺激中的有关信息进行组织，这样就会在下一阶段更好地解释这个刺激。人们通过使用参考框架来组织、筛选信息，并倾向于发现这种刺激中的有关模式。这个阶段实际上是形成一个整体形象的过程。

阶段三：解释。在该阶段，知觉者寻找对刺激的解释。心理学家通过研究知觉过程，认为解释过程包括两个过程的组合，即投射和归因。投射（projection）是指用我们自己的思想和感觉去想象所观察的人。人们经常无意识地这么做。譬如，当我们认为某部电影特别好看时，也会想当然地认为别人也很喜欢。根据我们自己的想法和感觉与其他人的想法和感觉实际匹配的紧密程度，投射可能会使知觉过程产生偏差。归因（attribution）是指使用观察和推论来解释别人的行为。

阶段四：检索。当知觉者对某项刺激给予注意并通过组织和解释对它产生认识后，知觉者会回忆一些与当前事件有关的过去事件的信息。譬如，你是某公司的老板，在考核员工的行为和工作表现时，你就会回忆该员工过去做得很好的事情和做得不好的事情。

阶段五：判断。知觉过程的最后一个环节是判断。在这个阶段，知觉者使用当前信息和检索出来的过去信息来得出一个最终的结论。在判断阶段，知觉者对各种信息进行聚合和加权处理。聚合信息是指将各种不同信息汇集起来，而加权信息则是对不同信息分配不同的权重。最后，人们按照自己的价值观、观点和标准对各种信息分配不同的权重，然后进行加权计算，得出最后的判断。

（三）影响知觉的因素

影响知觉的因素可以归纳为知觉者、知觉对象以及知觉环境三个方面。

（1）知觉者。知觉者的期望、兴趣、需要、价值观都会影响知觉者对知觉对象的判断。首先，我们都知道，对观察对象的期望会影响知觉者的注意力，从而使知觉者更加关注符合自己需要的对象与内容。其次，未满足的需要或动机会刺激个人，并对他们的知觉产生强烈的影响。最后，过去的经验也会限制人们的注意力。过去从未经历过的事情或物体显然会更加引起我们的注意。

小链接

所想即所见

让一组被试者在实验1小时前进餐，另一组被试者在实验16小时内不准吃东西，然后，让这两组人看一些模糊不清的图片，要求他们说出图片的内容，结果那些16小时未吃东西的人中，很多人都把图片的内容说成是食物。这说明随着饥饿程度的增加，被试者更有可能把模棱两可的图形当成是与食品有关的东西。

（2）知觉对象。当知觉对象具有与众不同的特性时，被觉察到的可能性更大。比如，我们身处一个群体中，显然，声音洪亮的人比安静的人更容易受到大家的注意；再者，外貌漂亮的人比外貌一般的人会引起更多人的注意。新奇、运动、声音、大小等因素都能影响我们的知觉。

（3）知觉环境。如果我们在不同的环境下去认识和了解客观事物，显然，这会影响我们的知觉。物理环境和社会环境均能影响我们的知觉。比如，你作为一个学生，穿着运动短裤出现在运动场上并不奇怪，不大可能会引起大家的注意，但是如果你这种穿着出现在组织行为学的课堂上，或者出现在学校的元旦晚会上，就很有可能引起老师和同学们的注意。

二、社会知觉

按照知觉对象的不同，知觉可分为自然知觉和社会知觉。自然知觉就是人对自然世界的知觉，比如人类对宇宙空间天体、各种产品和技术的特性及质量等方面的认识和判断。社会知觉是对社会对象的知觉，比如，我们所学的组织行为学主要是关注社会知觉。

（一）社会知觉的内容

根据美国心理学家布鲁纳的观点，社会知觉包括对他人的知觉、人际知觉、角色知觉和自我知觉。

1. 对他人的知觉

对他人的知觉主要是指对别人的外表、言语、动机、性格等的知觉。对人的正确知觉是建立正常的人际关系的依据，是有效开展活动的首要条件。

（1）表情。表情是个人情绪状态显现出来的行为，是个体身心状态的一种客观指标，也是向他人传达信息的一种工具。面部表情包含着十分丰富的内容。比如，当你生气时，你会拉长脸，肌肉下沉；当你高兴时，你就会喜笑颜开，肌肉松弛。另外，在人际交往中，我们要想达到最佳的交际效果，还需要学会巧妙地使用目光。例如，如果你想要给对方一种亲切感，就应当让你的眼睛闪现出热情诚恳的光芒；如果你想要给对方一种稳重感，就应传达出平静诚挚的目光。我们大家都知道，自然得体的眼神是语言表达的得力助手。

（2）性格。性格是一个人对待现实的稳定的态度和与之相应的习惯化的行为方式，是人的心理差异的重要方面，是个性的核心。当我们对一个人的性格有了深切了解之后，就可以预测这个人在一定的情境中会有什么样的反应。比如，我们知道某人热心、讲义气，那么就可以预测在紧急情况下他很有可能会挺身而出、见义勇为；相反，如果我们知道一个人自私、冷漠，那么也可以预测在紧急情况下他很有可能会退避三舍，甚至逃之夭夭。

2. 人际知觉

人际知觉就是对人与人之间关系的知觉。我们生活在群体中，任何一个人都会与他人发生联系，形成人与人之间的不同关系，表现为接纳、拒绝、喜欢、讨厌等各种亲疏远近的状态。对这种关系的正确知觉是进行人际交往的依据。人和人之间在情感上的亲疏远近关系是有差别的，它有不同的层次。譬如，即使是同班同学，有的同学只是点头之交，有的同学则成为来往密切的挚友，而有的甚至会变成势不两立的对手，这就是人与人之间心理上的距离。

3. 角色知觉

角色指人在社会上所处的地位、从事的职业、承担的责任以及与此有关的一套行为模式，如公务员、企业家、教师、医生、工人等。角色知觉主要包括两个方面：一是根据某人的行为判定他的职业，如教师、学生、艺术家等；二是根据有关角色行为的社会标准来推断这个人应该具有的行为模式。譬如，对教师这一角色的理解，我们会认为老师应该是谈吐文雅、学识渊博、仪表端庄的。

每个人在社会上都扮演着各种角色，如学生、经理、父亲、丈夫等。每种角色都有一定的行为标准，每个人都应当正确地知觉这些行为标准，并根据自己扮演的不同角色来实现角色行为的转变，以便与环境相适应。

4. 自我知觉

自我知觉是指一个人通过对自己行为的观察而对自己心理状态的认识。我们不仅在知觉别人时要通过其外部特征来认识其内在的心理状态，同样也要这样来认识自己行为的动机、意图等。自我知觉是自我意识的重要组成部分，随着个人自我意识的发展，自我知觉经历三个发展阶段：

（1）生理自我。在这个阶段，个体主要表现为对自己的身体、衣着、家庭和父母对自己的态度，以及对自己所有物的判断，从而表现为自豪或自卑的自我情感。

（2）社会自我。在这个阶段，个体的自我评价主要表现在对自己在社会上的声誉、地位、社会中其他人对自己的态度及自己对周围人的态度等方面的判断和评价，从而表现出自尊或自卑的自我体验。

（3）心理自我。在这个阶段，个体表现为对自己的智慧、能力、道德水平等方面的判断和评价，从而表现出自我优越感等自我体验。

一般来讲，个体的自我知觉水平会遵循生理自我——社会自我——心理自我这一进程，如图 5—4 所示。由于每个人的社会化程度不同及各种主客观因素的影响，每个人的自我知觉水平也不完全一样。比如，我们常听到，有的人过分注重自己的容貌身材、物质欲望的满足，有的人侧重于对社会地位、名誉等方面的追求，而有的人则追求高尚的情操、自我实现等。

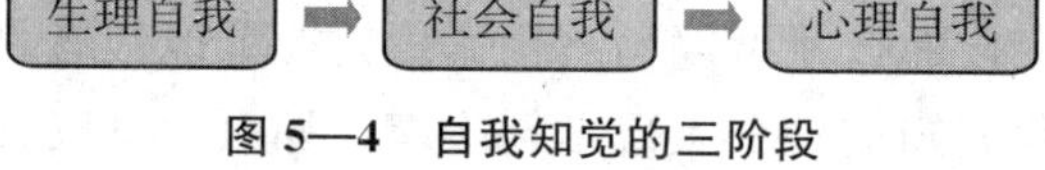

图 5—4　自我知觉的三阶段

（二）社会知觉中的捷径

单从以上介绍的社会知觉的内容来看，我们就会知道无论是了解别人还是了解自己都不是一件容易的事情。在日常工作、学习和生活中，为了简化这个过程，人们自然而然地形成了许多策略，这些策略可以帮助人们在不花费很多精力的情况下就可以对人做出判断。然而，这种简化的策略往往会发生偏差，甚至会使我们陷入麻烦。因此，了解这些捷径会帮助我们理解其可能带来的失真。总结前人的研究，如表 5—2 所示，知觉中的捷径主要有如下几个方面：选择性知觉、首因效应、近因效应、晕轮效应、对比效应、刻板印象、投射效应。

表 5—2　知觉中的捷径

知觉的捷径	含义
选择性知觉	观察者依据自己的兴趣、知识背景、经验和态度等对外界的信息进行主动性的选择
首因效应	俗称“第一印象”，指知觉者最初得到的信息，对于知觉的形成具有强烈影响
近因效应	当人们识记一系列事物时对末尾部分项目的记忆效果优于中间部分项目的现象
晕轮效应	由对象的某种特征推及对象的总体特征，从而产生美化或丑化对象的现象
对比效应	当人们对某个对象进行认知评价时，由于其他对象的存在而影响了对该对象的真实评价
刻板印象	人们以一个人所在的团体知觉为基础来判断
投射效应	将自己的特点归因到其他人身上的倾向

（1）选择性知觉。即使我们坐在一个安静的教室里，也会有很多信息进入我们的大脑：教室外传来汽车笛声、同学们翻书的声音、咳嗽声、自己呼吸的声音……与此同时，我们还看到了书本上的内容，看到了自己前面的同学偶尔会动一下，做一些小动作，以及屋顶上摇摆的电扇……有研究表明，我们不可能接受和加工所有的信息，因为这远远超过了人脑的信息加工量，我们只能有选择地接受其中的一些刺激，但这个选择的过程并不是随机的，而是观察者依据自己的兴趣、知识背景、经验和态度进行的主动性选择，这就会导致一些潜在的风险。譬如，我们常常会听到，在面试求职者时，那些没有经验的面试官会不由自主地关注应聘者跟自己是不是同乡、是否与自己的爱好相同等信息，而这些可能都与岗位要求无关。

小链接

“看图说话”

你看到的是带有白线条的圆还是立方体？如果你盯着立方体，可能会发现，它的位置在不断翻转，中间的小×在不断地前后跳动。注视一段时间后，你可能会看到立方体漂浮在纸上，圆圈在它的下面；也可能是在立方体漂浮的地方，圆圈变成了圆洞，就好像是漂浮在纸后面。由于注意具有选择性，所以每次你只能看到上面两种情况中的其中一种（From Bradley et al.，1976）。

（2）首因效应。首因效应也称第一印象的作用，是指知觉者最初得到的信息，对于知觉的形成具有强烈影响。第一印象一旦形成，就在人们的心中占据重要地位，鲜明而牢固，显著影响到以后的长期认知。除非第一印象与之后的事实之间产生强烈的冲突，促使人们做出改变与调整，否则，第一印象一旦形成，常常会一直保持下去。由于双方首次接触，总有一种新鲜感，与人交往时都很注意对方的外表、语言、动作、气质等，因此第一印象的产生，主要是感知对方的容貌、表情等外在的东西。最典型的例子就是当我们看到某个明星在媒体上爆出丑闻时总是很惊讶，而事实上我们心中这个明星的形象其实是他在银幕或媒体上展现给我们的那圈"月晕"，他真实的人格我们不得而知，仅仅是推断的。

在人际交往中，第一印象起着十分重要的作用，并常常成为以后是否继续交往的依据。比如，招聘面谈、客我交往或者初到一个新环境，给人留下的第一印象往往就会成为以后别人对你的基本印象。虽然我们都知道仅靠第一印象来判断别人常常会出现偏差，可实际上我们都不可避免地会受到第一印象的影响。

值得注意的是，管理者在看待员工时，要尽量避免受第一印象的影响而产生错误的看法。新上任的领导者应该注意给员工留下良好的第一印象，若一开始就留下一个坏印象，以后通过长期交流也许会有所转变，不过仍会造成一些损失，影响上下级关系和工作的正常开展。

（3）近因效应。近因效应指在社会交往中，时间上离知觉最近的，也就是最近的信息，容易给人留下深刻而强烈的印象。那么，问题来了，什么时候首因效应起作用，什么时候近因效应起作用呢？这与人际交往的时间与熟悉程度有关。当两个陌生人之间接触时，首因效应的作用大一些，而随着交往次数的增加，彼此比较熟悉，近因效应就有可能有更大的影响。

生活中我们经常看到这种现象，本来一对非常亲密的朋友，因为最近发生的一点小矛盾便将几年甚至十几年的友谊推翻了，从此分道扬镳，形同陌路。为什么一点小矛盾会对多年的友谊造成这么大的影响呢？不都说友谊天长地久吗？怎么这么经不起考验？我们不禁感叹，其实，这背后是近因效应在搞鬼。

（4）晕轮效应。晕轮效应是指由对象的某种特征推及对象的总体特征，从而产生美化或丑化对象的现象。就像月晕一样，由于光环的虚幻印象，使人看不清对方的真实面目。晕轮效应的主要特点是以点代面、以偏概全，如"一俊遮百丑"。我们身边最典型的例子就是，我们一旦对某位同学无好感，则对他的一举一动都看不顺眼，"鸡蛋里挑骨头"，但如果有了好感，则对他的一切言谈举止都觉得顺眼、舒心，甚至不容许其他人批评他。

（5）对比效应。对比效应是指当人们对某个对象进行认知评价时，由于其他对象的存在而影响了对该对象的真实评价。对比效应作为人的知觉特征之一，并无绝对的好坏之分。人们在管理实践中，有时要突出对比效应，而有些时候，管理者要尽量减少对比效应以获得公正客观的评价。比如，我们中的大多数人，从小到大总是被父母拿来与别人家的孩子作比较，他们一直唠叨，别人家的孩子如何优秀，你呢？我们一直生活在别人家孩子的阴影中。再如，在面试中，面试官对参加面试者的评价很少是完全客观作出的，大多数情况下，面试官会将面试者与他之前的面试者进行比较，并根据比较的结果来对这个面试者作出评价和判断。

（6）刻板印象。根据某人所在的团体知觉为基础判断某人时，我们使用的捷径称为刻板印象。刻板印象很容易使我们的思维产生定式，而不能发现个体间的差异，对人的进步也可能视而不见。例如，我们一般会认为青年人有热情、敢创新而易冒进，“嘴上没毛，办事不牢”，而老年人深沉稳重而墨守成规；当我们看到长得魁梧、有文身、戴黑色太阳眼镜、脸孔吓人且穿着黑西装的壮汉，很可能会将他误认为是黑社会人物。生活中，我们常常会买黄皮桔子而不乐意买青皮桔子，尽管这两种桔子一样甜，一样好吃，因为在我们的印象中，青桔子是未成熟和酸的。

小链接

无处不在的刻板印象

1. 性别刻板印象。“女孩玩洋娃娃，男孩玩机器人”，或者“男主外，女主内”，即是一种性别刻板印象。这种印象常常造成在工作上对于性别的歧视，例如男护士或女司机。

2. 地区或种族刻板印象。例如“日本人都爱吃生鱼片”，“所有的四川人都爱吃辣”，或者“住在布鲁克林区的人都是穷人”，即为地区刻板印象。

3. 外表刻板印象。例如漫画中的人物造型，常以尖嘴猴腮为坏人的形象。“体态肥胖的人都贪吃，体形消瘦的人都有疾病”。其实，并不是所有的肥胖都是因为贪吃造成的，而体形消瘦更不全都代表有疾病。

4. 性倾向刻板印象。例如，“同性恋的人容易得艾滋病”即是一种性倾向刻板印象，这种印象往往造成大众对同性恋者的歧视。

5. 喜好刻板印象。例如“喜欢看动画的人就是宅男或腐女”。

6. 政治刻板印象。把政党、报纸或人物简单分为保守派、自由派等。

7. 年龄刻板印象。我们有时会把年纪较大的少女等同于气场强大的少女，称为“御姐”。

刻板印象有助于人们对众多的人的特征做概括了解，但其又有明显的局限性，会使对人的知觉产生偏差，因为每类人群中的每个人的具体情况不尽相同，而且每类人的情况也会随着社会条件的变化而变化。

（7）投射效应。投射效应是指当我们判断他人时，总是有意无意地假定别人与我们相似，因而把自己的感受、态度或动机，投射在对于他人的判断上。投射作用使人倾向于根据自己的状况来知觉他人，而不是按照对方的真实情况进行知觉。例如，有些人总是从好的方面来解释别人的行为及需要，认为世上尽是好人。

读一读·想一想

阿曼、贝格、马哈德和阿马尔都是年轻的穆斯林，在美国联邦政府工作。自2001年“9·11”事件之后，他们的生活发生了变化，在很大程度上是由于公众对穆斯林的印象所致。

四人分别担任不同的职务，阿曼是美国商务部的项目分析员，贝格是总统行政办公室的高级网络工程师，马哈德是美国劳工部的律师，阿马尔是美国联邦调查局的特别代理人，即使他们已在美国居住了20多年，还是会因为种族和信仰而被歧视。

“9·11”之后，阿曼不得不经常为自己解释以保护自己，他一直担心人们会误解他所说的话。不久前，贝格从里根国家机场乘机前往布什总统在得克萨斯州的农场，他的机票是用政府信用卡支付的，同行的还有政府高级官员。虽然他14岁就从印度到了美国，但黑皮肤的贝格是机上唯一被安全官员进行全面检查的。马哈德遇到的问题是他要在里根国家机场搭乘一班7:20的飞机，因为机场的小礼拜堂关门了，他便找了个角落做祷告，意识到他的行为可能引起误解，他做了一件“9·11”事件之前没有做过的事情，马哈德对门卫说：“我要在这里做祷告。”他们没有反对。马哈德为不得不提前声明而感到很恼火。现在，马哈德如果在公众场合表现出他的信仰就会特别注意。

“9·11”之后不久，阿马尔开始监视华盛顿特区的一栋公寓大楼，并在办公时同联邦调查局的人员进行一些交谈，他们的解决办法就是把所有的穆斯林用船送回家，送回到他们原来的地方。

不幸的是，这些事情并不只发生在阿曼、贝格、马哈德和阿马尔身上。过去的一年，旧金山地区的一名记者说，她开始佩戴不那么传统的穆斯林头巾，有一次她乘坐公交车时，一群小孩上来喊她恐怖分子。那次经历之后，她就不愿意告诉别人她的姓氏。有时候会有人问她会不会把汽车炸掉。

资料来源：斯蒂芬·P·罗宾斯：《组织行为学（第12版）》，125～126页，北京，中国人民大学出版社，2008。

[问题]

在这个案例中，出现了哪些知觉中的捷径？

第2节　归因的概念及理论

一、归因

（一）归因的概念

当我们观察人们的某种行为时，总是试图解释“为什么”他要以这种方式行动呢？以探究其原因。这种将观察到的行为归结为某种原因的过程，称为归因，也就是说，我们不但观察和了解个体的行为，而且对引发行为的原因产生兴趣。我们对个体的不同判断，取决于我们把特定行为归因于何种意义的解释。例如，在班会上，班主任大发雷霆，同学们会猜测老师发火的主要原因是什么。

在归因时，一般存在两种心理倾向：一是投射，即解释他人行为的一个常见办法是以自己作为参照点。投射使人们倾向于按照自己是什么样的来知觉他人，而不是按照被观察的人的真实情况进行知觉。二是自利偏好，即我们习惯于把自己失败的原因归结于非自身的因素，常常认为是外界的原因，这可能是人们推卸责任的结果。当对别人的行为进行归因时则可能存在相反的情况，即他人的成功被认为源于环境和外在的原因，他人的失败则源于其内在的原因。

（二）归因偏差

像知觉一样，人的归因过程也具有一些特征，有时会发生归因失真的偏差。基本归因错误和自我服务偏见是影响我们对人的行为和事物发生的原因进行准确分析常见的偏差。

（1）基本归因错误。是指尽管人们在评价他人的行为时有充分的证据支持，但人们总是倾向于低估外部因素的影响，而高估内部或个人因素的影响，这称为基本归因错误。例如，当销售人员的业绩不佳时，销售经理更加倾向于归因于下属的懒惰而不是竞争对手拥有了革新的产品。

（2）自我服务偏见。是指当人们在评价自己的行为时有一种自我服务倾向性——成功了，我们会归因于自己的内在因素（如自身能力和努力）；失败了，我们则归因于外部环境因素（如工作难度太大或运气差）。这些称为自我服务偏见。例如，当伊拉克战争似乎进展顺利时，美国白宫扬言“任务完成”，但是当没有发现大规模杀伤性武器，战争短期内也不会结束时，白宫官员又立刻谴责情报部门工作失败。

据说曾有人进行了一项调查，询问一群人：“如果有人起诉你，而你胜诉了，他是否应该为你支付诉讼费用?”85%的人回答“是”。询问另一群人：“如果你起诉一个人，但是败诉了，你是否应该支付他的费用?”只有44%的人回答“是”。

二、归因理论

归因理论（attribution theory）是激励下属的重要理论基础之一。当前有很多理论都试图解释人在归因中的一些规律。很多专家对此理论有所贡献，较有影响的归因理论有以下几种：

（一）海德的归因理论

F. 海德是归因问题研究的创始人，1958年他在《人际关系心理学》一书中从朴素心理学的角度提出了归因理论。

海德的归因理论包括两个含义：

首先，海德认为人都有一种理解、预测和控制周围环境的需要。为了满足这种需要，人们就根据各种线索对已经发生的行为和事件进行解释，人们只有了解事件和行为发生的原因，才能理解这个世界，预测世界的变化，从而达到控制世界的目的。

其次，海德接着提出，人们一般会将原因归为内部因素和外部因素。内部因素是指个人的一些原因，包括个人的能力和动机。外部因素主要是指环境的一些原因，包括工作的难度和运气等。

如图5—5所示，海德认为归因理论包括三个步骤：（1）对行为的知觉；（2）对行为意图的判断；（3）对个性的归因。比如，同学们对周围发生的一些事情总要问："为什么会这样？"以探究其原因。

图5—5　海德归因理论的三个步骤

（二）琼斯和戴维斯的相应推断理论

该理论认为，外显的行为是由人的内在品质（如动机、爱好、态度和能力等）引起的，根据外在行为表现可以对人的内在品质进行推断。相应推断理论认为，当人们进行归因时，就是从行为及其结果推导出行为的意图、能力等内在品质（见图5—6）。

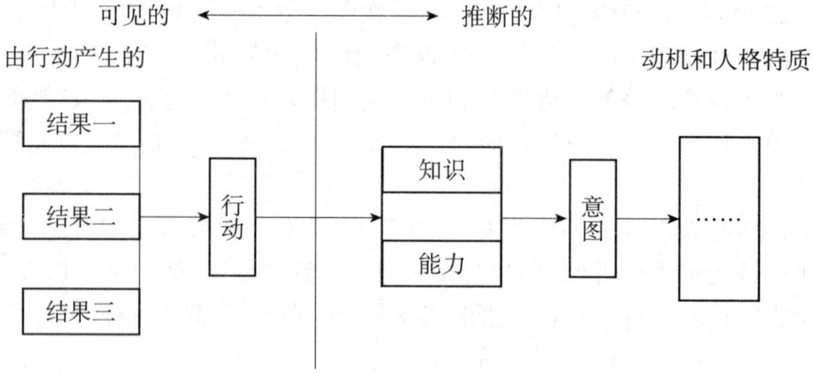

图5—6　相应推断理论

这种推断过程有三个特征：（1）不符合社会期望和社会规范的行为更容易归因为内在品质。例如，学生见到老师问好是一种常见现象，由这个行为判断该学生应该是一个彬彬有礼的人，让人感觉并不是很信服；相反，如果一个学生见到老师总是不打招呼，我们往往会把这种行为定性为没有教养或者是性格使然。（2）跟大多数人不同的行为经常会判断为由内在品质决定的。如一个学生学习成绩出奇的好，我们一般会认为是由于个人因素（包括个人努力或天资聪明）造成的。（3）如果我们认为一个人的行为是自由选择的结果，那么更倾向于被当作是由内在品质决定的。

（三）凯利的三维度归因理论

凯利的三维度归因理论由两个方面构成：第一，人们经常使用三种不同的解释说明行为的原因，它们分别是行动者、刺激物、外在环境；第二，到底归为以上哪种原因，人们需要对信息进行分类。

信息分为三种类型：一致性的信息、一贯性的信息和特异性的信息。

一致性描述的是外在环境的特征，高一致性信息是指行动者无论在任何情境和任何时候都对同一刺激物做出相同的反应。一贯性描述的是行动者的特征，高一贯性信息是指任何一个行动者都会对同一刺激作出与行为者相同方式的反应。特异性描述的是刺激物的特征，高特异性的信息是行动者对同类其他刺激不会作出相同的反应。

凯利假设，当人们表现出高一贯性、高特异性和高一致性时，他们会把自己的行为归因于外在因素（环境因素），而当人们表现出低一贯性、低特异性和高一致性时，他们倾向于进行内在归因（个人因素）。

譬如，张三上数学课迟到了，我们对他迟到的原因进行解释时，会按照表 5—3 的方式进行。在这个例子中，张三是行动者，数学课是刺激物，情境是指一些偶然因素，比如自行车坏了等。

表 5—3　　张三上课迟到的原因分析

行为信息			归因结果
一贯性	特异性	一致性	
高 （其他人都迟到）	高 （张三其他课都没有迟到）	高 （张三上数学课总迟到）	数学课太枯燥
低 （其他人都不迟到）	低 （张三其他课都迟到）	高 （张三上数学课总迟到）	张三是个爱迟到的学生
低 （其他人都不迟到）	高 （张三其他课都没有迟到）	低 （张三上数学课都不迟到）	张三的自行车中途坏掉了

（四）维纳的归因理论

1971 年，维纳提出了自己的归因理论。该理论认为，内因与外因、稳定与不稳定是人们在进行归因时所考虑的两个维度。内因与外因维度指的是造成事实的原因属于个体内部还是外部的因素。稳定与不稳定维度指的是作为行为原因的内外因素是否具有持久的特征。

维纳进一步提出，人们如何归因会影响今后的行为。如果把成功归于内部的稳定的因素（如能力），会使个体感到自豪，觉得自己聪明导致了成功；相反，把成功归于外部的不稳定的因素（如运气）则会对未来类似活动上的成功不敢肯定，产生担心的情绪情感体验。如果把失败归于内部稳定的因素，会使个体产生羞耻感，引起无助忧郁的情绪情感体验；相反，如果把失败归因于外部的不稳定因素，则会对未来类似活动的成功期望不至于过低，会继续努力，这将有助于保持乐观的情绪情感体验。

例如，一项对涉及15 000人的104项研究的综合分析发现，那些把失败归因于自身能力缺乏（而不是坏运气）的人承受着心理压力，刚好相反的归因（归因于好的运气而不是高的能力）往往会在人们经历积极的事件时引发压抑。总之，可感知的坏运气减轻了消极结果带来的痛苦，而可感知的好运气则减少了成功带来的喜悦。

1982年维纳又提出了归因的第三个维度：可控制性，即事件的原因是个人能力控制之内还是之外。在维纳看来，这三个维度经常并存，可控制性这一维度有时本身也可以发生变化。他认为，当归因对象是自己时，把成功的结果归因于可控制的原因，如努力，会充满自信，归因于不可控的原因，如能力、任务难度、运气等，则产生惊异的感觉；若把失败的结果归因于可控制的原因，会感到内疚，归因于不可控的原因，则会感到无奈。

按照三个维度即内因与外因、稳定与不稳定、可控制性进行归类，如表5—4所示。

表5—4　　成败归因的三个维度

三个维度	因素归类	
内外因	内因------------------------外因	
	努力、能力	任务难度、机遇
稳定性	稳定------------------------不稳定	
	能力、任务难度	努力、机遇
可控制性	可控------------------------不可控	
	努力	任务难度、机遇、能力

根据这三个归因维度，个人在对自己成败的理由加以分析时，可能有六个方面的归因：

（1）能力。自己评估个人承担此项工作有无足够能力。

（2）努力。个人反省此次工作是否尽了最大努力。

（3）工作难度。凭个人经验，对这次工作感到困难还是容易。

（4）运气。自认为此次的工作成败是否与运气好坏有关。

（5）身心状况。凭个人感觉工作时的心情及身体健康状况。

（6）别人看法。在工作时及以后别人对自己工作表现的态度。

读一读·想一想

在2009年的柏林田径世锦赛女子撑杆跳高决赛中，“撑竿跳女皇”伊辛巴耶娃没有做到第27次打破世界纪录，甚至没有像习惯的那样挂上金牌。伊辛巴耶娃在最后一次试跳时，肋骨碰掉了横杆。在比赛结束后的第14个小时，伊辛巴耶娃在教练的陪同下召开记者会，向记者们解释了这次失败的三大原因：

(1) 睡过头。因为超强的实力，伊辛巴耶娃在比赛开始时，都是盖上毛毯躺在场边，睡到对手被淘汰得差不多时才开始热身，这次伊辛巴耶娃将“起床”时间延后至4米70，但这次伊辛巴耶娃或许高估了对手的实力。等她醒来，场上只剩下最后几位“高手”在对奖牌进行争夺，横杆很快直接升到4米80，这使得她没能找到身体的最佳状态。

(2) 自信过头。“其实这次来柏林，我的状态非常好，我是奔着新世界纪录而来的。”伊辛巴耶娃说，“赛前热身时，我的状态也很好，毫不费力就越过了4米70，因此，我将起跳高度从通常的4米70，调整为4米75，就是为了给最后冲击纪录留下更多的能量。”但第一跳冲击4米75时，她的身体并不在状态。教练佩特罗夫在第二跳时直接将横杆升至4米80，希望能对她有所刺激，但第二跳，伊辛巴耶娃依然跳砸了。“4米80，对我平时训练来说，是一个随便就能越过的高度，我想当时我只需要独自冷静一会儿，想想自己平时是怎么跳的。”伊辛巴耶娃说，她期望这一跳以后，一切厄运都会结束，她又会变回那个无所不能的伊辛巴耶娃，但现实并没有给伊辛巴耶娃这个机会，独自的沉思并没有唤醒体内能量的爆发，她这次输得很彻底。

(3) 盛名之累。伊辛巴耶娃的确太累了，累在心里。自从成名后，伊辛巴耶娃的每一次出征，都承载着无数人的希望，国家的荣誉、全世界对她再破世界纪录的期望、家人的祝福、赞助商的目标……所有期待的目光，都是让伊辛巴耶娃必须去赢得比赛，不容许有一点闪失。越来越多的出征，越来越多的世界纪录，越来越多的荣耀，随之而来的还有越来越大的压力。“大家把她捧得太高了。”教练佩特罗夫说，能挺到现在，伊辛巴耶娃已经很坚强了，“不要说更久远的时候，即使相比两年前，伊辛巴耶娃的生活也有着本质上的改变。成名以来，伊辛巴耶娃表面上看一直生活在赞美中，但实际上，她一直生活在巨大的压力下。她的比赛、她的训练，甚至她的饮食起居都不再是为了自己，她的一举一动，都处在众目睽睽中。”

资料来源：《泪满襟，美人累》，载《深圳特区报》，2009-08-19。

[问题]

伊辛巴耶娃和她的教练是如何对她的失败进行归因的？根据内因与外因、稳定与不稳定、可控制性这三个维度，分析案例中的归因分别属于哪些方面的归因。

第3节　个人决策

一、决策的概念

人在一生中要面临很多的决策，比如你考大学时填报什么志愿、学习什么专业？大学毕业后是工作还是继续读研究生？要不要出国学习？面临多种工作机会时如何选择？等等。诺贝尔经济学奖获得者赫伯特·西蒙曾经说过：管理即决策。在企业管理中，决策活动也非常普遍。选择什么样的员工来担当一个重要的岗位？如何处理突发性的事件？企业的总报酬如何确定？等等。个人在人生转折时期的决策会影响其一生，类似地，企业在关键时刻的决策往往关系到其生死存亡。因此，对决策行为加以研究，以提高决策效能，一直是组织行为学中的重要领域。

那么，什么是决策呢？对于这样熟悉的名词，要给其下一个严格的定义，往往并不容易。著名的组织理论学家巴纳德曾指出，“决策的过程主要是一个缩小选择范围的过程”。

视　窗

走近西蒙

赫伯特·西蒙（Herbert Simon，1916—2001），经济组织决策管理大师，美国管理学家和社会科学家，曾先后在加利福尼亚大学、伊利诺伊理工大学和卡内基—梅隆大学任计算机科学及心理学教授，曾从事计量学的研究，担任多种顾问。西蒙在管理学上的贡献是深入研究了经济组织内的决策程序，提出了管理的决策职能，建立了系统的决策理论。这一理论是以社会系统理论为基础，吸收古典管理理论、行为科学和计算机科学等内容而发展起来的一门边缘学科，被公认为关于企业实际决策的独创见解。

赫伯特·西蒙

在父母的熏陶下，西蒙童年起就与书籍结缘，并显示出极强的独立学习能力。1933—1936 年，西蒙就读于芝加哥大学政治系并获得文学学士学位。1939—1942 年担任加利福尼亚大学的一个研究小组的主任，完成了关于管理决策制定的博士论文，该论文后来成为他的经典著作《管理行为》（1947）的基础。后担任伊利诺伊理工大学政治系教师，并于 1943 年获得芝加哥大学的哲学博士学位。1949 年西蒙应邀来到卡内基—梅隆大学，先是任行政学与心理学教授（1949—1955），后来任计算机科学及心理学终身教授。西蒙作为该大学工业管理研究生院的创办人之一，开创了组织行为和管理科学两大学术领域的研究，承担了组织理论家、管理科学家和商学院行政管理者的工作，他指导并帮助该研究生院成为美国最好的商学院之一。西蒙不仅执教于著名大学，也活跃于企业界、行政机构及多家顾问公司。他对管理学中组织理论的研究有独到的见地，不但是专业研究的先锋，更是行为科学的代表性学者。

西蒙的博学足以让世人折服，他获得过 9 个博士头衔，瑞典皇家科学院总结性地指出：“就经济学最广泛的意义上来说，西蒙首先是一名经济学家，他的名字主要是与经济组织中的结构和决策这一相当新的经济研究领域联系在一起的。”鉴于西蒙在决策理论研究方面的突出贡献，1978 年他被授予诺贝尔经济学奖。

资料来源：根据网络资料（http：//baike. baidu. com/view/710014. htm）整理而成。

二、决策的模型

（一）理性决策模型

理性决策模型假定决策者是理性和客观的，他们具有完备的信息，因此决策者能够针对具体情境做出价值最大化的抉择。理性决策模型遵循如下七个步骤：

步骤一：确定目标。譬如，你在学年初给自己定了本学年的学习目标，要达到班级前五名。

步骤二：认识问题所在。当你在达到目标的过程中受到阻碍时，或者发现在目标与现实之间存在差距时，就意味着存在问题。需要说明的是，实际生活中的问题并不是显而易见地摆在眼前，常常需要决策者敏锐地发掘问题所在。比如，如果你想实现班级前五名的目标，就需要清楚你现在在班级里所处的名次位置，比较与目标名次之间的差距。

步骤三：确定决策标准。认识到问题之后，就需要确定哪些因素与决策有关。决策标准的选择受到决策者个人的兴趣、爱好、价值观等因素的影响，因此，不同个体选择的标准可能不同。在上面的例子中，选择的标准可能会是花费的时间、实现的难易程度等。

步骤四：给各项标准分配权重。在这个过程中，决策者按照重要性程度排列出步骤三所确定的标准的次序。一种常见的评定权重的办法是，先把最重要的标准评为 10 分，而后根据这个水平依次给余下的标准打分。通过给每个标准分配权重，可以使决策者根据自己的个人偏好来排列这些有关标准，并对这种重要性的程度进行量化。继续上面的例子，注重效率的同学会对花费的时间长短这一标准分配较高的权重，做事情比较谨慎的同学则可能会对目标实现的难易程度这一标准分配较高的权重。

步骤五：开发所有的可行性方案。要将满足要求的所有可行性方案全部列举出来。比如，你要想实现班级前五名的目标，提高现在所处的名次，一个可行的方案是增加学习时间，另一个可行的方案是在选课时尽量多选择自己擅长的课，还有其他的一些可行方案，在这个步骤中，要求把所有方案都列出来。

步骤六：评估备选方案。根据决策标准，分析和评价每一种方案，针对每一项标准给各个备选方案打分。

步骤七：选择最佳方案。根据各项标准及其权重对每个备选方案进行评估，最后选择总分最高的那个备选方案。

（二）有限理性模型

这个模型是以西蒙的管理思想为基础提出来的。西蒙认为，个体在决策时并不完全受理性引导，也没有机会和实力做出完全理性的决策，只能做到部分理性而已。人们满足于找到一个可以接受的或符合要求的问题解决方案，而不是一个最恰当的方案。有限理性决策模型刻画的正是这个过程。

例如，当你思考去哪所大学读书时，是否会考虑所有可行的备选方案呢？你在决策时是否仔细找出了所有的重要标准呢？为了找到那所最恰当的学校，你是否根据标准评估了所有的备选方案？我想你对这些问题的回答很可能是“没有”。不过，别认为自己很糟糕！因为几乎没有人能够这样选择学校。你不是选择那个最恰当的方案，而是选择一个符合要求的方案。

有限理性模型的决策过程大致包括以下几个步骤：

步骤一：对遇到的问题进行简化处理，使问题变得清晰单一。

步骤二：开始寻求标准和备选方案。在这个阶段，决策者会确定一个有限的列表，其中包括一些最为重要的项目和十分熟悉的内容，但是所列出的标准可能远远不够详尽彻底。

步骤三：挑选备选方案。一旦确定了优先的备选方案，决策者就开始考察它们。第一个达到了“足够好”标准的备选方案，就会结束搜寻工作。

由此可见，根据有限理性模型所获得的决策是一个符合要求的选择，而不是一个最恰当的选择。

下面以麦当劳连锁店的创立和发展的例子来介绍有限理性模型的应用。在麦当劳连锁店创立前，饭馆的价格相当高，当时市场对饭馆的需求也似乎与供给相当。将麦当劳遇到的问题简化处理，得到的是：如何决定饭馆的价格和规模来达到一种市场均衡。

决策的标准是潜在收益的大小，备选方案有以下两种：

（1）如果饭馆服务的价格稍微降低，利润将会减少，创办更多饭馆或大规模减价可能会造成损失。

（2）麦当劳连锁店的创办人认为可能有另一种市场均衡，饭馆服务价格比现有饭馆低得多，因而很多人会减少自己做饭的次数，而增加对饭馆的依赖，饭馆由于生产规模扩大，内部专业化加深，也可以使服务成本大幅下降，因此大规模降价也会有利可图。

在权衡两个方案后，麦当劳把目标定在大规模经营，用连锁店的形式组织总部与分店之间的分工，使专业化的计划管理、餐馆设计、原料采购、广告成为总部的专门部门。结果大获成功。麦当劳并没有得到决策所需的所有信息来试验所有不同的方案，采用的是有限理性模型来进行决策。

（三）隐含偏爱模型

隐含偏爱模型认为，决策者并不是理性客观的，在决策过程的早期，他们已经隐含地选择了一个自己偏爱的方案，而后的过程主要是收集证据来证明他们的隐含偏爱方案确实是最优的选项。依据隐含偏爱模型进行决策的大致步骤如图 5—7 所示。

步骤一：确定偏爱的方案。在面对某一问题时，决策者隐含地确定一个自己偏爱的方案。隐含是指一种无意识的状态，因此步骤一很难被决策者体察。

步骤二：决策者继续寻找其他备选方案。由于决策者并没有清晰地意识到自己

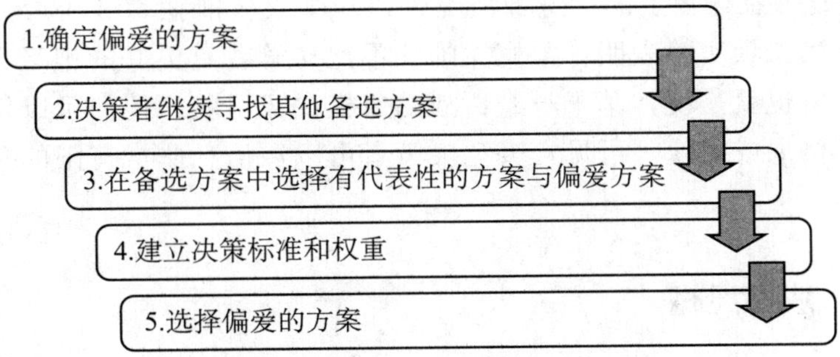

图 5—7　隐含偏爱模型决策的五个步骤

确定了一个隐含偏爱方案，他们还会继续寻找其他备选方案。

步骤三：在备选方案中选择有代表性的方案与偏爱方案。

步骤四：建立决策标准和权重。在这个阶段，决策者为了确保偏爱模型的成功，在标准和权重的选择中会出现很多知觉和解释的失真。

步骤五：选择偏爱的方案。

隐含偏爱模型的一个简单的例子就是大部分女生逛街时的决策过程。比如，一个女生逛街准备买一条裙子，在逛之前，其实她心里就已经确定了一个偏爱的方案，可能与别的样式的裙子比起来，这个女生要更喜欢牛仔布料的百褶裙，但是在逛之前，她并没有计划要买哪种类型，对牛仔百褶裙的偏好，她也并未察觉到。虽然这个女生会一家店一家店地逛，并且发现有很多条裙子自己都比较喜欢，但是在购买之前，她会比较裙子的价格、布料、样式、穿着舒适度等，有相当大的可能最后购买的就是牛仔百褶裙。

（四）直觉模型

直觉决策，即一种从经验中提取信息的无意识加工过程，一种不经过复杂的逻辑操作而直接、迅速地感知事物的思维活动。研究认为，直觉的产生并非毫无依据，它建立在牢固的知识和丰富的经验基础上。研究认为，直觉决策适用于非常规情境，概括来讲，大致包括八种情况：

情境一：不确定性水平很高时。

情境二：几乎没有先例存在时。

情境三：难以科学地预测影响变量时。

情境四：拥有的信息及资料相当有限时。

情境五：分析性资料用途不大时。

情境六：当需要从几个可行方案中选择一个，而每个方案的评价都不错时。

情境七：拥有的材料难以明确指出前进的方向时。

情境八：时间有限，情况危急时。

例如，研究者让象棋初学者和象棋大师一起看一个他们并不是很熟悉的共有 25 个棋子组成的真实象棋比赛的残局。5～10 秒之后，把棋子移位，然后让他们恢复各个棋子的位置。一般来说，象棋大师可以正确排出 6 个。然后改变做法，这次棋子是随机摆放在棋盘上的。这种情况下，新手仅仅能摆对 6 个，而象棋大师也同样如此！第二项实验表明，象棋大师并不比初学者有更好的记忆力，他们所拥有的是能力，也就是说，基于身经百战的象棋比赛经验，他们可以辨别出棋盘上出现的棋子格局或组块。可见，直觉决策者可以在信息非常有限的条件下迅速作出决策。

三、个人决策风格

现在比较流行的一种分类方法是阿兰·罗伊提出的考虑决策者的个性和决策的任务与环境而形成的矩阵分类法。根据决策者是长于理性思考的还是擅长用直觉来解决问题的，是能够接受较高水平的不确定性，同时处理许多不同想法的，还是对不确定性承受力较低，必须以一致性和某种顺序的方式来组织信息的，形成的矩阵如图 5—8 所示。

图 5—8　决策风格矩阵

（1）指令型风格的决策者关心任务或技术且乐于行动，有很强的实干倾向，关注短期效益，喜欢结构化程度较高的简单决策并寻求理性。他们有效率而且有逻辑，由于对效率的关注，他们会在最低信息量时迅速地做出决策，并且没有更多的备选方案可以评估。

（2）分析型风格的决策者关心任务或技术且长于思考，擅长推理分析和抽象思维，这使得他们希望得到更多的信息，并对备选方案进行更多思考。分析型管理者最典型的特点是：他们是仔细的决策者，善于解决较为复杂的技术问题，并且能够适应或处理新奇的和意料之外的情境。

（3）概念型风格的决策者比较多地考虑人员或社会，善于观察，能听取不同的意见，倾向于使用来自多种渠道的数据，并会考虑很多备选方案。他们关注的焦点是长期效益，擅长找到创造性的问题解决方案。

（4）行为型风格的决策者也是比较多地考虑人员或社会，富有热情，充满活力，有较快的直观反应能力，关心下属的幸福感受，并接纳他人的意见。他们倾向于关注短期效益，在决策中不重视使用数据。这种类型的管理者努力回避冲突并寻求被人接纳，擅长说服教育，排解人际关系纠纷。

本章小结

1. 知觉是指一个人为了给观察到的对象赋予一定的意义而进行的组织和解释感觉印象的过程，是一种积极、能动的认识过程。

2. 达夫特等人将知觉过程分为五个阶段：注意、组织、解释、检索、判断。

3. 影响知觉的因素包括知觉者、知觉对象以及知觉环境三个方面。

4. 布鲁纳提出社会知觉包括对他人的知觉、人际知觉、角色知觉和自我知觉。社会知觉中的捷径主要有：选择性知觉、首因效应、近因效应、晕轮效应、对比效应、投射效应、刻板印象。

5. 归因是指将观察到的行为归咎于某种原因的过程。归因一般存在两种心理倾向：一是投射；二是自利偏好。

6. 常见的归因偏差包括基本归因错误和自我服务偏见。

7. 较有影响的归因理论有以下几种：海德的归因理论，琼斯和戴维斯的相应推断理论，凯利的三维度归因理论和维纳的归因理论。

8. 决策的过程主要是一个缩小选择范围的过程。

9. 决策过程有多种模型。理性决策模型包括确定目标，认识问题所在，确定决策标准，给各项标准分配权重，开发所有的可行性方案，评估备选方案和选择最佳方案七个步骤。有限理性模型包括对遇到的问题进行简化处理，使问题变得清晰单一；开始寻求标准和备选方案；挑选备选方案三个步骤。隐含偏爱模型包括确定偏爱方案，继续寻找其他备选方案，在备选方案中选择有代表性的方案与偏爱方案，建立决策标准和权重四个步骤。直觉模型则出现在一些特殊情境中。

10. 根据阿兰·罗伊的矩阵，个人决策风格包括指令型风格、分析型风格、概念型风格和行为型风格。

本章思考

1. 理解社会知觉的捷径，从日常生活中为每种效应找到一个实例。

2. 总结不同归因理论的异同点。

3. 选择几个知名企业的领导者，分析其个人决策风格。

管理游戏一：结绳编码

目的：锻炼团队及时决策的能力，灵活运用决策的方法，理解满意决策模型，培养团队集体创新能力，提高团队成员的协作能力。

游戏内容：将文字以编码的形式在绳结上体现，再由团队的解码小组成员破译。

参与人数：以 6～8 人一个小组为最佳，可以根据实际人数分成若干组，每组人数以偶数为佳。

所需时间：约 90 分钟，培训师可以根据实际情况调整。

所需的材料与场地：纸、笔若干；塑料绳。

场地要求：最好是户外或者户内较大的空间，相互之间有足够的距离。

导入语示例：结绳记事是文字发明前人们所使用的一种记事方法，即在一条绳子上打结，用以记事，即上古无文字，结绳以记事。

不仅我国古代，近现代有些少数民族都曾采用结绳的方式来记录客观活动，不过，到了今日已没有人再用这种方法来记事，因此这种方法已经失传了。我们是优秀文化遗产的保护者，现在就由我们来拯救和挖掘。

游戏步骤：

1. 根据实际人数分组，至少分成两组，每组分发笔、纸若干，一根1米长的塑料绳。

2. 每个小组按人数平均分成编码组和解码组两个小组，在预定的时间内自行商定编码和解码的规则。

3. 将两组在一块足够大的场地两头分隔。

4. 将事先写有四字成语的纸条分发给每个组，要求在规定的时间内将纸条上的信息编码到绳子上，然后将绳子传递给解码组进行解码。

5. 在最短的时间内破解纸条信息的组获胜。

讨论：

1. 团队的智慧是否比个人的智慧要强大？

2. 在决策过程中，团队成员的思维都受到什么因素的约束？

3. 谈谈你对满意决策模型的认识。

资料来源：上海国家会计学院主编：《思维、问题与决策》（上海国家会计学院CFO丛书），北京，经济科学出版社，2011。

管理游戏二：模拟预算

目的：演示决策的基本过程，体会优秀的备选方案对优质决策的意义，让团队成员设想一下他们理想中的计划方案。

游戏内容：通过模拟预算的分配方案，演示决策的基本过程。

参与人数：所有团队成员。

所需时间：60分钟。

所需的材料与场地：纸、挂图或黑板，场地不限。

导入语示例：一个成功的企业领导者的价值在于“做正确的事情”，同时帮助各层主管“把事情做正确”。面对不断变化的市场，企业经营方案总是不止一个，决策就是要对各种方案进行分析、比较，然后选择一个最佳方案。公司的执行副总裁刚打电话来，说公司刚给我们拨款300 000元，那么接下来我们一起来完成项目预算清单吧。

游戏步骤：

1. 告诉团队成员，公司的执行副总裁、人力资源发展部的主管、审计主管或者任何类似的负责人刚刚打电话给他们，说公司将拨款300 000元，这是个巨大的数目，让团队谨慎使用。

2. 给成员 2 分钟时间，让他们列出一张“意向清单”，同时在清单上写上每个项目大概的预算（比如，为了升级团队的电脑系统，可用这笔钱购置新的电脑、视频工具、打印机、相关的软件、支付咨询费，等等）。

3. 接下来，让团队成员向整个团队公布他们最想要的东西，然后将这些信息写在挂图上。

4. 整个团队对每个人列出的东西进行讨论，并试着制定出一份大家一致同意的清单。

讨论：

1. 如果团队确实需要一些东西，有哪些方法可以说服公司给团队一些必要的预算？

2. 决策的基本过程是怎样的？

3. 你的观点有说服力吗？其他人的观点有说服力吗？

4. 优秀的备选方案对优质决策的意义在哪里？

5. 如何评价和选择决策的备选方案？

6. 团队在表达不同的观点、平息冲突以及取得一致意见方面的准则是什么？

资料来源：上海国家会计学院主编：《价值管理》（上海国家会计学院 CFO 丛书），北京，经济科学出版社，2011。

心理测试：你的决策力如何

指导语：对于一位领导者而言，要想做出一流的业绩，取得非凡的成就，无疑需要具备多方面卓越的能力。相比其他各项能力来说，决策力是重中之重。那么，有志于从事管理和领导工作的你，决策能力如何呢？做完下面的测试你就会知道了。

1. 你的分析能力如何？

A. 我喜欢通盘考虑，不喜欢在细节上考虑太多

B. 我喜欢先做好计划，然后根据计划行事

C. 认真考虑每件事，尽可能地延迟应答

2. 你能迅速地做出决定吗？

A. 我能迅速地做出决定，而且不后悔

B. 我需要时间，不过我最后一定能做出决定

C. 我需要慢慢来，如果不这样的话，我通常会把事情搞得一团糟

3. 进行一项艰难的决策时，你有多高的热情？

A. 我做好了一切准备，无论结果怎样，我都可以接受

B. 如果是必需的，我会做，但我并不欣赏这一过程

C. 一般情况下，我都会避免这种情况，我认为最终都会有结果的

4. 你有多恋旧？

A. 买了新衣服，就会捐出旧衣服

B. 旧衣服有感情价值，我会保留一部分

C. 我还有高中时的衣服，我会保留一切

5. 如果出现问题，你会：

A. 立即道歉，并承担责任

B. 找借口，说是失控了

C. 责怪别人，说主意不是我出的

6. 如果你的决定遭到了大家的反对，你的感觉如何？

A. 我知道如何捍卫自己的观点，而且通常我依然可以和他们做朋友

B. 首先我会试图维持大家之间的和平状态，并希望他们能理解

C. 这种情况下，我通常会听别人的

7. 在别人眼里你是一个乐观的人吗？

A. 朋友叫我拉拉队长，他们很依赖我

B. 我努力做到乐观，不过有时候我还是很悲观

C. 我的角色通常是“恶魔鼓吹者”，我很现实

8. 你喜欢冒险吗？

A. 我喜欢冒险，这是生活中比较有意义的事

B. 我喜欢偶尔冒冒险，不过我需要好好考虑一下

C. 不能确定，如果没有必要，我为什么要冒险呢

9. 你有多独立？

A. 我不在乎一个人住，我喜欢自己做决定

B. 我更喜欢和别人一起住，我乐于做出让步

C. 我的配偶做大部分的决定，我不喜欢参与

10. 让自己符合别人的期望，对你来讲有多重要？

A. 不是很重要，我首先要对自己负责

B. 通常我会努力满足他们，不过我也有自己的底线

C. 非常重要，我不能贸然失去与他们的合作

计分标准：选 A 得 10 分，选 B 得 5 分，选 C 得 1 分，最后计算总分。

结果解释：

24 分以下：差。你现在的决策方式将导致“分析性瘫痪”，这种方式对你的职场开拓来讲是一种障碍。你需要改进的地方可能有下列几个方面：太喜欢取悦别人、分析性过强、依赖别人、因为恐惧而退却、因为障碍而放弃、害怕失败、害怕冒险、无力对后果负责。测试中，选项 A 代表了一个有效的决策者所需要的技巧和行为。做一个表，列出改进你决策方式的办法，同时，考虑阅读一些有关决策方式的书籍或咨询专业顾问。

25～49 分：中下。你的决策方式可能比较缓慢，而且会影响到你的职场开拓。你需要改进的地方可能是下列一个或几个方面：太在意别人的看法和想法、把注意力集中于别人的观点、做决策时畏畏缩缩、不敢对后果负责。这样的话，就需要你调整自己的心态并做一个表列出改进你决策方式的办法。

50～74 分：一般。你有潜力成为一个好的决策者，不过你存在一些需要克服的弱点。你可能太喜欢取悦别人，或者你的分析性太强，也可能你过于依赖别人，有时还会因为恐惧而止步不前。要确定自己到底在哪些方面需要改进，你可以重新看题目，把你的答案和选项 A 进行对照，因为选项 A 代表了一个有效的决策者所需要的技巧和行为。做一个表，列出改进你决策方式的办法。

75～99 分：不错。你是个十分有效率的决策者。虽然有时你可能会遇到思想上的障碍，减缓你前进的步伐，但是你有足够的精神力量继续前进，并为你的生活带来变化。不过，在前进的道路上你要随时警惕障碍的出现，充分发挥你的力量，这种力量会决定一切。

总分 100：很棒。完美的分数！你的决策方式对于你的职场开拓是一笔真正的财富。

资料来源：邢群麟：《世界上最经典的 1 500 道心理测试题》，北京，中国言实出版社，2006。

章末案例：选“A”机器还是选“C”机器

罗彻姆有限公司主要向仪器加工业供货。最近在公司内部发生了一场争论，争论的发起与替换用于生产产品的一台加工机器有关。一共有两台机器，都是由当地的 Chmex 公司出品，其中较旧的一台机器发生了故障，频繁停机，再加上质量水平不稳定，使产出水平只能勉强达到要求。现在的问题是，应当用新的 Chmex 机器替换旧的，还是购买市场上仅有的符合加工要求的一家 Afu 机器？两种机器的相关信息如表 5—5 所示。

表 5—5　Chmex 与 Afu 出品的机器比较

	Chmex	Afu
资本成本	590 000 英镑	880 000 英镑
按生产能力加工的单位成本	185 英镑	183 英镑
计划的生产能力	2 200 千克/月	2 800 千克/月
质量	98%，0.7%纯度，手工测试	99.5%，0.2%纯度，自动检测
保养	很充分，但需要经常进行	不清楚
售后服务	很好	不清楚
送货	三个月	立即

营销经理和生产经理都对这个问题进行分析并作出了决策。下面是两位经理的分析过程：

1. 营销经理

今年的需求已经达到了 2 000 万英镑的规模，其中罗彻姆公司占 48%的份额，市场发生变化，竞争加剧，市场对价格更敏感。将来市场走向不确定，但至少不会萎缩。公司主营产品利兰太是根据顾客专门要求以固体、粉末或液体形式出售的，价格与所用化学品的重量相关。

目前公司最需要关心的应该是确保利兰太的质量和数量，这就需要公司迅速买到可靠的机器。Afu的机器几周后就可以正式投产，而且产品质量更好，如果需求增加，Afu的机器可以提供额外生产能力，因此应该选择Afu的机器。

2. 生产经理

利兰太的生产需求目前稳定在每月4 150千克，为机器配备的四名技工是罗彻姆公司仅有的技术人员，他们主要负责机器的日常维修和质量控制。

营销经理认为销售的大规模扩张没有什么不对，如果扩张没有发生，他无须处理所有相关问题。Afu机器所需催化剂成本是Chmex公司机器的三倍，如果产量很低，这对预算会构成巨大的影响。暂时根本没有证据表明利兰太的需求会有大幅上升，因此，使用Afu机器的想法太冒险了。

不仅仅因为太冒险，为了开动Afu机器，公司所需的条件是原来的两倍，但真正令人担心的是工作人员的反应，作为合格的技术人员，他们视自己为企业中的精英，如果改为使用Afu机器，所有他们感兴趣的工作，比如检测和保养机器，会消失或大大下降，他们将不再是领取高薪的加工工人。

资料来源：网络资料，http：//wenku. baidu. com/view/0176520003d8ce2f01662304. html。

［思考题］

1. 本案例中的决策问题是什么？

2. 该公司是如何做出决策的？采用了哪些决策理论？具有哪些决策风格？

3. 如果要你对这个问题做出决策，你会如何应用学过的决策理论来进行分析和决策？

第6章

压力与工作压力

泰山崩于前而色不变，麋鹿兴于左而目不瞬，然后可以制利害，可以待敌。

——苏洵《权书·心术》

学习目标

1. 了解压力的定义，理解其与工作表现的关系；
2. 熟悉压力产生的来源和可能的后果；
3. 理解压力的相关理论；
4. 掌握缓解工作压力的方法。

开篇案例

压力太大导致高考生休学

临近高考，记者在某市心理医院见到了18岁的小赵。在妈妈孙女士的陪同下，小赵安静地坐在椅子上。小赵告诉记者："家里对我的期望太高了，怕考不出好成绩让家人失望。现在只要提到学习就心烦意乱，坐都坐不住。"孙女士称，女儿小赵今年上高三，在班里学习成绩名列前茅，都指望孩子能考上一所重点大学，为家里争光。"可孩子突然说要休学，不考试了!"

据孙女士介绍，小赵是独生女，家里人都十分宠她，平时除了学习，什么事情都不让她插手。小赵也是个争强好胜的孩子，在班里一直都是前五名。前段时间小赵脾气变得异常暴躁，老是说不想学习，考试成绩也下滑了。"本来以为是压力太大，说出来发泄一下就没事了，可现在真的不去学校了。"孙女士无奈地告诉记者，不知道劝过多少次了，可小赵像是着了魔一样，就是把她赶到学校，她照样一会儿就回家。

该市心理医院李主任介绍，小赵之所以选择休学，是压力太大造成的。"现在的学生应对问题的能力越来越差，很多学生面对压力都选择了逃避，产生厌学心理是难免的。"

从远古时代，人类的先祖就在与大自然的斗争中感受着生存的压力，压力伴随着人类的诞生而产生。而今人类从游牧社会、农业社会，走向工业社会，一些国家和地区已经迈入了信息社会。每天无数的上班族涌向熙熙攘攘的马路，奔向远处那一座座写字楼，在最后期限前完成自己的工作。大量研究认为，作为一种困扰人类的现象，压力已经成为危害我们健康的最大敌人之一，同时也造成社会人力资源的巨大浪费。那么工作中的压力是如何产生的？该如何缓解压力？本章将为我们解答这些问题。

第1节　压力的相关概念

一、压力的定义与作用

（一）压力的概念

压力（stress，国内有学者将其翻译成“应激”）是当今社会人们比较关注的话题，我们时而会听到某精英人士因压力过大而自杀的新闻，也会听到如本章开篇案例中那样的事情。与组织行为学中的许多其他概念一样，研究者对于压力的定义很难达成一致。总结起来，目前有三种不同的看法。

第一种看法认为压力是一种刺激。这里的刺激是指那些使人感到紧张的事件或者环境。比如，让学生很难通过的一场考试、下属面临上司的质询、超额的工作量等。再比如，一个部门的经理所管辖的部门突然出现了紧急情况，必须立即解决，否则就会给公司造成非常严重的后果等。

第二种看法认为压力是一种反应。这里的反应指的是当一个人面对一些超出个人能力要求的情境时所做出的反应。从这个意义上来讲，压力是一种内部的心理过程，它是人体内部出现的解释性的、情感性的、防御性的反应过程。例如，公司员工由于前一天夜里思虑公司的事务而失眠，导致上班迟到，而在上班的途中又出现了意外塞车。遇到这类情况，人们往往会非常郁闷、发牢骚，认为自己“怎么这么倒霉，所有的人和事情都在和自己作对”。

第三种看法认为压力是人和环境相互作用的产物。在压力源的作用下，一个人会产生生理的、心理的和行为的反应。在本书中，我们采用了这种看法，将压力定义为：当一个人意识到某种主观或者客观的要求可能对其自身产生威胁时，所表现出来的一种心理、情感和生理上的综合反应。

有两个与压力相似的概念需要在这里做一些区分：压力源（stressor）、紧张（strain）。压力源是指让我们感到紧张的事件和情境；紧张是我们对压力源所做出的反应。

（二）压力与工作表现的关系

谈及压力，人们往往会关注其消极的一面，较少关注其积极的一面。事实上，压力研究的奠基者塞利（Selye，1974）在提出压力的概念时，就认为压力有积极与消极之分，但此后绝大多数研究只关注压力的消极作用。

我们大家都知道，过度的压力对人的危害是巨大的，但并不是说压力对人就没有一点好处了。常言道，"人无压力轻飘飘"，我们深有体会，如果外界的环境对我们没有一点挑战性，我们往往会觉得索然无味。一个人如果长期缺乏刺激就会很快地萎靡不振，会出现生理和心理问题，缺乏刺激所带来的危害可以说与压力所带来的危害不相上下。现在人们普遍认为，工作表现与压力的关系是呈一个倒 U 形的曲线图，如图 6—1 所示。

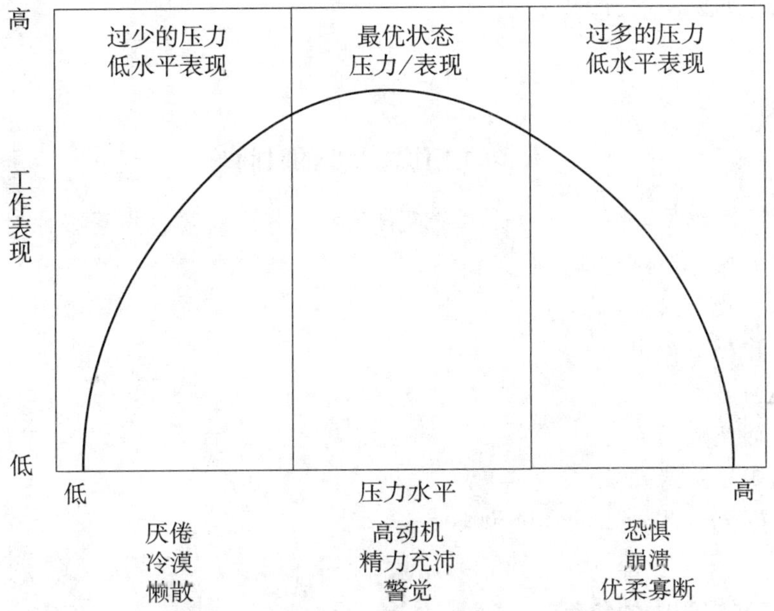

图 6—1　压力与工作表现之间的倒 U 形曲线

图 6—1 表明，一个人如果缺乏压力会感到厌倦、冷漠、动力不足等，在压力不足时增加压力会使一个人得到激励从而提高他的工作表现。当然，压力并不是越多越好，超过正常承受水平的压力会让人产生焦虑，工作表现也会大幅下降。

二、工作压力源

工作压力源（job stressor）是指需要员工做出适应性反应的工作条件或工作情境。压力与压力源的不同在于：压力是客观环境与我们的主观感受的综合体，而压力源是指给我们造成压力的客观事情。通过对压力源的分析，可以进一步加深我们对自己压力的认识。研究者为辨别组织中的压力来源所做的研究可谓汗牛充栋（例如 Cooper & Payne，1978；Ivancevich & Matteson，1980；Cooper & Payne，

1980；Addison-Wesley series，1980；Sutherland & Cooper，1989；Kahn & Byosiere，1992，等等）。归结起来，常见的工作压力源可以分为以下 5 个方面。

（一）工作本身的因素

如工作超载、工作任务太复杂、时间压力、面临工作任务的最后期限、做出重要的决定、工作太多变化等。

工作超载是指组织对员工提出了过量的工作要求，使员工产生了过大的压力。工作超载分为数量超载和质量超载两种。数量超载是指员工在技能上能够达到工作要求，如果有多一点的时间，他便可以轻松地应对，但问题是时间紧，任务重，因此员工会感到很大的压力。质量超载是指由于技能的问题，即使给员工很多的时间和资源，他也难以达到角色要求。当然，工作量的大小、任务的复杂程度等都是相对于员工的素质而言的。

读一读

太多的工作？太少的时间？

随着公司不断裁员，留下来的员工发现自己在工作上需要付出更多的时间和精力。对全美员工进行的抽样调查发现，员工们：

- 感到工作负荷太重　54%
- 陷于工作超负荷中　55%
- 缺乏时间思考　59%
- 没有时间完成任务　56%
- 要做的工作头绪太多　45%

资料来源：*Business Week*，July 16，2001，p. 12.

（二）组织中的角色

角色是指一个人在某一特定位置上必须完成的一系列特定的行为。一个人在生活中扮演着多种角色（如父亲、员工、配偶、子女、社区成员等），因此也就有多种行为模式。在工作中，角色信息可以告诉员工需要完成哪些行为。例如，如果你是一个经理，你就要指导新员工完成工作任务，同时你还要注意协调团队成员之间的关系等。一般而言，与角色有关的压力源有角色模糊和角色冲突两种。

角色模糊是指员工对自己工作责任的不确定程度。角色模糊可能有以下几个原因：第一，组织对岗位的描述有些已经过时了。岗位描述往往是新员工角色定位的首要信息，如果过时的话，往往会使员工在工作中不知所措。第二，上司对下属的指示不明确，会造成员工角色模糊。第三，有些角色比其他角色客观上来讲就是难以定义。例如在组织中，管理者往往被分配给很多任务，并会有明确的产出要求，但是很少有明确的达到目标的行为指南。第四，环境的快速变化。例如现在除了要求老师给学生灌输基本知识外，还要培养学生的能力；学校除了重视学生的智力因素开发外，还要注意发展学生的非智力因素。这种社会期望的变化会让教育者感到角色模糊。

当一个员工面对不相容的工作要求时会遭遇角色冲突。角色冲突又可以分为角色内冲突和角色间冲突两种。角色内冲突是指对于同一个角色，员工得到了矛盾的信息。例如，一个上司要求一个员工尽快完成某项任务，而另外一个上司要求该员工必须非常细致认真地完成这项任务。此时该员工就会经历角色冲突，因为一个人要想细致认真地做事必须降低速度，以此来保证工作质量。角色间的冲突是指不同角色的冲突。如工作中的角色与家庭成员之间角色的冲突。引起角色冲突的一个重要原因是不良沟通。在很多组织中，信息沟通很不顺畅，员工可能会收到自相矛盾的信息，因此要避免角色冲突的一个重要手段是理顺沟通渠道。和角色模糊一样，组织的环境变化也会引起角色冲突。例如，在组织中，有些高级员工可能身担多项任务，而这些任务需要不同的角色行为，在一些情况下，就可能会引起角色间的冲突。

（三）工作中的关系

如与上级、同事、下属之间的关系，组织和社会支持等。

大家都知道，大部分工作都需要多人的合作才能完成，人与人之间的交互作用就成为工作满意度和工作完成情况的主要因素。当出现人际冲突时，工作满意度和工作效率会大幅度地降低。人际冲突可能是对某个问题的认识不同，也可能是严重的暴力冲突。

其中，竞争是造成人际冲突的一个重要原因。比如，如果两名员工竞争同一个职位的话，他们之间就很可能发生人际冲突。竞争还有可能是因为组织中的两个团体争夺有限的资源引起的。例如，公司中不同的部门在争夺组织财政预算时就会经常出现竞争。

值得注意的是，即使不存在竞争的情况，也会发生人际冲突，此时的人际冲突可能是由于团体中个体的差异（包括能力、人格等）造成的。例如，我们身边的有些人可能天生竞争性就强一些，而另一些人则弱一点。如果在某个团体中竞争性强的人太多，就会时常出现人际冲突。

人际冲突的另一个原因是有些员工觉得自己在组织中得到了不公正的待遇，此时这些员工可能会消极怠工，也可能发展成严重的人际摩擦。

（四）职业发展

一般而言，人们都希望自己的职业生涯能够快速稳健地发展，并希望自己在工作中有一些自由度、自己的薪水能够逐步增长、自己的才干和见识也不断地增长。当员工在这些方面感到希望渺茫时，就会出现较大的压力。我们将这种压力源称为职业发展压力源。研究发现，员工职位提升过快、升迁太慢、缺乏职业保障以及雄心受阻是工作中最常见的四种职业发展压力源。

就业问题是当今中国社会所面临的一个严重问题。失业、降职、职业生涯中断、转变工作性质和工作场所都是中国劳动者普遍关心的问题，这些问题都可以归为职业发展压力源。

（五）组织压力源

组织并不一直都是一架运行精准的机器，其中也存在着很多问题。例如，组织结构和组织文化与组织战略不协调、部门与部门之间信息沟通渠道不畅、领导风格不能适应当前的组织氛围、决策机制呆板等。这些问题都可能影响到员工的工作状态和心理感受，从而增加他们的压力感。

三、压力后果

虽然压力本身并不总是坏的，但是当前人们关注压力主要还是其巨大的危害性。以下我们从组织和个人两个层面来分析压力产生的后果。

（一）组织层面的压力后果

1. 增加组织运行成本

由美国心理学会（American Psychological Association，APA）与国家职业安全与健康研究所（National Institute for Occupational Safety and Health，NIOSH）所做的统计调查显示，工作压力的问题给美国造成的经济损失达到了 5 000 亿美元。显而易见，工作压力问题无疑会增大企业的管理成本。很多研究表明，工作压力过大会提高员工的跳槽率，这必然会增加员工招聘、职业定向和培训等方面的相关成本。在世界范围内，由于工作压力引发的法律诉讼也越来越多，最终的结果往往以企业的高额赔付而告终。在美国，从 20 世纪 80 年代起的十年间，压力伤害案件增加了 3 倍多。在英国，每年由于压力造成的健康问题通过直接的医疗费用和间接的工作缺勤等形式造成的损失竟然达到了英国整个 GDP 的 10%。我国因工作压力过大引发的员工赔偿问题也越来越受到企业界的高度关注。

2. 危害组织核心成员的身心健康和组织稳定

压力对企业核心成员的危害直接影响到企业的兴衰成败。特别是，目前我国大部分企业的制度建设还不很完善，组织运行更需要企业一把手或者高层领导的执行力。从这个意义上讲，企业的兴衰更加依赖于领导者个人的能力，这一社会群体所承受的压力往往是巨大的。《财富（中文版）》联合北京易普斯企业咨询服务中心对 1 576 名高级管理人员所作的调查显示，近 70%的高级管理人员感觉自己当前承受的压力较大，其中 21%的人认为自己压力极大。对于领导者和高层管理者来讲，他们对压力过度反应所引起的恐慌可能会像传染病一样迅速蔓延，最终也会使得下属的压力感剧增，进而导致团队的整体工作效率急剧下降，严重的会造成组织解体。

（二）个人层面的压力后果

对于个人而言，处于压力状态之下，一般会表现出四种常见的症状：生理症状、认知症状、情绪症状和行为症状。

1. 压力造成员工健康受损

国际劳工组织（ILO）发表的一项调查指出，在英国、美国、德国、芬兰和波兰等国，每 10 名员工中就有 1 人处于忧郁、焦虑、压力或过度工作的情境之中。在芬兰，心理健康失调是发放伤残津贴的主因，50%的劳工或多或少都有与压力相关的症状，7%的劳工工作过度而导致过度劳累及睡眠失调等症状。在德国，因忧郁症而过早退休占了过早退休案例的 7%，而因忧郁症相关因素而造成无法工作的时间，比因其他疾病因素导致无法工作的时间长 2.5 倍。从这些例子中，我们不难看出压力会造成员工健康受损，尤其是影响心理健康。

2. 压力会诱发员工的职业倦怠

我们大家都知道，长期处于过度压力的状态之下，会诱发员工的职业倦怠(job burnout)。职业倦怠又称为工作倦怠、工作衰竭、职业枯竭或者职业过劳，最常用的定义是，在以人为服务对象的职业领域中，个体的一种情感耗竭、人格解体和个人成就感降低的症状。职业倦怠者通常会觉得自己的工作没有新鲜感，一直机械地重复，对自己的工作失去兴趣，从而认为自己并不能提供好的服务，对工作对象不再有热情，进而导致从工作中获得的胜任感和满足感下降，对自己失去信心。近年来职业倦怠越加普遍，已经成为影响工作效率的重大因素之一。

3. 压力会导致员工出现工作—家庭冲突①

工作—家庭冲突（work-family conflict）是工作的过度要求造成了对员工家庭生活的妨碍，或者家庭要求对工作产生妨碍。例如，不得不加班，而留给家庭的时间不足，或者带生病的孩子去看医生而导致员工无法工作。对有孩子的双职工和单亲家长来说，问题尤其突出。父母都在工作或是单亲，角色冲突必然由诸如留在家里照顾生病的孩子、参加学校联欢等此类问题引发。

一些因素会导致个体的工作—家庭冲突。在组织方面，不得不长时间工作和缺乏工作安排的灵活性会导致冲突。在员工方面，人格也是一个因素。例如，研究表明，高负性情感者（倾向于体验负性情感）报告更多的工作—家庭冲突。

关注工作—家庭冲突的组织已经采取措施来帮助它们的员工。两种最常用的方法是弹性工作制和在工作场所照顾孩子，这使有孩子的员工履行家庭和工作职责都变得容易了。弹性工作制允许员工抽出时间去处理非工作事务，比如带生病的孩子去看医生。工作场所照顾孩子通过允许父母带着孩子进行工作使他们能更容易地履行家庭和工作职责。父母可以在工间休息时探望他们的孩子，当孩子生病时他们就在附近。

第 2 节　压力产生的基本理论

一、薛利的适应综合征理论

该理论是加拿大著名的压力专家薛利提出来的。在这一理论中，薛利将压力描述成三个阶段：

① 参见保罗·E·斯佩克特：《工业与组织心理学（原书第 5 版）》，242 页，北京，机械工业出版社，2010。

第一个阶段是警戒反应阶段。当出现警戒反应时，在很短的时间内，人体会出现一个正常水平的防御过程。如果这种防御成功了，警戒也就消失了，人体就会恢复到正常的状态。我们大家都知道，大多数短期的压力都会在这个阶段得到解决。在警戒阶段，不同的人可能有不同的感受，有人可能会脸发热，有人可能会感到颈部僵硬。

第二个阶段称为抗拒阶段。如果不能控制外界因素的作用，或者由于第一个阶段的反应没有排除危机，从而使压力仍然存在，那么人体就会全身性地动员。这时的问题是，人体必须要动用很多的资源来赢取这场“战争”。在这个阶段，身体会伴随着更多的症状，比如溃疡、动脉粥样硬化、头痛、血压升高等。

第三个阶段称为衰竭阶段。当压力源非常严重时，那么人体就会进一步燃尽所有的资源和能量，抗拒也会一起衰弱，不久就会面临崩溃。

由于薛利的工作，人们才真正开始重视压力，但是薛利只注意到了人的压力与生理反应之间的关系，通过该理论，我们并不能得到任何缓解压力的策略。

二、拉扎鲁斯的认知—交互作用理论

拉扎鲁斯在 20 世纪 70 年代提出了这一理论，尽管该理论不断演变，但它一直是非常有影响力的理论。该理论的主要观点包括：

（1）压力只有在环境需求超过了个人处理需求的能力时才存在，因此压力是在个人与环境的相互作用过程中产生的。例如，当你的父母对你的期望过高，远超出了你自身的能力，这时，你就会感到压力的存在；反之，如果你能较容易达到父母的要求，你便不会感觉有压力。

（2）个人与环境的交互作用是通过个人的评价来完成的。评价可以分成三个阶段：初级评价、二级评价和再评价。

在初级评价过程中，一个人主要是判断事件的结果，所得到的利益或者损失。此时，我们在内心可能会问：“我是否遇到了麻烦呢?”初级评价有三种结果：第一，这一刺激与我无关；第二，该事件对我有利；第三，该事件对我有潜在危险。

在二级评价过程中一个人主要针对第三种结果来判断自己是否对面临的危险具有应对的能力。此时，我们在内心可能会问：“这种情况我该怎么做呢?”当我们感觉到自己没有有效的应对策略时，我们就会感觉到有压力。如果我们使用了某种有效的应对方法消除了危险，那么压力就不存在了。

再评价是建立在前两级评价发生后对处理的结果所做的反馈。例如 A 和 B 都是某公司的销售人员，公司突然提高了对他们的业绩要求，倘若考核达标便会有额外的奖金，而新的业绩要求对 A，B 来说都具有一定的挑战性。经过充分考虑后，A 决定与大商场合作进行促销活动，以此来提高公司产品的销售量，这种做法使得 A 大幅度提高了自己的业绩，他最终获得了上级的表扬及公司的奖金；B 只是采取一如既往的销售模式，并未达到新的业绩水平，因此受到了公司的批评，更谈不上公司的奖金了。出现这样的结果，A 和 B 都会对自己的结果进行再评价。A 的再评价结果是，这个事情根本就没有什么压力，而 B 的评价结果可能恰恰相反。

薛利和拉扎鲁斯的理论从不同的侧面解释了压力的实质以及压力产生的过程，但二者并不是工作场所独有的理论。下面介绍三个工作场所常用的压力产生的理论。

三、罗宾斯的理论

哪些因素导致了压力的产生呢？它会给我们带来什么后果呢？为什么在同样的条件下有些人会产生压力，而另一些人却不受影响呢？

罗宾斯在他提出的压力模型中，确认了三方面潜在的压力源：环境的、组织的和个人的。这几方面的因素是否会导致现实压力感的形成取决于个体差异，如工作经验与个人认知等。当一个人体验到压力感时，其外化的症状有三类：生理症状、心理症状、行为症状（见图 6—2）。

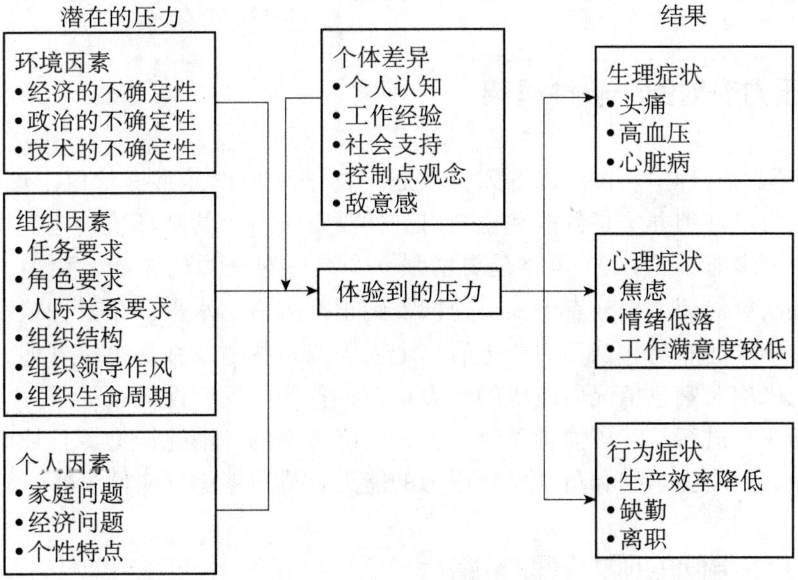

图 6—2　罗宾斯的压力模型

四、工作要求—控制—社会支持模型

工作要求—控制—社会支持模型（JRC）是出现较早的一个关于工作场所的模型，它是对工业化大生产时代生产线上的操作工人所面对的压力进行的一种解释。该模型的早期版本（称为工作要求—控制模型）认为，工作紧张性是由于员工面对高的工作要求和低的工作控制性引起的。工作控制包括决策权（能够选择任务完成的方式和时限）和技能判断力（指一项工作是不是枯燥的和重复性的，需要的技能可以在多大程度上进行拓展和开发）。后来这个模型得到了进一步发展，认为来自同事和上司的社会帮助也可以减缓工作的紧张性。因此，该模型称为工作要求—控制—社会支持模型。

五、付出—回报不平衡模型

付出—回报不平衡模型适用于各类职业，应用最多的就是服务型行业。该模型认为，工作角色是个体需求（自尊和自我效能）和社会需求的连接纽带。金钱、社会尊重和工作机会（包括工作安全）与个体在生理与心理上的付出之间的平衡依赖于社会交换的互惠原则。工作可以从社会交换中获得回报，在“付出”与“获取”之间不能互惠时（如高付出/低回报的条件下），就会在情绪和生理层面产生持续的紧张反应。不同种类的回报与不同的经验有关，其中，薪水、升职前景和工作安全更多地与一个组织或者微观经济劳动市场有关，而尊重可能与人际交流有关。

第3节　缓解工作压力的途径与方法

一、压力应对的一般性框架

在压力管理中，由凯恩等人发展起来的一套理论非常有价值。这套理论认为，管理压力最好的办法是创造和规划出一种没有压力源的新环境，他们将这种策略称为“规划策略”。第二个策略是要增强一个人应对压力的技能，称为“前摄策略”。这种办法可以使组织或者个人迅速恢复到正常的活动水平。第三种策略是消除压力不良影响的速效药。当压力产生后，个人采取一些建设性的策略（如暂时的放松技术等）来应对紧急情况所造成的压力状态，称为“反应性策略”。

组织在进行员工压力管理时，首先应该考虑的是消除压力源，或者建立压力事件的预案，增强组织和员工应对压力的能力，最后考虑反应性策略。

二、组织层面的压力管理策略

引起工作压力的许多因素都与工作要求和组织结构等因素有关，因此，管理层可以采取措施进行调整或改变，从而降低员工的压力水平。我们总结了如下几个策略：

组织策略一：改善甄选过程。在人员甄选和配置的过程中，管理者应把压力因素考虑在内，实现个人与工作的恰当匹配。组织可以根据不同的职业性质来确定压力源的类型，然后在选拔测评中根据不同压力源的类型设计出不同的压力测试方法，对应聘人员的抗压能力进行针对性的测试，以排除那些压力应对能力不适应该岗位需要的求职者。

组织策略二：进行有效的目标管理。假如你是组织中的一名员工，当你拥有具体明确、富有挑战性的目标时，你会因为降低了角色的模糊性，减少了挫败感，从而在工作当中表现得更加积极；当你能够参与组织目标的设置过程、有机会发表自己的意见和建议时，你会因为增强了控制感，而减轻角色压力。

组织策略三：合理发放薪酬。根据付出—回报不平衡模型这一理论依据，增强薪酬管理指标体系的科学性和规范性，可以在很大程度上缓解工作的压力感。薪酬主要是对人力资源所付出的体力劳动和智力活动的一种回报。

组织策略四：科学培训员工。显而易见，培训是现在人力资源管理中的一项重要职能，在开发员工潜能方面发挥着重要的作用，也是目前公司在缓解员工压力时常用的一种方法。培训对压力缓解的作用表现为两个方面：首先，工作技能培训可以直接提高员工的工作能力。根据工作要求—控制—社会支持模型，拥有较强工作技能的员工的工作压力较小。其次，通过培训，可以使员工直接获得压力管理的技能，从而减轻压力对于员工身体和心理健康所造成的损害。

组织策略五：重新设计工作。追根溯源，工作任务本身是造成工作压力的主要因素之一，因此，组织可以在一定范围内设法改变员工的一些工作内容。例如，对那些过于枯燥乏味的工作进行工作扩大化和丰富化设计，使员工在工作当中拥有更多的趣味、新鲜感、责任、意义与自主性；对于负荷过重的工作可以进行合理的工作分担，以减轻员工的压力。

组织策略六：增强正式沟通渠道。员工如果没有从正式的沟通渠道中获得充分的信息，则会通过小道消息了解信息，或者进行主观臆测，并因而出现认知失真和误解的现象，这些我们在日常生活中都深有体会。因此，公司使正式的沟通渠道在组织内畅通无阻，及时就相关问题与员工进行充分的讨论和交流，有助于减轻角色模糊性和角色冲突，从而减小员工的工作压力。

组织策略七：资助员工健康计划。近年来，组织越来越关注员工的健康问题，开展了很多健康计划，这些健康计划注重员工身心状况的改善。例如，向员工提供各种咨询活动，帮助员工戒烟、戒酒、减肥、改善饮食状况、制定良好的锻炼计划等。

三、个人层面的压力管理策略

除了组织策略外，个人的一些认知和行为方面的调整也可以增强抗压能力，包括调整自己的认知结构、时间管理、运动、倾诉、放松、构建社会支持系统等。

个人策略一：调整自己的认知结构。压力的环境—认知交互作用理论认为，实际上，环境本身并没有很大的压力，而是我们自己的知觉和解释影响着我们对环境的认知，从而感受到外部的压力。从某种意义上来讲，人的大脑是一个“刻板脑”，它分不清实际的威胁和想象的威胁。对于大脑来说，感知到的威胁就是真正的威胁，因此调整对外部环境的一些看法可以改变压力水平状况。具体的做法包括：积极地肯定自己、乐观、接纳难以改变的现实、调整自己的期望值等。

个人策略二：进行时间管理。现代社会中人们工作和生活的节奏日益加快，很多人都觉得自己的时间不够用，挤不出时间做一些自己想做的事情，这就构成了一个重要压力源。例如，有一项研究发现，一位经理平均每天需要处理 237～1 073 件事务，而有 1/3 的经理在下班时并不能完成当天的任务。在进行时间管理时需要注意如下几个方面：

（1）列出需要完成的事；

（2）根据重要和紧急程度对这些事进行排序；

（3）根据事情的优先顺序安排日程；

（4）利用自己的生物周期在最清醒和最高效的时间内完成最重要和最紧急的任务。

个人策略三：适当运动。体育锻炼能够增强身体生理系统的整体性。有相关研究者发现，运动能使人体应激反应出现并持续，当运动停止时，身体就会恢复平衡状态。如果训练得当，锻炼后不仅身体恢复很快，而且可以达到更深层次的平衡状态，长期坚持锻炼的人对此深有体会。进行体育运动需要注意四个主要方面：

（1）根据自己的身体状况选择合适的运动强度。

（2）保持一定的运动频率。建议最小的频率为每周两次，不宜过多运动。

（3）保持运动的持久度。建议每次运动持续的最短时间为 20～30 分钟。

（4）选择有氧运动方式。有氧运动指在有节奏的体育运动中，连续活动一段时间，氧气稳定地供给正在工作的肌肉组织。例如，散步、跑步和游泳都属于有氧运动。有氧运动可以用来锻炼心血管系统。

个人策略四：放松自己的身体。为了让机体从高度唤醒状态恢复到平衡状态，我们必须要使五种感觉暂时失去活性或重新进行设计，以让机体恢复平静。放松的目的在于让机体的感觉系统失去活性，减低刺激强度及与其相关的认知发生，用非威胁性的感觉替代威胁性感觉，提高放松程度。放松的基本原理是，有效地在神经学和荷尔蒙水平上阻断压力反应，从而使机体恢复到生理平衡状态。常用的放松技巧包括听音乐、冥想、做瑜伽、打太极拳等。

个人策略五：构建社会支持系统。有研究证明，我们从社会接触中体验到的联系感、归属感和结合感能够促进个体的健康。越来越多的证据表明，从朋友处得来的强大的社会支持可以缓冲压力带来的疾病影响，并且能够提高生活的质量。因此当压力过大时，与朋友、家人、同事一起讨论，说出自己的苦闷，给压力一个释放的出口，从而减少压力的困扰。

个人策略六：合理安排膳食。建立良性的饮食习惯可以减少身体对压力的唤醒水平，并促进人体机能达到最佳状态。在安排自己的膳食时，需要注意以下几个方面：

（1）增加食物的多样性，建立平衡的饮食习惯；

（2）每天饮用足量的水。足够的水可以清除体内不再需要的营养以及毒素，保持血液的纯净；

（3）保证早餐的质量以及均匀的进餐时间；

（4）食物中要含有足量的维生素和矿物质以抵抗压力。

本章小结

1. 压力可以定义为一种刺激、一种反应或人和环境相互作用的产物。压力有积极与消极之分，现在的理论倾向于认为工作表现与压力的关系是一个倒 U 形的曲线图。

2. 工作压力源是指需要员工做出适应性反应的工作条件或工作情境。常见的工作压力源可以分为五个方面：工作本身的因素、组织中的角色、工作中的关系、职业发展和组织压力源。

3. 过度的压力可能带来负面的后果，在组织层面，压力可能增加组织运行成本，危害组织核心成员的身心健康和组织稳定；在个人层面，压力可能造成员工健康受损，诱发个体的职业倦怠。

4. 关于压力的产生存在不同理论，包括薛利的适应综合征理论，拉扎鲁斯的认知—交互作用理论，罗宾斯的理论，工作要求—控制—社会支持模型和付出—回报不平衡模型。

5. 在缓解压力的一般性策略方面，凯恩等人提出了规划策略、前摄策略和反应性策略。在组织层面，可以通过改善甄选过程，进行有效的目标管理，合理发放薪酬，科学培训员工，重新设计工作，增强正式沟通渠道和资助员工健康计划等减少压力；在个人层面，可以采取调整自己的认知结构、时间管理、运动、倾诉、放松、构建社会支持系统等方式。

本章思考

1. 总结你在生活和学习中感受到的压力源。

2. 选择一个压力产生的理论来解释你感受到的压力。

管理游戏一：幸福清单

说明：我们经常虚度光阴，而不去做一些举手之劳的事情，让自己放松和控制自己的压力。本活动旨在引导你完成放松的心愿。

时间：15～20 分钟。

准备材料：纸、笔。

步骤：

第一步：请花几分钟思考一下，有哪些活动有助于你放松，这些活动是你平时可以参与的。

第二步：将这些活动在纸上列出来。

第三步：列出自己的幸福清单，在这个清单中列出所有有助于放松的活动，特别是那些更可能在平时参与的活动。

第四步：做出书面承诺，在至少三个特定的地方张贴自己的幸福清单。承诺书的格式如下：

特此宣告，我将把自己的幸福清单张贴于所有以上列举的地方，以此提醒我尽己所能，经常从事这些活动。

签名：

第五步：讨论以下问题：

问题一，幸福清单需要时常更新，为什么？

问题二，你如何才能经常更新自己的幸福清单？

问题三，为什么幸福清单要张贴出来而不只是写下来而已？

问题四，你如何使用自己的电脑来公布幸福清单？

资料来源：罗伯特·爱泼斯坦：《培训游戏宝典——压力缓解游戏》，上海，上海科学技术出版社，2003。

管理游戏二：把你的压力呼出来

目的：通过学习“清肺呼吸”来对抗压力。

时间：10～15 分钟。

辅助设备：无。

操作步骤：

1. 将班级分成几个活动小组，每组 5 人左右。

2. 示范“清肺呼吸”：首先，非常夸张地吸气；然后，屏住呼吸，从一数到五；第三，把气非常慢地呼出去，越慢越好，直到呼尽为止。

3. 分组活动。每组有一个人负责指挥，记录下呼出最慢的那位成员，并给予口头称赞。小组 5 名成员每人轮流做一次指挥者。

4. 共同分享“清肺呼吸”后的感觉，并讨论以下问题：

问题一，你愿不愿意在工作中进行“清肺呼吸”？为什么愿意或为什么不愿意？

问题二，“清肺呼吸”在哪些场合可能对你有用？在哪些场合你又不愿意进行“清肺呼吸”？

问题三，作为控制压力的技巧之一，“清肺呼吸”的好处与坏处在哪里？

资料来源：罗伯特·爱泼斯坦：《培训游戏宝典——压力缓解游戏》，上海，上海科学技术出版社，2003。

压力测试一：你的压力有多大

指导语：选择符合你的选项。

1. 两个非常了解你的人正在谈论你，下面的哪一条是他们最有可能谈到的？

（1）这个人很合群，似乎没有什么事情可以让他心烦意乱。

（2）某某很不错，但是你跟他谈话时要精力集中。

（3）某某的生活中总有一些地方显得不对劲。

（4）我发现某某近来喜怒无常，捉摸不定。

（5）近来我很少看到某某很开心。

2. 下列哪些是你生活中的普遍特征？

- 感觉自己做事情总是出错，或者自己总是不满意。
- 感到别人总是强迫自己做事情，而不是自愿完成的。
- 感觉自己消化系统好像出了问题。
- 夜晚总是失眠。
- 时常感到头昏眼花、心动过速。
- 没有剧烈活动、气温也不高时经常浑身冒汗，到医院检查身体也没有异常。
- 在拥挤的环境中惊惶不安。
- 感到自己疲惫不堪、心力交瘁。
- 强烈的失望感。
- 对琐碎的小事极度烦躁不安。
- 晚上无法放松自己。
- 半夜和凌晨经常惊醒。
- 难以作出决定，总是犹豫不决。
- 对别人的指责感到无能为力。
- 即使是很容易成功的事情也缺乏足够的热情。
- 不愿意见生人，也不愿意尝试新的经验。
- 被别人要求时不会说“不”。
- 经常担心别人指责自己的所作所为。
- 感到所承担的任务超过了自己的能力范围。
- 一旦事情进展不顺利，立即会坐立不安。
- 总担心有什么潜在的危险要发生。
- 觉得工作就是为了生存，没有乐趣可言。
- 经常暗自怀疑自己的工作能力。
- 对周围很多人都耿耿于怀。
- 背部和颈部经常会出现不适感。
- 早晨上课时，总觉得不是很情愿。

3. 你比以前更乐观还是更悲观？

（1）更乐观　（2）大致一样　（3）更不乐观

4. 你喜欢看体育比赛吗？

（1）是　（2）否

5. 你能在周末睡懒觉而不产生负罪感吗？

（1）是　（2）否

6. 在合理的范围内，你能把想法告诉你的老师、同学或者自己的亲人吗？

（1）是　（2）否

7. 在生活中什么人为你做决定？

（1）自己　（2）其他人

8. 在受到批评时，你通常：

（1）非常沮丧　（2）中度沮丧　（3）轻度沮丧

9. 你对每天的学习感到满意吗？

（1）经常 （2）有时 （3）只是偶尔

10. 你是否觉得多数时候都没有解决与同学间的冲突？

（1）是 （2）否

11. 你必须完成的学习是否超过了允许的时间？

（1）经常 （2）有时 （3）偶尔

12. 你对学习给你的要求有清楚认识吗？

（1）多数时候有 （2）有时有 （3）几乎没有

13. 你能说自己有足够的时间处理私事吗？

（1）是 （2）否

14. 假如你想商量自己的问题，你能找到一个有同情心的人吗？

（1）是 （2）否

15. 你是在实现人生目标的固定轨道上吗？

（1）是 （2）否

16. 你对学习厌倦了吗？

（1）经常 （2）有时 （3）很少

17. 你是否总想着学习？

（1）几乎所有的日子 （2）在某些时候有 （3）几乎从未有过

18. 你觉得自己的能力和学习被恰当评价了吗？

（1）是 （2）否

19. 你觉得自己的能力和学习成绩被恰当奖励了吗？

（1）是 （2）否

20. 你觉得老师：

（1）没有帮助你学习 （2）积极帮助你学习

21. 如果十年前你就能知道自己现在的状态，你会认为日子：

（1）超出了期望 （2）完成了期望 （3）没有达到期望

22. 假如你必须把喜欢自己的程度划分为5（最喜欢）到1（最不喜欢）的5个等级，你的等级是什么？

（1）5 （2）4 （3）3 （4）2 （5）1

评分标准

1. （1）0分 （2）1分 （3）2分 （4）3分 （5）4分

2. 每个选项回答“是”得1分

3. （1）0分 （2）1分 （3）2分

4. （1）0分 （2）1分

5. （1）0分 （2）1分

6. （1）0分 （2）1分

7. （1）0分 （2）1分

8. （1）2分 （2）1分 （3）0分

9. （1）0分 （2）1分 （3）2分

10. (1) 1 分 (2) 0 分
11. (1) 2 分 (2) 1 分 (3) 0 分
12. (1) 0 分 (2) 1 分 (3) 2 分
13. (1) 0 分 (2) 1 分
14. (1) 0 分 (2) 1 分
15. (1) 0 分 (2) 1 分
16. (1) 2 分 (2) 1 分 (3) 0 分
17. (1) 0 分 (2) 1 分 (3) 2 分
18. (1) 0 分 (2) 1 分
19. (1) 0 分 (2) 1 分
20. (1) 1 分 (2) 0 分
21. (1) 0 分 (2) 1 分 (3) 2 分
22. (1) 0 (2) 1 (3) 2 (4) 3 (5) 4

得分解释：需要说明的是，对压力自评量表的解释必须要谨慎一些，因为除了这个量表涉及的因素之外，还有一些其他的因素影响我们对压力的理解和处理方式。

注意：即使是两个得分完全一样的人所体验到的压力程度也是不同的（这一点可以参见对压力的个体差异的论述）。尽管如此，这个量表还是可以提供很多具有参考价值的信息，它可以使你了解自己目前大致的压力状况。

0～15 分：祝贺你！压力在你的生活中不是问题。生活的历练或个人天生的素质使你对压力具有非常强的免疫力。面对巨大压力，你总能够沉着应对，不会出现不良反应。

16～30 分：提醒你！这是个中等程度的压力。对你来说，你也许更多地感到生活和学习的充实，而不是过度的压力，但是如果这种状态持续时间过长，你时刻紧绷的神经就会厌倦这种生活方式，随后就会出现慢性的压力反应症状。因此，对于这一得分范围的人来说，如何缓解压力还是值得注意的。

31～45 分：告诫你！压力对你来说显然是个问题，采取措施的必要性显而易见。你在这种压力程度下的时间越长，解决它的困难就会越大。

46～60 分：警示你！在这个程度上的压力算是一个非常突出的问题了，必须立即采取措施！你可能正面临精疲力竭的阶段，你感到自己时刻都会有崩溃的可能。压力对于你来讲必须缓解！如果有可能，你应该求助于压力缓解的专业人士进行详尽的咨询和治疗。

资料来源：选自戴维·丰塔纳：《驾驭压力》，北京，三联书店，1996。

压力测验二：你的情绪是否稳定

指导语：一个人承受压力的能力在很大程度上取决于他的情绪健康水平，很明显，一个情绪不稳定的个体是很难承受巨大的心理压力的。你的情绪是否稳定？下面这份自我测验用于检验你的情绪稳定性，请准确作答。

1. 对于自己最近一次拍摄的照片，你有何想法？

(a) 觉得不称心　(b) 觉得很好　(c) 觉得可以

2. 你是否想到若干年后会有什么使自己觉得极为不安的事情？

(a) 经常想到　(b) 从来没有想过　(c) 偶尔想到过

3. 是否被朋友、同事、同学挖苦过？

(a) 有的事情　(b) 从来没有　(c) 偶尔有过

4. 上床以后，是否经常再起来一次，看看门窗是否关好，煤气是否关好等？

(a) 经常如此　(b) 从不如此　(c) 偶尔如此

5. 对与你关系最密切的人是否满意？

(a) 不满意　(b) 非常满意　(c) 基本满意

6. 你在半夜的时候，是否经常有什么害怕的事情？

(a) 经常　(b) 从没有　(c) 极少如此

7. 你是否经常梦见什么可怕的事情而惊醒？

(a) 经常　(b) 从没有　(c) 极少如此

8. 你是否曾经多次做同一个梦？

(a) 有　(b) 没有　(c) 难以确定

9. 有没有让你吃后非常想呕吐的食物？

(a) 有　(b) 没有　(c) 难以确定

10. 除去眼前的世界外，你心里是否还有另外一个世界？

(a) 有　(b) 没有　(c) 难以确定

11. 你心里是否常常觉得你不是现在的父母所生（尽管你知道事实并非如此）？

(a) 时常　(b) 没有　(c) 偶尔如此

12. 你是否觉得有人爱你或者尊重你？

(a) 是　(b) 否　(c) 说不清

13. 你是否常常觉得你的家庭对你不好，但是你又确知他们的确对你好？

(a) 是　(b) 否　(c) 偶尔

14. 你是否觉得没有人十分了解你？

(a) 是　(b) 否　(c) 说不清

15. 你在早晨起来的时候最常出现的感觉是什么？

(a) 情绪低落　(b) 心情舒畅　(c) 说不清

16. 你对秋天的感觉是什么？

(a) 秋雨绵绵，草木凋零　(b) 秋高气爽，硕果累累　(c) 难以确定

17. 你在高处的时候，是否有要摔倒的感觉？

(a) 是　(b) 否　(c) 有时如此

18. 你是否觉得自己身体很强健？

(a) 否　(b) 是　(c) 难以说清楚

19. 你是否回到家里立即就把房门关上？

(a) 是　(b) 否　(c) 不清楚

20. 你在一个较小的空间里（如关上门的小房间）是否会忐忑不安？

(a) 是　　(b) 否　　(c) 偶尔如此

21. 面对选择需要你作出决定时，你是否觉得举棋不定？

(a) 是　　(b) 否　　(c) 偶尔如此

22. 你是否相信抛硬币、玩纸牌可以测前途凶吉？

(a) 是　　(b) 否　　(c) 偶尔

23. 你是否常常碰到东西而受伤或者摔倒？

(a) 是　　(b) 否　　(c) 偶尔

24. 你是否需要一个多小时才能入睡，或者很早就会从睡梦中醒来？

(a) 经常如此　　(b) 从不这样　　(c) 偶尔如此

25. 你是否曾经看到、听到或者感觉到别人觉察不到的东西？

(a) 经常如此　　(b) 从不这样　　(c) 偶尔如此

26. 你是否觉得自己有超越常人的能力？

(a) 是　　(b) 否　　(c) 难以确定

27. 你是否觉得有人在后边跟着你而心里不安？

(a) 是　　(b) 否　　(c) 难以确定

28. 你是否觉得有人在注意你的言行？

(a) 是　　(b) 否　　(c) 难以确定

29. 当你一个人走夜路的时候，是否觉得前面潜藏着危险？

(a) 是　　(b) 否　　(c) 偶尔

30. 你对别人自杀有什么看法？

(a) 可以理解　　(b) 不可思议　　(c) 不清楚

资料来源：刘津主编：《挑战自我——走出人生的 12 大误区》，北京，海潮出版社，2004。

分数解释：

以上各题的答案选（a）得 2 分，选（b）得 0 分，选（c）得 1 分，相加后即为该项测验的总分。

0～20 分：表明你的情绪非常稳定，并且可以理解周围人的心情，具有很好的通情能力，同时你具有很强的理智感，在处理问题时很少因为一时冲动而造成不必要的损失。你的个性爽朗，受到周围人的欢迎。

21～40 分：表明你的情绪基本稳定，但偶尔也会出现情绪上的不适。你对事物过于冷静，处世有些消极，不善于表现自己的个性。你的自信心不稳定，办事的热情也随之波动。有时会出现瞻前顾后、踌躇不前的情形。

41 分以上：表明你的情绪极不稳定，烦恼和忧愁与你日日做伴，这使你处于极度的紧张和矛盾之中。如果你的得分在 50 分以上，说明你目前的情绪状态极差，请速与心理医生取得联系，以进一步诊断。

章末案例：华为新员工压力大自缢　公司支付 1 万元安抚费

2007 年 7 月 18 日下午，年仅 26 岁的华为员工张锐，在深圳梅林某小区的楼道内自缢身亡。

进入华为只有60多天的他，生前曾多次向亲人表示工作压力太大，两次想要辞职，为此父亲两度去深圳看望并劝说。

在父亲第二次来到深圳时，张锐选择了以这种方式与亲人告别，没留下一句话，身后只有因上大学欠下的5万多元债务。对于父母来说，张锐是上天给他们迟来的“礼物”——张锐出生的那一年，父亲已经37岁，母亲29岁。他离开的时候，父母都已经白发苍苍。

据其父母提供的材料显示，张锐今年26岁，2000年考上武汉大学电子科学与技术系，2004年毕业。这对这个贫困的家庭来说是非常艰难的事情。在武汉一家工厂工作的父亲早已下岗，每月只有几百元的下岗费，而母亲没有工作。4年大学下来，家中债务高达5万元。毕业后，张锐在湖北当地一家企业工作了一年多，随后来到了深圳，在两家企业工作了一段时间。2007年4月份，张锐应聘华为并被录取。5月14日，张锐与华为签订了为期一年的劳动合同。对此，他很高兴，还打电话告诉了父母。

张锐的兴奋并没有持续多长时间，和他住在一起的表弟首先感觉到了这种变化。表弟告诉记者，几天之后张锐就有些不高兴，晚上经常失眠。他问张锐是否工作压力比较大，张锐说表现不好就会被主管批评，还要经常加班。1个多月后，父母接到了儿子的电话，张锐表示，因为工作压力比较大，他不想干了，并征求父母的意见。对此母亲明确表示不同意。由于惦记着儿子，母亲催促父亲去深圳劝说孩子不要放弃这份工作。7月1日，张锐父亲买了张站票，带个小板凳坐车到了深圳。在父亲的劝说下，张锐逐渐恢复平静，同意继续工作。3天之后，父亲回到了武汉老家，但几天之后，张锐再次打电话回家表示准备辞职，老父只好第二次来到深圳。7月17日，进入公司60多天从没请过假的张锐向主管请了一天假。晚上，他与父亲一起到小区附近散步。7月18日，张锐又请了一天假。下午2时，他告诉父亲要出去，从此再也没有回来。

当晚11时左右，在武汉的张锐母亲突然听到敲门声，当地民警告诉她，下午深圳警方在梅林地区某小区的楼道内发现了一个自缢身亡的人，其身份证显示是她的儿子张锐。母亲一时无法相信这个事实，因为孩子父亲还在深圳，而此时张锐父亲也正在深圳四处寻找儿子。他去网吧找了几次没找到，手机也关机了。随后他打电话回家，才得知孩子已经出事。对于父母，张锐没有留下一句遗言。当父亲赶到小区时，尸体已经被运走。事后他得知，这里是儿子刚来深圳时，与同学们一起住过的地方，距离他在华为坂田基地旁边的出租屋约有4公里路程。

事发后，张锐父母与华为公司进行了第三次协商。张锐父母提出，希望公司能做出补偿，但华为人事部副部长张志刚表示，根据公司规定只能给予1万元的安抚费。他说，张锐是自杀而且发生在公司外，其死亡并不在公司的员工伤亡补贴制度之内，这1万元也是公司对家属的慰问。

对于家属认为的压力过大问题，张志刚承认华为公司的员工的确都有压力，但对于张锐来说，压力实际上远没大到把他击垮的程度。他说，张锐进入华为只有60

多天，没有转正，也不能独立承担项目，而且对于新进员工，公司都会配备思想导师，从各方面给予指导。此外，张锐性格比较内向，“外人很难进入他的内心世界”。“张锐选择了这条路，将痛苦留给你们，也给公司造成了负面影响，这是一种不负责任的行为。”张志刚对张锐父母说。

资料来源：徐维强，米燕：《华为新员工压力大自缢身亡，公司1万元安抚费冷淡回应》，载《南方都市报》，2007-07-24。

［思考题］

1. 压力的作用有哪些？试探讨如何运用压力的积极作用来促进个人成长。

2. 如今员工感到工作压力越来越大，企业可以采取哪些方式帮助员工缓解压力？

3. 员工自身应该从哪些方面释放压力？

第7章

群体与团队

天才可以赢得一些比赛，团队合作才能赢得冠军。

——迈克尔·乔丹

学习目标

1. 了解团队和群体的概念和类型；
2. 熟悉群体规范的含义和功能；
3. 理解群体决策的特点，群体思维和群体转移；
4. 掌握并能应用高效团队构建的措施。

开篇案例

三国刘氏集团的发展、壮大及没落

《三国演义》是中国古典四大名著之一。按照现在的眼光来看，“三国”也就是三大集团，即刘氏集团、曹氏集团和孙氏集团，其中又以刘氏集团最为出名。刘氏集团的初创人员有刘备、关羽和张飞三人。三人在黄巾起义的时候被官府的榜文吸引而至，得以相遇。三人一见如故，于是在桃园结拜。

完成了初创阶段后，紧接着面临的是如何发展的问题。关羽、张飞皆勇武有余而谋略不足，刘备虽宽以待人，胸怀大志，却是机智不足，因而在初期的发展遇到了许多困难。徐州失守后，三人还曾失散各处。之后又得常山赵子龙，武将方面如虎添翼，但是谋士不足仍然是困扰刘氏集团的最大问题，直到刘备遇到了徐庶后才有了改观，取得了大破曹仁大军、智取樊城等胜利。

但是好景不长，曹操用计将徐庶骗至许昌，致使刘备痛失军师。值得庆幸的是，徐庶向刘备推荐了诸葛亮，引出了刘备三顾茅庐请诸葛孔明出山的一段佳话。在诸葛亮的辅佐下，刘氏集团取得了火烧博望坡、赤壁之战、袭荆州、下南郡等一系列胜利，刘氏集团开始进入良性循环的发展轨道。

随后刘备又文得“凤雏”庞统，武得黄忠、马超，刘氏集团的阵容越发齐整和豪华。后刘备依赖诸葛亮的一系列计策取得汉中之地，进而自封汉中王。曹丕称帝后，刘备在大臣的力劝之下即位称帝，刘氏集团达到了事业的顶峰。然而在刘备称帝后不久，因急于为关羽报仇，不顾大臣们的劝诫，执意伐吴，成为刘氏集团发展道路上的转折点。先是张飞遇害，后又被陆逊火烧连营七百里，刘备大败，在白帝城完成了领导集团的更迭。

此后，刘氏集团虽仰仗诸葛亮的才智上演了“七擒孟获”的好戏，却也有因刘禅阻挠而“六出祁山”无功而返的败笔。最终在诸葛亮命殒五丈原后，刘氏集团开始显现颓势，一发不可收拾，后被邓艾偷袭阴平，直下成都，刘禅降魏，刘氏集团宣告破灭。

资料来源：杨忠：《组织行为学：中国文化视角》，南京，南京大学出版社，2006。

团队的构建有哪些要素？包含哪些阶段？本章将回答这些问题。

第 1 节　群体及其相关理论

一、群体的概念

（一）群体的定义与特征

我们首先解释一下群体这个概念。群体（group）是指为了实现特定的目标，由两个或更多人组成的在行为以及心理上相互影响与相互作用的集合体。群体往往具有如下特点：

（1）成员受到鼓动与激励加入群体，因此具有共同的利益或者共同的目标。

（2）成员有持续的互动关系，在心理上相互意识到其他成员的存在，在行为上相互影响与作用。

（3）成员会形成共同遵守的价值标准与行为规范，这使得每个成员的行为都能符合群体的要求。

小链接

明星后援会

某个明星的粉丝们因为有共同的偶像而聚集在一起，形成“明星后援会”。后援会中的成员会在固定的论坛、贴吧交流信息、分享心得，并且受到其他成员的影响。随着后援会的逐渐成长和规模扩大，会出现各种规章制度，用来约束成员的行为。此外，在该明星的演唱会、各类活动中，后援会也会组织大家一起前去应援，穿同样的衣服、拿一样的条幅、喊一样的口号。

对比上面群体的概念，你是不是对群体的特点有了更加直观的认识呢？

“明星后援会”就是一个群体，群体成员（也就是粉丝）的共同目的就是支持他们喜欢的明星。论坛、贴吧等为群体成员提供了互动的平台，随着交流的深入，大家在行为上会互相影响。后援会壮大后出现的规章制度、应援的口号、服装等，就是群体形成的需要成员共同遵守的行为规范。

（二）群体形成的原因

群体是一个多人组成的集合体，那么这个集合体又是如何形成的呢？

学者们普遍认为，成员之间相互吸引、追求共同的目标是群体形成的最主要原因。另外，需求的满足也是人们形成或加入某个群体的强劲动力，群体会使成员的安全、归属、自尊、权力以及目标实现的需求得到不同程度的满足。我们来看一下群体是如何满足成员各方面需求的。

（1）安全需要。群体可以为成员提供保障与支持，当成员面对困难时就会减少被孤立的感觉，增强信心，因此群体能够给成员带来安全感。

（2）归属需要。每个人都有被他人认同与接纳的需要。一个人加入群体可以满足友谊和其他情感的需求，这种需求不仅在工作场所存在，在非工作场所也存在。

（3）自尊需要。一个人在群体中会占据一定的地位，为群体做出相应的贡献，同时群体所拥有的威望（例如群体的口碑、知名度等）也会使成员享受到与非成员不同的身份地位，因此成员参加群体能够获得自尊的满足。

（4）权力需要。权力就是对别人的控制。只有一个人的地方，权力是不存在的。只有在一个人加入群体后获得了相应的资源，在与其他成员互动的过程中才能实现权力的需要。

（5）目标实现需要。群体成员拥有共同的目标，然而仅依靠个人的力量不能够或者难以实现目标，因此需要成员进行分工，发挥各自的才能，共同合作完成任务。

（三）群体发展的阶段

人们通常认为，群体的发展是有一定的顺序和一定规律可循的。然而研究表明，对于那些完成具体任务并有明确截止日期的临时群体而言，它们的发展没有标准的模式。群体的发展过程其实就是从不熟悉到熟悉，从松散到紧密的过程。接下来我们主要讨论群体发展五阶段模型以及间断—平衡模型。

1. 群体发展五阶段模型

塔克曼和詹森（Tuckman and Jensen）认为群体的发展要经过五个不同的阶段，分别是形成阶段、震荡阶段、规范阶段、执行阶段、解体阶段（见图7—1）。①

① B. Tuckman and M. Jensen, Stages of Small Group Development Revisited, *Group and Organization Studies*, 1977 (2), pp. 419-442.

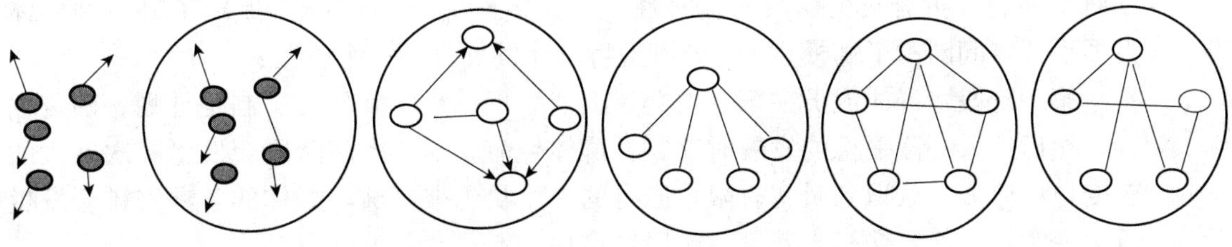

图 7—1　群体发展的阶段

第一阶段：形成阶段（forming）。这个阶段是群体成员相互熟悉的摸索阶段。大家会相互了解其他人的性格和行为特点，明确自己在组织中的地位。在这个阶段，群体会建立松散但明确的基本规则。

第二阶段：震荡阶段（storming）。第二阶段是一个凸显内部冲突的阶段。成员必须确定群体的目标体系以及目标的优先次序，他们接受群体的存在，但是试图反抗群体对自己的约束并试图领导群体，因此成员之间会出现辩论与冲突。在这一阶段，群体的领导层逐渐形成，群体成员在发展方向上逐渐达成共识。

第三阶段：规范阶段（norming）。在这一阶段，群体成员完全接受自己成为群体中的一员，对群体有强烈的认同感和使命感，群体表现出很高的凝聚力。此时群体的结构比较稳固，通过群体成员接受的规则（包括明确的以及含蓄的）协调成员活动，促进群体目标实现。

第四阶段：执行阶段（performing）。在这个阶段，群体结构、等级制度、成员角色等都已完全成型，成员将主要的精力投入到完成实质性工作中。

第五阶段：解体阶段（adjourning）。对于长期工作群体而言，执行阶段是其发展的最后一个阶段，但是对于临时性群体（为完成某项具体任务而成立的群体）而言，由于任务的完成而存在解体阶段。在这一阶段，群体开始将注意力转移到解散准备工作上，高绩效不再是群体最关注的。在这个阶段群体成员的情绪反应会有较大的差异，有的成员会为任务圆满完成而感到高兴，而有的成员可能会因为群体的解散而情绪低落。

需要注意的是，群体的发展并不是精确地按照上面的顺序进行的。在实际情形中，几个阶段可能同时发生，或者群体发展到某一阶段又会回到之前的阶段。例如，当群体在执行阶段所关注的目标突然发生了急剧转变，那么群体又会回到震荡阶段，重新明确目标体系并形成新的群体规范，重新确定成员的角色。

此外，人们会认为随着成员熟悉程度的提高，群体从第一阶段发展到第四阶段，效率会不断提高，但是在某些情形下，高水平的冲突反而会导致较高的群体绩效，因此会出现群体在第三与第四阶段的绩效会比第二阶段的绩效要低。

2. 间断—平衡模型

通过上面的学习我们知道，并非所有的群体都遵循相同顺序的发展阶段，特别是对于那些有明确截止期限的临时性群体。格西克（Gersick）提出了另一种群体发展模式：间断—平衡模型。[①] 该模型将群体发展分为三个阶段：

第一阶段：群体成员在第一次会议上建立目标、明确任务、制定计划、确定领导，然后进入一段平稳的发展时期。在群体生命周期的中间阶段会发生一次巨大的转变，群体成员认识到时间有限，原有的平稳状态被打破，群体的各项安排会发生重大变革，这次转变标志着第一阶段结束。

第二阶段：转变之后，群体按照新制定的计划发展，经历一个新的平衡阶段。

第三阶段：最后一次会议后，群体完成任务的速度显著加快，直到任务最终完成。图 7—2 展示了间断—平衡模型。

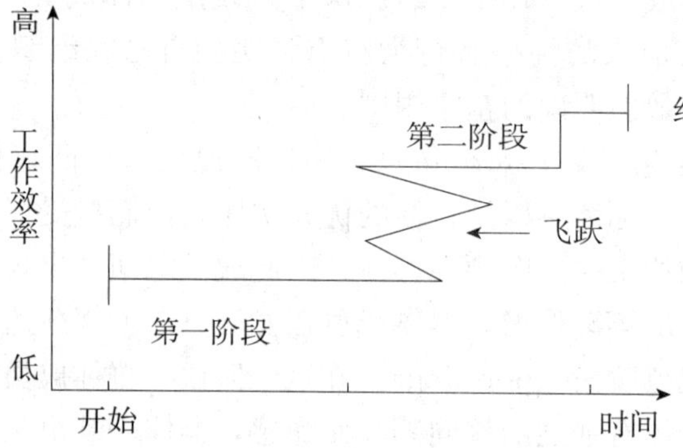

图 7—2　间断—平衡模型

研究发现，从第一阶段过渡到第二阶段大概占据了群体完成任务总时间的一半。另一个比较有趣的发现是，尽管每一个群体完成任务的时间不一定相同，但是几乎所有的群体转变的时间点都是在群体生命周期的中间点，此时成员会产生紧迫感，加快行动的速度。

间断—平衡模型向我们说明，群体都是依照惯性发展，在其存在的过程中会有一个较为短暂的变革时期。这个时期的产生主要是因为成员意识到完成任务的期限并随之产生紧迫感。我们有一点需要注意：该模型并不适合描述长期的工作群体和非任务的群体，而主要局限于描述临时性群体的发展变化。

视　窗

群体的五阶段发展模型和间断—平衡模型的起源

1965 年，塔克曼（Tuckman）回顾了 55 篇有关小群体发展阶段的文献，试图从中提炼出一个关于组织生命周期发展阶段的常规模型。他考察了治疗团体、人际关系培训团体、敏感训练团体、工作任务群体和人际关系群体等，将群体中成员的互动分为两大类——人际关系方面和工作任务方面，并提出了群体发展的四阶段模型，分别是形成、规

① C. Gersick, Time and Transition in Work Teams: Toward a New Model of Group Development, *Academic of Management Journal*, 1988 (31), pp. 9-41.

范、动荡、履行。这一成果于 1965 年发表在《小群体的发展次序》(*Developmental Sequence in Small Groups*)这篇文章中。

"四阶段论"一经提出，便获得学术界的关注。随后，很多研究者对塔克曼的模型进行了实践验证。经过近十年的研究积累，塔克曼发现"四阶段"模型并不能解释所有群体的发展过程，这一模型还有深入研究、开发的价值。他与詹森（Jensen）一起，对模型进行了研究和完善，于 1977 年发表文章《小群体发展阶段回访》(*Stages of Small-Group Development Revisited*)，将群体发展模型扩充为形成、震荡、规范、执行、解体五个阶段。

格西克（Gersick）的间断—平衡模型是综合运用多学科知识的成果。20 世纪 80 年代，为了适应新型组织的发展变化，需要新的组织发展理论作为支撑。格西克通过对 18 个问题解决型团队的研究，结合成员、群体、组织发展、科学发展、生物进化、物理学 6 个领域的知识，总结、提炼出适用于此类团队发展的间断—平衡模型。

资料来源：Tuckman B W，Jensen M A C，Stages of small-group development revisited，1977；熊小斌，高勇强：《Tuckman 的群体发展模型与启示》，载《商业研究》，2005 (23)。

二、群体的类型

根据不同的分类标准，我们可以将群体按照不同的类别进行划分，其中，按照群体构成的原则和方式的不同，可以将群体分为正式群体与非正式群体（见表 7—1）。

表 7—1　群体的类型

正式群体	命令型群体
	任务型群体
非正式群体	利益型群体
	友谊型群体

（一）正式群体

正式群体（formal group）是指由组织确定的、工作分配很明确的群体。在正式群体中，一个人的行为是由组织目标所规定并指向组织目标的。正式群体具有明文规定的规范标准、明确的目标任务、职责分工和权利义务，以及规定的编制和组织形式。

根据组织的需求和过程又可以将正式群体分为：

(1) 命令型群体（command group）。命令型群体是由组织规定，由上级和下级组成，下级直接向上级报告。例如在一家工厂中，厂长与各车间主任、各车间主任与各班组组长、各班组组长与工人就形成了不同的命令型群体。

(2) 任务型群体（task group）。任务型群体是指为完成某项具体的任务而共同工作的群体。例如，一个企业如果要并购另一个企业，那么两个企业的销售、财务、人力资源等管理者会组成一个委员会，商讨如何进行两个企业并购的各项事宜，这个委员会就是一个典型的任务型群体。

我们需要了解，所有的命令型群体也都是任务型群体，但是任务型群体是可以跨越组织界限的（见图7—3）。例如，企业可以从市场部、设计部、制造部、采购部等部门抽调人员组成一个新产品开发小组。

图7—3 任务型群体和命令型群体的关系示意图

（二）非正式群体

与正式群体不同，非正式群体（informal group）是那些既没有正式结构，也不是由组织确定的联盟。

非正式群体的形成，可能是由于在一定时期内，成员拥有某种共同的利益、共同的观点、相同的社会背景、相似的经历或生活在邻近地区，也可能是由于有相同的爱好和兴趣等。根据形成的原因，非正式群体可分为：

（1）利益型群体（interest group）。利益型群体成员共同关心某个特定的目标或利益。这些利益与目标因群体而异，与组织无关。

例如，在摩托罗拉公司，有许多员工自发组成全面顾客满意（total customer satisfaction，TCS）团队，它们对改进公司的产品质量，提高顾客满意度起了非常重要的作用。

（2）友谊型群体（friendship group）。友谊型群体中的成员往往拥有共同的特点，如年龄相近，有共同的业余爱好等。例如学校中的琴、棋、书、画等兴趣小组。友谊型群体的互动可以延伸到工作之外。

任何组织内部都会存在各种类型的非正式群体。在某些情形下，组织成员形成的非正式群体甚至比正式群体更加具有凝聚力。

管理者应该重视非正式群体对组织目标的影响，鼓励和支持非正式群体发挥缓解员工工作压力、提高士气等方面的积极作用，同时也要纠正和正确引导对于组织不利的非正式群体，使其对于整个组织目标的实现和员工的利益产生积极的影响。

三、群体规范

（一）群体规范的定义

我们所说的群体规范，就是在某一群体内存在着被大家普遍接受的行为准则。我们可以通过以下几个特点对规范进行理解：

首先，规范的形成只与群体核心目标相关，可以是书面形式的，也可以是口头形式的，其中口头形式的规范居多，成员对于群体规范心照不宣。

其次，成员并不是对于群体规范全盘接受，有些规范只是被部分接受。一旦群体规范被成员接受，就成为影响群体成员行为的手段，只需要最低限度的外部控制。

最后，规范有时只适用于部分成员。从个人角度来看，群体规范是群体在特定情境下对于成员行为方式的期望。

视 窗

谢里夫对于群体规范的研究

美国著名的社会心理学家谢里夫（M. Sherif）通过"游动错觉"实验解释群体规范。在黑暗的环境中，当人们持续注视一个静止的光点，会觉得光点在前后左右各个方向上游动。谢里夫选择了对这种错觉不了解的人作被试。单个被试坐在暗室中，前面一段距离处，呈现一个固定的光点，被试注视光点，就会产生光点运动的错觉，要求被试口头估计光点移动的距离。试验的结果表明，他们的估计有很大的差异。例如，有的被试认为光点仅移动几英寸，有的则认为光点移动了几十英寸。当两三个被试为一组在同一暗室中一起做这个实验时，谢里夫发现，同组被试的估计迅速趋向一致，直到最后几乎没有差异。也就是说，一种原始的规范形成了，这种规范把小组成员的判断限制在一个共同的狭小范围之内。后来，当被试又单独作判断时，他们的估计也很少偏离集体判断时的估计。

从谢里夫的实验不难看出，群体规范的形成是受模仿、暗示、顺从等因素影响的。群体在讨论时，一个人会受到其他人意见的暗示而影响自己的判断；或者少数人在大多数意见的压力下，为了避免自己被孤立和受到其他成员的另眼相看而产生顺从，模仿他人，再现他人的行为和意见，从而形成统一的看法。正是这种一致性的意见，保障着群体活动的共同性。

（二）群体规范的类型

所有的群体都有自己的规范，对大多数工作群体而言，可以将规范划分为如下几类①：

（1）绩效规范。这类规范会明确告诉成员应该多努力地工作，应该如何完成工作任务，应该达到什么样的产出水平，应该如何与人沟通等。这类规范对于员工个体绩效的影响很大。

（2）形象规范。这类规范会告诉员工什么是恰当的着装，要对组织忠诚，什么时候应该表现得忙碌。形象规范可能是组织明确规定的，也可能是一些心照不宣的标准。例如，有的公司上班时必须穿正装，有的公司会为销售人员准备统一的公文包和制服等。

① Goodman, Paul S., Ravlin, Elizabeth, Schminke, Marshall, Understanding groups in organizations, *Research in Organizational Behavior*, Vol 9, 1987, pp. 121—173.

（3）社交约定规范。这类规范主要来自于非正式群体，规定成员的互动行为。例如，成员应该与谁共进午餐，与谁交友等。

（4）资源分配规范。这类规范来自于组织或群体内部，通常是群体的正式规范，主要涉及成员薪酬分配、工作任务分配以及办公设施的分配等。

（三）群体规范的作用

群体规范形成之后，就会对群体成员的行为形成一种导向性，因此，其对组织、群体本身的作用不容忽视。接下来，我们就一起来看看群体规范究竟有哪些主要作用：

（1）群体规范具有表现群体核心价值的作用。通过规范，群体成员能够具有一种强烈的自我认同意识，可以借此来指导自己的行动，并指导自己与群体外部人群的关系。群体规范也有助于清楚地界定哪些是该群体可以接受的行为，哪些是该群体不能接受的行为。

（2）群体规范有助于群体继续平稳地运行。其方式是通过建立共同的基础使群体成员的行为变得更容易预测。如果没有群体规范，群体就会像一盘散沙，失去整体性，成员无法协作达到共同的目的。规范使群体中的每个人都知道应该预期什么，并且有助于简化群体的工作方式，使其工作更有效率。

（3）群体规范可以帮助群体自下而上地生存下去，其方式是帮助该群体保持鲜明的特点，并在群体受到威胁时拒绝其成员表现出任何越轨行为。通过保护自己的特性，群体成员对自己的作用以及群体本身的作用会更加自信。

我们要明白，群体规范主要反映了多数成员的意见，因此它会使成员的行为趋于平均水平，这种情况有时可能会限制群体中个别成员的积极性和创造性。

四、群体压力

群体压力（group pressure）是指群体对其成员的一种影响力。当群体成员的思想或行为与群体意见或规范发生冲突时，成员为了保持与群体的关系，就需要被迫遵守群体意见或规范，这时成员会感受到一种无形的心理压力，它使成员倾向于作出为群体所接受的或认可的反应。

群体压力的常见表现形式是从众行为。下面我们就一起来了解一下有关从众行为的知识。

（一）社会从众行为的定义与原因

当一个人在群体中与多数人的意见不一致时，心理上会产生一种压力。社会心理学把在群体情境下个人受到群体压力，而在知觉、判断行为上和群体中主流的行为和意见趋于一致的倾向称为社会从众行为（social conformity）。

我们必须注意区别群体压力与权威命令的不同作用。权威命令是由上而下明文规定的，强制改变个人行为；群体压力没有强制执行的性质，但个人在心理上往往难以违抗，它改变一个人行为的效果有时反而强于权威命令。

小链接

无所不在的从众

在生活中我们都有过这样的经验：如果到一个陌生的街道找一家饭馆吃饭，在不知道饭菜好坏的情况下，我们会无意识地选择人多的饭馆；还有在过马路时，如果有许多人闯红灯，自己也会不由自主地想要闯红灯，而如果许多人遵守交通规则，自己也会想着要老老实实地等绿灯再走。

其实我们身边的从众行为很多，你还能想到其他的例子吗？

从众行为到底是如何产生的呢？许多学者进行了相关研究，认为从众行为的产生主要有两方面的原因。

一方面是源于马斯洛需要层次理论中的安全需要。一个人如果在群体中表现得与众不同，他会担心由于背离群体的主流趋势而感到孤立与不安，进而丧失安全感；反过来，一个人的行为与群体中大多数人的行为一致时会产生安全与舒适感。

另一方面是因为个人其他方面的实际需要。例如你在进入大学后，会探索新的学习方法，寻求新的学习动力。班级、宿舍中每个成员的学习态度、学习方法、学习成绩以及平时学习时间的利用，都成了你最直接的"参照物"。你在形成自己的学习特点的同时，在某些方面也不同程度地与班级、宿舍中的大多数人保持一致。

一些社会心理学家认为，环境因素和个性因素影响了从众行为的产生。

从环境因素来看，以下几种情况下会导致群体成员出现从众行为：

第一，该群体中的成员了解群体中的其他成员时；

第二，个人感到群体成员的身份对自己很重要时；

第三，个人把自己视为该群体的一员，或者渴望成为该群体的一员时；

第四，当群体讨论的问题很复杂，没有明确的标准，或者任务比较模糊，难度较大时；

第五，在群体中地位较低的成员，受到来自高地位者言行的压力时；

第六，当群体的凝聚力较高时，容易使得个体产生从众行为。

从个性因素看，如果一个人的智力较低，往往缺少自信心，则在群体中经常要依赖别人，比较容易产生从众行为。另外，对于社会赞誉要求强烈的人，由于比较需要其他人的良好评价，从众的可能性会比较大。最后，性格懦弱、易受暗示的人也容易表现出从众的倾向。

苏联心理学家彼得罗夫斯基（Petrovsky）对群体压力和从众行为提出了不同的看法。他认为，把任何遵从群体意见的情况都看成从众行为是不正确的。一部分人接受意见可能是屈服于压力，怕被孤立，但另一部分人也许是为了实现群体的理想和信念而与群体保持一致。他把后一种情况称为"集体主义自决"。

彼得罗夫斯基也设计了有关实验。实验表明，具有“集体主义自决”品质的人只在非原则问题上表现出从众，目的是保持集体的团结一致，这一观点对我们理解中国情境下的从众行为具有重大意义。

视　窗

阿希实验①

从众行为的研究起于阿希（Asch）20世纪50年代的实验。他将几组大学生作为被试者，以7～9人组成一个群体坐在教室中，要他们比较实验者手中所持的卡片。其中卡片1上有一根直线，卡片2上有3根长短不同的直线，如图7—4所示。卡片2上的直线长短差别很明显。在正常情况下，被试者仅有1%的错误。阿希的实验就是要被试者确定，卡片2中三根直线（A，B，C）中的哪一根直线与卡片1上的直线（X）长度完全相同。在实验的群体中，只有一个是真正的被试者，其余的人实际上都是实验者的同谋。实验者事先已和同谋者串通，开始几次实验让合作者做出正确的反应，以后就故意一致地做出错误的反应，在这种情况下看真正的被试者的选择和反应受其他人一致性错误影响的程度。阿希在1951年、1956年、1958年多次重复实验发现：当被试者只遇到一个成员做出错误回答时，他将坚持自己的正确意见；当组内做错误回答的人增加到两个人时，他就会感到群体压力，这时被试者接受错误判断的次数的比例达13.6%；当组内错误回答的人增加到三个人时，被试者接受错误判断的次数比例达到31.8%。这个实验结果证明，群体成员明知是错的，还是要找出似是而非的解释，遵从群体规范，迫使自己趋向于从众行为。

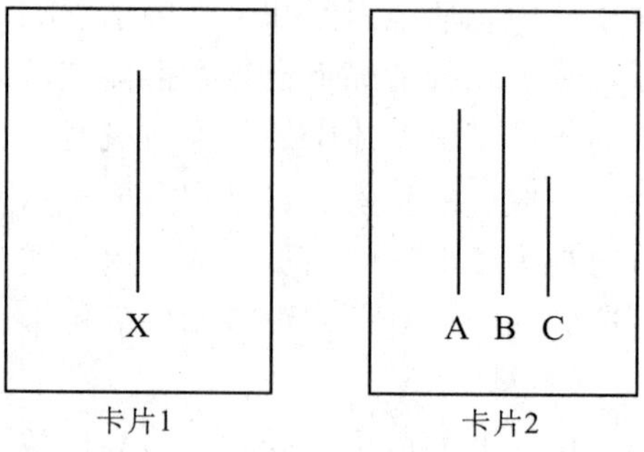

图7—4　阿希实验用图片

（二）从众行为的类别

心理学家对于从众行为进行了分析，指出从众行为根据表现行为和内心反应是

① S. E. Asch, Effects of Group Pressure Upon the Modification and Distortion of Judgments, In H. Guetzkow (ed.), *Groups, Leadership and Men*, Pittsburgh: Carnegie Press, 1951, pp. 177-190.

否一致可以分为四种组合（见表 7—2）：

表 7—2　　从众行为的四种组合

内心＼表面	表面从众	表面不从众
内心从众	心服口服	心服口不服
内心不从众	口服心不服	心口皆不服

（1）内心从众，表面也从众，即“心服口服”。当群体的目标与个人的期望一致、群体的行为规范被个人完全认可时，就会达到这种理想的状态。

（2）内心从众，表面不从众，即“心服口不服”。这种情况大多发生在个人由于其身份和地位而存在顾虑，尽管内心的想法与群体的意见一致，但不便公开表现内心的真实状态。

（3）表面从众，内心不从众，即“口服心不服”。这种从众是假从众，此时个人心理上将出现不协调的状态。

（4）内心和表面都不从众，即“心口皆不服”。群体中坚持原则、性格直爽的人往往会在与群体意见不一致时采取这种态度。在很多情况下，这种表现会给群体带来新的见解，有利于群体的健康发展。

五、群体决策

群体决策（group decision making）是由群体成员共同进行决策，往往是个人提出备选方案后通过集体讨论选择最优方案。

群体决策包括领导群体决策和群体参与决策两种。

领导群体决策是由一个领导集团共同进行决策。群体参与决策则是较低层次的群体成员参与高层决策的过程，能够对最终的决策结果起到一定的影响作用。

（一）个体决策与群体决策比较

群体决策与个体决策相比较而言的优点表现为：

（1）群体通过集思广益，能够提供更加丰富的信息和知识，群体在决策中得到的投入也更多，从而提高决策质量。

（2）群体决策能够增加观点的多样性与差异性，因而就会有更多的方法和选择。

（3）群体能增加对决策的认可程度。许多决策失败并不是因为决策本身的正确性问题，而是因为决策在执行环节存在问题。群体决策使得成员更愿意热情地支持决策，并且鼓励别人也接受它。

当然，我们也必须了解群体决策的缺点，具体表现为：

（1）效率低下。组织群体以及成员之间进行讨论会耗费大量时间，因此群体决策的时间周期比较长。

（2）从众压力。在进行群体决策时，个体成员的意见可能会受到压抑，导致许多独到的见解与创新性的建议无法表达。

（3）责任不明晰。群体决策的结果是由整个群体负责，因此会导致责任的不合理扩散，一旦出现问题，大家都不愿意承担责任。

（4）寡头控制。群体讨论可能会被群体中一两个较为强势的人所控制，影响决策的质量。

那么，在实践过程中，我们究竟该使用群体决策还是个体决策呢？在下结论之前，我们可以从以下几个方面去考虑：

（1）待决问题的类型。群体决策适用于由不同方面构成的复杂重大问题，而个人决策效率较高，当问题虽复杂，但需分若干阶段完成时，个体决策更便于各阶段间的协调。

（2）群体成员接受与认同的重要性。当大家的接受与认同对决策的贯彻与实施影响较大时，采用群体决策。

（3）对决策质量的要求。一般来说，集思广益的群体决策质量偏优，但不一定好于最内行的个人，若能确认此人的能力可采取个体决策。

（4）个人特点。群体成员若有共同合作、集体共事的经验，可以使用群体决策；若个人竞争性强，不愿合作，则只能用个体决策。

（5）组织文化与氛围。组织提倡和支持群体协作时，应该用群体决策。

（6）时间限制。若情况紧迫，不容大家从容研究，则采用个体决策更可行。

小链接

智慧可以“叠加”吗

我们常说“三个臭皮匠顶个诸葛亮”，多个人的智慧一定胜过一个人吗？答案是否定的。有研究证明，在进行头脑风暴时，个人的表现要胜过群体。群体中最优秀的个人所做出的决策要优于整个群体做出的决策。当然，我们也必须肯定，群体决策要优于普通群体成员做出的决策。

研究表明，只有满足特定的条件，群体决策才优于个体决策。这些条件包括：

（1）群体成员多元化。要想获益于多个人的智慧，群体成员在重要的技能和能力方面应该是互补的。

（2）群体成员必须能够自由、开放地沟通想法，这就要求成员之间没有敌意。

（3）群体承担的任务是复杂的，与个人相比，群体在完成复杂任务时效果更好。

资料来源：斯蒂芬·P·罗宾斯等：《组织行为学（第14版）》，250页，北京，中国人民大学出版社，2012。

（二）群体思维与群体转移

群体决策可能会产生群体思维以及群体转移，这两种现象会影响群体对于各种方案的客观评估能力。接下来，我们一起来看一下关于群体思维和群体转移的介绍。

1. 群体思维（group think）

美国心理学家欧文·贾尼斯（Irving Janis）通过研究几个不同的总统制国家

对外政策的决策发现了群体思维。群体思维就是在一个有凝聚力的群体中，成员倾向于让自己的观点和群体一致而使得群体缺乏不同的思考角度。它主要有 4 个特征：

第一，群体成员认为他们的决策是无懈可击的。

第二，压制相反观点。群体成员对那些不时质疑群体共同观点的人施加压力，使其支持大多数人的观点。

第三，服从的压力。那些持有怀疑或不同看法的人，往往通过保持沉默，甚至降低自己看法的重要性，来尽量避免与群体的观点不一致。

第四，全体一致的错觉。群体往往将成员的沉默解释为对大多数人观点的支持。

读一读

群体思维导致美军在珍珠港事件的失败

1941 年 12 月 7 日，日本海空军对美国在夏威夷的珍珠港军事基地发动了突然袭击，美军太平洋舰队猝不及防，蒙受了巨大的损失。然而战后的资料显示，太平洋舰队总司令金梅尔（Kimmel）上将及其参谋团队在事件爆发前已经获得了一些情报，情报表明日军蠢蠢欲动，如果金梅尔上将能够及时做出正确的判断，完全可以避免灾难的发生，但是金梅尔上将和他的下属坚持他们认定的看法，日本人不会对美国领土发动攻击，即使这样做，也不一定会在珍珠港。甚至到了 1941 年 11 月 27 日，金梅尔收到了华盛顿海军司令部长官明确的“战争警报”后，金梅尔上将和他的下属将精力都放在了对这则警报的措辞的仔细关注上，在会议期间，下属向金梅尔指出，在一系列的战争警报中，夏威夷都没有被认为是一个可能的目标，而是在其他地方。金梅尔沿着这种解释认为珍珠港不大可能成为受袭目标，尽管消息中似乎认为它有可能遭受空袭。

收集到的情报足以使金梅尔感到忧虑。12 月 6 日下午，正当他们考虑可能的行动方案时，他公开向两位下属表达了他的忧虑，一名下属立刻向他保证日本的重兵都集中在亚洲，他们不可能对珍珠港发动袭击，另一名下属也认为之前发布的有限警备状态已经足够了。最终金梅尔将军和他的下属决定不提高警备的级别。几小时后，太平洋舰队由于其长官的决策失误而遭受了惨重的损失。

在实践中，管理者可以采用如下方法将群体思维的影响降到最低程度：

第一，监控群体的规模。尽管一个群体的成员数应该控制到多少人并没有定论，但是研究表明，当群体超过 10 人时，会减少个人的责任感。①

第二，管理者应该鼓励群体领导者扮演公正无偏的角色。领导者应该鼓励所有成员都发表意见，避免只表达自己的观点，特别是在讨论开始的时候。

第三，任命一个故意反对者唱反调，激发群体成员从不同角度思考和评估

① 罗伯特·德利：《组织行为学》，陈国权译，爱丁堡商学院 MBA 系列教材，Heriot-Wat 大学，1998。

决策。

第四，管理者应该在群体内创造一种心理安全感，让成员不会担心因自由发表意见而受到指责。

第五，让几个群体同时对一个问题进行决策，并综合比较，必要时咨询外部专家的意见。

2. *群体转移*（group shift）

群体转移是指群体讨论会使群体成员的观点朝更极端的方向转移，这个方向是在讨论之前他们就已经偏离的方向。因此，保守的会更保守，激进的会更冒险，多数情况下，群体决策倾向于更为冒险。群体讨论会放大群体的最初观点。

我们思考一下，为什么会出现群体转移现象呢？对此人们有不同的解释。有些人认为，群体讨论使群体成员之间更加熟悉和融洽，他们会变得更加勇敢和大胆。还有人认为，群体使责任分散化，群体决策使得任何一个人都不用单独承担最后的决策后果。因为即使决策失误，也没有一个成员能够承担全部责任，所以群体决策会更冒险。

国内学者陈国权认为社会文化和组织文化对群体转移影响很大，在一个崇尚勇敢、冒险的社会和组织里，可能会发生冒险偏移，而在一个崇尚谨慎、保守的社会和组织里，可能会发生保守偏移。

第2节　团队及其高效的构建过程

一、团队的概念

（一）团队的定义与特征

团队就是组织为实现某个既定目标，由不同背景、不同技能、不同知识的人相互协作所组成的一种特殊类型的群体。

团队具有自己的特征：

第一，团队的建立是以完成共同目标为主要任务。共同的工作目标可以让团队成员拥有强烈的集体使命感，为了团队的业绩共同承担责任，从而产生丰厚的集体成果。单纯为了交流而建立的团队很难成为高效率的团队。

第二，团队成员之间具有高度的相互依赖性，每个成员都只是团队的一分子，单纯依靠一个人不能顺利完成任务目标，需要成员之间高度合作，成员往往处于复杂的互动之中。

第三，由于成员在背景、训练、能力、所接近的资源方面的差异，每个成员都能对这个团队做出不同的贡献。

第四，团队成员共同承担责任。一方面，团队成员在平常的运作过程中共同分担团队工作；另一方面，无论最后的目标是否达成，都由团队成员共同分享成果或承担失败责任。

（二）群体与团队的区别

通过上面的分析我们可以看出，团队是一种特殊的群体形式。二者之间这种密切的关系使得人们常常将群体与团队的概念混淆，其实两者不尽相同。

群体中的每个人本身是独立的，他们的目标可能各不相同，有着各自不同的活动，而团队成员有共同目标，他们相互依赖、互相支持，共同承担后果。

罗宾斯（Robbins）认为工作群体的绩效仅仅是每个群体成员个人贡献的总和，而工作团队（work team）则不同，它通过其成员的共同努力能够产生协同作用，其团队成员努力的结果使团队的绩效水平远远高于个体成员绩效的总和。

我们可以通过表 7—3 了解二者的不同。

表 7—3　群体与团队的区别

	群体	团队
个体目标与集体目标	两者冲突时，个体目标优先	两者冲突时，集体目标优先
成员的身份认同	成员认为自己仅仅是普通一员	成员有强烈的归属感和使命感
成员的技能组合	随机产生并相对静止	技能多元化并且互补
领导权力的作用	领导权力集中，作用突出	领导权力下放，作用不突出
成员之间的关系	缺乏交流，不够了解和信任	相互信任，充分了解
成员工作主动性	个体被动接受被安排的任务	积极主动，勇于创新实践
集体的行动方式	没有或很少能产生协作	相互支持地发挥集体的能力
个体对集体决策的影响	个体极少有参与决策的机会	成员参与所有影响团队的决定
工作结果	等于或小于个体成果的总和	大于全部个体成果的总和

资料来源：孙义：《群体与团队九大区别》，载《合作经济与科技》，2006（20）。

读一读·想一想

球队与球迷

我们可以通过足球队和球迷的对比来加深对群体和团队之间差异的理解。

球迷是一个群体，球队则是一个紧密协作的团队。对于球迷而言，他们因兴趣而形成群体，他们并没有具体的目标，球队则有清晰的目标，那就是争取赢得每一场比赛。球迷由从事各种职业的人组成，拥有不同的技能；球队由前锋、后卫、中卫、门将等人员组成，每个球员各司其职。球迷不需要经过选拔，但是球队的球员必须经过严格的选拔。

[问题] 你能对照表 7—3 中群体和团队的区别，说一说球迷和球队之间的差别吗？

（三）团队的类型

根据团队成员的来源、拥有自主权的大小以及存在目的的不同，我们可以将组织中的团队划分为四种类型：问题解决型团队、自我管理型团队、多功能型团队和虚拟型团队（见图 7—5）。

（1）问题解决型团队（problem-solving teams）。问题解决型团队是为了解决组

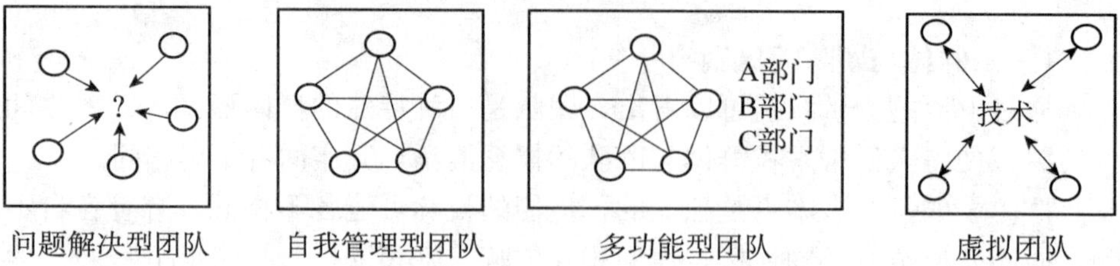

图 7—5 团队类型

织所面临的特殊问题而产生的。该类型团队存在的时间往往很短暂，团队成员来自同一个组织或者同一个部门，他们就如何改进工作程序和工作方法相互交换看法或提供建议。20 世纪 80 年代，应用广泛的问题解决型团队之一是质量圈。这些工作团队由 8～10 位员工和主管组成，成员定期聚会，一起讨论工作中面临的质量问题，调查问题的原因，提出解决问题的建议，并在授权的范围内采取纠正行动。今天，许多组织都在使用问题解决型团队，尤其是作为一种寻求改进质量、加快递送、消除纷争、降低事故率以及降低成本的方法。

（2）自我管理型团队（self-managed work teams）。自我管理型团队不仅讨论解决问题的方案，并且亲自执行解决方案，对工作承担全部责任。

一般来说，这类团队的责任范围包括控制工作节奏、决定工作任务的分配、安排工间休息、检查工作程序。完全的自我管理型团队甚至可以挑选自己的成员，并让成员相互进行绩效评估，这样，领导者的重要性就下降了，甚至可以取消。

我们仍要注意，实行这种团队形式并不一定产生积极效果。在这种团队中，员工的满意度的确有所提高，不过，员工缺勤率和流失率通常也较高。研究发现，自我管理型团队的效果取决于情境，企业在组建自我管理型团队之前应该进行环境分析，包括行业环境、组织的价值与目标、组织文化、任务类型、员工激励等。引入自我管理型团队能否成功取决于组织是否做好准备以及团队是否符合本国的文化传统。

（3）多功能型团队（cross-function teams）。多功能型团队由来自同等级、不同工作领域、具有不同工作技能的员工组成，他们来到一起的目的是完成跨部门、跨领域和多功能的特定任务，当任务完成后，他们又回到自己的部门。

多功能型团队能使组织内（甚至组织之间）不同领域的员工之间交换信息，激发新的观点，解决面临的问题，协调复杂的项目。该类型团队在形成的早期阶段往往要消耗大量的时间，因为团队成员需要学会处理复杂多样的工作任务；在成员之间，尤其是那些背景、经历和观点不同的成员之间，建立起信任并能真正合作也需要一定时间。

（4）虚拟型团队（virtual teams）。虚拟型团队是指在不同地域空间、通过信息技术进行合作的团队组织形式。该类型团队不需要成员之间进行密切的面对面的接触来进行工作。即便是跨时区、跨地区，甚至是跨组织，虚拟型团队同样可以完成信息共享、制定决策、执行任务等其他团队所能做到的全部工作。

要建立一个有效的虚拟型团队必须考虑以下因素：第一，必须契合合作目标。

第二，虚拟团队的成员必须经过甄选。必要的技术、经验、职业道德、人际交往能力等对于团队功能的有效发挥至关重要。第三，团队形成早期必须培养成员之间的信任。第四，团队必须形成使命感与共同目标。

特别是当团队成员来自不同的国家，文化与语言各异时，成员之间的沟通与建立信任至关重要，因此，在团队形成的早期必须对成员进行跨文化的培训以减少理解与交流过程中的误解。

二、高效团队的构建

（一）高效团队的要素

一般来讲，高绩效团队具备一些必备条件，这些条件可归结为四个方面：第一是资源等影响团队绩效的外界条件；第二是团队组成；第三是工作设计；第四是影响团队绩效的过程变量。如图 7—6 所示。

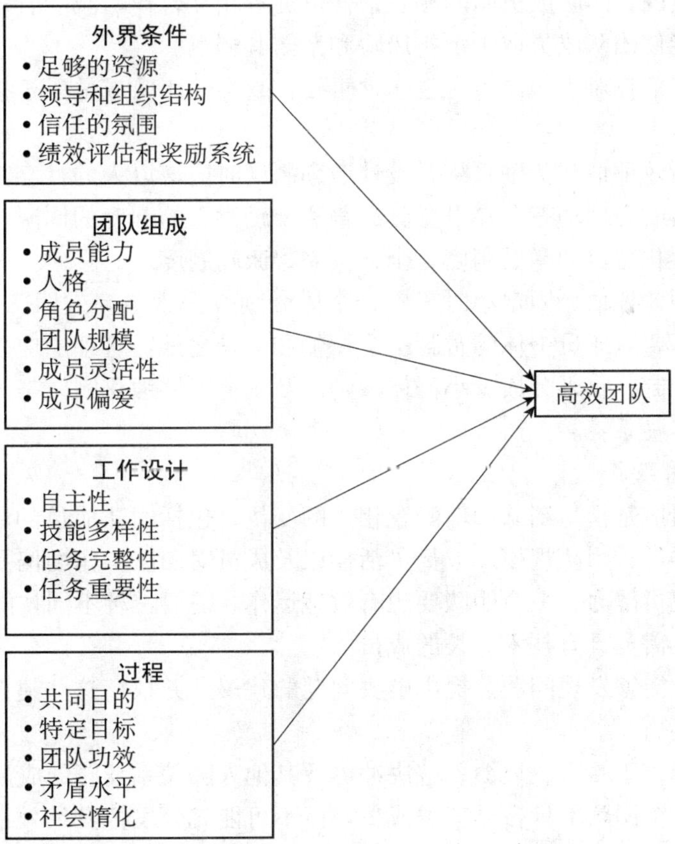

图 7—6　高效团队的要素

资料来源：斯蒂芬・P・罗宾斯：《组织行为学（第 10 版）》，北京，中国人民大学出版社，2005。

1. 外界条件

与团队绩效关系最大的四种前后关联影响因素是具备足够的资源、有效的领导、信任的氛围以及反映团队贡献的绩效评估与奖励系统。

（1）足够的资源。团队是组织系统的一部分，因此所有的工作团队都要依赖团队之外资源的支持，这些资源包括及时的信息、前沿的技术、充分的人员和行政支持等。团队要成功实现目标，关键是从管理层和组织中得到必要的支持。

（2）有效的领导。高效团队的领导起着教练或者后盾的作用，他们为成员提供支持和指导，帮助他们更充分地了解自己的潜力，指明团队前进方向，向成员阐明变革的可能性，在困难时鼓舞团队的士气。

领导并非总是必需的。例如，自我管理型团队通常比任命了正式领导的团队表现更出色。[①] 当领导干涉自我管理型团队时，会妨碍其提高绩效。[②] 在自我管理型团队中，团队成员承担着许多典型的属于管理者的义务。

（3）信任的氛围。高效团队的成员必须彼此信任。它包括两重含义：一是团队内部每个成员能够相互尊重和相互信任；二是团队的领导者能够为团队创造一种相互尊重的氛围。团队成员间的相互信任可促进相互合作，减少管理者对于他们的监管，并且能使团队成员敢于承担风险和暴露其弱点。

另外，信任对于领导来说也非常重要，它会使团队成员乐于接受领导者的目标和决定。

（4）绩效评估和奖励系统。设计激励制度时应该以人的社会需求为出发点，了解团队成员的心理动态，在设置具有普遍激励意义的制度的同时，对不同的成员设计具有个性化特点的激励制度，全方位完善激励制度。

个体绩效评估、固定小时工资、个体激励等因素与高效团队的发展存在冲突，因此，除了要对成员个体的贡献给予评估和奖励之外，管理层应当考虑基于群体的评价、分红制、收入分成、小群体激励以及其他能够强化团队努力和责任感的系统重新设计奖励系统。

2. 团队组成

团队组成是指与团队如何配置相关的变量，包括团队成员的能力和人格、角色分配和多样性、团队规模、成员灵活性以及成员对团队工作的偏爱。

（1）成员能力。一个团队要想有效地运作，需要三种不同技能类型的人：

第一，需要具有技术专长的成员。

第二，能够发现问题，提出解决问题的建议，并权衡这些建议，做出有效决策的成员。

第三，善于聆听、反馈、解决冲突及其他人际关系技能的成员。

如果一个团队不具备这三类成员，就不可能充分发挥其绩效潜能。人员配置不合理，团队绩效就会降低。在团队形成之初，并不需要以上三类成员全部具备。在

---

① R. I. Beekun, Assessing the Effectiveness of Sociotechnical Interventions: Antidote of Fad? *Human Relations*, August, 1989, pp. 113 - 32.

② S. G. Cohen, G. E. Ledford, G. M. Spreitzer, A Predictive Model of Self-Managing Work Team Effectiveness. *Human Relations*, Vol. 49, No. 5, 1996, pp. 643 - 676.

必要时，可以由一个或多个成员去学习团队所缺乏的某种技能，从而使团队充分发挥其潜能。

（2）人格。人格对个人的行为有重要影响，这也能扩展到团队行为中。

已有的研究表明，如果团队成员的外向度、认同度、责任心和情绪稳定性的平均水平较高，管理层对团队评估的价值也较高。有趣的是，越来越多的证据表明，团队成员的人格特点的不一致比平均水平更为重要。例如，团队内较高的平均责任心水平是人们期望的，但是如果将高责任心的人和低责任心的人混在一起则会降低绩效。这可能是因为高责任心的人不但要完成自己的任务，还要执行或重做那些缺乏责任心的成员的任务，也可能是因为这些差别导致人们感到付出不公平。

另一个与人格有关的有趣发现是“一颗老鼠屎坏了一锅粥”。例如，如果有一个团队成员缺少最起码的认同感，那他就有可能给团队绩效带来负面影响。因而，即便团队中只有一位成员缺乏认同感、责任心或外向度，都可能导致内部过程不顺利和总体绩效降低。

（3）角色分配。成功的团队都有成员充当各种角色，并且是基于技能和偏爱来扮演那些角色。管理者应该了解每个成员所具备的优势，并在挑选团队成员时就加以考虑，给成员分配最合适的工作任务。通过让团队的角色要求与成员的个人偏爱相匹配，管理者可增加团队成员共同做好工作的可能性。

（4）团队规模。通常来说，高效团队的成员都不会超过10个人。专家建议要尽可能采用最少的人来完成任务。然而，事实上却存在团队规模过大的通病。当少数几名成员就可完成任务时，管理人员却无视人数过多会带来沟通问题而增加人数。当团队内成员出现冗余时，团队凝聚力会下降，社会惰化现象加剧，人们倾向于逃避责任。因此，在创建有效团队时，管理者应当尽量将团队规模控制在10人以下。如果工作单元太大而又想采用团队方式完成工作，那么可以考虑将大的群体拆分为若干小的团队。

（5）成员灵活性。由具有灵活性的成员组成的团队，在必要时可互相完成其他人的任务。这对于团队来说是一个明显的优势，因为这提高了团队的适应性，而不必过于依赖某一个成员。因而要重视选择灵活的成员，然后对他们进行交叉培训，这将会提高团队的绩效。

（6）成员偏爱。并非每一位员工都愿意加入团队，如果让他们选择，很多员工会选择在团队之外工作。当要求偏爱独自工作的人加入团队时，会对团队产生直接威胁。因此，在选择团队成员时，个人偏爱应当与能力、人格和技能同时予以考虑。高效团队通常是由偏爱作为群体一员而工作的人所组成。

3. 工作设计

有效的团队需要成员共同努力，共同承担责任来完成任务，他们必须是名副其实的团队。工作设计包括自由和自主性、使用多种不同技能的机会（技能多样性）、完整地完成一项任务（任务完整性）和工作对他人的意义（任务重要性）。

实践证明，工作特色可以提高员工受到激励的程度和提高团队绩效，因为它们可以提高员工的责任感和主人翁精神，它们可以使工作变得更有乐趣。

4. 过程

与团队绩效有关的最后一个方面是过程变量。过程变量包括成员对一个共同目的的努力、特定的团队目标的建立、团队功效、对矛盾的控制以及社会惰化的减少。

（1）共同目的。有效团队有一个共同的有意义的目的，它为成员提供方向、动力和义务。这个目的是一个愿景，它比特定目标要更宽泛。

成功团队的成员花费大量的时间用于讨论、塑造这个属于集体又属于每个人的目标，并最终取得一致。当这个共同目的被团队接受时，它将成为所有成员行动的指南。

（2）特定目标。成功团队将其共同的目的转化为特定的、可评测的、现实的绩效目标。这些特定的目标可方便交流与沟通，它们帮助团队将注意力放在结果上。

此外，与个人目标一样，团队目标也应具有挑战性。有难度的目标可提高团队绩效。例如，数量目标将能提高数量，速度目标可提高速度，而精确性目标能够提高精确性等。

（3）团队功效。有效团队对自己有信心，相信自己能成功，我们称之为团队功效。

管理层应该采取什么样的措施来提高团队功效呢？获得小成功和技能培训是帮助团队提高功效的两种可能选择。

小成功能建立团队的信心。随着团队的绩效越来越好，团队成员越来越坚信他们的努力在将来会取得成功。

此外，管理者应考虑提供培训以提高成员的技术和人际交往技能。团队成员的能力越强，团队形成信心和传递信心的可能性就越大。

（4）矛盾水平。团队中有矛盾未必是坏事。完全没有矛盾的团队可能变成没有情感的一潭死水。在这里，我们将矛盾分为两种：一种是个人型矛盾，例如人际关系不融洽、紧张、对他人的憎恶等，这些矛盾是破坏作用的；另一种是任务型矛盾，例如，在团队执行非常规活动时，成员之间由于对任务的完成的手段和途径存在分歧，会出现矛盾。这种矛盾一般是无害的。事实上，任务型矛盾刺激了讨论，促进了对问题和选项的批判性评价，减少了群体思维的可能性，因而经常是有利的。

（5）社会惰化。[①] 因为在团队中无法确定每个人的付出，他们就可能不履行应尽的职责而搭便车。有效团队通过让成员承担个体和团队层次的责任来遏制这种趋势。成功的团队使得成员对团队的目标和实现途径承担个体的和集体的责任。成员们很清楚哪些是个体的责任，哪些是集体的共同责任。

---

① D. A. Kravitz, B. Martin, Ringelmann Rediscovered: The Original Article, *Journal of Personality and Social Psychology*, May, 1986, pp. 936-941.

小链接

三个和尚没水喝

20 世纪 20 年代末，德国心理学家瑞格尔曼（Ringelmann）做了社会惰化行为对小组绩效影响的研究。结果发现，在拔河比赛中，3 个人一起拉的力量只能达到一个人平均力量的 1.5～2 倍，8 个人一起拉的力量则不及一个人的 4 倍。

（二）构建高效团队的措施

1. 措施一：确立适当的团队规模

严格控制团队成员的人数，尽量不要超过 10 人。

2. 措施二：选拔合适的团队成员

在挑选团队成员时，除了要考虑被选者是否具备工作所需技术才能之外，还要考虑他们个人的价值观是否与团队相同以及个人的性格。

许多应聘者并不具备成为团队成员的必备技能，面对这类应聘者，管理人员通常有三种选择。一种选择是对他们加以培训，使他们具备成为合格团队成员的必备技能。如果条件不允许或这样做不奏效，另两种选择是，把他们转聘到组织中没有采用团队形式的部门（如果存在这种可能性的话），或者不录用这样的人。

在决定围绕团队进行工作再设计的组织中，管理人员应该预见到，有些员工不愿加入团队，对他们进行培训也无济于事。

3. 措施三：提供足够的培训

通过培训可以使团队成员的价值观与团队价值观一致，矫正成员的不规范行为，提高成员的工作效率。管理者通常让员工参加培训班，帮助员工解决问题，与员工沟通、谈判、处理冲突并传授技能等。

要注意，培训已经不是传统意义上集中时段的训练，而是随时的、全方位的培训，因此需要管理者制定周密的培训计划。

4. 措施四：建立合理的激励体系

组织的激励体系应有所变革，以鼓励员工共同合作，而不是增强员工之间的竞争气氛。组织中的晋升、加薪和其他形式的认可，应该给予那些善于在团队中与其他成员合作共事的个人，但这并不意味着忽视个人贡献，而是使那些对团队做出无私贡献的个人得到应有的报酬。应该给予奖励的员工行为很多，如帮助、指导新同事，与团队伙伴共享信息，帮助解决团队冲突，主动掌握团队需要的新技能等。

最后，不要忘记，员工应该能够从团队工作中得到内部奖励。团队能够给个人提供同志式的友爱，作为成功团队的一员是令人兴奋和满意的。对于员工来说，在团队中能够得到个人发展的机会，能够帮助伙伴们成长，这也是非常令人满意的体验和奖励。

本章小结

1. 群体是指为了实现特定的目标，由两个或更多的人组成的在行为以及心理上相互影响与相互作用的集合体。群体形成的原因可以概括为五个方面：安全需要、归属需要、自尊需要、权力需要、目标实现需要。

2. 群体发展的模型有两种：（1）五阶段模型，包括形成阶段、震荡阶段、规范阶段、执行阶段、解体阶段；（2）间断—平衡模型，群体发展会经历均衡、巨大转变、新的平衡，之后完成任务几个阶段。

3. 根据群体构成的原则和方式的不同可以将群体分为正式群体与非正式群体。其中正式群体是指由组织确定的、工作分配很明确的群体，包括命令型群体和任务型群体；非正式群体是指那些既没有正式结构，也不是由组织确定的联盟，分为利益型群体和友谊型群体。

4. 群体规范就是在某一群体内存在着被大家普遍接受的行为准则，包括绩效规范、形象规范、社交约定规范、资源分配规范，具有表现群体核心价值、帮助群体继续平稳地运行、帮助一个群体生存下去等作用。

5. 群体压力是指群体对其成员的一种影响力。当群体成员的思想或行为与群体意见或规范发生冲突时，成员为了保持与群体的关系，就需要被迫遵守群体意见或规范，这时成员会感受到一种无形的心理压力，它使成员倾向于作出为群体所接受的或认可的反应。群体压力最常见的表现形式就是从众行为。

6. 社会心理学把在群体情境下个人受到群体压力，而在知觉、判断行为上和群体中主流的行为和意见趋于一致的倾向称为社会从众行为。从众行为的产生，一方面是源于马斯洛需要层次理论中的安全需要；另一方面是源于个体其他方面的实际需要。从众行为根据表现行为和内心反应是否一致可以分为四种组合——心服口服、心服口不服、口服心不服、心口皆不服。

7. 群体决策指由群体成员共同进行决策，包括领导群体决策和群体参与决策两种形式。群体决策可能会产生群体思维和群体转移，这两种现象会影响群体对于各种方案的客观评估能力。群体思维指在一个有凝聚力的群体中，成员倾向于让自己的观点和群体一致而使得群体缺乏不同的思考角度；群体转移指群体讨论会使群体成员的观点朝着更极端的方向转移，这个方向是在讨论之前就已经偏离的方向。

8. 团队是组织为实现某个既定目标，由不同背景、不同技能、不同知识的人相互协作所组成的一种特殊类型的群体，它是一种特殊的群体形式。

9. 团队划分为四种类型：问题解决型团队、自我管理型团队、多功能型团队和虚拟型团队。

10. 高效团队的建立需要四方面要素：资源等影响团队绩效的外界条件、团队组成、工作设计、影响团队绩效的过程变量。想要构建高效的团队，就必须确定适当的团队规模，选拔合适的团队成员，提供足够的培训，建立合理的激励体系。

本章思考

1. 思考你们班级和学院的正式规范和非正式规范分别起到了怎样的作用。
2. 列举典型的社会从众行为，分析其类型及产生原因。
3. 举例分析群体与团队的差别。

管理游戏一：集体智慧

参与人数：5～8人。

游戏时间：10～20分钟。

游戏规则：

请大家一起编一个故事，每人每次只能说一个词，大家围坐在一起，以词语接龙的形式完成整个故事的编排，最后派出一名代表向同学们复述整个故事内容。要求每个同学说的词必须满足以下要求：

(1) 通俗易懂，尽量有趣；

(2) 尽可能给你前面的人说的词圆场。

示例：

五个人一组。A说“我”，B接着说“早上”，C继续说“吃了”，D说，“一个”，E说“包子”，这样五个人的词就组成了一个完整的句子“我早上吃了一个包子”。之后再从A开始循环，直到编出一个比较完整的故事情节。

思考与启发：

(1) 在接龙的过程中，有没有人认为后面的人误解了你说的词的意思？在团队中，有人不理解或不同意你的想法时，你会怎么做？

(2) 试想如果每个人都努力使他人感觉良好，为他人圆场，你的团队会发生什么变化？

资料来源：朵妮·泰百玲：《培训游戏大全》，83～86页，北京，企业管理出版社，2006。

管理游戏二：解手链

参与人数：10人一组。

游戏时间：20分钟。

游戏规则：

(1) 让每个小组围成一圈。

(2) 请大家按照如下指示做：

● 将左右手交叉放在胸前，握住身边人的右左手；

● 在不松手的情况下，把这张人网张开，成为一个组员之间手拉手的圆；

● 请每组学员共同想办法把圆理顺，使学员之间的手拉手形式变成正常情况下不交叉的方式，并且必须在不松手的情况下做到这一点。

思考与启发：

（1）在开始时，你们是否觉得思路混乱？

（2）当解开一点后，你们的想法是否改变？

（3）最后问题得到了解决，你们是不是很开心？

（4）在这个过程中你们学到了什么？

总结：

在团队合作中，面对一个复杂的问题时大家会感到无从下手，往往站在原地不动；如果你的尝试获得了一些效果，你就会变得积极起来，尝试一些新的办法；问题难以解决，往往是因为很多人都只是从个人的角度去考虑怎样解套，实际上应该从整体的角度来解决问题，才能有进展。

资料来源：经理人培训项目编写组：《培训游戏全案》，81～82 页，北京，机械工业出版社，2010。

测验一：贝尔滨团队角色测验——你在团队中扮演什么角色

测试：回答下列问题，可能在一定程度上描绘了你的行为。每题有八句话，请将 10 分分配给这八个句子，分配的原则是：最体现你行为的句子分数最高，依此类推。最极端的情况可能是 10 分全部分配给其中的一句话。请根据你的实际情况把分数填入后面的表中。

1. 我认为我能为团队做出的贡献是：

A. 我能很快地发现并把握住新的机遇。

B. 我能与各种类型的人一起合作共事。

C. 我生来就爱出主意。

D. 我的能力在于一旦发现某些对实现集体目标很有价值的人，我就及时把他们推荐出来。

E. 我能把事情办成，这主要靠我个人的实力。

F. 如果最终能导致有益的结果，我愿面对暂时的冷遇。

G. 我通常能意识到什么是现实，什么是可能的。

H. 在选择行动方案时，我能不带倾向性，也不带偏见地提出一个合理的替代方案。

2. 在团队中，我可能有的弱点是：

A. 如果会议没有得到很好的组织、控制和主持，我会感到不痛快。

B. 我容易对那些有高见而又没有适当地发表出来的人表现得过于宽容。

C. 只要集体在讨论新的观点，我总是说的太多。

D. 我的客观算法，使我很难与同事们打成一片。

E. 在一定要把事情办成的情况下，我有时使人感到特别强硬以至于专断。

F. 可能由于我过分重视集体的气氛，我发现自己很难与众不同。

G. 我易于陷入突发的想象之中，而忘了正在进行的事情。

H. 我的同事认为我过分注意细节，总有不必要的担心，怕把事情搞糟。

3. 当我与其他人共同进行一项工作时：
A. 我有在不施加任何压力的情况下去影响其他人的能力。
B. 我随时注意防止粗心和工作中的疏忽。
C. 我愿意施加压力以换取行动，确保会议不是在浪费时间或离题太远。
D. 在提出独到见解方面，我是数一数二的。
E. 对于与大家共同利益有关的积极建议我总是乐于支持的。
F. 我热衷寻求最新的思想和新的发展。
G. 我相信我的判断能力有助于做出正确的决策。
H. 我能使人放心的是，对那些最基本的工作，我都能组织得井井有条。
4. 我在工作团队中的特征是：
A. 我有兴趣更多地了解我的同事。
B. 我经常向别人的见解进行挑战或坚持自己的意见。
C. 在辩论中，我通常能找到论据去推翻那些不甚有理的主张。
D. 我认为只要计划必须开始执行，我有推动工作运转的才能。
E. 我有意避免使自己太突出或出人意料。
F. 对承担的任何工作，我都能做到尽善尽美。
G. 我乐于与工作团队以外的人进行联系。
H. 尽管我对所有的观点都感兴趣，但这并不影响我在必要时下决心。
5. 在工作中，我得到满足，因为：
A. 我喜欢分析情况，权衡所有可能的选择。
B. 我对寻找解决问题的可行方案感兴趣。
C. 我感到，我在促进良好的工作关系。
D. 我能对决策有强烈的影响。
E. 我能适应那些有新意的人。
F. 我能使人们在某项必要的行动上达成一致。
G. 我感到我的身上有一种能使我全身心地投入到工作中去的气质。
H. 我很高兴能找到一块可以发挥我想象力的天地。
6. 如果突然给我一项困难的工作，而且时间有限、人员不熟：
A. 在有新方案之前，我宁愿先躲进角落，拟定出一个解脱困境的方案。
B. 我比较愿意与那些表现出积极态度的人一道工作。
C. 我会设想通过用人所长的方法来减轻工作负担。
D. 我天生的紧迫感，将有助于我不会落在计划后面。
E. 我认为我能保持头脑冷静，富有条理地思考问题。
F. 尽管困难重重，我也能保证目标始终如一。
G. 如果集体工作没有进展，我会采取积极措施去加以推动。
H. 我愿意展开广泛的讨论，意在激发新思想，推动工作。
7. 对于那些在团队工作中或与周围人共事时所遇到的问题：
A. 我很容易对那些阻碍前进的人表现出不耐烦。

B. 别人可能批评我太重分析而缺少直觉。

C. 我有做好工作的愿望，能确保工作持续进展。

D. 我常常容易产生厌烦感，需要一两个有激情的人使我振作起来。

E. 如果目标不明确，让我起步是很困难的。

F. 对于我遇到的复杂问题，我有时不善于加以解释和澄清。

G. 对于那些我不能做的事，我有意识地求助于他人。

H. 当我与真正的对立面发生冲突时，我没有把握使对方理解我的观点。

自我评分表：将自测中的分数分别填到下表中，算出每一个角色的总分数，分数越高，说明你与该角色越相似。

大题号		CW		CO		SH		PL		RI		ME		TW		FI
1	G		D		F		C		A		H		B		E	
2	A		B		E		G		C		D		F		H	
3	H		A		C		D		F		G		E		B	
4	D		H		B		E		G		C		A		F	
5	B		F		D		H		E		A		C		G	
6	F		C		G		A		H		E		B		D	
7	E		G		A		F		D		B		H		C	
总计																

贝尔滨认为，一个结构合理的团队应该拥有八种角色的成员：智多星（PL）、外交家（RI）、协调员（CO）、推进者（SH）、监督员（ME）、凝聚者（TW）、实干家（CW）、完美主义者（FI）。

测验结果介绍：

1. 智多星（plant，PL）

典型特征：有个性、思想深刻、不拘一格。

积极特性：才华横溢、富有想象力、智慧、知识面广。

要容忍的弱点：高高在上、不重细节、不拘礼仪。

2. 外交家（resource investigator，RI）

典型特征：性格外向、开朗、热情、好奇心强、联系广泛、消息灵通，是信息的敏感者。

积极特性：有广泛联系人的能力，不断探索新的事物，勇于迎接新的挑战。

要容忍的弱点：事过境迁，见异思迁，兴趣马上转移。

在团队中的作用：RI 对于团队的作用就像天线对于电视机，RI 就是团队的天线，是用来接收外界信号的。注意 RI 和 PL 的区别：PL 的想法大都是原创，自己想的，RI 则更可能是他喜欢接受新鲜事物，因此 RI 更擅长整合外界新信息。

3. 协调员（coordinator，CO）

典型特征：沉着、自信、有控制局面的能力。

积极特性：对各种有价值的意见不带偏见地兼容并蓄，看问题比较客观。

要容忍的弱点：在智能以及创造力方面并非超常。

在团队中的作用：时刻想着团队的大目标，明确团队的目标和方向；选择需要决策的问题，并明确它们的先后顺序；帮助确定团队中的角色分工、责任和工作界限；总结团队的感受和成就，综合团队的建议。

4. 推进者（shaper，SH）

典型特征：思维敏捷、坦荡、主动探索。

积极特性：积极、主动、有干劲，随时准备向传统、低效率、自满自足挑战，有紧迫感，视成功为目标，追求高效率。

要容忍的弱点：好激起争端，爱冲动，易急躁，容易给别人压力；说话太直接，虽然SH总是就事论事，却经常伤人不伤己。

在团队中的作用：(1) 寻找和发现团队讨论中可能的方案。SH一旦找到自己认为好的方案或模式，SH会希望团队采用这一方案或模式，因此SH会强力地向团队成员推销自己认为好的方案或模式。(2) 确定团队的任务和目标。推动团队达成一致意见，并按决策行动。SH经常自觉不自觉地在团队中扮演一个二领导的角色，即SH可能不是名义上的领导（CO一般是领导），但给人以二老板的感觉。

5. 监督员（monitor evaluator，ME）

典型特征：清醒、理智、谨慎。

积极特性：判断力强、分辨力强、讲求实际。

要容忍的弱点：缺乏鼓动和激发他人的能力，自己也不容易被别人鼓动和激发；缺乏想象力，缺乏热情。

在团队中的作用：分析问题和情景；对烦杂的材料予以简化，并澄清模糊不清的问题；对他人的判断和作用做出评价。基本上ME就是那种特喜欢给别人泼冷水的人。ME靠着其强大的分析判断能力，敢于直言不讳地提出和坚持异议。ME对于一个成功的团队是非常必要的，因为ME就是团队的守门员。一个没有守门员的球队没法赢得比赛。

6. 凝聚者（team worker，TW）

典型特征：擅长人际交往，温和，敏感，是人际关系的敏感者（RI是外界信息的敏感者）。

积极特性：有适应周围环境以及人的能力，能促进团队合作，倾听能力最强。

要容忍的弱点：在危急时刻往往优柔寡断，一般很中庸。

在团队中的作用：给予他人支持并帮助别人，打破讨论中的沉默，采取行动扭转或克服团队中的分歧。

7. 实干家（company worker，CW，后来在1988年改称为 implementer）

典型特征：保守、顺从、务实可靠。

积极特性：有组织能力、实践经验，工作勤奋，有自我约束力。

要容忍的弱点：缺乏灵活性，应变能力弱，对没有把握的主意不感兴趣。

在团队中的作用：把谈话与建议转换为实际步骤；考虑什么是行得通的，什么是行不通的；整理建议，使之与已经取得一致意见的计划和已有的系统相配合。实干家就是好的执行者，能够可靠地执行一个既定的计划，但是未必擅长制定一个新的计划。

8. 完美主义者（completer finisher，FI）

典型特征：勤奋有序、认真、有紧迫感。

积极特性：理想主义者，追求完美，持之以恒。

要容忍的弱点：常常拘泥于细节，焦虑感（注意和 SH 的不同，SH 有紧迫感，但 FI 是焦虑感），不洒脱。

在团队中的作用：强调任务的目标要求和活动日程表；在方案中寻找并指出错误、遗漏和被忽视的内容；刺激其他人参加活动，并促使团队成员产生时间紧迫的感觉。

资料来源：梅雷迪斯·贝尔滨：《管理团队——成败启示录》，北京，机械工业出版社，2001。

测验二：你是否拥有在团队工作的心智

指导语：学完了本章的内容，相信你对团队的重要性有了很深的了解。现在，你是否想知道自己是否适合在团队中工作？下面的测试帮助你回答这个问题。

请在下面选出适合你态度的选项：1 表示非常同意，7 表示非常不同意；中间的数字（2～6）代表你的态度倾向，越靠近 1 表示越同意，越靠近 7 表示越不同意该项目的提法。

1. 只有那些依靠自己的人，才可以走在生活的前列。7 6 5 4 3 2 1
2. 要想成为一个出色的人，必须保持独立做事情。7 6 5 4 3 2 1
3. 如果你想正确地做某件事情，你必须自己做。7 6 5 4 3 2 1
4. 我对发生在自己身上的事情负责。7 6 5 4 3 2 1
5. 从长远的角度考虑，你能依靠的只有自己。7 6 5 4 3 2 1
6. 赢就是一切。7 6 5 4 3 2 1
7. 我感到无论是工作中还是游戏中，赢都很重要。7 6 5 4 3 2 1
8. 成功是生活中最重要的事情。7 6 5 4 3 2 1
9. 如果其他人完成任务比我好，我就很难受。7 6 5 4 3 2 1
10. 尽你所能还不够，重要的是要赢。7 6 5 4 3 2 1
11. 相对于独自工作来说，我喜欢和其他人一起工作。1 2 3 4 5 6 7
12. 如果给我选择，我愿意选择一个人工作，而不愿和其他人一起工作。7 6 5 4 3 2 1
13. 和一个群体一起工作要好于一个人单独工作。1 2 3 4 5 6 7
14. 如果一个人将要成为某个群体的一部分，那么他应该清楚要做一些他不愿意做的事情。1 2 3 4 5 6 7
15. 属于某个群体的人应该意识到有的时候为了群体要做出牺牲。1 2 3 4 5 6 7
16. 在群体中的个人应该明白他们并不总能得到个人想要的。1 2 3 4 5 6 7
17. 群体中的成员应该愿意为了群体的利益而做出牺牲。1 2 3 4 5 6 7
18. 当群体成员做他们自己想做的，而不是做群体想要他们做的，群体将会更

有生产力。7 6 5 4 3 2 1

19. 当群体成员做他们认为是最好的事情，而不是群体想让他们做的事情时，群体将会是最有效的。7 6 5 4 3 2 1

20. 当群体成员按照自己的兴趣和关心的事情做事情时，群体的生产力是最高的。7 6 5 4 3 2 1

分数解释：把所有选项的分值相加，计算总得分。你的分数会在20～140分之间。分数越高，集体主义倾向越明显，说明你越适合成为团队中的一员。

为了比较的方便，我们给出了一个标准，492名参加工业管理课的美国大学的研究生的平均成绩是89分。我们可以推测，低于69分意味着有很强的个人倾向，即你更愿意独立地去完成工作。如果你的分数超过109分，则意味着你有很高的团队倾向，更愿意和其他人合作完成任务。

章末案例：办公室里来的年轻人

小张2002年毕业于某重点大学行政管理专业，在校期间品学兼优，多次获得奖学金、“三好学生”、优秀团员，并于2001年光荣加入中国共产党。2002年，小张参加了某市公务员考试，顺利通过，被该市政府法制办录用。

进入了公务员系统后，小张认为从此有了稳定的收入，而且自己的所学又能派上用场，感到很高兴，于是暗自下定决心，要好好地做出一番事业。每天小张早早地来到办公室，扫地打水，更是积极主动地承担各种工作任务，回家还钻研业务。

法制办公室是一个有五个人的科室，包括两个主任，三位年纪较长的办事员，老王、老田和老李。几位老同志听说办公室要来这么一个年轻人，顾虑重重，他们认为现在的大学生从小娇生惯养，自视甚高，很难相处，而且业务又不熟，需要他们手把手教，无异于一个累赘。令他们没有想到的是，这个年轻人热情开朗，待人谦虚，很容易相处，更重要的是，小张有行政学的背景，再加上聪明好学，很快就熟悉了业务，成为法制办的一把好手。小张很勤快，承担了办公室的大量工作，让几位老同志一下子减轻了许多压力。几位老同志渐渐喜欢上了这个年轻人，主任、副主任也经常在会议上表扬小张。

可是聪明的小张发现，随着科长表扬的次数增多，几位老同志对自己越来越冷淡。有一次，小张忙着赶材料，老田居然冷冷地对他说：“就你积极！”小张一时间丈二和尚摸不着头脑。

一年很快就过去了，小张顺利转正。

市政府办公室年终考核时，由于法制办工作能按量优质提前完成，被评为“优秀科室”，并且在制定下一年度（2004年）计划时，又增加了法制办的工作量。法制办的几位老同志本来因为小张的到来轻松了许多，这下子又忙起来，而且他们发现，虽然繁忙依旧，但是“名”却给夺走了，每次得到表扬的总是小张，小张更加受排斥。随着2004年小张被评为法制办第一季度先进个人，三位老同志对小张的反感达到了顶点。从此，几位老同志再也不邀请小张参加集体活动，还在背后称小张是“工作狂”、“神经病”、“都这么大了还不谈恋爱，是不是身体有毛病”。话传到小张耳朵里，小张很伤心，“我这么拼命干不也是为办公室吗？要不是我，去年办公室能评上先进科室？怎么招来这么多怨恨？”他一直都不能理解。有一次，小张把自己的遭遇同另一个部门的老何讲了。老何叹了口气，“枪打出头鸟，你还年轻，要学的还很多啊！”小张恍然大悟，正是自己的积极破坏了办公室原有的某些东西，让几位老同志倍感压力，才招来如今的境遇。

从此，小张学“乖”了，主任不布置的任务，再也不过问了；一天能干完的事情至少要拖上两天甚至三天。办公室又恢复了平静与和谐，先进个人大家开始轮流坐庄，几位老同志见到小张时又客气起来了，集体活动也乐意叫上他。小张觉得这样很轻闲，与大家的关系也好多了，心理压力骤减，生活也重新有了快乐。

资料来源：周瑜弘：《组织行为学案例精选精析》，北京，中国社会科学出版社，2008。

［思考题］

1. 法制办公室里的三个办事员基于共同的职位和心理结成的是非正式群体吗？
2. 非正式群体有什么积极与消极的作用？
3. 如何对非正式群体加以引导和管理？

第8章

沟　通

多少人爱着却好似分离，多少人笑着却满含泪滴。

——选自汪峰《存在》中的歌词

学习目标

1. 了解沟通的含义和过程模型；
2. 了解电子化信息沟通；
3. 熟悉沟通的障碍；
4. 理解沟通的类型并能应用于日常生活的分析。

开篇案例

老工友的牢骚

老工友老孙去找总经理反映问题。“我们虽然是工友，但也是人，怎么能动不动就加班，连个慰问都没有？年终奖金也没几文。”老孙出发之前，义愤填膺地对同事说，“我要好好训训那自以为了不得的总经理。”

老孙来到总经理办公室。“我是老孙。”老孙对总经理的秘书说，“我约好的。”“是的，是的。总经理在等您，不过不巧，有位同事临时有急件送进去，麻烦您稍等一下。”秘书客气地把老孙带进会客室，请老孙坐，又堆上一脸笑，“您是喝咖啡还是喝茶？”

“我什么都不喝。”老孙小心地坐进大沙发。

“总经理特别交代，如果您喝茶，一定要泡上最好的茶。”

“那就茶吧！”

不一会儿，秘书小姐端进连着托盘的盖碗茶，又送上一碟小点心：“您慢用，总经理马上出来。”

“我是老孙。”老孙接过茶，抬头盯着秘书小姐，“你没弄错吧！我是工友老孙。”

“当然没弄错，您是公司的元老，老同事了，总经理常说你们最辛苦了，一般同仁加班到九点，你们得忙到十点，心里实在过意不去。”

正说着，总经理已经大跨步地走进来，跟老孙握手：

“听说您有急事？”

“也……也……也，其实也没什么，几位工友同事叫我来看看您……”

不知为什么，老孙憋的那一肚子不吐不快的怨气，一下子全不见了。临走，还不断对总经理说：“您辛苦，您辛苦，大家都辛苦，打扰了！”

资料来源：孙健敏，徐世勇：《管理沟通》，北京，清华大学出版社，2006。

在这个案例中，总经理还没出现，秘书小姐就让老孙打消了诉苦的念头，态度180°大转弯，这是为什么呢？

每个人都需要别人的尊重，特别是当你遇到实力比你差得非常远的对手时，更应该尊重对方。如果你硬是高高在上，由于他没有“对抗的砝码”，往往会“破罐子破摔”，变成意气之争，作困兽之斗。

开篇案例中秘书小姐就是通过正确的沟通技巧，打消了老孙原本的念头。那么，到底什么是沟通？沟通有哪些技巧？如何达到最有效的沟通？这是本章我们要了解和学习的。

第1节　沟通的概念

一、沟通的概念

（一）沟通的定义

沟通（communication）在组织活动中无处不在。对于什么是沟通，国内外学者给出了不同的定义。

美国学者约翰逊（Johnson）认为沟通是被他人所知觉的语言或非语言行为。①

赫尔雷格尔（Hellriegel）将沟通概括为信息在人与人之间通过一种或多种媒介的传递，是一种通过传递观点、事实、思想、感受和价值观而与他人接触的途径。②

国内学者陈国权认为沟通是指人与人之间、群体与群体之间、组织与组织之间传达思想、交流情报和信息的过程。

我们认为，沟通是指交换信息的过程，也是传达和理解思想观念与情感的过程。理解沟通的定义需要把握以下几个方面：

---

① David W. Johnson：《合作学习》，北京，北京师范大学出版社，2004。

② Don Hellriegel，John W. Slocum，Richard W. Wlldman.《组织行为学（第9版）》，上海，华东师范大学出版社，2001。

第一，沟通是双向过程，它既包含信息发出者向信息接受者传递信息的过程，也包括信息接受者理解信息发出者的过程。人们通常认为信息传递出去，沟通也就随之结束了。这是一种错误的认识，大家一定要记住“沟通是双向过程”。

第二，沟通的目的是达到双方相互理解，而非意见一致。我们知道，有很多争议是由于双方不能相互理解造成的。由于利益不同等原因，相互理解之后也可能会造成一定分歧，因此，沟通不强求意见完全统一。

第三，我们说一个人沟通能力强，并不是说他能言善辩、能说服别人，而是指他能够清晰表达自己的想法，能够让别人理解自己的想法。

第四，交换信息的途径可以是口头的，也可以是书面的或者电子化的。

第五，信息的发出者和接受者可以是一个人，也可以是一个群体或者一个组织。

小链接

《炉石传说》

A，B，C 三个人是好朋友，最近 A 发现了一款特别好玩的手机游戏，想将这款游戏推荐给 B 和 C，于是发生了如下的对话：

A：小 B、小 C，我最近发现一款特别好玩的手机游戏——《炉石传说》，强烈推荐！

B：哦？是什么样的游戏，说来听听。

A：这是一个卡牌对战类游戏，系统中共有 8 种职业可以选择，选好职业后通过卡牌进行对战，每张卡牌的技能都不相同，有点类似“三国杀”的玩法，不过只有两个人对战的形式。

B：听起来不错啊，需要联网吗？

A：嗯，这个流量耗费比较大，还是连着 WiFi 玩儿比较好。怎么样，要不要试一试？

B：要联网啊，那还是算了，我们宿舍区还没覆盖 WiFi 呢，总不能一直跑到外面去玩儿，不方便啊。

A：那小 C 呢？

C：我就算了吧，你也知道我对这些游戏一向不感兴趣，连“三国杀”都没玩过，感觉你说的游戏好深奥，我估计玩不来吧。

对话到此结束，A 最终没有达到他最初的目的——让两个朋友一起玩《炉石传说》，那么我们应该怎样看待这次沟通呢？

首先，A 将手机游戏的相关信息传递出去了，其中 B 成功地接收到了这些信息，满足沟通是“双向的”这个特点，可以说 A，B 之间的沟通是成功的；C 由于没有什么游戏的经验，不能全面理解 A 所描述的游戏的特征，也就是说 C 没有准确地接收 A 传递出来的信息，所以可以说 A 和 C 之间的沟通是存在问题的，只有“传递”是成功的，而“接收、理解”是失败的。

其次，A 和 B 之间的沟通虽然是完整的，但是我们还需要注意到，B 最后并没有接受 A 的建议去玩这款游戏，也就是说，B 虽然接收、理解了 A 的信息，但是出于环境因素（无网络环境），双方并没有达成一致，这种现象在沟通过程中也是十分常见的。

（二）沟通的意义

信息沟通总是在人与人之间、群体与群体之间、组织与组织之间进行，是一项十分普遍的活动，因此具有重要的意义。

1. 沟通对于个人的意义

首先，沟通是个人生存的基本条件。没有沟通，一个人甚至不能正常生存下去。

其次，沟通是个人成长和自我发展的需要。任何一个人，无论他精力多么充沛，能力多么强，他的直接经验都是有限的。人要想适应无穷无尽的不断变化的外部世界，就必须凭借沟通，获得别人的宝贵经验成果。

就像牛顿曾经说的，“如果说我比别人看得更远些，那是因为我站在了巨人的肩上”。我们现在学习的大部分知识都来自于前人的探索、发现。要是没有沟通，仅靠自己的经历，我们掌握的知识必然少得可怜。

再次，在情感上，我们同样需要沟通来丰富自己。我们欣赏绘画、摄影作品，看电影、电视，阅读散文、诗歌、小说，实际上都是在与创作者进行沟通，体验作者创作的情感历程，丰富自己的情感世界。

小链接

心理学家赫隆（W. Heron）在 1957 年曾经做过“感觉剥夺”试验：参加者被关在一个遮蔽光线、声音的实验室里，身体的各个部位都被包裹起来，以尽可能减少触觉体验。实验期间，除给被试以必要的食物以外，不允许其获得任何其他刺激。结果仅仅 3 天，参加实验者的整个身心就出现严重障碍，甚至连大动作的准确性也受到严重损害。这说明没有与外界的接触，一个人甚至不能够生存。沟通作为人与外界接触的重要方式，对人的重要性可见一斑。

2. 沟通对于组织的意义

首先，信息沟通的过程就是管理活动的执行过程。一个企业无论有多么正确的战略方向，多么合理的管理和运行制度，多么优秀的员工，如果没有沟通，就没有各部门、各层级之间的合作，这些因素就不会发挥任何作用，企业的成功更是无从谈起。然而现实中，很多企业忽视了信息沟通，或者不知道该如何进行信息沟通，结果给企业带来了灾难性的损失。

其次，沟通有助于协同工作。组织需要多个体、多群体协同工作才能达到目标。可以说，一个组织的信息沟通系统对于一个组织而言就类似人体的神经系统。组织中的信息沟通如果存在问题，个体之间、群体之间、部门之间就不能协同工作。一旦沟通不畅，协同工作受到影响，组织就会效率低下，甚至失败。

再次，沟通有利于分享信息，减少组织变革的障碍。管理的根本目的在于变革，而变革过程必然会遇到各种阻力和障碍。管理沟通的目的就在于消除这些障碍，或孤立阻碍力量，甚至把不利因素转化为有利因素，实现变革。

小链接

孔子的误判

我们已经从理论上介绍了沟通对个人和组织的重要性，接下来通过一个历史故事来解说沟通的重要性。

孔子和众弟子周游列国，行至某小国，当时遍地饥荒，有银子也买不到任何食物。过了不久，又到了邻国，众人饿得头昏眼花之际，发现有市集可以买到食物。弟子颜回让众人休息，自告奋勇，忍饥做饭。当大锅饭将熟之际，饭香飘出，这时饿了多日的孔子，受不了饭香的诱惑，缓步走向厨房，想先弄碗饭来充饥。不料孔子走到厨房门口时，只见颜回掀起锅的盖子，看了一会，便伸手抓起一团饭来，匆匆塞入口中。孔子见到此景，又惊又怒，一向最疼爱的弟子，竟做出这等行径。读圣贤书，所学何事？学到的是偷吃饭？因为生气肚子也就饱了一半，孔子懊恼地回到大堂，沉着脸生闷气。没多久，颜回双手捧着一碗香喷喷的白饭来孝敬恩师。

孔子气犹未消，正色道："天地容你我存活其间，这饭不应先敬我，而要先拜谢天地才是。"颜回说："不，这些饭无法敬天地，我已经吃过了。"这下孔子可逮到了机会，板着脸道："你为何未敬天地及恩师，便自行偷吃饭？"颜回笑了笑说："是这样子的，我刚才掀开锅盖，想看饭煮熟了没有，正巧顶上大梁有老鼠窜过，落下一片不知是尘土还是老鼠屎的东西，正掉在锅里，我怕坏了整锅饭，赶忙一把抓起，又舍不得那团饭粒，就顺手塞进嘴里……"

至此孔子方大悟，原来不只心想之境未必正确，有时竟连亲眼所见之事，都有可能造成误解。于是欣然接过颜回的大碗，开始吃饭。

如果孔子不问、颜回不解释，师徒之间的误会就会越来越大，也许颜回被逐出师门，我们现在也不知道有这么个人了。

在生活中，和家人之间的沟通，和爱人之间的沟通，都可以增进情感，体现亲人之间的关爱和关心。工作中的沟通，尤为重要的是部门和部门之间，上级和下级之间，同事之间的互通信息。上级关心员工，善于听取员工的意见和建议，充分发挥员工的聪明才智与积极性，可以提高员工的工作效率和成绩。部门和部门之间的互通，可以迅速地传递各种信息，增进配合，提高默契。同事之间的沟通，可以增进信息的共享，吸取不同的经验和教训。可见，工作中的沟通，对于一个公司来说，是何等的重要。

资料来源：博思人才网，http：//www. bosshr. com/shownews _ 32513. html。

二、沟通过程模型

现在请你描述一下脑海中沟通的过程，你一定会说，就是一个人说出来，然后另一个人听到、理解，沟通就结束了。其实，从沟通者把信息转移到接受者，这中间包括复杂的信息处理过程，共涉及九个要素：信息源、编码、信息、通道、解码、信息接受人、反馈、障碍和背景。这九个要素之间的相互关系如图 8—1 所示。

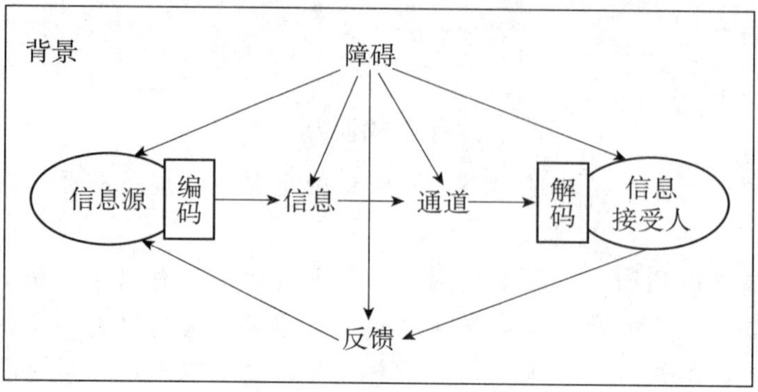

图 8—1　沟通过程模型

资料来源：章志光：《社会心理学（第 2 版）》，北京，人民教育出版社，2008。

(1) 信息源。即信息发出者。作为信息源的沟通者，在实施沟通前，他必须首先在自己的记忆里选择需要沟通的信息，然后将这些信息转化为信息接受者可以接受的形式，如文字、口头语言或表情等。在沟通的过程中，信息发出者的态度、技能、情绪状态都会影响到沟通的效果。

(2) 信息。即信息发出者所要传递给接受者的内容。

(3) 编码。就是将信息用某种符号和方式表达出来的过程。编码的过程可以用语言的方式、非语言的方式，或者两者结合完成。信息发出者将试图传达给他人的观念和情感进行编码，因为个人的感受不能直接为信息接受者所接受，所以它们必须转化为各种不同的可为他人所觉察的信号。

(4) 通道。编码完成后，发出者会选择一种合适的通道将信息传递给信息接受者。通常的沟通方式有面对面的沟通，还有以不同媒体为中介的沟通。电视、广播、报纸、电话等手段，都可用作沟通的媒体。

心理学家的研究发现，在各种方式的沟通中，影响力最大的仍是面对面的沟通方式。在进行面对面的沟通时，除了言语本身的信息外，还有沟通者心理状态的信息，这些信息使得沟通者与信息接受者可以发生情绪的相互感染。此外，在面对面沟通的过程中，沟通者还可以根据信息接受者的反馈，及时调整自己的沟通过程，使其变得更加适合听众。

小链接

无处不在的沟通

比如你要给来学校看望你的老同学介绍你的大学校园，你肯定要先思考一下学校里有哪些景点、哪些设施是值得介绍的，并且计划一下游览的路线，可能会参考入学时发放的“校园简介”手册，你也许还要考虑请他到哪个食堂吃饭等。计划好之后，沟通才进入实施阶段：两人走在校园中，你将“校园简介”手册交给他，热情洋溢地为老同学介绍教学楼、雕像背后的故事……

在这次沟通中，你就是“信息源”，你所要传递的“信息”就是大学校园的景色介绍，而“编码”在这里指的是你打好腹稿的介绍语言和“校园简介”手册，“通道”在这个例子中只有面对面沟通。

（5）解码。是编码的逆向操作，就是信息接受者将传递的内容转化为信息的过程。解码能不能成功既与编码的质量有关，也与接受者的解码能力有关。信息接受者在收到信息发出者的信息后，必须根据自己的已有经验，将各种特定音形符号进行解码，转译成发出者试图传达的知觉、观念或情感。信息发出者和信息接受者具有两个不完全相同的心理世界，因此，信息接受者转译后的沟通内容，与原信息内容并不是完全对应的。

需要注意的是，信息发出者与接受者之间的角色是可以转换的。当接受者对发出者的信息进行反馈时，他就变成了信息发出者，最初的发出者变成了接受者。在日常生活中，每一个人都必须很好地理解别人和让别人理解，了解沟通过程中信息的转译和传递机制，只有这样，才能提高沟通的有效性和准确性。

（6）反馈。即信息接受者在收到信息后，根据自身的理解形成新的信息，再将这些信息传递回信息发出者的过程。反馈可以使沟通更好地进行，因为这是一个信息接受者向信息发出者确认理解是否有误的过程。

如果信息接受者接受并理解了信息，这种反馈称为正反馈。如果信息源的信息没有被接受和理解，则称为负反馈。成功的沟通者对于反馈都十分敏感，并会根据反馈不断调整自己的信息发送。同时需要注意的是，反馈不一定来自对方，我们也可以从自己发送信息的过程或已发出的信息获得反馈。当我们发现所说的话不够明确，或写出的句子难以理解时，我们自己就可以做出调整。与外来反馈相对应，这种反馈称为自我反馈。

（7）沟通障碍。在沟通的整个过程中可能会发生沟通障碍，阻碍信息的传递和理解。信息源的信息不充分或不明确、信息没有被有效或正确地转换成可以沟通的信号、误用沟通方式、信息接受者误解信息等，都可以对沟通造成障碍。

此外，沟通者之间缺乏共同的经验，彼此也难以建立沟通，特别是在跨文化沟通过程中，沟通者往往因为文化背景不同而对于同一条信息的理解会产生巨大的差异。对于沟通过程中会产生哪些障碍，我们在下一部分进行详细介绍。

（8）背景。沟通过程的最后一个要素是背景。背景是指沟通发生的情境，它影响沟通的每一个因素，同时也是影响整个沟通过程的关键因素。在沟通过程中，语词的意义会随背景而改变。同样一句：“你真够坏的!”如果背景是亲密朋友在家里亲切交谈，那么这句话并不是谴责的意思，而意味着欣赏、赞美。你可以设想一下，同样是这句话，还可能出现在哪些情境下，意思又会有什么不同呢？

三、沟通的障碍

影响有效沟通的因素可以分为四类：能力因素障碍、心理因素障碍、社会及组织因素障碍、差异性障碍。

（一）能力因素障碍

能力因素障碍是由于沟通者个人沟通能力导致的沟通障碍。具体包括：

（1）表达能力障碍。如用词不当、口齿不清、字迹难辨、逻辑混乱、自相矛盾、模棱两可等。这些都会导致信息接受者难以准确了解发出者的真实意图。例如，来自不同地域的同学的家乡话，就可能对大家的日常沟通产生影响。

（2）知识、经验差异。信息发出者在将自己的观点编译成符号代码时只是在自己的经验范围内进行编译；同样，信息接受者也只是在自己的知识和经验基础上理解对方传递的信息的含义。双方共有的知识和经验称为“共通区”。一般来说，共通区越大，则双方交流越顺利，交流范围越广；共通区越小，那么其中一方可能无法理解另一方的真实意图，导致沟通失败。

比如一个有网络游戏经验的同学，在日常沟通中可能不自觉地加入一些网络用语，如果他的沟通对象是一个从来没有网络游戏经验的同学，那么两个人就会因为共通区小，而很难理解对方的话。

（3）非语言因素。非语言沟通总是伴随着语言沟通而发生，两者一致会彼此增强效果，但是有的沟通者不懂得运用非语言沟通的技巧，忽视非语言沟通，或者非语言的暗示与实际要表达的意思不一致，导致信息接受者产生困惑。

例如，有些年轻人喜欢以相互用手拍肩膀表示友好或表示哥们儿，然而，如果以同样的方式向父母或者年龄较大的长辈表达友好，就显得失礼了。再比如，双手在胸前环抱的姿势常被看做防御性较强，如果你在做课堂汇报时这么做，很有可能被认为是高傲的表现，虽然你也许并没有这种想法。

（二）心理因素障碍

心理因素障碍主要包括过滤、选择性知觉、个性与气质因素、情绪因素四个方面。

（1）过滤。过滤指信息发出者有意操纵信息，使信息对于发送者更为有利。信息过滤取决于组织结构中的层次数目，组织垂直的层次越多，信息被过滤的可能性越大。例如，下级会因为害怕传递坏消息或者想要取悦上级而只向上级报告好信息。

（2）选择性知觉。在沟通过程中，信息接受者会根据自己的需要、动机、经验、背景以及个人观点有意或者无意地对信息进行筛选，在对信息进行解码时，接受者还会把自己的兴趣以及期望加入其中。例如在企业招聘员工的过程中，一些面试官会将应聘者与自己进行比照，那些与自己有相同背景或特点的应聘者更容易得到他们的青睐。

（3）个性和气质因素。一个被认为诚实、正直的人，发出的信息容易使人相信；反之，一个被认为虚伪、狡诈的人，发出的信息虽是真实的，但不一定会被人们相信。有些人性情暴躁，容易动怒，有些人生性腼腆，不爱交际，都会影响沟通的质量。

例如，两个小学生一起去老师那里告状，指责对方欺负自己，其中一个学生被大家公认为是一个诚实的学生，而另一个学生则经常说谎，老师很可能会相信那个平时为人正直的学生的话而认为另一个学生仍然在向老师撒谎。

（4）情绪因素。在接收信息时，接受者的心情也会影响其对于信息的解释。不同的情绪感受会使个体对同一信息的解释截然不同。如果交流双方都处于激动的状态，就无法进行客观理性的思维活动，容易曲解对方的信息，导致无法沟通。

试想你在心情沮丧时，即便是最好的朋友的劝慰也很难听进去，需要等情绪平静一些时才能冷静地接受建议。

（三）社会及组织因素障碍

社会及组织因素障碍主要由沟通双方所处的环境特性及所在的位置决定，具体包括组织结构因素、社会角色地位因素和沟通过量三个方面。

（1）组织结构因素。组织结构不合理会影响沟通的效率和效果。组织层次过多、部门设置不合理会导致信息失真；机构重叠、沟通过程缓慢会影响沟通的时效性；沟通渠道单一会造成信息不足，影响沟通的效果。

例如，IBM 公司引入了矩阵式的组织结构，该组织结构使得企业内部不同的事业部建立起了横向联系，结合每个部门原有的纵向职能关系，加强了企业内部不同部门、不同地区人员之间的联系，有利于各种专业人员互相帮助，互相激发，相得益彰。然而该组织结构的弊病之一就是每个员工有多个领导，导致沟通困难。

（2）社会角色地位因素。社会地位不同的人通常具有不同的意识、价值观和道德标准，因此不同阶层的成员会对同一信息有不同的甚至是截然相反的认识。政治差别、宗教差别以及职业差别等也会造成沟通的障碍。

例如，在挤公交车时，凡是没有上去的人，在下边就嚷嚷：“门口的这些人，往里走啊，往里走啊，下边还有好多人没上来呢！”可是一旦踏上公交车的台阶，马上就倒过来回头说：“下边的人不要上了，上边挤得要命了，你们坐下一趟车吧。”于是车上与车下的人就会出现沟通障碍，而原因就在于社会角色的转变，由等车人变为了乘车人。

（3）沟通过量。信息不足会影响沟通的效果，但是沟通过量也会导致沟通者对大量的信息无暇顾及。我们处于信息大爆炸的时代，每天都需要花费大量的时间和精力辨别以及处理大量的信息，久而久之也会产生厌烦的情绪，甚至感到巨大的压力。许多企业的管理人员常常抱怨，花费在沟通活动上的时间过多反而会影响正常工作的完成。

（四）差异性障碍

差异性障碍包括跨文化差异、性别差异两个方面。

（1）跨文化差异。不同文化背景下的个体进行沟通时，即使在理想的条件下进行有效的沟通也是困难的。信息的编码和解码过程取决于个人的文化背景，而文化背景因人而异。文化背景差异越大，对于信息理解的差异就越大。不同文化背景的人对事物的理解和评价不同，因而反应不同。

小链接

手势相同，含义不同

手　势	含　义
	在美国，这是一种友好的表示，意思是“好吧！”或“干得不错！” 在澳大利亚，它与高中生所使用的骂人的话是一个意思。
	这一手势鼓励着得克萨斯大学的运动员。 在巴西和委内瑞拉它是一种代表好运的手势。 在非洲的一些地区，它是一种诅咒的手势。 在意大利，它告诉另一个人“你的老婆不守贞洁”。
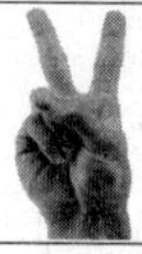	在很多国家，它意味着“胜利”或“和平”。 在英国，如果掌心及手指向内，则意味着“滚开”，尤其是当手指急速向上顶时。
	这一手势在美国意味着“过来，到这里来”。 在马来西亚，它仅用来招呼动物。 在印度尼西亚和澳大利亚，它用于招呼“陪夜小姐”。

资料来源：Roger E. Axtell，Hand Gestures Mean Different Things in Different Countries，Gestures：The Do's and Taboo's of Body Language Around the World ©1991，John Wiley & Sons，Inc. Reprinted by permission.

（2）性别差异。研究表明，男性说话强调状态，而女性则通过谈话建立联系。因此，对于许多男性而言，谈话主要是在等级社会保持独立和地位的一种方法，对于女性而言，谈话是获得支持和肯定的一种谈判方式。

第2节　沟通的类型

在信息沟通时，根据信息的走向、信息传递后的反馈、传递信息的方式、沟通的组织系统、沟通者的数量等，我们可以把沟通分为多种不同的类型。学习这些类型的划分可以帮助你更好地理解沟通的过程和作用。

一、下行沟通、上行沟通、横向沟通和斜向沟通

根据沟通过程中信息传递的方向不同，沟通可以分为：下行沟通、上行沟通、

横向沟通和斜向沟通。

（一）下行沟通

下行沟通（downward communication）是指在组织中信息从较高层次流向较低层次的一种沟通。下行沟通是管理者执行管理职能最主要的方式之一。例如作指示、作报告、下达文件、口头警告、表扬先进、电话通知等。

在传统的直线型组织结构中，下行沟通非常普遍，但从目前的管理实践来看，很多企业中的下行沟通既不充分也不正确，表现为员工会常常抱怨"我们不清楚领导的想法"。沟通信息在组织层级上的损失百分比见表 8—1。

表 8—1　沟通信息在组织层级上的损失百分比

组织层级	信息接受百分比（%）	信息损失百分比（%）
董事会	100	0
副总裁	66	34
高级经理	56	44
工厂主管	40	60
总领班	30	70
员工	20	80

资料来源：孙健敏，李原：《组织行为学》，279 页，上海，复旦大学出版社，2005。

对于管理者而言，改善下行沟通可从以下几方面着手：

第一，管理者要培养积极沟通的心态，充分意识到沟通对于管理的重要性。

第二，管理者要重视沟通过程与员工的互动，确认员工收到并领会了自己的意思。比如在任务布置结束后，让员工重复一遍任务内容。

第三，管理者要与员工建立相互信任的关系。

第四，管理者要选择合适的沟通内容，既要保证传递的信息清晰明确，又要保证信息适量。如果上级将未来三个月内的所有工作任务一次性布置下去，员工光是理解这些信息就要花好久的时间，更不用说还要保质保量地完成，这根本就是天方夜谭了。

（二）上行沟通

上行沟通（upward communication）是指在组织中信息从较低层次流向较高层次的一种沟通，例如建议箱、群体工作会议、员工申诉制度等。通过上行沟通，管理者可以知道下级员工的需求和愿望，也可以知道下行沟通的效果以及各种指示的结果，因此，在组织中上行沟通是必不可少的。

在上行沟通的过程中，可能会存在一些问题。例如，报喜不报忧，为了得到上级的欣赏与嘉奖，下级人员只汇报工作中取得的成绩，甚至夸大业绩，而对于工作中遇到的困难和产生的问题隐瞒或者忽略。这种信息的过滤与歪曲会导致管理者了解不到下属真实的情况，甚至会破坏上下级之间的信任。

小链接

魏征的上行沟通

上行沟通在我国自古就有。唐朝的魏征多次向唐太宗直言进谏。有一次长乐公主将要出嫁长孙冲，太宗因为公主是皇后亲生，特别疼爱，敕令有关部门所给陪送比皇姑永嘉长公主多一倍。魏征劝谏说："过去汉明帝想要分封皇子采邑，说：'我的儿子怎么能和先帝的儿子相比呢？'令分给其楚王、淮阳王封地的一半。如今公主的陪送，比长公主多一倍，岂不是与汉明帝的意思相差太远了吗？"唐太宗觉得有理，遂听从魏征劝谏，陪送长乐公主为永嘉长公主的一半，此举在当时传为佳话。很明显，魏征的谏言就是现在的上行沟通。唐太宗深明大义，魏征直言不讳，这才促成了有效的上行沟通，二者缺一不可。

资料来源：http：//www. docin. com/p-438107740. html.

改善上行沟通可从以下几方面着手：

第一，管理者要做一个好的倾听者。好的倾听者不仅要听到对方所说的内容，也要理解对方的意思与情绪。

第二，可以通过提问鼓励上行沟通。开放式提问可以给员工更大的描述空间，封闭式提问则可以使问题聚焦，从而得到比较具体的回答，管理者可以灵活应用这两种方式。

第三，可以采用员工座谈的形式，营造轻松的沟通氛围，让员工畅所欲言。

第四，管理者对下级传递来的信息要有开放的态度，鼓励员工反映真实情况。

第五，有效利用非正式沟通提高上行沟通的效果。

读一读·想一想

摩托罗拉公司的管理者注意到不同职位的人需要不同的沟通方式。上司预期下级向他报告，同级希望和同级分享，下级需要上级的指示。早在30年前，摩托罗拉公司就开始实行员工协调例会制度作为上行沟通的形式。在会议中，管理人员和员工聚集一堂，商讨彼此关心的问题。在公司的总部、各分部、各基层都组织协调会议。如果有些问题不能在基层协调会上得到解决，则会逐级反映上去，直到有圆满答复，基层协调会上讨论的可以是很具体、很现实的琐碎小事。为保证员工意见能迅速地逐级反映上去，基层员工协调会议应先于高层协调会议召开。摩托罗拉公司的下行沟通形式是主管汇报会。主管汇报会每年举办一次，公司管理层经过一年的工作，把经营的成果和当前的问题整理成报告，对广大员工做个交代，报告公司发展状况、经营业绩、财务分析、员工福利改善情况、面临的挑战、公司管理现状等。

资料来源：http：//wenku. baidu. com/view/66342377f242336c1eb95e25. html.

［问题］根据以上的描述，分析摩托罗拉采用的沟通方式。

（三）横向沟通

横向沟通（horizontal communication）也叫平行沟通，是指在组织中信息在同一层次之间相互流动的沟通方式。横向沟通对于协调和整合不同组织功能是非常重要的，此外，横向沟通也可以减少层级之间的辗转，节省时间，提高效率。与上行沟通和下行沟通相比，横向沟通更自由、更轻松，并且没有压力，但是部门之间的利益冲突有时会影响横向沟通的质量。

（四）斜向沟通

斜向沟通（diagonal communication）是指在组织中信息在不同部门、不同层次之间流动的沟通方式。该种沟通方式在组织中应用较少，但在成员不能通过其他渠道进行有效沟通时，它也是一种重要的沟通方式。

二、单向沟通和双向沟通

根据沟通过程中传递信息后所得到的反馈的多少，可以将沟通分为单向沟通和双向沟通。

（一）单向沟通

单向沟通（unidirectional communication）指的是信息发送者以命令方式面向信息接受者，一方只发送信息，另一方只接受信息，双方无论在语言上还是情感上都不需要信息反馈，如发指示、下命令、作报告等都属于单向的信息沟通。

单向沟通的优点在于信息传递的速度快，并且容易保持信息传出的权威性，但是单向沟通在传播信息时，发送者和接受者之间没有讨论的余地，因此，单向沟通得到的信息往往不那么准确，把握性不大。另外，单向沟通比较严肃呆板，当接受者具有潜在的沟通障碍时，易产生抗拒对立情绪，因此，只有在特定情况下才可以考虑使用单向沟通，例如，需要完成的任务比较简单、工作期限异常紧迫等。

（二）双向沟通

双向沟通（bidirectional communication）指的是信息发送者以协调和讨论的姿态面对信息接受者，信息发出后还须及时听取反馈意见，必要时发送者与接受者还要进行多次重复商议交流，直到双方共同明确信息意思和基本满意为止。比如与职工谈心、召开座谈会、听取情况汇报、协议双方谈判等属于双向信息沟通。

双向沟通的优点在于接受者和发送者之间有反馈机会，易于准确把握信息，同时，双向沟通比较灵活自由，信息接受者有表达自己观点、建议的机会，因此易于产生平等感和参与感，有利于双方互相理解，形成融洽的人际交往关系。双向沟通因为要听取反馈意见，有可能受到接受者的质询和挑剔，因此传递信息的速度较慢。同时，双向沟通要解答信息接受者提出的各种问题，因此信息发送者的心理压力大一些。一般认为，在工作任务不紧迫而且需要准确地传递信息，或者处理全新而复杂的问题时，可采用该方式。

单向沟通和双向沟通的比较见表 8—2。

表 8—2　　单向沟通和双向沟通优缺点比较

	优点	缺点
单向沟通	信息传递速度快 保持信息的权威性	信息准确性较差 严肃呆板，接受者容易产生抵触情绪 适用情境较少（任务简单、工作期限紧）
双向沟通	更容易准确把握信息 自由灵活，有助于双方互相理解	信息传递速度较慢 对信息发送者压力较大

三、语言沟通和非语言沟通

按照传递信息的方式划分，沟通可以分为语言沟通与非语言沟通（见图 8—2）。

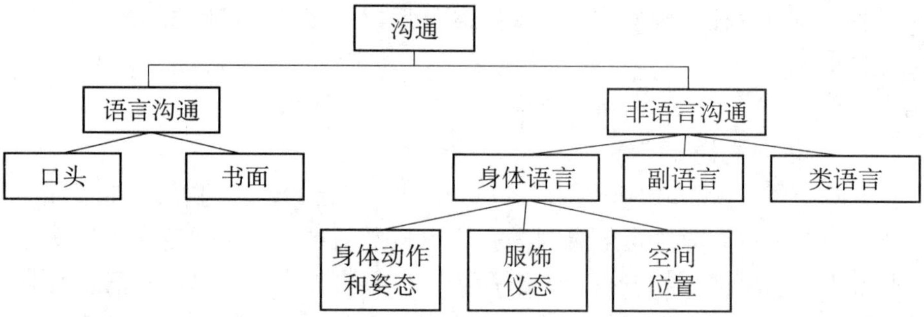

图 8—2　语言沟通与非语言沟通

（一）语言沟通

语言沟通是指以语词符号实现的沟通，可以分为口头语言沟通（unwritten communication）与书面语言沟通（written communication）。

口头沟通是指借助口头语言实现的沟通，是日常生活中最为经常的沟通形式，也是保持整体信息最好的沟通方式。平时的交谈、讨论、开会等都离不开口头语言的沟通。

在变革的年代，企业管理者也都意识到这种沟通方式的有效性。通过面对面的沟通，管理者可以和员工进行坦诚、开放的交流，使员工觉得领导者理解自己的需求和兴趣点，使他们增强对组织的认同感。

读一读·想一想

总统的悼念稿

1986 年，美国挑战者号太空飞船爆炸后，里根总统发表了全国电视讲话，悼念在爆炸中牺牲的宇航员。下面是里根总统演讲的最后几句话的两个版本。

版本一：跟伟大的海上探险家弗兰西斯·德雷克一样，挑战者号宇航员把他们的生命献给了他们全身心投入的一项事业。我们因他们而得到荣誉，我们永远也不能够忘记他们。我们将永远铭记今天早晨见到他们准备飞行的最后时刻。

版本二：今天，历史出现了重复。390年前的今天，伟大的探险家弗兰西斯·德雷克在巴拿马海岸的船上死去。在他的一生，辽阔的边陲就是海洋。一位历史学家后来说："他活在海上，死在海上，埋在海底。"因此，今天，我们可以对挑战者号全体船员说，他们的奉献是彻底的，就跟德雷克一样。

挑战者号太空飞船上的船员使我们感到了荣耀，是他们度过自己一生的方式使我们感到荣耀。我们永远也不会忘记他们，不会忘记今天早晨看见他们的最后一刻，当时，他们准备好了远行，跟我们挥手道别，挣脱大地无情的束缚去触摸上帝的脸庞。

[问题] 读了这两个版本的演讲词，你觉得哪一个版本更有感染力呢？说说你的理由。

口头沟通的优点是沟通双方具有亲切感，沟通速度快，可以得到及时的反馈。如果是面对面的口头沟通，双方还可以运用姿势、表情等辅助手段，使信息能够被更准确地表达和理解。

口头沟通也有缺陷：

第一，口头沟通受到空间的限制。随着电话、网络、视频会议等技术的发展，人们可以打破地域的限制进行大范围的口头沟通，但是这些技术需要较高的成本投入。

第二，口头沟通受到时间的限制。口头沟通具有即时性，因此往往没有书面沟通准备得充分，可能会遗漏或者扭曲一些原本要交流的内容。

第三，大多数口头沟通没有记录，这样既不利于信息的传播，也不利于信息的储存。口头沟通在传递的过程中经过的人越多，失真的可能性就越大，甚至完全失真。

书面沟通是指以文字作为传递信息工具的一种沟通，例如报表、文件、电传、书信、电子邮件等都属于书面沟通。

书面沟通的优点在于弥补了口头沟通的不足，信息准确清晰，可以在大范围内传播，不容易在传递的过程中被歪曲，可以长时间保留，使得接受者有足够的时间进行理解，同时书面沟通也摆脱了时间和空间的限制，因此，正式沟通通常采用书面沟通的方式。

当然，书面沟通的缺点也是显而易见的：第一，耗费的时间较长；第二，不能得到及时的反馈；第三，没有语音、语调、表情、姿势等辅助，信息可能会被误解和歪曲；第四，书面沟通与口头沟通相比会让人感觉比较生硬，不容易让人接受。

（二）非语言沟通

在沟通过程中，非语言沟通传递了大约55%的信息。还有研究发现，当面对面沟通时，信息传递通过三种方式：语言（文字）传递7%，声音传递38%，表情及肢体动作传递55%。因此，人们不只是听你说的内容，更重要的是会感受你的表情和声音。然而，相对于语言沟通，我们往往会忽视非语言沟通的重要性。非语言沟通有三种常见的方式：

第一种方式为身体语言（body language）沟通，包括动态的身体语言和静态的身体语言两种。动态的身体语言是通过动态无声的目光、表情、动作、手势和身体运动等实现沟通的；静态的身体语言是通过无声的身体姿势、空间距离及衣着打扮等实现沟通的。身体语言是语言沟通的补充，并常常让语言沟通复杂化。

例如，在商业社交场合，美国人通常接受的距离是1.2～3.6米，而日本人的社交距离是0.4～1.2米。如果一个日本人与一个美国人交谈时仍然按照日本人的社交距离标准就可能会引起对方反感，从而影响正常的沟通，反之亦然。

第二种沟通方式为副语言沟通。副语言（paralanguage）是指语音系统中音质、音量、音色、音调、节奏、声音、速度等因素。一句话的含义常常不是取决于其字面的意思，而是取决于它的弦外之音。语言表达方式的变化，尤其是语调的变化，可以使字面相同的一句话具有完全不同的含义。比如一句简单的口头语"真棒"，当音调较低、语气肯定时"真棒！"表示由衷的赞赏，而当音调升高，语气抑扬，说成"真棒"时，则完全变成了刻薄的讥讽和幸灾乐祸。能够运用和捕捉沟通中的"话外音"或"潜台词"，是有效沟通需要的技能之一。

小链接

领导：你这是什么意思？

小明：没什么意思，意思意思。

领导：你这就不够意思了。

小明：小意思，小意思。

领导：你这人真有意思。

小明：其实也没有别的意思。

领导：那我就不好意思了。

小明：是我不好意思。

据说这是一道考外国人的中文题目。暂时不论这道题目对外国人的难度，你是否考虑过为什么我们能够毫无障碍地理解这段对话的意思呢？其中一个很重要的原因就是在对话中，每个"意思"的语气、语调都是不同的，再结合我们生活的文化背景，就不难理解了。

沟通学者迪保罗（B. M. Depaulo）1982年的研究还发现，鉴别一个人说谎的最可靠线索就是声调。不老练的说谎者，说谎时会低头或躲避别人的视线。老练的说谎者则可以有意识地控制这些慌乱行为，说谎时不仅不脸红、不低头，还能有意识地以安详的表情迎接别人的目光，但是说谎时声调的提高，却是不自觉的，可以透露出说谎者言不由衷的心态。

第三种方式为类语言。类语言是指有声而无固定意义的声音符号系统，包括语言行为中的咳嗽、呻吟、叹息、嬉笑声、口头禅等功能性的发声。

类语言主要是为了表明某种情绪或态度的状态。例如，爽朗的笑声表示心情愉快，唉声叹气表示身心疲惫或处境不妙。沟通时，要准确把握沟通对象的情绪，避免说出不合时宜的话，导致沟通失败。

读一读·想一想

我们会有这样的经历：早上去买油条，当你距离摊点还有一段距离时，老板笑容满面地大声说“来啦!”那感觉像是多年不见的朋友突然重逢，让你心里热乎乎的，很是高兴。或者你登机的时候，如果空姐站在舱门口，一边和身边的同事聊天，一边机械地、面无表情地重复着“欢迎光临”，稍微好点的，会用尽全力把嘴角稍微上翘一点，挤出点皮笑肉不笑的笑容，下机的时候，空姐站在舱门口，一边说着“慢走，再见”，一边打着哈欠、流露出厌倦的表情，那么很可能会让你感到失望甚至愤怒。

资料来源：根据 http：//apps. hi. baidu. com/share/detail/21130440 内容改编。

［问题］请用本节的知识说明是什么原因造成了以上的沟通效果。

四、正式沟通与非正式沟通

根据沟通的组织系统进行划分，沟通可以分为正式沟通和非正式沟通。

（一）正式沟通

正式沟通（formal communication）是指由组织内部明文规定的信息沟通。它与组织结构及管理制度息息相关，主要包括：按正式组织系统发布的命令、指示、文件；组织召开的正式会议；组织颁布的制度、规章、手册、简报、公告、通知；组织内部上下级之间和同事之间因工作需要进行的正式接触和会晤。

正式沟通对内建立在组织内部管理制度之上，对外则依据社会主流的交往规则（如道德、法律），其优点是沟通效果比较好，比较严肃，约束力强，易于保密，可以使公共关系保持权威性，因此，重要信息和文件的传达、组织决策一般都采用正式沟通的渠道。正式沟通的缺点是需要层层传递，呆板而缺乏灵活性，沟通的速度比较缓慢，另外，正式沟通很难做到双向沟通，因此，沟通效果也会受到很大影响。

（二）非正式沟通

非正式沟通（informal communication）是指以社会关系为基础，与组织内部规章制度无关的信息沟通。非正式沟通的优点是沟通方便、内容广泛、方式灵活、沟通速度快，可传播一些不便正式沟通的信息，而且由于非正式沟通中容易把真实的意思、情绪、动机表露出来，因而能够提供一些正式沟通中难以获得的信息（见图 8—3）。

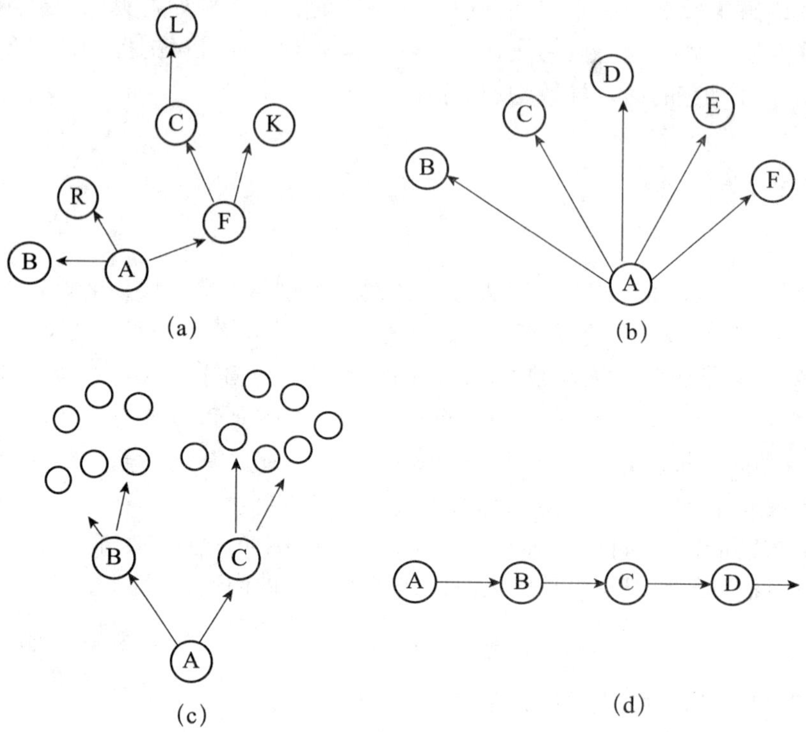

图 8—3　非正式沟通的形态

行为科学家认为，非正式沟通至少可以达到以下四个目的：（1）缓解情绪，建构个人的安全感。信息不对称是滋生小道消息的土壤，当人们处于不确定的环境时，往往会通过传播和获取小道消息来保持心态的平衡。（2）使支离破碎的信息能够自圆其说。（3）将群体成员（甚至包括局外人）组织成一个整体。（4）满足信息发送者地位和权力的需要。

与正式沟通相比，非正式沟通具有自身的特点：

（1）非正式沟通的形式呈现多样性。非正式群体成员之间的日常联络方式多种多样，如用一句暗喻或者打个手势，伙伴就能明白其意思。

（2）非正式沟通速度比较快。由于非正式沟通不遵循组织结构原则，因此，传递信息的速度很快。

（3）非正式沟通具有非层次性。在非正式沟通过程中，沟通者在心理上基本没有压力，因此沟通过程中往往充满坦诚开放的气氛，但也容易形成争执紧张的关系。

当然，非正式沟通也有缺点，比如，沟通过程比较难控制，传递的信息容易失真、曲解，容易传播流言蜚语而混淆视听。

视　窗

小道消息是指经非正式途径传播的消息，往往传闻失实，并不可靠。小道消息的优点在于具有针砭时弊的作用。俗话说：好事不出门，坏事传千里。小道消息大范围地迅速传播，对做坏事的人的名誉影响是巨大的，因而能对不良行为起到有效的警戒和惩罚作用。然而小道消息也会以讹传讹，混淆视听。小道消息是私下里的个人行为，如果一个人的检验手段、判断能力和道德品质欠缺，小道消息很难充分保证客观性和全面性，因而就会经常出现张冠李戴，甚至无中生有的错误。一些别有用心的人则有可能恶意制造不负责任的小道消息。不符合实际的小道消息对无辜者的打击比公开的抨击要大得多。

五、自我沟通、人际沟通与群体沟通

根据沟通者的数目，可以将沟通分为自我沟通、人际沟通与群体沟通。在自我沟通中，信息的发送者和接受者是由一个人来完成的，人际沟通是指两个人之间的信息交流过程，群体沟通是指三个及以上的个体之间进行的沟通。

（一）自我沟通

沟通不仅可以在个人与他人之间发生，也可以在一个人自身内部发生，这种在个人自身内部发生的沟通过程就是自我沟通（self-communication）。

自言自语是最明显的自觉的个人内部沟通过程。一个人在做事时常常对自己不断地发出命令，自己接受或拒绝命令。例如，小孩子搭积木时，口中常念念有词："这一块应该放这。不对，应该放这。对，就是放这。"这是典型的自我沟通过程。当成年人完成比较困难的任务时，比如做一些心算作业，也会出现自言自语式的自我沟通。

人们在对别人说出一句话或做出一个举动前，就已经经历了复杂的自我沟通过程。只有必须对一句话进行反复斟酌，或对一个举动反复考虑时，你才能清楚地意识到这种过程的存在。自我沟通是其他形式的沟通取得成功的基础。

（二）人际沟通

人际沟通（interpersonal communication）是指在一个组织内，以面对面的方式在群体环境中一个人与另一个人进行的沟通。这是一种与我们日常生活关系最为密切的沟通。在一天的工作中，管理者 3/4 以上的沟通都是面对面的沟通。

（三）群体沟通

群体沟通有小群体沟通、公众沟通、大众沟通和组织沟通四种不同的情况。

1. 小群体沟通

小群体沟通（group communication）是指 3 人以上，9～13 人以下的群体成员之间的沟通，如班组、家庭、最高决策集团等。研究认为，小群体沟通包括链式沟通、环式沟通、Y式沟通、轮式沟通和全通道式沟通五种方式，如图8—4所示。

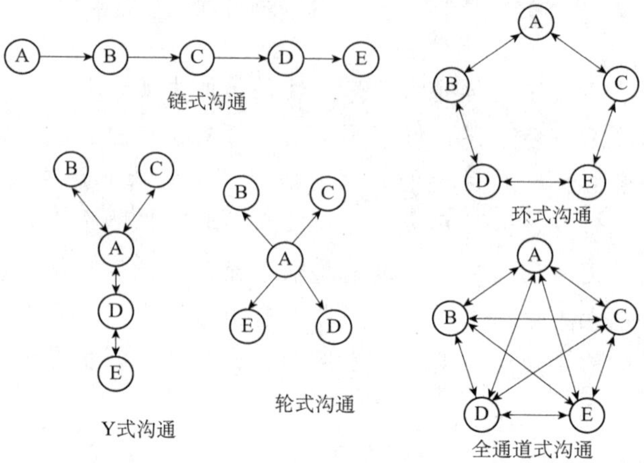

图8—4 小群体沟通网络的结构

链式沟通是信息按照层级单向逐级传递的沟通模式。这种模式中，沟通只能是上行的或下行的，而不可能是横向的。一般来说，链式沟通严格遵循正式的沟通渠道，其结构比较稳定，内容较精确，但是链式沟通的形式比较死板，成员之间缺乏协同性。

轮式沟通模式以处在中间的人或组织为核心，其他成员围绕核心而存在。一般认为，该种沟通有利于提高解决问题的速度与精确度，对群体问题的解决以及领导人的产生有良好的效果，但这种沟通形式形成了一个信息控制中心，不利于群体成员之间的人际沟通，因而群体成员的满意程度较低。

Y式沟通的中心性仅次于轮式沟通。该种沟通模式兼有链式沟通与轮式沟通的优缺点，信息传递速度较快，但是难以有效提高全体成员的士气。

在环式沟通模式中，每一个成员可以与邻近的成员进行沟通，但是与较远的成员缺乏沟通。这种模式中，中心性已经不存在，不产生领导人。环式沟通的信息传递速度缓慢，准确性较低，但是由于没有等级差异，成员的士气和凝聚力要高于前三种模式。

全通道式沟通模式中，每个人都可以同其他所有人进行交流，没有中心人物，在组织当中是一种全方位开放的网络。全通道式沟通保证了群体成员的人际交往，有利于彼此之间关系的建立和维持，但这种模式解决问题的速度慢，也不容易领导。现代企业项目小组常采用该种沟通模式。

相关研究发现，不同模式的沟通适合不同性质的群体。生产型群体需要尽快决策并保持有效领导的群体，采取轮式沟通为佳。娱乐群体旨在促进群体成员沟通和情感联系，则以环式和全通道式沟通为佳。

2. 公众沟通

公众沟通（public communication）是一种重要的群体沟通方式，是一个演讲者与许多听众的沟通。在公众沟通过程中，听众并不是简单被动地充当信息接受者，他们也积极参与沟通过程，做出反馈。不过，演讲者对于沟通过程具有更大的控制力量。

3. 大众沟通

大众沟通（mass communication）也称大众传播，即通过广播、互联网、电视、报纸、杂志等大众媒介实现的信息交流。

大众沟通有两个明显特点：首先，大众沟通以信息传播为主导，缺乏信息接受者的反馈过程；其次，大众沟通的影响广泛而深远。很多研究者都认为，电视、互联网的兴起，已经在世界范围内深刻改变了人们的生活方式。

4. 组织沟通

组织沟通（organizational communication）是另一种群体沟通的方式，是在社会组织内发生的沟通。一般而言，组织沟通是多层次的。比如，公司总裁和副总裁常常保持密切的正式和非正式的人际沟通；在组织的各级决策群体之间则常常保持着小群体沟通性质的联系；在领导者与组织的普通成员之间，则往往以公众沟通的形式保持联系。较大的组织机构会以大众沟通的形式，通过各种本组织的大众媒介保持自身机构的一体化。

通过第 2 节，我们了解了五种不同的沟通分类，表 8—3 概括了第 2 节的内容，我们一起来回顾一下。

表 8—3　沟通分类

分类标准	沟通类型	细分类别	举例
沟通过程中信息传递方向	下行沟通		作指示、下达文件、口头警告
	上行沟通		建议箱、员工申诉制度
	横向沟通		员工日常聊天
	斜向沟通		销售部长与人力资源专员的沟通
沟通过程中传递信息后得到反馈的多少	单向沟通		发指示、下命令、作报告
	双向沟通		召开座谈会、与员工谈心
传递信息的方式	语言沟通	口头沟通	日常交谈、开会
		书面沟通	报表、电子邮件、书信
	非语言沟通	身体语言	手势、眼神
		副语言	声调、语速
		类语言	叹息、咳嗽
沟通的组织系统	正式沟通		规章制度、公告通知
	非正式沟通		小道消息
沟通者数目	自我沟通		自言自语
	人际沟通		两个人之间的沟通
	群体沟通	小群体沟通	链式沟通、环式沟通等
		公众沟通	演讲
		大众沟通	互联网、报纸、电视
		组织沟通	总裁和副总裁之间的交流

第 3 节　电子化信息沟通

现代社会中，信息技术的发展使沟通的方式有了巨大的进步，技术进步也对管理者协调成员的工作活动有重要的促进作用，并由此带来工作效率和效果的提高，但也给管理提出了新的挑战，因此管理者应该对于新出现的电子化信息沟通予以重视。

一、电子化信息沟通概述

（一）电子化信息沟通的概念

电子化信息沟通（digital communication）是指以计算机为主体、以各种电子设备为辅助工具的一种现代化信息沟通。在现代组织中，电子化信息沟通的运用将在很大程度上改变管理的方式。现在一些管理者每天会收到许多电子邮件、电传等。

（二）电子信息沟通的方式

1. 电子邮件

电子邮件（E-mail）是通过联网的计算机发送书面信息的一种邮件瞬时传递方式。信息能够存储于接受者的电脑中，在方便时阅读。电子邮件传递信息快速、便宜，而且能同时向多人发送同一信息。对组织成员来说，它是一种快捷、便利的实现信息共享和沟通的渠道。这种信息传递方式已经成为比较常见的沟通渠道，但电子邮件容易出现阻塞问题。

小链接

电子邮件的功能及重要性认知

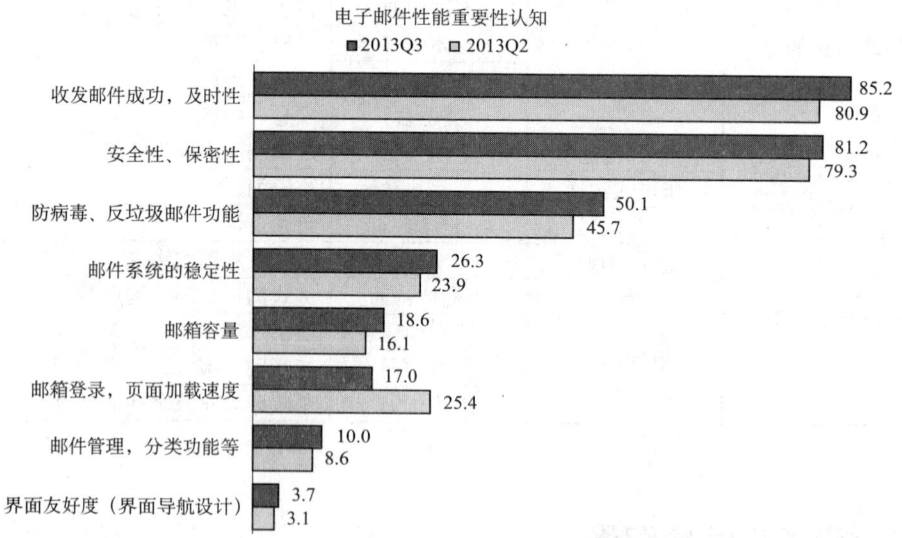

资料来源：中国互联网协会，http：//www.isc.org.cn/download/20140106bg.pdf。

2. 即时通信软件

人们还可以使用即时信息（instant messaging，IM）沟通方式随时随地进行沟通，例如 QQ，MSN 和 SKYPE 等。现在，即时信息沟通方式已进入工作场所，几乎找不到不使用即时通信的企业了。在即时信息沟通中，人们不需要等待就可读到对方的信息，并且即时通信软件能够增强团队的信息共享和沟通能力，提高了沟通效率，减少企业内部通信费用和出差频次，节省了开支，同时也创造出一种新型的企业沟通文化。

不过，这种沟通方式也有一些缺陷。如它要求相关的沟通者都同时登录计算机网络，目前很多即时信息软件与一些重要的商业应用软件并不兼容，而且这种沟通方式的开放性带来了很大的网络安全问题。不过随着新的即时信息软件的开发，这些缺陷将能够得到克服。

小链接

被“点赞”的中冶宝钢

为确保公司信息传达及时，与员工保持顺畅的交流沟通，9 月初中冶宝钢技术公司在分公司和子公司、基层车间厂队推行了微信平台服务。经过两个多月的运行使用，该平台已成为基层车间、检修队内部信息沟通的快捷方式，受到员工普遍好评。

在当下微信走进人们的生活时，公司主动出击，迅速地将这个便捷的信息资源应用在工作中，不失为明智之举：信息传达及时，资源共同分享。员工通过该平台的不同栏目可以及时收到公司近期的大事要闻、生产动态等重要信息，并可随时留言，为企业发展建言献计，实现上下互动交流。

第三分公司作为公司首批开通微信平台的单位之一，其下属电仪队应用频率最高。“管加工一号定修结束，两人配合试车，UOE 行车抢修，钢管 33 号行车抢修结束”，诸如此类的信息每天都多次出现在电仪检修队微信平台中，作业区及时汇报当下的作业及完工情况，管理人员能够随时掌握各个作业区的检修、生产动态和工作进展情况。发布各类通知也是该信息平台中最为普遍的一项信息内容，由于手机可随身携带，信息沟通的及时性在微信的应用中体现得淋漓尽致。

工业公司运转一车间在 10 月 24 日尝试建立班长微信信息平台，将车间十个作业区内的 60 多位班长加入其中，同时规定此信息平台只作为信息传递使用。经过近一个月的试运行，截止到 11 月 26 日，该平台效果显著。每日班长的出勤信息、机组检修信息以及生产异常状况汇报、异常天气员工平安到家汇报等都能通过这个平台进行传递，车间四个倒班安全员能够第一时间共享这些信息。相比以前只有当班才能知道的信息，现在有了此平台就算在家休息也能即时得到此类信息，不会造成信息的遗漏、中断、弛懈，并能够第一时间汇报到公司生产管制中心，确保了各类信息的准确与通畅。

两个多月的微信平台运行，中冶宝钢技术公司已经有越来越多的人关注这项资源，并体验到这项资源带来的便捷和高效，此信息平台得到了各基层车间以及各作业区的广泛支持与认可。公司决定继续深化打造微信平台业务，以此作为信息传递与沟通、弘扬企业文化的重要途径，为企业生产经营的中心工作服务。

资料来源：中国钢铁新闻网，http：//www.csteelnews.com/xwzx/zbyj/201411/t20141128_265566.html。

3. 博客与微博

博客一词是从英文单词 blog 翻译而来的，又译为网络日志。博客是一个网页，通常由简短且经常更新的帖子构成，这些帖子一般是按照年份和日期倒序排列的，博客的内容可以是纯粹的个人想法和心得，包括个体对时事新闻、国家大事的看法，或者对一日三餐、服饰打扮的精心料理等，也可以是基于某一主题或者在某一共同领域内由一群人集体创作的内容。

4. 传真

传真（fax）使包含文字和图表信息的文件得以通过普通的电话线传递。发送信息的传真机能够扫描有关资料并将其数字化。接受信息的传真机能够读取这些经扫描发过来的信息，并把它们复制出来。传真打印出来的信息，能够方便迅速地在有关组织成员中传阅。

5. 其他电子沟通方式

（1）音频邮件（voice-mail）。是对声音信息的数字化处理，使之能通过网络传递，并存储在电脑中，以方便接受者需要时使用。这种方式能使声音信息在接受者不在场的情况下得到传递。接受者还可以将信息存储起来以便将来使用，也可选择删除，或转发给其他人。

（2）电子数据交换（electronic data interchange，EDI）。就是通过电信网络，使交易信息从组织的计算机系统传递到另一个组织的计算机系统，这种直接的计算机对计算机的信息传递，使组织之间得以交换标准化的商务交易文件，如发票、订货单等。许多组织常常使用电子数据交换方式与供应商和客户沟通，因为这可节约时间和费用。对发送信息的组织来说，文件资料的打印和处理工作取消了，而对方也避免了接收信息的麻烦。

（3）电话会议。过去由于技术的限制，参加会议的成员常常必须聚集在同一个场所开会。现在情形不同了，电话会议（teleconferencing）使一群在不同地点参加会议的人员通过电话或电子通信软件在同一时间开会。如果会议参加者能够通过电视屏幕看到对方，这种同时进行的会议就称作可视会议（video-conferencing）。无论一个工作小组规模有多大或者多小，成员分布有多广，都可通过这些通信网络工具实现工作的协同和信息共享。

二、电子化信息沟通的作用

电子化信息沟通促进了办公室的革命，其意义深远。管理者在推广电子化信息沟通时，要充分了解其积极作用和消极影响。

（一）电子化信息沟通的积极作用

电子信息沟通有如下积极作用：

（1）快速迅捷、便利。

（2）减少出差人员和费用，降低企业的沟通成本。

（3）提高工作效率。

（4）降低劳动强度。由于电子化信息沟通的普及，一些原来手工操作的工作可以实现自动化或半自动化，从而大大降低了劳动强度。

（5）增加成员沟通的自由度。

（6）促进成员之间的合作。

例如，一些网络聊天服务平台不但可以实现聊天功能，还能实现大文件的即时传送。如果能够组成一个功能群，在群中可以随时互通信息，互传文件，不但可以提高信息报送和传播的时效性，而且可以实现远程互助，互通有无，大大提高了工作效率。

（二）电子化信息沟通的消极影响

广泛使用电子化信息沟通后，也会产生一些消极影响，包括：

（1）减少人际沟通。由于缺少面对面的会议与交谈，人与人之间很少沟通，这样相互之间可能缺乏了解与信任，进而很难完成需要合作的工作。

（2）缺乏个性。实现电子化信息沟通后，许多沟通变成了千人一面，沟通缺乏个性和魅力。

（3）信息泛滥。由于信息过多而淹没了一些重要信息，而设备往往无法识别信息的重要性和优先性。

（4）损失大量信息。电子设备损坏时，有可能损失大量信息，由此给组织带来的损失可能是巨大的。一般应有备用设备，或将重要信息存储在备用盘中。

视　窗

随着信息技术的日益发展、全球化的浪潮和组织结构的扁平化，沟通已经不仅仅局限于人与人之间的面对面沟通，人们开始使用更多灵活的形式，例如，E-mail、电话、视频谈判。在 2003 年的“非典”期间，这种趋势更加明显。电子化信息沟通给人们的生活带来沟通便利的同时也会产生一些问题，值得深省。

《美国国家科学院院刊》的研究人员发现，繁忙的网上聊天可能会破坏理解他人情感的能力。除此之外，电子邮件还可能影响我们理解对话和阅读的能力。纽约亨特学院电影与媒体研究系著名讲师、《纽约每日新闻》记者卡伦·亨特表示：“在网上聊天或阅读电子邮件就像看新闻，并不能真正打动我们。”

资料来源：根据 http：//wiki. mbalib. com/wiki/Email% E8% B0% 88% E5% 88% A4 与 http：//news. 163. com/09/0716/05/5EAPLO4E000120GR. html 的内容改编。

本章小结

1. 沟通是指交换信息的过程，也是传达和理解思想观念与情感的过程。沟通对于个人和组织都有重大意义。

2. 在沟通过程模型中，沟通者把信息传递给接受者，包括九个要素：信息源、编码、信息、通道、解码、信息接受者、反馈、障碍和背景。

3. 影响有效沟通的因素可以分为四类：能力因素障碍（表达能力障碍、知识和经验差异、非语言因素），心理因素障碍（过滤、选择性知觉、个性和气质、情绪），社会以及组织因素障碍（组织结构、社会角色地位、沟通过量），差异性障碍（跨文化差异、性别差异）。

4. 沟通包括多种类型。根据沟通过程中信息传递的方向不同，沟通可以分为：下行沟通、上行沟通、横向沟通和斜向沟通。根据沟通过程中传递信息后所得到的反馈的多少，可以将沟通分为单向沟通和双向沟通。按照传递信息的方式划分，沟通可以分为语言沟通与非语言沟通。根据沟通的组织系统进行划分，沟通可以分为正式沟通和非正式沟通。根据沟通者的数目，可以将沟通分为自我沟通、人际沟通与群体沟通。

5. 电子化信息沟通是指以计算机为主体、以各种电子设备为辅助工具的一种现代化信息沟通。其沟通媒介包括电子邮件、即时通信软件、博客与微博、传真及其他电子沟通方式，如音频邮件、电子数据交换及电话会议等。电子化信息沟通同时带来了积极和消极影响。

本章思考

1. 回忆集体生活中产生的矛盾，哪些是由沟通不畅引起的？这种不畅又是由什么沟通障碍造成的？

2. 总结不同的沟通类型，讨论自己在日常生活中最经常运用哪些类型的沟通。

3. 最近又产生了哪些新的电子化信息沟通方式？

管理游戏一：肢体语言

参与人数：2人一组 。

游戏时间：10分钟。

游戏规则：

1. 将同学们分成2人一组，让他们进行2～3分钟的交流，交谈的内容不限。

2. 当大家停下以后，请同学们彼此说一下对方有什么非语言表现，包括肢体语言或者表情，比如有人老爱眨眼，有人会不时地撩一下自己的头发等。

3. 让大家继续讨论2～3分钟，但这次注意不要有任何肢体语言，看看沟通效果与之前有什么不同。

思考与启发：

1. 第一次交谈中，有多少人注意到了自己的肢体语言？

2. 对方有没有什么动作或者表情让你觉得不舒服，你是否告诉他你的这种情绪？

3. 当你不能用你的动作或表情辅助你的谈话时，是什么样的感觉？是否会觉得很不舒服？

总结：

人与人之间的交流包括两个方面：一方面是语言的；另一方面是非语言的。这两方面互为补充，缺一不可。有时候非语言传达的信息比语言还要更加精确。在日常生活中，为了让别人对你有一个更好的印象，一定要注意戒除自己那些不招人喜欢的动作或表情，注意用一些良好的手势、表情帮助你的交流。

资料来源：经理人培训项目编写组：《培训游戏全案》，241～242页，北京，机械工业出版社，2010。

管理游戏二：谁应该先行离岛

游戏背景：

一架私人飞机坠落在荒岛上，只有6人存活，逃生工具只有一个只能容纳一个人的橡皮气球吊篮，没有水和食物。

角色介绍：

- 孕妇：怀孕八个月。
- 发明家：正在研究新能源（可再生、无污染）汽车。
- 医学家：研究艾滋病的治疗方案，已取得突破性进展。
- 宇航员：即将远征火星，寻找适合人类居住的新星球。
- 生态学家：负责热带雨林抢救工作。
- 流浪汉。

参与人数：6人一组。

游戏规则：

首先，抽签决定小组中每一个人所扮演的角色，然后针对由谁乘坐橡皮气球先离岛的问题各自陈述理由。

第一个人先陈述自己离岛的理由，第二个人先复述第一个人的理由，再表明自己的理由，接下来第三个人先复述前面第一、二个人的理由，再表达自己的理由，以此类推（每个人复述和表达的时间控制在3分钟以内），最后由全体人员决定先离岛的人选是谁。

思考与启发：

1. 角色扮演者与台下同学一起讨论从这个游戏中学到了什么？

2. 为什么会出现越往后越难进行表达的情况？

3. 扮演的角色是否与表达的好坏有直接关系？

4. 这个游戏在现实生活中存在怎样的意义？

测验一：你的人缘到底如何

皮格马利翁是古希腊神话中塞浦路斯的国王。传说他对自己雕刻的美丽塑像产生了深深的爱慕之情，以致终日茶饭不思。天长日久，日渐憔悴。最后，他的真情感动了维纳斯女神，女神赋予塑像生命，嫁给了皮格马利翁，从此他们过上了幸福的生活。

这种以诚挚感情感动女神的效应被人们称作皮格马利翁效应。皮格马利翁效应同样适用于我们处理人际关系。实际上，一个人的人缘如何，很大程度上取决于他对别人的态度。人都是有感觉、有感情的。你敬人一尺，别人会敬你一丈，滴水之恩涌泉相报就是这个道理。明白了这个道理，再认真回答以下六个问题，从每个问题后面的三个选项中选择一个与你的实际情况最相符的，然后对照相应的评分，就可以知道你的人缘到底如何了。

1. 一位女性朋友邀请你参加她的生日聚会，可是所有来宾你都不认识，那么：

A. 你非常乐意去认识他们。

B. 你愿意早去一会儿帮她筹备生日聚会。

C. 你借故拒绝，告诉她那天已经有别的朋友邀请你了。

2. 在街上，一位陌生人向你询问火车站怎么走，这很难解释清楚，况且你还有急事。于是：

A. 你让他去向远处的警察打听。

B. 你尽量简单地告诉他。

C. 你把他引到去火车站的方向。

3. 你的好朋友到你家来，你有两个月没见到他了，可是这天晚上电视里正在放一部非常精彩的影片。结果：

A. 你关上电视机，让这位朋友看你假期中拍摄的照片。

B. 你说服朋友同你一道看电视。

C. 你开着电视，同朋友聊天。

4. 你亲戚给你寄来一些钱。接着：

A. 你把钱搁在一边。

B. 你和你的朋友们小聚一顿。

C. 你买些东西，如油画、漂亮的灯、墙纸等，装饰一下卧室。

5. 邻居要去看电影，让你照顾一下他们的孩子。孩子睡醒后哭了起来，于是：

A. 你关上卧室的门，到餐厅去看书。

B. 你把孩子抱在怀里，哼着歌曲让他入睡。

C. 你看看孩子是否需要什么东西。如果他无故哭闹，你就让他哭去，终究他会停下来的。

6. 如果你有闲暇，你喜欢干些什么？

A. 与朋友一起看电影，并与他们一起讨论。

B. 到商店里买东西。

C. 待在卧室里听唱片、看电影。

分数计算：

这六道题的答案得分如下：

1. A. 2 分　　B. 3 分　　C. 1 分
2. A. 1 分　　B. 2 分　　C. 3 分
3. A. 3 分　　B. 2 分　　C. 1 分
4. A. 1 分　　B. 3 分　　C. 2 分
5. A. 1 分　　B. 3 分　　C. 2 分
6. A. 3 分　　B. 2 分　　C. 1 分

得分分析：

14～18 分

你非常善于交际。你的伙伴们非常爱你，这是可以理解的。你总是面带笑容，为别人考虑的比为你自己考虑的要多。朋友们为认识你而感到幸运。

8～13 分

你喜欢独自一个人待着，但你也需要有朋友围在身边。你非常喜欢帮忙——如果这不花费你太多精力的话。比起爱来说，你更想寻求被爱，但这是不够的。

8 分以下

注意，你置身于众人之外，仅仅为自己而活。你是一位利己主义者。不要奇怪为什么你的朋友这样少，从你的贝壳中走出来吧。

资料来源：盛乐：《心灵解码——心理学趣味测试与自我调节大全》，164～165 页，北京，新世界出版社，2007。

测验二：你有社交恐惧症吗

社交是现代生活中人人不可缺少的活动，但是许多性格内向的人会在人际交往中惶恐不安，并出现脸红、出汗、心跳加快、说话结巴和手足无措等现象，这一现象称为社交恐惧症。请根据自己的真实情况回答如下问题，来看一看你是否有社交恐惧症吧！

题　目	选　项			
1. 我怕在重要人物面前讲话	A. 从不或很少如此	B. 有时如此	C. 经常如此	D. 总是如此
2. 在人面前脸红我很难受	A. 从不或很少如此	B. 有时如此	C. 经常如此	D. 总是如此
3. 聚会及一些社交活动让我害怕	A. 从不或很少如此	B. 有时如此	C. 经常如此	D. 总是如此
4. 我常回避和不认识的人进行交谈	A. 从不或很少如此	B. 有时如此	C. 经常如此	D. 总是如此
5. 让别人议论是我不愿的事情	A. 从不或很少如此	B. 有时如此	C. 经常如此	D. 总是如此
6. 我回避任何以我为中心的事情	A. 从不或很少如此	B. 有时如此	C. 经常如此	D. 总是如此
7. 我害怕当众讲话	A. 从不或很少如此	B. 有时如此	C. 经常如此	D. 总是如此
8. 我不能在别人的注目下做事	A. 从不或很少如此	B. 有时如此	C. 经常如此	D. 总是如此
9. 看见陌生人我就不由自主地发抖、心慌	A. 从不或很少如此	B. 有时如此	C. 经常如此	D. 总是如此
10. 我梦见和别人交谈时出丑的窘样	A. 从不或很少如此	B. 有时如此	C. 经常如此	D. 总是如此

分数计算：

选择A得1分，B得2分，C得3分，D得4分。

得分分析：

1～9分：放心好了，你没有社交恐惧症。

10～24分：你已经有了轻度症状，照此发展下去可能会不妙。

25～35分：你已经处在社交恐惧症中度患者的边缘，如有时间一定要到医院求助精神科医生。

36～40分：很不幸，你已经是严重的社交恐惧症患者了，快去求助精神科医生，他会帮你摆脱困境。

资料来源：盛乐：《心灵解码——心理学趣味测试与自我调节大全》，179～180页，北京，新世界出版社，2007。

章末案例：杨瑞应该怎么办

杨瑞是一个典型的北方姑娘，在她身上可以明显地感受到北方人的热情和直率，她喜欢坦诚，有什么说什么，总是愿意把自己的想法说出来和大家一起讨论，正是因为这个特点她在上学期间很受老师和同学的欢迎。今年，杨瑞从西安某大学的人力资源管理专业毕业，她认为经过四年的学习自己不但掌握了扎实的人力资源管理专业知识，而且具备了较强的人际沟通技能，因此她对自己的未来期望很高。为了实现自己的梦想，她毅然只身去广州求职。

经过将近一个月的反复投简历和面试，在权衡了多种因素的情况下，杨瑞最终选定了东莞市的一家研究生产食品添加剂的公司。她之所以选择这家公司是因为该公司规模适中、发展速度很快，最重要的是该公司的人力资源管理工作还处于尝试阶段，如果杨瑞加入，她将是人力资源部的第一个人，因此她认为自己施展才能的空间很大。但是到公司实习一个星期后，杨瑞就陷入了困境。

原来该公司是一个典型的小型家族企业，企业中的关键职位基本上都由老板的亲属担任，其中充满了各种裙带关系，尤其是老板安排了他的大儿子做杨瑞的临时上级，而这个人主要负责公司研发工作，根本没有管理理念，更不用说人力资源管理理念，在他的眼里，只有技术最重要，公司只要能赚钱其他的一切都无所谓。杨瑞却认为越是这样自己就越有发挥能力的空间，因此在到公司的第五天杨瑞拿着自己的建议书走向了直接上级的办公室。

“王经理，我到公司已经快一个星期了，我有一些想法想和您谈谈，您有时间吗？”杨瑞走到经理办公桌前说。

“来来来，小杨，本来早就应该和你谈谈了，只是最近一直扎在实验室里就把这件事忘了。”

“王经理，对于一个企业尤其是处于上升阶段的企业来说，企业要持续发展必须在管理上狠下工夫。我来公司已经快一个星期了，据我目前对公司的了解，我认为公司主要的问题在于职责界定不清，员工的自主权太小致使员工觉得公司对他们缺乏信任，员工薪酬结构和水平的制定随意性较强，缺乏科学合理的基础，因此薪酬的公平性和激励性都较低。”杨瑞按照自己事先所列的提纲开始逐条向王经理叙述。

王经理微微皱了一下眉头说：“你说的这些问题我们公司确实存在，但是你必须承认一个事实——我们公司在盈利，这就说明我们公司目前实行的体制有其合理性。”

“可是，眼前的发展并不等于将来也可以发展，许多家族企业都是败在管理上。”

“好了，那么你有具体的方案吗?”

“目前还没有，这些还只是我的一点想法而已，但是如果得到了您的支持，我想方案只是时间问题。”

“那你先回去做方案，把你的材料放这儿，我先看看然后给你答复。”说完王经理的注意力又回到了研究报告上。

杨瑞此时真切地感受到了不被认可的失落，她似乎已经预测到了自己第一次提建议的结局。

果然，杨瑞的建议书石沉大海，王经理好像完全不记得建议书的事。杨瑞陷入了困惑之中，她不知道自己是应该继续和上级沟通还是干脆放弃这份工作，另找一个发展空间。

资料来源：周瑜弘：《组织行为学案例精选精析》，北京，中国社会科学出版社，2008。

[思考题]

1. 你认为杨瑞沟通失败的原因是什么?
2. 管理者应该如何做好组织沟通?
3. 杨瑞应该怎样改进?

第9章

冲突与谈判

一场争论可能是两个心灵之间的捷径。

——纪伯伦

学习目标

1. 了解冲突的基本概念和分类；
2. 理解冲突的作用和发展过程；
3. 熟悉谈判的基本概念、分类及谈判过程。

开篇案例

某中学一位班主任在校门口偶然碰上本班一位未请假准备回家的学生。

班主任：（吆喝）嗨，你过来！

学生：（不快地）干吗？

班主任：（责问）你上哪去？

学生：（不耐烦地）回家，家里有事。

班主任：（责问）怎么不跟我请假？

学生：（抵触、不满地）我没见到您。

班主任：（恼怒地）你瞧你这态度，还倒有理了。

学生：（委屈地）我怎么了！

显然，这位班主任生硬的批评引起了学生的抵触和不满。在师生你来我往的问答中，火药味越来越浓。假如这位班主任不采用居高临下、咄咄逼人的责问方式，而是从关心的角度，以委婉的语气了解学生此时回家的原因，然后教育学生应当履行请假手续，师生之间的对立和矛盾冲突也许就不会发生。

从以上案例我们可以看出，学生毕竟是未成年人、受教育者，学生在学校学习、生活当中，不可避免地会出现这样或那样的问题，甚至是无礼、不听规劝、与教师发生矛盾、冲突等，这就要求老师要从培养学生的角度、从培养学生的目的出发，认识教师在教育学生过程中的作用，充分考虑教育效果，恰如其分地控制和调节自己的情感、言论与行为，避免感情用事而发生不必要的冲突。

冲突究竟是如何产生的？冲突有益处吗？本章将向你解释这些问题。

第1节 冲突的基本概念与理论

一、冲突的基本概念

冲突在我们的日常生活中广泛存在，并且具有多重含义。总体来看，冲突有四个方面的表现：

（1）冲突表现为人们在面对抉择或者困惑时，内心的各种斗争；

（2）冲突表现为人与人之间的实际争斗，如争吵、打架等；

（3）冲突表现为群体与群体之间的争斗，如国家之间的战争等；

（4）冲突表现为人与群体之间的争斗。

根据学科特点，我们所介绍的冲突不涉及人的内心冲突。那么，对于后三个表现，我们该如何界定冲突呢？目前，学者们的看法存在一些不一致。

美国学者罗宾斯将冲突定义为一方感觉到另外一方对自己关心的事情产生不利影响或者将要产生不利影响时，所发生的一种过程。

美国学者里基·W·格里芬等人认为，冲突是指双方互相反对导致不舒服和憎恨感受的过程。

中国台湾学者汪明生、朱斌妤等将冲突定义为两个以上（含两个）相关联的主体因互动行为所导致的不和谐状态。

中国大陆学者陈国权将冲突定义为个体、群体与组织在互动过程中，由于各种原因导致个体、群体或者组织对彼此关系感到的不同程度的紧张状态。

从以上几个代表性的定义我们可以看出，几乎所有的学者都认为，冲突是一种对立性的互动过程，但是对于如何进一步界定这种对立性的互动过程，存在不同的看法。

例如，有的学者仅仅强调了个体之间的冲突，而有的学者认为应该包括个体、群体和组织等不同层面。再如，有的学者认为这种过程带有消极的情绪体验和情绪反应（比如紧张、厌恶和不舒服等），而有的学者并不强调情绪。我们倾向于后一种观点，即冲突并不一定带有消极的情绪体验和情绪反应。尽管在日常生活或者影视作品中，我们经常会看到争斗的双方怒发冲冠、剑拔弩张的场景，但在一些情况下，冲突也会表现为无情绪状态的反应。例如，一家公司在与竞争对手的争斗中所做出一些行为可能并不带有任何的感情色彩。

由此，我们将冲突定义为个体、群体与组织之间由于各种原因所导致的对立性的互动过程。

在日常生活中，人们通常认为冲突是件消极的事情，并竭力避免冲突的出现。关于冲突的学术研究，是从如何避免冲突发展起来的，只不过随着研究的发展才逐渐演变出不同的观点。

大约在20世纪三四十年代，也就是这个领域的研究伊始，学者们也认为所有的冲突都是坏事情，因此，他们主要关心如何避免冲突。

到了20世纪40—70年代，冲突的人际关系观点占了主导地位。这种观点认为，冲突是与生俱来的、无法避免的。既然如此，就应该接纳冲突，使其存在合理化。

20世纪70年代以后，学者们提出了冲突的互动观点。这种观点认为，适当的冲突有利于个体、群体和组织健康发展，没有冲突反而会降低活力，这种理念仍然是当前的主流观点。

关于冲突观点的变迁见图9—1。

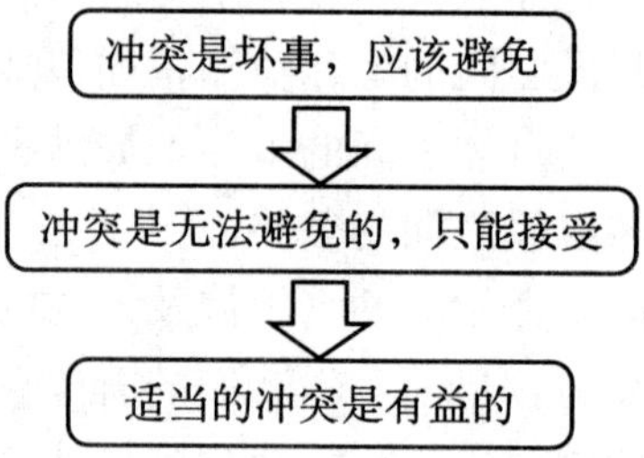

图9—1　冲突观点的变迁

视　窗

摩托罗拉公司的全球执行副总裁兼人力资源总监格伦（Glenn Gienko）认为，领导以身作则、公开地赞扬和讲故事是摩托罗拉激发建设性冲突的三大法宝。他津津乐道的一个故事是，在十几年前公司举办的一次同乐会上，一位经理突然拍案而起，当着众多中高层管理者及其家属的面，痛陈公司在质量管理方面的弊端。他的发言在公司引起了极大的震动，并促成了摩托罗拉如今广为人知的六西格玛质量管理活动。这表明要激发冲突，企业必须营造鼓励冲突的氛围，要形成一种畅所欲言的气氛。管理者需要率先垂范，坦然接受冲突。对那些敢于向现状挑战、倡议新观念、提出不同看法和进行独创性思考的员工给予大力奖励，如表扬、晋升、加薪等手段。

资料来源：《破解团队冲突的迷思》，中华英才网（http：//content. chinahr. com/way/way _ promote/Article（42759）ArticleInfo. view）。

二、冲突的分类

冲突的含义非常丰富，通过对冲突进行分类，可以帮助我们进一步加深对冲突概念的理解。由于看问题的视角不同，冲突的分类也很多。下面介绍几种比较有影响力的冲突分类方式。

（一）根据冲突结果进行分类

按照冲突的相互作用的观点，并不是所有的冲突都有害，当然，冲突也并不总是有益的。这样就可以将冲突分为建设性冲突与破坏性冲突。

1. 建设性冲突

建设性冲突（又指功能正常的冲突）是指对群体绩效有利的冲突，参与冲突的人更多地关心企业共同目标的实现，乐于了解对方的观点，在冲突中注重相互沟通。

例如在通用电气，韦尔奇经常参与员工面对面的沟通，与员工进行辩论，通过真诚的沟通直接诱发同员工的良性冲突，从而不断发现问题，改进管理，使通用电气成为市场价值最高的企业，也使他自己成为最有号召力的企业家。

读一读 · 想一想

从富兰克林·罗斯福执政时期开始，甚至可能更早，白宫就一直运用沟通手段激发冲突。高级官员把可能的决策通过名声不好的“可靠信息源”渠道透露给媒体。比如，把高级法院可能任命的大法官的名字“泄露出去”，如果该候选人能够经得起公众的挑剔考察，则将任命他为法院院长，如果发现该候选人缺乏新闻、媒体及公众的关注，总统的新闻秘书或其他高级官员不久将发表诸如“此人从未在考虑之列”的正式讲话。

[问题] 请根据建设性冲突的定义，谈谈白宫激发冲突的手段带来了什么好处?

2. 破坏性冲突

破坏性冲突（又称为功能失调的冲突）是不利于组织绩效的冲突。在破坏性冲突中，当事人都不愿听取对方的观点和意见，双方争论常常转变为人身攻击，带有很大的破坏性。

读一读 · 想一想

有一个合资公司，设在中方母公司旁边，食堂是共用的。这个合资公司的管理层主要是德方派来的管理人员，热情好客的中国人为他们搞了一个小食堂，管理层每天在小食堂吃饭。后来由于一些其他原因，双方发生了一些不愉快的事情，德方人员就开始倒苦水，他们非但不领情这个小食堂的优惠待遇，还说你看中方这批人就是不让我们和员工在一起，连吃饭都要把我们隔开。

［问题］请结合破坏性冲突的定义，谈谈本例中的冲突可能带来的消极后果。

（二）根据冲突产生的原因进行分类

按照这种分类原则，可以将冲突分为任务冲突、关系冲突和过程冲突三类。

任务冲突是指由于对工作内容和工作目标的不同认识所产生的冲突。

例如，学校要举行运动会，老师把组织本班同学参与运动会的任务交给班长和体育委员，班长认为既然是运动会，应当由体育委员全权负责，自己只起到支持辅助的作用，而体育委员认为班长总领全班事务，运动会也属于班级事务，自然是班长主要负责，自己从旁协助，于是两个人都不主动承担这个任务。在这个例子中，班长和体育委员就是由于对工作内容的理解不同而产生了冲突。

关系冲突是指由于人际关系，例如由于性格、爱好和价值观不同所造成的冲突。

例如，几个人就某个研究课题进行讨论时，同学 A 会觉得同学 B 以自我为中心，总是试图劝说别人采纳自己的观点；相反，同学 B 可能又觉得同学 A 没有主张，总是为别人的观点所左右。两个人由于性格方面的差异最终导致了人际冲突，不利于课题顺利进行下去。

过程冲突是指对于完成工作的程序存在不同认识所造成的冲突。

比如同学们分小组完成老师布置的英文文献阅读任务时，是应该每个人分别负责一部分的翻译，再整合，然后通读中文版，还是应该每个人都通读文献，分别翻译，最后再整合。同学们对方法的选择可能存在分歧，甚至产生冲突。

关于冲突的分类见表 9—1。

表 9—1 冲突的分类

分类依据	冲突的分类	概念解释
冲突结果	建设性冲突	对群体绩效有好处的冲突
	破坏性冲突	不利于组织绩效提升的冲突
冲突产生原因	任务冲突	对任务内容和目标的认识不同而产生的冲突
	关系冲突	由于性格、爱好、价值观不同而产生的冲突
	过程冲突	对完成任务的程序的认识不同而产生的冲突

三、杜布林冲突二维模型

管理心理学家杜布林（J. Dubrin）对冲突的分类实际上是将以上两种分类进行了综合。他把冲突分为两个维度，一个维度是从冲突的结果来划分，将冲突分为有害冲突和有益冲突；另一个维度是从冲突的诱发因素出发，将冲突分为实质型冲突和个体型冲突。其中，实质型冲突是指技术因素或行政因素所诱发的冲突；个体型冲突是指由于个人情感、态度、个性等因素诱发的冲突。根据这两个维度，冲突可以分为四种类型（见图 9—2）。

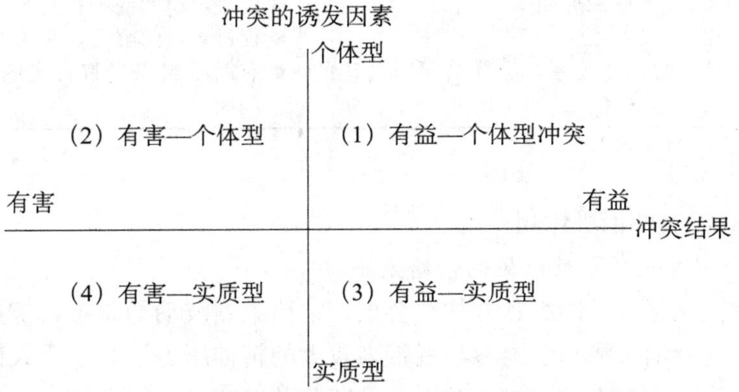

图 9—2　杜布林的冲突二维模型

（1）有益—个体型。这种冲突有利于冲突各方的利益，冲突是由个人情感诱发的。例如，财务部小王和小李一直性格不合，每次小李来报销，小王都严加审查，最后查出小李拿回扣的证据，为企业挽回了损失。

（2）有害—个体型。这种冲突是由个人情感诱发的冲突，冲突本身对冲突各方不利。例如，班上的同学小张和小王，由于个性不合，有次教室的玻璃不知道被谁砸碎了，小张当时正好看到小王在踢足球，于是编造谎言跟老师报告说是小王踢足球时把玻璃弄碎的，反而耽误了寻找真正的犯错误的人。

（3）有益—实质型。这种冲突是具体的事务性冲突，冲突本身有利于冲突各方的利益。例如，同一个专业的两个学生宿舍在学习成绩、体育成绩和文艺成绩等多个方面存在竞争，这种竞争激发了两个宿舍学生的活力，结果两个宿舍的成员在整个班级都是优秀学生，两个宿舍也是优秀宿舍。

（4）有害—实质型。这种冲突是具体的事务性冲突，冲突本身有害于冲突各方的利益。例如，小陈和小李都是班上优秀的学生，他们在德智体美劳方面都不相上下，有一次班上要选出一名同学代表班级参加市级“五好学生”评选，为了拉到更多的选票，小陈和小李都去撺掇周围同学，互相诋毁，结果弄坏了班上的风气，影响了大家的团结。

四、冲突的作用

冲突就像一把双刃剑。有些冲突对组织发展具有建设性作用，如对岗位的公平竞争，对同一事件的不同观点和主张等，这些冲突会激发组织成员的工作热情和工作创造性，提高决策的可靠性。然而，有些冲突对组织发展具有破坏性，如由于分配不公平而造成组织内部成员相互间的攻击和不满等，这些冲突不仅影响冲突双方的工作情绪，而且会对工作效率和效果产生不良影响。参见表 9—2。

表 9—2 冲突是一把双刃剑——简述冲突的作用

消极作用	积极作用
● 导致消极的情绪氛围 ● 造成人际关系紧张的局面 ● 破坏组织规范的约束性 ● 破坏组织中的信任关系，破坏公平、公正的氛围	● 激发个人的创新意识 ● 促进组织的变革和发展 ● 促进矛盾的解决，有助于建立新的局面 ● 有助于组织了解真实的信息，及时发现问题

（一）冲突的消极作用

1. 冲突可能会导致消极的情绪氛围

在冲突发生时，冲突各方往往会出现情绪激烈波动的状态，例如焦虑、愤怒或者悲伤。这种消极状态会给参与者带来较大的精神压力，并使个人做出一些有害于组织的行为，例如人身攻击、旷工、破坏公共财产以及偷窃等。

2. 冲突会造成人际关系紧张的局面

由于很多冲突都是与个人紧密相关的，冲突必然会使人际关系复杂化。如果冲突没有得到较好的解决，往往会出现恶意攻击、无端谩骂、人身侵犯等人际关系恶化的局面。

3. 冲突会破坏组织规范的约束性

在冲突发生时，组织的规范性和组织目标很有可能会被瓦解，尤其是面对大范围蔓延的冲突时，一部分员工会对组织的指示、命令茫然无措；一部分员工则会把组织的指示、命令当作儿戏，不受上级的约束，严重地破坏了组织结构和秩序。

4. 冲突会破坏组织中的信任关系，破坏公平、公正的氛围

如果组织中的冲突没有得到有效的解决，会严重损害当事人对组织的信赖，从而降低当事人的组织归属感。最严重的是，冲突会造成个人对组织的离心力，破坏组织的团结。此外，冲突也可能使组织中有限的资源更加紧张，导致资源分配更加不公平，挫伤了一部分员工的工作积极性。

（二）冲突的积极作用

1. 冲突会有利于激发个体的创新意识

个人之间或群体之间冲突的出现，说明在某些方面出现了问题，有些方面可能已到了非改革不可的地步。冲突的过程也就是不同思想碰撞和激发的过程，会促进思想的完善和进步。另外，冲突双方为了说服对方，往往会千方百计地寻找论据，这样真理越辩越明，对于问题的认识也越来越透彻，对于解决某些疑难问题大有益处。

2. 冲突会促进组织的变革和发展

在冲突过程中，有利于组织重新审视自己的规章制度。通过冲突，可以了解究竟问题出在哪里，追根究底，找出组织内部制度不完善的地方，然后加以修正。另外，组织在冲突过程中，会有新的目标和发展的思路产生，从而为组织的发展注入

新的活力。因此，冲突对于组织来说是一个变革的契机。

3. 冲突会有利于矛盾的解决，有助于建立新的局面

冲突发生过后，原来激化的矛盾会得到一定的缓解和释放，一方面，个人或者群体的怨气得到了宣泄，有利于构建比较健康的组织氛围；另一方面，矛盾公开后有利于排除引起冲突的消极因素，对目前的关系进行“洗牌”，从而建立新的局面。

4. 适当的冲突会有助于组织了解真实的信息，及时发现问题所在

只有通过冲突，组织才能够比较真实地看到对立双方的利益诉求，才能获得更加全面的信息，才能正确分析出冲突发生的问题所在，这对于领导者全面掌握信息、正确决策、更好地激励员工都有重大意义。

五、冲突的发展过程

了解了冲突的概念和作用，你是否想过冲突是如何从人们的意识发展成各种外在的表现形式呢？要回答这个问题就涉及冲突的发展过程。关于这一过程，目前有两个比较有影响力的观点，分别是庞蒂的冲突五阶段模型和罗宾斯的五阶段模型。

（一）庞蒂的冲突五阶段模型

路易斯·R·庞蒂（Louis R. Pondy）认为，可以将冲突的发展阶段分为潜在的冲突（latent conflict）、知觉的冲突（perceived conflict）、感觉的冲突（felt conflict）、显现的冲突（overt conflict）和冲突的结果五个阶段。

1. 潜在的冲突

在这个阶段，冲突处于潜伏状态，主要表现形式为能够引起冲突发生的一些条件，但是这些条件并未达到能够引起冲突发生的临界点。可以说，潜在冲突随时都存在。只要人们彼此具有相互依赖关系，就会存在各种各样的差异性。一般来说，彼此差异性越大，促使冲突表面化的可能性就越大，冲突的潜伏期就会越短。

2. 知觉的冲突

当冲突的潜伏期发展到后期，冲突的双方意识到彼此之间的差异性，就会使得个人开始在认知和情感上意识到分歧的存在。这种知觉上的冲突通常是冲突爆发的前奏，大多数时候是由某一积蓄已久的特定事件引发的。

3. 感觉的冲突

在这一阶段，冲突双方开始划分“我们与他们”的界限，开始定义冲突问题，确定自己应对冲突的策略以及各种可能的处理方式。冲突者可能会将前期的不满及其他感受表现出来，同时还会对冲突进行一定的基本分析，清楚地了解冲突发生的原因以及冲突的真实情况等。

4. 显现的冲突

当冲突的一方或双方都想公开地表达自己感觉到的冲突时，那么显现的冲突就出现了。在这个阶段，冲突从认知层面和情感层面进入到行动层面，冲突开始变成了一系列外在形式，例如口头（或身体上）攻击对方、有意采取行动挫败对方或者

是人际淡漠。如果希望冲突能够得到解决，必须要使冲突各方的需求和有利害关系的事情能被对方听取并得到处理。

5. 冲突的结果

一般而言，冲突的结果可以大致分为胜—胜、胜—负、负—胜、负—负四种形式。由于冲突的双方在冲突结束后会有不同的损益，这会诱发冲突双方不同的反应和后续行为。因此，冲突的结果并不意味着冲突的真正结束，甚至是下一轮潜在冲突的开始。

读一读·想一想

某建设公司董事长召开经营会议，通知主管在房地产市场不景气的影响下公司开始亏钱，因此从下个月起公司全员减薪5%，所有员工福利取消。减薪政策经由主管转达后，公司员工人心浮动，工作气氛开始变得紧张、不信任，有的员工提出离职申请，有的员工坚守岗位。

资料来源：http：//wenku. baidu. com/link？ url＝1Gi8NhDaS1G4g3OPTu8tk06u3wvjn M0q9hXFy-WyBJmHezWXfguzTbJJXvp48rNSbEgNypyFLfkTPa _ 3OxdKmwWI6g-VdBOw-jtvvxwzDP8a.

［问题］请你思考一下，如果用庞蒂的五阶段模型来解释，应该如何描述这个小案例中的冲突发展呢？

（二）罗宾斯的五阶段模型

罗宾斯也提出了冲突的五阶段说，包括冲突的潜在对立或失调阶段、冲突的认知和情感投入阶段、冲突的行为意向阶段、冲突的行动阶段和冲突的结果阶段（见图9—3)。该理论在国内组织行为学领域具有很大的影响力。

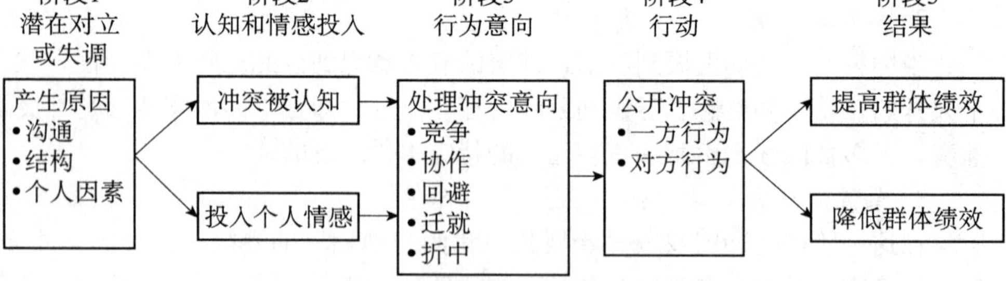

图9—3 罗宾斯的五阶段模型

1. 冲突的潜在对立或失调阶段

冲突的潜在对立或失调阶段会形成导致冲突发生的各种机会和条件。这些条件并不一定直接导致冲突，但它们是冲突产生的必要条件。概括起来，共有如下三类条件：沟通、结构和个人。

第一，沟通是指由于信息发送、信息接收以及信息通道中的噪音等所导致的沟通障碍。研究表明，沟通中的各种信息偏差会增加冲突发生的可能性。

第二，结构包括群体规模、群体成员分配任务的具体化程度、管辖范围界定的明确程度、员工与目标之间的匹配性、群体间相互依赖的程度等相关因素。群体之间的目标差异是产生冲突的主要原因之一。当组织中不同群体追求的目标不同时，会增加冲突的可能性。

第三，个人是指个体所拥有的价值观系统和人格特征。研究表明，某些人格类型（如专制、教条和自大）有可能会导致更多的冲突。另外，价值观的差异也能很好地解释很多问题，如对待公平的态度通常会导致人们对于贡献与应得报酬分配的不满。

2. 冲突的认知和情感投入阶段

在这一阶段，个人不但意识到阶段一所提到的那些冲突条件，而且出现了相应的情绪反应。在这一过程中，双方会界定冲突的性质，这对于下一阶段的解决办法有着深远影响。如果一个人认为冲突是有建设性的，则可能会采取积极的态度和行为，否则可能会采用敌对的态度和行为。

3. 冲突的行为意向阶段

行为意向（intention）介于个体的认知、情感及其外显行为之间，指的是要以某种特定方式从事活动的决策。在冲突情境中，行为意向为下一步的行为提供了总体的指导原则。行为意向可以用合作性和自我肯定性两个维度来描述。合作性是指一方愿意满足另一方愿望的程度。自我肯定性是指一方愿意满足自己愿望的程度。根据这两个维度，可以确定五种冲突处理的行为意向，分别是竞争、协作、回避、迁就、妥协。

（1）竞争。竞争指自我肯定但不合作。当一个人在冲突中寻求自我利益的满足，而不考虑冲突对另一方的影响时，往往采取竞争的做法。这种做法包括试图以牺牲他人的目标为代价来实现自己的目标，试图让对方认识到自己的错误，以及当问题出现时试图怪罪别人等。

比如在美国总统大选中，两位候选人为了赢得更多的支持，在发表演说时还要挖出对方的丑闻，以此给对方有力一击，这种做法在标榜自己成绩的同时也损害了他人的名誉，而这样做的目的就是确保自己在大选中获胜。

（2）协作。协作指自我肯定且合作。当冲突双方均希望满足各方利益时，双方就可以进行相互之间的合作，并寻求相互受益的结果。在协作中，双方的意图是找到解决问题的办法，而不是迁就不同的观点，其做法是坦率地澄清差异。

比如企业间的强强联合，企业之间虽然存在利益上的冲突，但在一些时候，企业之间又需要优势互补，共同谋取更大的经济利益，这就需要企业之间将各自的利益做一定的让步和统一，共同协商、签订协议，使企业能更好地发展。

（3）回避。回避是指不自我肯定且不合作。一个人意识到了冲突的存在，但希望逃避它或抑制它。回避策略的具体做法包括试图忽略冲突，回避与自己不同的意见。

比如同学们一起争论某一问题时，就会有人在旁沉默不语或干脆躲开，选择保留心中一个明确的认识而忽略他人的观点。

（4）迁就。迁就是指不自我肯定但合作。如果一方为了安抚对方，把对方的利益放在自己的利益之上，就是迁就的表现。迁就的做法包括愿意牺牲自己的目标使对方达到目标，违心地支持他人的意见，原谅某人的违规行为并允许他继续这样做。

（5）妥协。妥协是指合作性与自我肯定性均处于中等程度。当冲突各方都寻求放弃某些东西，从而共同分享利益时，则会带来妥协的结果。采取妥协做法，没有明显的赢家或输家，双方愿意共同承担冲突问题，并接受一种双方都达不到彻底满意的解决办法。比如在西方，工会与企业之间的谈判，双方会就自己的利益作出让步与妥协，以确保生产正常进行。

4. 冲突的行动阶段

行动阶段包括冲突双方进行的声明、活动和态度。在这个阶段，冲突表现为双方的相互作用，是将行为意向转化为行动的公开化。根据冲突的严重程度，可以将行为由轻到重分为轻度的意见分歧、公开的质疑和怀疑、言语攻击、威胁和最后通牒、身体攻击和摧毁对方的公开努力等方式。

5. 冲突的结果阶段

冲突双方的互动导致了最终结果，这个结果可能会带来积极的效果，提高群体的工作绩效，当然，冲突也可能会带来消极的效果，阻碍群体的工作绩效。

第2节　谈判的基本概念与过程

谈判是解决冲突的一种最常用的手段，美国谈判学会会长尼尔伦博格认为，只要是存在满足要求的愿望，就存在谈判的可能。事实上，谈判几乎渗透到社会生活中的方方面面。本节将对谈判的概念、分类和过程进行介绍。

一、谈判的基本概念和构成

（一）谈判的概念

尼尔和贝兹曼（Neale & Bazerman）将谈判定义为：“在相互依赖但并没有共同偏好的各方之间的一个决策过程。正是通过谈判，各方才能够决定在这种关系中，每一方应该付出什么以及可以得到什么。”

斯蒂芬·罗宾斯对谈判的定义是：双方或者多方互换产品和服务并试图对他们的交换比率达成协议的过程。本书采用罗宾斯的说法。

（二）谈判的构成

谈判由四个部分组成：谈判代表、谈判内容、谈判目的、谈判结果。

1. 谈判代表

谈判代表是谈判活动的当事人。当事人可以是多方，也可以是双方。例如新闻里常见到的多国高层会议，就是多国代表出席的多方谈判。

2. 谈判内容

谈判内容必须是当事人共同关心的，与多方利益有密切联系的观点或事物。

3. 谈判目的

谈判之前，必须先确认自己对对方的要求是什么，希望对方至少要做好哪些项目等。

4. 谈判结果

一个完整的谈判活动必须要有相应的结果，无论成功或者失败、成交或者破裂，都标志着一次谈判过程的完成。

二、谈判的分类

谈判的种类多种多样、纷繁复杂，按照不同的标准可以有多种划分方法，下面就其中几种主要类型进行简要的描述。

(一) 按照谈判的特点进行分类

根据谈判的特点可以将谈判分为两类：分配谈判和综合谈判。

1. 分配谈判

分配谈判是指在利益固定的情况下，围绕各方应该获得的比例多少而进行协商的谈判。分配谈判是一种零和谈判，也就是说，一方的得到要以另一方的失去为代价。因此，分配谈判过程中，谈判主体之间处于相互对立的立场上。

在组织中，分配谈判的典型例子就是员工薪酬谈判，因为劳动者工资的提高意味着组织成本的提高，也就是说，谈判主体之间无法实现共赢。

要使分配谈判能够达成最后的协议，要求谈判双方之间的意愿范围要有重叠的区间（见图 9—4）。意愿范围的边界是由两个边界点组成的：一个是谈判个体希望从谈判中获得的最优结果；另一个是谈判个体能够接受的最差结果。在分配谈判过程中，双方都努力使谈判结果不超出或靠近自己的目标点，然而，一旦结果超出了对方的意愿范围，谈判就会破裂。

2. 综合谈判

综合谈判（integrative bargaining）是指至少可以寻找一种方法使谈判双方实现双赢的谈判。与分配谈判不同的是，综合谈判并没有绝对的输家和赢家，谈判的结果可以使得双方共赢，从而有可能实现双方的长期合作。

如果要实现综合谈判的共赢结果，要求谈判双方互相信任，能够敏锐地感觉到对方的需求，尽可能多地分享信息，并保持谈判灵活性等。例如，如果双方不能充分地分享信息，可能会成为谈判进行的障碍，导致谈判的夭折。

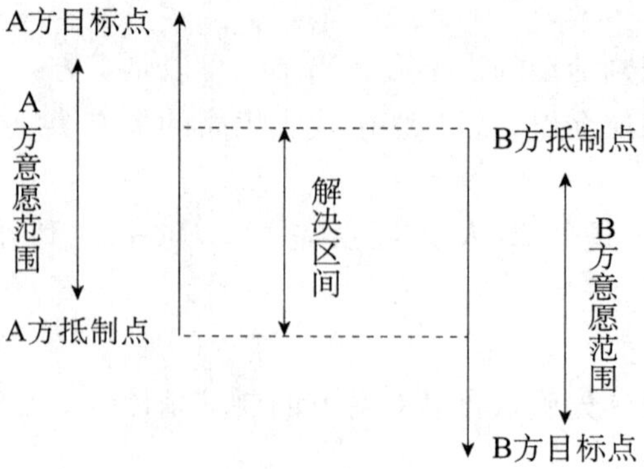

图 9—4　分配谈判的区间

读一读·想一想

李红打算在商业中心地段的服装市场里租一个店面卖女装。进货时，她为了尽可能低价购入，与服装厂的销售代表达成了协议，李红借自己做生意的机会帮助服装厂进行一些市场调查，同时从自己这个零售商的角度为厂家提供一些商业信息，帮助厂家选择更畅销的服装款式；作为回报，厂家给李红的折扣会比给其他零售商的更低一些。

李红的小店开业后，每日客流量不小，但真正做成的生意并不多，因为李红采购的都是款式较新颖，质量也较好的服装，价位也相应比周围的店铺高一些，顾客杀价的本事却很强，总是低于李红的心理价位，导致服装的销量不是很高。

［问题］请结合前文介绍的分配谈判和综合谈判的定义，分析李红与服装厂和顾客之间的谈判分别属于哪种类型。为什么厂商能提供较低的价格，而李红却不愿降价销售？

（二）按照既定效果差异进行分类

1. 形式性谈判

有些谈判的进行，并不是追求最终结果的达成。例如某些一般性的技术性交流、展示或讨论。形式性谈判有不求结果的情况，也有当前看不出结果，而是为未来谈判做准备。

2. 意向性谈判

意向性谈判的结果不具备法律约束效力，仅仅是双方意向性的总结与展望。这类谈判一般是以双方签署某项意向书、备忘录或口头许诺作为结局。

3. 责任性谈判

责任性谈判是为实现某项交易而进行的，谈判的最终目的是达成具备法律约束效力的契约，并明确双方的责任、权利、义务，表现形式通常为合同或准合同。

以上三种谈判的约束力呈现逐渐加强的效果，尤其是责任性谈判一般具有法律效力，而形式性谈判则是一种接触性的谈判。

(三) 按照参加谈判的人数差异进行分类

1. 个体谈判

顾名思义，个体谈判就是指谈判参加主体不是组织，也不是群体，而是个人。在实际操作中，这种谈判方式由双方各派出一个人参加，一对一地进行谈判。这种谈判通常都要求参加的个体是全能型的，能够承担整个谈判的任务。

2. 集体谈判

在集体谈判中，双方都有两个或两个以上的人员参加。谈判人员可以是专家型的，知识互补，相互配合，共同构成一个强有力的谈判小组。

(四) 按照利益主体的数目进行分类

1. 双边谈判

在双边谈判中，只有两个利益主体参加。谈判主要围绕双方均感兴趣的内容进行，并且利益关系比较明确、具体、简单，因而比较容易达成一致意见。

2. 多边谈判

在多边谈判中，有两个以上的利益主体参加。多边谈判的利益关系相对于双边谈判来说复杂得多，往往呈现错综复杂的网状关系，难以达成一致。

关于谈判的分类见表9—3。

表9—3 谈判的分类

分类依据	谈判分类
谈判特点	分配谈判
	综合谈判
既定效果差异	形式性谈判
	意向性谈判
	责任性谈判
谈判人数	个体谈判
	集体谈判
利益主体的数目	双边谈判
	多边谈判

读一读·想一想

朝核六方会谈

朝核六方会谈是指由朝鲜、韩国、中国、美国、俄罗斯和日本六国共同参与的旨在解决朝鲜核问题的一系列谈判。会谈于2003年8月27日开始，到2007年9月30日为止，共举行过六轮会谈。六方会谈的目的是解决朝鲜核危机。六方会谈的起因是2002年朝鲜宣布要发展核武器，希望和美国进行双方会谈。美国拒绝这个会谈方法，觉得会谈应该包含所有有关的国家。两国最后同意六国会谈的方法，但是也同意在会谈中间有朝鲜和美国直接会谈的可能。

资料来源：根据百度百科资料（http：//baike. baidu. com/view/529755. htm）整理而成。

［问题］六方会谈这种多边谈判方法与韩美双边谈判的方法相比，具有哪些优势？不足在哪里？

三、谈判过程

虽然谈判的种类很多，但谈判的过程有一些共同的规律。我们一般将谈判划分为五个阶段：准备与计划阶段、界定基本规则阶段、阐述与辩论阶段、讨价还价与问题解决阶段、谈判结束与实施阶段。

（一）准备与计划阶段

《孙子兵法》有云："知己知彼，百战不殆。"由此可见，在事情发生之前进行详尽的调查，并制定切实可行的计划是事情成功的关键所在。谈判前的准备工作包括：

（1）组织谈判团队。这需要考虑团队的能力结构、团队成员的分工，以及团队的规模等。

（2）收集相关情报，了解谈判环境、竞争对手等信息，以便了解对方的意图，为制定谈判计划和谈判策略提供必要的信息支持。

（3）制定谈判的目标，对目标设定一个范围，从最优期望目标到最低可接受目标都要做出界定，以便分析和订正。

（4）进行必要的物质准备，包括选择谈判场所、布置谈判场地等。

（5）进行模拟谈判，通过实际操练来熟悉谈判的流程和内容，增加谈判成员的经验、技巧，使谈判成员间更加默契。

（二）界定基本规则阶段

上一阶段完成后，可以和对方制定基本规则和程序，包括谈判的时间、地点、约束条件，以及如果谈不下去应该如何处理等。

（三）阐述与辩论阶段

阐述和辩论阶段是谈判的主体阶段，谈判各方在这一阶段可能会表现出较强的对抗性，并且将各自的观点进行了详尽的、充分的说明和探讨，使双方相互了解对方的意图和谈判信息。在这个阶段需要把握两个问题：

第一，要注意营造适合谈判目的的气氛，如果是综合谈判，则需要营造热烈、积极和友好的气氛，如果是分配谈判，则需要营造冷淡、紧张、对立的氛围。

第二，要注意报价的策略和技巧，包括报价次序、报价方式和报价策略。一般而言，先报价会掌握主动，但应该注意在报价前先让对方把价格预期降下来，再报出价格。如果你对对方的了解非常少，最好让对方先报价。在谈判中要注意报价要合理，同时态度要坚决明确。

（四）讨价还价与问题解决阶段

这个阶段实际上是指为了达成协议而相互让步的过程。在这个阶段主要关注如何通过让步达成协议，包括先升后降、先降后升、均等让步等。

（五）谈判结束与实施阶段

当谈判各方针对谈判内容进行过辩论和讨价还价之后，会将各项谈判结果落实成文字，形成合同的形式，然后由双方审核同意后，共同签署生效。

本章小结

1. 冲突指个体、群体与组织之间由于各种原因所导致的对立性的互动过程。有关冲突的观点，随着研究的发展也不断发生变化。

2. 冲突有多种分类方式：根据冲突结果可分为建设性冲突与破坏性冲突；根据冲突产生原因可分为任务冲突、关系冲突和过程冲突。根据杜布林的冲突二维模型，从冲突的结果来划分，可分为有害冲突和有益冲突，从冲突的诱发因素出发，将冲突分为实质型冲突和个体型冲突，根据这两个维度，冲突可以分为四种类型：有益—个体型冲突、有害—个体型冲突、有益—实质型冲突和有害—实质型冲突。

3. 冲突存在消极作用，可能会导致消极的情绪氛围，造成人际关系紧张的局面，破坏组织规范的约束性，破坏组织中的信任关系，破坏公平、公正的氛围。同时，冲突也可能产生积极作用，有利于激发个体的创新意识，促进组织的变革和发展，有利于矛盾的解决，有助于建立新的局面，适当的冲突有助于组织了解真实的信息，及时发现问题所在。

4. 关于冲突的发展阶段有两种主流模型：庞蒂的冲突五阶段模型，包括潜在的冲突、知觉的冲突、感觉的冲突、显现的冲突和冲突的结果五个阶段；罗宾斯的五阶段模型，包括冲突的潜在对立或失调阶段、冲突的认知和情感投入阶段、冲突的行为意向阶段、冲突的行动阶段和冲突的结果阶段。

5. 谈判是解决冲突的一种最常用的手段，罗宾斯将其定义为，双方或者多方互换产品和服务并试图对他们的交换比率达成协议的过程。

6. 谈判由四个部分组成：谈判代表、谈判内容、谈判目的、谈判结果。

7. 谈判有多种分类方式：根据谈判的特点可以将其分为分配谈判和综合谈判；按照既定效果差异可分为形式性谈判、意向性谈判、责任性谈判；按照参加谈判的人数差异可分为个体谈判、集体谈判；按照利益主体的数目可分为双边谈判和多边谈判。

8. 谈判的过程一般分为五个阶段：准备与计划阶段、界定基本规则阶段、阐述与辩论阶段、讨价还价与问题解决阶段、谈判结束与实施阶段。

本章思考

1. 讨论日常生活中的冲突产生怎样的消极和积极作用。
2. 结合上一章学习的沟通相关理论，讨论日常生活中如何解决冲突。
3. 举例分析不同的谈判类型。

管理游戏一：词语选择

参与人数：2人一组。

游戏时间：5分钟。

游戏规则：

游戏分两轮进行：

1. 把大家分成2人一组，并将每一组中头发较短的人记为A。每组将有1分钟时间一起安排他们的假期。

2. 第一轮：A提出一个建议，例如："我们去××地方，好好玩儿一下吧。"

3. B采用"好吧，但是……"这样的句式回答。

4. A也用"好吧，但是……"这样的句式表达自己的意见。对话就按照这种方式进行，直到时间结束。

5. 第二轮：A用同样的假期建议开始这次对话。这一次，双方采用"好的，而且……"这样的句式对对方的建议作出反应。1分钟后叫停。

思考：

1. 在第一轮中，你是否发现你的搭档有几次确实使你很生气？在第二轮中，有什么不同吗？

2. 在第二轮中，关于假期计划你们中有多少人有进一步的进展？如果确实有进展，那么你认为是因为什么呢？

3. "好吧，而且"讲技巧，如何影响对话中的矛盾冲突？当你们之间存在分歧时，通过运用这个技巧，你放弃了什么，获得了什么？

资料来源：朵妮·泰百玲：《培训游戏大全》，94～96页，北京，企业管理出版社，2006。

管理游戏二：减肥的较量

参与人数：13人。

游戏时间：30分钟。

游戏规则：

1. 游戏准备：按照下图示例在黑板上画好"计分板"。需要注意的是，"阻力"和"动力"两个方向均需要有10个程度的刻度。

2. 选出三位同学扮演裁判的角色。

3. 选出10位同学，分成两个小组，每组5人，分A，B两组。

4. 给大家10分钟时间，每个小组围绕"减肥"这个问题提出切实可行的操作

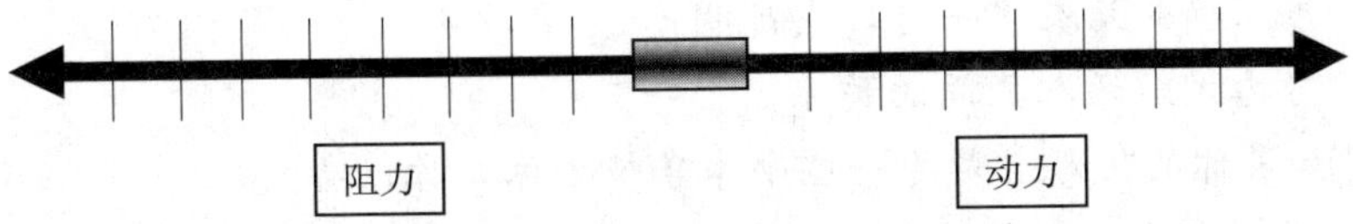

“计分板”示意图

方案，每组最终确定5个最有效方案。需要注意的是，两个小组的任务不同，其中，A组是阻力，他们的任务是，妨碍减肥目的的达成。B组是动力，他们的目标是实现减肥目标。

5.10分钟之后，由两个小组成员交替发布自己的方案。每提出一个方案，就由之前选出的三名裁判进行判定，裁定该方案“力”的等级是多少，裁判的判定时间为30秒。例如，裁判认定A组的方案一有3个单位的“力”，那么就将“计分板”中间的黑色方块向阻力方向移动三个刻度。

6. 两个小组10名组员陈述结束后，“计分板”上的黑色方块在哪个区域内，就判定为哪组胜利。

思考：

1. 当你看到黑色方块朝对手方向移动时，你有什么想法？

2. 你们小组最终取得的结果是否令你满意？你觉得还有哪些可以改进、提升的地方？

3. 你认为对方组员提出的方案效果如何？如果是在现实生活中，面对这样的阻力，你会如何应对？

资料来源：朵妮·泰百玲：《培训游戏大全》，96～99页，北京，企业管理出版社，2006。

测试：你平息人际冲突的能力怎么样

下面有10道题，每道题有4个备选答案。请根据你的实际情况，选择一个最适合你的答案。

1. 要是你与某同学产生了矛盾，关系紧张起来，你将怎么办？

A. 他若不理我，我也不理他；他若主动前来打招呼，那么我也招呼他。

B. 请别人帮助，调节我们之间的紧张关系。

C. 从此不再搭理他，并设法报复他。

D. 我将主动去接近对方，争取消除矛盾。

2. 如果你被人误解干了某件不好的事情，你会：

A. 找这些乱说的人对质，指责他们。

B. 同样捏造莫须有的事加在对方身上，进行报复。

C. 置之一笑，不去理睬，让时间来证明自己的清白。

D. 要求组织上调查，以弄清事实真相。

3. 如果你的父母之间关系紧张，你会：

A. 谁厉害就倒向谁一边。

B. 采取不介入态度，不得罪任何一个。

C. 谁正确就站在谁一边，态度明朗。

D. 努力调解两人之间的关系。

4. 如果你的父母老是为一些小事争吵不休，你准备：

A. 根据自己的判断，支持其中正确的一方。

B. 尽量少回家，眼不见为净。

C. 设法阻止他们争吵。

D. 威胁他们：如果再吵，就不认你们为父母了。

5. 如果你的好朋友和你发生了严重的意见分歧，你将怎么办？

A. 暂时避开这个问题，以后再说，以求同存异。

B. 请与我们两个人都亲近的第三方来裁决谁是谁非。

C. 为了友谊，迁就对方，放弃自己的观点。

D. 下决心中断我们之间的朋友关系。

6. 当别人嫉妒你所取得的成绩时，你会：

A. 以后再也不冒尖了，免得被人嫉妒。

B. 走自己的路，不管别人持什么态度看待我。

C. 同这些嫉妒者争吵，保护自己的名誉。

D. 一如既往，但同时反省自己的行为。

7. 如果有一天需要你去处理某件事（不是坏事），而处理这件事的结果不是得罪甲，就是得罪乙，而甲和乙都是你的好朋友，你会怎么做？

A. 向甲和乙说明这件事的性质，想办法取得他们的谅解，再处理这件事。

B. 瞒住甲和乙，悄悄把这件事做完。

C. 事先不告诉甲和乙，事后再告诉得罪的一方。

D. 为了不得罪甲和乙，宁可不顾当时的需要，而不去做这件事。

8. 如果你的好朋友虚荣心太强，你很看不惯，你会：

A. 检查一下对方的虚荣心是否同自己有关。

B. 利用各种机会劝导。

C. 听之任之，随他怎么做，以保持良好关系。

D. 只要他有追求虚荣的表现，就同他争吵。

9. 如果你对某一问题的正确看法被上司否定了，你会：

A. 向总经理反映，争取总经理的支持。

B. 工作消极，以发泄自己的不满。

C. 一如既往地认真工作，在适当的时候向上司陈述自己的看法。

D. 同上司争吵，准备离开单位。

10. 如果你同朋友在假日活动的安排上意见很不一致，你准备怎么办？

A. 双方意见都不采纳，另外商量双方都不反对的安排。

B. 放弃自己的意见，接受朋友的主张。

C. 与朋友争论，迫使朋友同意自己的安排。

D. 到时独自活动，不和朋友一起度假了。

分数计算：

题号	A	B	C	D
1	1	2	0	3
2	1	0	3	2
3	0	1	2	3
4	1	0	3	2
5	3	2	1	0
6	0	2	1	3
7	3	1	2	0
8	2	3	0	1
9	2	1	3	0
10	2	3	0	1

分数说明：

0～6 分

表明处理人际冲突的能力很弱。

7～12 分

表明处理人际冲突的能力较弱。

13～18 分

表明处理人际冲突的能力一般。

19～24 分

表明处理人际冲突的能力较强。

25～30 分

表明处理人际冲突的能力很强。

资料来源：洛清编：《118 个经典心理测试》，8～10 页，北京，中国纺织出版社，2011。

章末案例：沃尔玛深圳工会首席谈判代表和公司谈工资

深吸一口气后，李翼新开始了精心准备的开场白。

“大家都说我们这是在谈判，但我觉得还是叫‘协商’比较好，因为大家的目的是一致的，都是为了公司的整体利益。”

7 月 17 日下午 3 点，在深圳农林路沃尔玛中国总部，李翼新第一次坐到谈判桌前，这是一个名为“老庄”的会议室，在 9 楼。

李翼新对这里感到陌生。作为一名在沃尔玛深圳布吉大芬村店电器部工作的一线员工，他本来没有机会到总部来，这次之所以例外，是因为他的另一个身份——沃尔玛大芬村店工会主席。

会议桌两侧各坐 10 个人。一边是来自沃尔玛在深圳各门店工会的谈判代表，以李翼新为首席代表；另一边 10 个人代表沃尔玛的行政方，由沃尔玛中国总部人力资源高级总监闫冀敏领衔。

这次协商一周后，7 月 24 日，李翼新代表沃尔玛在深圳的 8 000 多名员工在一份与公司缔结的集体合同上签字。根据这份合同，未来两年内，这些员工的工资总额将以每年9%的速度增长。

“沃尔玛是一个制高点。”深圳市总工会法律部部长张友泉说，此后，市总工会更有信心在深圳的世界500强企业中推行工资集体协商制度。

从搬运工到工会主席

李翼新3年前进入大芬村店工作，职责是在超市里搬运货物。直到现在，他的自我定位仍旧是个“蓝领”，经常受理客户的各种投诉。

2006年7月，福建晋江成立了沃尔玛在中国的第一家工会，沃尔玛对工会闭合的防线被打开一个缺口。李翼新得知消息，立即和两个同事行动起来，于2006年8月8日在大芬村店发起成立了工会，李翼新任副主席。不久，原主席离开沃尔玛，他继任主席。

大芬村店共有520名员工，包括总经理在内的所有员工都加入了工会。李翼新很享受工会主席的工作。每个人都认识他，见到他都会点头致意。

2006年底，深圳市总工会组织沃尔玛工会的委员进行了一项调查。结果显示，沃尔玛在深圳暴露出各种劳工待遇问题，如超时加班，将最低工资作为加班工资基数等，而沃尔玛员工最关注的也是薪酬待遇问题。

大芬村店工会成立后，在员工中组织旅游、乒乓球赛，还协助公司进行效益评比，逢年过节给员工发放福利。“我们的做法跟国企工会差不多。”李翼新说，有关法律规定，公司应将工资总额的2%作为工会经费，沃尔玛没有延误过这项费用，但张友泉不满足于这些传统的工会活动，他认为工会履行职责最主要的方式应是与资方进行谈判，否则工会就白建了。“有人对中国的工会有偏见，认为我们不能维护职工权益，”张友泉说，“我们就要在这方面证明我们是有战斗力的。”

2006年11月，深圳市总工会向沃尔玛提出进行工资集体协商的要求。

作为世界500强之首、中国制造业的主要采购商之一，沃尔玛对工会的立场十分敏感。“整个国际社会的工会都在看着你们。”在与沃尔玛沟通时，张友泉直言：“不是我要关注你们，而是我本身也在被关注。”

艰难地走向谈判桌

对于沃尔玛来说，与工会进行谈判不是一件容易的事。沃尔玛没有明确拒绝谈判，但迟迟不进入实质性接触。沃尔玛中国总部表示，他们要向沃尔玛美国总部请示。

沃尔玛在2007年1月首次作出回应，他们向深圳市总工会提供了一份集体合同的样本，但被市总工会否决。“那份合同都是法律法规的重复，没有意义。”张有泉强调，集体合同的本意应是在法律规定的基本权利之上的发展。

为此，工会在2007年6月也提出一份合同草案，内容涵盖工资增长水平、员工应享受的交通补贴，以及加班女工应得到的交通补助等，但沃尔玛未予认可。

2007年8月，沃尔玛美国总部的人力资源高级总监白恩伟拜访深圳市总工会。总工会向白恩伟提出希望展开集体谈判，但未获正面回应。

市总工会又约见沃尔玛中国总部副总裁王培，提醒说，如果沃尔玛仍然不与各门店工会举行集体谈判，市总工会将代表沃尔玛工会与沃尔玛行政方进行谈判。

工资条款拉锯战

经过7月12日、14日、17日三天谈判，双方就集体合同草案的基本条款达成协议。

7月17日，工会方谈判主角换成了李翼新等沃尔玛工会的10名谈判代表，谈判地点也从市总工会转到沃尔玛中国总部。下午3点，双方代表走进沃尔玛总部会议室。谈判的核心是未来两年的工资增长幅度问题。工会拟订的方案是，以未来两年工资总额每年增长14%为谈判目标，11%为涨幅下限。在市总工会与沃尔玛的基础谈判中，工会一直坚守11%的底线，并一度看到成功的希望。

就在这时，一件意想不到的事发生了。7月14日，沈阳沃尔玛和当地工会的集体谈判也在进行。谈判持续6个小时，双方达成协议，未来两年当地沃尔玛员工的工资总额将每年增长8%。沃尔玛中国总部迅速批准了这份在中国达成的首份集体合同。"这个结果使我们陷入被动。"深圳一位参与谈判的工会人士认为，这是沃尔玛一手操作的策略。"搞定"沈阳后，深圳谈判桌上的沃尔玛变得强硬起来。最终签订的集体合同约定，在2008年、2009年工资的年平均增长幅度为"9+1"，即工资平均增长9%，同时公司提供1%用于升职和特别调薪。"这不是一个令人满意的结果。"李翼新说，集体合同草案还要经所有工会成员投票表决，这份草案在表决中的得票率为66%。

在张友泉看来，尽管工资涨幅未达预期，但经过一年半的交锋，最终促使高傲的沃尔玛建立了集体工资协商机制，这还是一个不错的结果。以后每年12月份，劳资双方都可以就员工薪酬待遇举行谈判。

凡开展了工资集体协商的企业，职工收入都有不同程度的增长，企业发展平稳且劳动关系和谐。

资料来源：陈善哲：《沃尔玛深圳工会首席代表和公司谈工资》，载《21世纪经济报道》，2008-08-14。

[思考题]

1. 工会在哪些方面体现了"协商"的行为意向？
2. 工会与企业之间的冲突是以什么方式化解的？
3. 对工资协商的谈判按既定效果差异划分属于什么类型的谈判，为什么？
4. 工会在与企业进行工资协商时运用了哪些谈判技巧？

第10章

领导与领导行为

我更害怕由一只狮子领导的一百只羊，而不是由一只羊领导的一百只狮子。

——塔列朗

学习目标

1. 了解领导的定义；
2. 能辨析领导与领导者、领导与管理的关系以及领导者影响力的来源；
3. 理解并记忆领导的基本理论；
4. 了解东方背景下的领导理论。

开篇案例

唐僧的领导力

很多人看《西游记》都不喜欢唐僧。这样一个善恶不分、滥发慈悲的人怎么能够被唐太宗和观音菩萨委以重任，领导四个本领高强的徒弟呢？

但是，我们是不是该思考一下：如果没有唐僧这个把握方向、凝聚人心、意念超强的"精神领袖"，取经恐怕不会成功。那么，唐僧领导艺术的关键是什么呢？

第一，唐僧在神俗两界取得了合法的领导地位。我们从外部因素来看，唐僧被观音菩萨选中，并且深得唐皇的器重，代表大唐王朝前往西天取经，也就是说，唐僧获得了正式的权力，他在团队中的地位被"权威部门"认可和扶持，因此，唐僧具备了领导的权威性和正式性。在随后的取经过程中，观音菩萨还多次出面相助，为其搜罗人才，先后降服了四位能干的徒弟，组建了取经团队，巩固了唐僧的领导地位。正是这种得到"高层认可”的权力地位，四个徒弟才能够心甘情愿地为唐僧牵马挑担，降妖伏魔。

第二，唐僧在团队中建立了很好的激励机制。仔细回想一下，唐僧的四个徒弟都是“有前科”的：孙悟空因为大闹天宫而被压在五指山下；猪八戒因为贪恋美色而被贬下凡间；沙和尚因为失手打碎了玉帝心爱的琉璃灯，被放逐到流沙河；小白龙因为忤逆不孝，被父亲告发，犯了天条。那么，作为取经归来的奖励，就是可以免除各种惩罚，修成正果，立地成佛。

第三，从唐僧本身来看，唐僧确实也具备一个优秀领导者所必需的素质。(1) 意志坚强，目标明确。一个领导在一群人当中不一定是最强壮的，也不一定是最聪明的，但他一定是那个目标最明确、意志最坚强的人。唐僧恰恰就是这样一个人。譬如，面对火焰山，八戒建议：“只拣无火处走便罢。”唐僧问：“哪方无火？”八戒答：“东方南方北方俱无火。”唐僧又问：“哪方有经？”八戒答：“西方有经。”唐僧便坚定地指出：“我只要往有经处去。”因此，对于唐僧而言，“神马都是浮云”，功名、钱财和美色统统不重要，只有取经大业才是最终也是唯一的目标。正是这种超强的信仰和目标导向，才能够带领四个徒弟一路披荆斩棘，取得真经。(2) 能以情感人，以德化人。唐僧非常关心下属，对待四个徒弟也是关怀备至。唐僧会在烛光下为孙悟空缝制衣服，还会为熟睡的猪八戒盖好被子。正是这种执着、善良和对徒弟的关心，使得四个徒弟死心塌地地跟随，保护唐僧一路西去。由此可以看出，一个合格的领导者，要学会以情动人，利用情感管理提高成员的归属感。(3) 树立权威，以权服人。对于孙悟空这样一个难缠的徒弟，唐僧对付他的诀窍就是“紧箍咒”。这实际上代表的是一种力量。任你孙大圣本事再大，只要触犯团队的规定，就要接受惩罚。唐僧正是利用这种方法树立了不容挑战的领导权威。没有权威，也就无法成为合格的领导。

从以上三点我们不难看出，唐僧在取经团队的管理上是一个优秀的领导者。

领导的影响力仅仅来源于职位吗？到底是什么成就了成功的领导者？我们在本章将探讨这些问题。

第 1 节　领导的基本概念

在任何一个组织和群体当中，都会存在领导。没有领导的组织很可能是混乱和无序的。那么你认为什么是领导（leadership）呢？本节将从领导的定义、领导与领导者的关系、领导与管理的关系几个方面来与大家一起理解“领导”一词的含义。

一、领导的含义

自从“领导”这一概念出现在管理领域以来，就得到学者们的广泛研究。不同时代的学者分别从不同的角度丰富和发展了领导的相关概念。

（一）领导的定义

从20世纪初至今大约100年的时间里，学者们一直开展着关于领导的系统研究，但是到今天为止，对于什么是领导还没有统一的定义。学者们总是从感兴趣的角度来定义领导。斯托迪尔（Stogdill）曾对学者们对领导的定义进行了综述，最后发现学者们对领导的定义完全没有统一，有多少人研究就有多少个定义，而且都是从不同的角度来定义。

我们通过对于诸多的领导定义进行具体分析，大致可将其分为两类。一类从行为过程的角度对领导进行定义。例如：

劳赫和贝林（Rauch & Behling，1984）认为，领导是影响有组织的团体的行动以达到团体目标的一种过程。

特里（Terry，1960）认为，领导是影响人们自动为达成群体目标而努力的一种行为过程。

多纳利（Donally，1978）认为，领导是一个人向其他人施加影响的过程。

黑尔里格尔（Hellriegel，1995）认为，领导就是一个人影响他人，以使他人为某个目标而工作或帮助他人追求前程的过程。

另一类是从能力的角度对领导进行定义。例如：

罗宾斯（Robbins，1996）认为，领导是一种影响一个群体实现目标的能力。

卡茨和卡恩（Katz & Kahn，1978）认为，领导是超越组织例行指导的机械式顺从的一种影响力。

沙因（Schein，1992）认为，领导是能超越文化限制，进行具有更强适应性的革命性变革的能力。

此外，还有学者从其他不同的角度来看待领导这一概念，例如孔茨（Koontz，1958）就强调领导的艺术性，他认为领导是一门促使其下属充满信心、满怀热情完成任务的艺术。

这些学者对于领导并没有统一的定义，他们从行为过程和能力两个角度来定义领导。我们将领导定义为：引导和影响他人（包括个体、团体、组织或社会）为实现特定目标而努力的行为过程和能力。

（二）领导与领导者的关系

领导与领导者既相区别又有联系。在英文中，二者的区别比较明显，领导的英文单词为leadership，领导者为leader，但在中文中，二者可能会较多混用。在一些情况下，领导与领导者都可以作为名词使用，例如，我们经常说，“今天领导不在”或者“领导说今年的指标一定要完成”。在这种情况下，领导实际上指的是领导者（也就是发挥领导作用的人）。当领导作为动词使用时，通常是指领导者的行为与活动过程。在这种情况下，领导与领导者就区别开了。例如，我们会说，“在经理的领导下，我们完成了今年的销售任务”。

二、领导与管理的关系

在实际生活中，我们并没有去明确区分领导与管理，习惯上认为领导与管理是一码事，但是杰克·韦尔奇有一句名言："多一点领导，少一点管理。"由此看来，领导与管理之间肯定存在着一定的区别。本部分就从领导与管理的区别以及领导者与管理者的区别入手，来进一步认识领导的内涵。

（一）领导与管理

从字面上我们可以看出，领导有"率领和引导"的意思，也就是说，领导是领导者为了实现预定的组织目标，运用相应的理论、原则、职能、方法，影响、率领、引导组织内的成员完成预定任务的活动过程和能力。

管理有"照管和约束"的意思，指的是"负责某项工作顺利进行，负责对人、财、物的保管和料理，照管并约束工作进程"，也就是说，管理主要涉及任务完成过程中的各项监督和约束工作。

被誉为"领导力第一大师"的哈佛商学院教授约翰·科特（John Kotter）在《变革的力量》一书中提出："领导"与"管理"显然有许多相似之处，都涉及对所需做的事情做出决定，建立一个能完成某项计划的关系网，并尽力保证任务能够顺利完成。

两者之间也存在明显的差异：领导主要处理变化的问题，领导者通过开发未来前景而确定前进的方向，然后把这种前景与其他人进行交流、联合，并激励、鼓舞其他人克服障碍实现目标，从而带动组织变动以带来建设性或适应性的变化；管理则主要通过制定正式的计划、设计规范的组织结构以及监督计划的实施而达到有序一致的状态以保证组织的高效运转。

简而言之，领导更关注企业的未来，而管理强调的是正确地做事，如何高效地达到组织目标是管理的重点。比如海尔的张瑞敏现在想的和做的是怎样应对互联网时代，这是一种领导，而海尔的中低层管理者则需要根据高层制定的大的构想来制定一系列的计划和规范以完成这一构想，这是一种管理。

管理主要解决的是人、组织、物质、信息、资源等的获取、传输、交流、调节、控制的活动，主要解决相对静止状态下近期或者眼下的问题，重点是效益、效率的提高。领导的本质是变革活动，领导者主要处理变化的问题，指明方向，激励他人去完成目标，是为了获得充分的进步和发展而要解决根本性问题。

也就是说，管理强调的是协调和控制，把已经决定的事办好，而领导更注重影响和引导。刘强东希望京东能成为一个将商品以最快的方式送到客户手中的电商企业，这是一种方向，一种领导，而如何进行协调和沟通，怎样才能以最快的方式将商品送到，这是一种管理。

具体来说，如果我们把领导和管理都看作一种活动和行为的话，二者的区别可以归纳为以下几点：

（1）在活动的目的上，管理的重点在于效率和效益的提高，而领导的目的主要在于引导变革。苹果公司的乔布斯就是一个“只会当船长”的领导。他不会去关注一个普通船员的工作是否完成，因为他有更重要的事情要面对，那就是应对变革。对于乔布斯而言，领导工作本身绝不仅仅是提高企业绩效那么简单，更重要的是不断地领导变革。他重新定义了消费电脑的含义，他甚至重新定义了一家硬件公司的未来——变“硬”为“软”，他也重新定义了智能手机业的行业发展版图，即便是身患癌症，他仍以变革的方式颠覆传统，重新定义平板电脑的未来。

（2）在活动方式上，管理是规范的、周而复始的过程，管理的方式侧重于程序化和规范化，管理解决的是常规性的问题，而领导则是管理活动最富有创新性的活动，领导的方式表现出更大的灵活性和技艺性，具有较强的个人风格和灵活特色，解决的是非常规性的问题。

在大学里，教师可以看作管理者，侧重于知识的灌输和课程的教授，而校长可以称得上领导者，因为他不仅要做好日常的教学工作，而且要面对新的环境、新的政策以及新的学生，具有更大的灵活性和艺术性。

（3）在活动主体上，管理是组织所有成员应当参与的活动。管理者以非个人化的态度来面对目标，根据自己在事件和决策中所扮演的角色与他人发生联系。一个好的管理者必须要有遵守纪律、尽职尽责、追求完美等特征。领导则是组织中高层次成员的活动，是单向性的。领导者以个人的态度面对目标，以一种更加直觉和移情的方式与他人发生联系。领导的关键是领导者必须要有开拓精神、改革精神和创新精神。

例如，在公司战略管理中，各级主管领导可能会更关注具体战略目标的实现，按照部门的年度计划安排工作进展；公司的高层领导会将注意力更多地放在公司内部战略蓝图的绘制以及战略文化的塑造上。

（4）在活动内容上，管理的对象包括人、财、物、时间、信息、技术等，而领导的侧重点主要是人，领导关注做人、关注人的尊严、人的价值、人的潜能、人的激励和发展。杰克·韦尔奇非常重视领导的作用。正如韦尔奇所说：“我对如何制作出一档好的电视节目一窍不通，对于制造飞机引擎也仅略知一二……不过，我知道谁会是称职的老板，这就足够了。”他还说过：“领导人，像罗斯福、丘吉尔和里根等人，他们有办法激励一些有才干的人，使他们把事情做得更好，而管理者呢，总是在复杂事务的细节上打转，他们往往试图去控制和压抑，把大量的时间和精力浪费在琐碎的细节上。”

领导与管理的区别见表10—1。

表10—1　　领导与管理的区别

	区别
目的	管理的重点在于效率和效益的提高，而领导的目的主要在于引导变革。

续前表

	区别
方式	管理是规范的、周而复始的过程，管理的方式侧重于程序化和规范化，管理解决的是常规性的问题，而领导则是管理活动最富有创新性的活动，领导的方式表现出更大的灵活性和技艺性，解决的是非常规性的问题。
主体	管理是组织所有成员应当参与的活动，领导则是组织中高层次成员的活动，是单向性的。
内容	管理的对象包括人、财、物、时间、信息、技术等，而领导的侧重点主要是人，领导关注做人，关注人的尊严、人的价值、人的潜能、人的激励和发展。

总之，管理侧重技术和手段以及过程和方法。管理的工作主要是为了实现组织的目标而采取合适的手段和方法，对有关的人、财、物、时间、信息等进行计划、组织、指挥、协调和控制等一系列活动；领导则侧重人文和目的，侧重结果和艺术。领导的工作更需要超脱于具体的管理，以便从全局出发，用战略的眼光和头脑进行统筹规划。

需要注意的是，还有一种观点认为，我们在当前的管理实践中，区分管理与领导的逻辑意义大于实际意义。正如大卫·A·威坦所言，“虽然这种对领导和管理的区别在过去几十年可能是适合的，但当前的研究显示现在情况已经不同了。管理者如果同时不是一个好的领导，是无法成功的。同样，领导如果不是一个好的管理者也无法成功。有效的管理和领导是无法分离的。管理所需的技能同时也是领导所需的，反之亦然。”任何组织、团体乃至国家，都必须既有领导又有管理。只有领导而无管理，领导的意图和目的往往比较难实现；同样，如果只有管理而无领导，管理的愿望和目的同样也难以达到。

（二）领导者与管理者

如果你能够明白管理与领导的区别，肯定就不难理解管理者（manager）和领导者（leader）之间的关系和区别了。这里我们仅列举三位学者的观点。

对于领导者与管理者的区别，哈佛商学院教授亚伯拉罕·扎莱兹尼克（Abraham Zaleznik）认为，领导者与管理者是完全不同的两类人，他们在个人历史、动机及思考问题与做事的方式上存在着差异。他认为，不能说管理者是用一种消极的态度来工作，但是基本上管理者应该循规蹈矩，即按照企业某种要求来做事情，而不会越雷池半步。

领导者就不一样了，他完全是用一种个人的、积极的态度来面对目标，常常倾向于主动寻求冒险，当机遇与奖励很高时尤其如此。只要是对绩效有帮助和有影响的，他就敢于尝试。此外，管理者通常会根据自己在事件与决策过程中所扮演的角色与他人发生联系，而领导者关心的则是观点，以一种更为直觉和移情的方式与他人发生联系。

对于领导者与管理者的区别，美国著名管理学家沃伦·本尼斯（Warren Bennis）也有经典的论述，他认为，领导者能够战胜周围复杂、无常、动荡、含糊所带来的有可能令人窒息的各种困难，而管理者遇到这些困难则只能缴械投降。

科特（Kotter）认为，领导者的主要工作内容是对不断变化的环境作出反应，通过开发未来的前景而确定前进的方向；管理者的主要工作内容则是面对各种复杂问题，通过制定与实施计划来达成目标。要达到组织的最佳效果，管理者和领导者具有同等重要性，二者缺一不可。

三、领导者影响力的来源

领导者是指实施领导过程的人。领导的实质就是影响力。所谓领导者影响力，就是指领导者影响下属接受目标或命令，自愿服从或强制服从的力量。我们一般认为领导者影响力的来源分为权力性来源和非权力性来源。那么这两种权利来源有什么不同呢?

（一）权力性来源

权力性来源是指领导者影响力来自于传统因素、职位因素和资历因素等。这些因素都不是因领导者的现实行为形成的，而是由外界所赋予的，对下属的影响带有强制性和不可抗拒性。通常这种影响力来自于领导者被赋予的职务，有了这个职务，就有了这个职务法定的权力。这种权力是一种位置权力或地位权力，它取决于一个人在组织中的地位。这种影响力要求下属被动服从，它的核心是权力，但它对人的心理和行为的激励作用是有限的。比如你高中时从外校调来一位老师来代替你原来的班主任，你对这位新来的班主任的行为习惯一点都不了解，你也会习惯性地服从他的管理，这种影响力就是来源于学校赋予他的权力。

（二）非权力性来源

非权力性来源是指领导者影响力不是由外界所赋予的，而是由领导者自身因素（如道德品质、才能、学识、专长以及交往艺术等）所产生的。这种影响力是一种自然性影响力，是能影响或改变下属心理和行为的一种力量。

任何一个具有高尚的品德、渊博的知识或者表现出某种出众专长的人，都会使人爱戴、敬佩，从而都会产生这种影响力。非权力性影响力能够产生一种感召力，使人们能够发自内心自愿地、积极主动地改变行为，同时，在某些活动中，它比权力影响力具有更大的影响，并起着权力影响力所起不到的作用。那些历史上公认的领导者，比如甘地或者马丁·路德·金，既非被选举的，也不是被任命的，但他们就是能够领导大众，他们的行为方式吸引了追随者。因此，领导不是关于头衔，而是关于行为的。

领导者影响力的来源见表10—2。

表 10—2　领导者影响力的两个来源

领导者影响力的来源	主要内容	区别
权力性来源	领导者影响力来自于传统因素、职位因素和资历因素等。这些因素都不是因领导者的现实行为形成的，而是由外界所赋予的，对下属的影响带有强制性和不可抗拒性。	权力性来源的领导者影响力主要由职务带来，它对下属的影响具有强制性和不可抗拒性，是由外界所赋予的。
非权力性来源	非权力性来源是指领导者影响力不是外界所赋予的，而是由领导者自身因素所产生的。	非权力性来源的领导力主要由领导者自身所带来，如由道德品质、才能、学识、专长以及交往艺术等所引起的。这种影响力是一种自然性影响力，能影响或改变下属的心理和行为的一种力量。

视　窗

马丁·路德·金的领导力

马丁·路德·金是将“非暴力”和“直接行动”作为社会变革方法的最突出的倡导者之一。1929 年 1 月 15 日，马丁·路德·金在亚特兰大出生。在完成亚特兰大莫尔浩司学院的学业后，马丁·路德·金又在宾夕法尼亚州的克劳泽神学院和波士顿大学就读，在学习中，马丁·路德·金加深了对神学的认识并探究圣雄甘地在社会改革方面的非暴力策略。1963 年，马丁·路德·金晋见了肯尼迪总统，要求通过新的民权法，给黑人以平等的权利。1963 年 8 月 28 日在林肯纪念堂前发表《我有一个梦想》的演说，迫使美国国会在 1964 年通过《民权法案》宣布种族隔离和种族歧视政策为非法政策。1964 年他获得了诺贝尔和平奖。1968 年 4 月，马丁·路德·金前往孟菲斯市领导工人罢工时被人谋杀，年仅 39 岁。1986 年起美国政府将每年 1 月的第三个星期一定为马丁·路德·金全国纪念日，这是美国仅有的三个以个人纪念日为法定假日之一，其余两个分别为纪念发现美洲大陆的哥伦布的“哥伦布日”（Columbus Day）和纪念乔治·华盛顿的“总统日”（President's Day）。

资料来源：根据 http：//baike. baidu. com/view/1124062. htm 整理而成。

第 2 节　西方领导的基本理论

不同时代的管理学家对领导概念的描述，大体上反映了领导理论的发展演变：从最开始的领导特质理论，20 世纪 50 年代开始强调领导行为风格，到 60 年代以后，领导权变理论开始蓬勃发展。本节我们将梳理领导理论的发展脉络，着重介绍各理论的主要内容以及新的发展趋势。

一、领导特质理论

如果基于现今媒体所提供的信息来描述一个领导者，你肯定会列出一系列特征来，如聪明绝伦、精力充沛、勤奋异常、强烈的正义感、自信、有人格魅力、果断、意志坚强、有勇气、品德高尚等。总之，凡是一些好的描述人的词汇都会用来描述这些领导者，甚至在一些极端的情况下，领导者会被我们有意无意地神圣化。

从20世纪初到40年代，研究领导的组织行为学家也是从研究以上这些特性来区分领导者与非领导者，我们称之为领导特质理论（trait theory）。领导特质理论试图寻找领导者与被领导者之间、有效领导与无效领导之间、高层领导与基层领导之间，是否存在天生的个人特质的差别。

特质是一个人相对稳定的思想和情绪方式，是一个人在不同情境下均表现出来的一些特点。我们通常用一些描述个人人格特点的词语，如活泼的、谨慎的、顺从的、慷慨大方的等来表示个体的特质。特质理论的基本假设就是：成功的领导者应该具备一些其他人所不具备的特质（traits）和技能（skills），而这些特质和技能是遗传和学习的共同结果。特质理论所关注的包括：生理特征（如身高、外貌等）、个性特征（如内外向、自信等）、社会特征（合作性、人际关系等）、能力与技能（智商、知识等）等是否与领导力有关。

早期从事领导理论研究的学者都相信，能够通过实证研究来找出与领导有效性有关的特质，并且大部分研究都通过比较领导者与非领导者来找出哪些特质能预测领导有效性，但是随后的研究发现，事情并不像人们预测的那样。

例如，20世纪60年代晚期的20项研究确定了近80种领导者特质，但是只有5种特质会在4项以上的研究中都出现。斯托迪尔（Stogdill）的两篇综述性文章特别引人注目。1948年，斯托迪尔对1904—1948年间的124篇文献进行了综述，发现与领导有效性有关的特质包括：高智商、对他人需要的敏感、对任务具有较强的理解力、主动、有恒心、自信、愿意承担责任等。然而，斯托迪尔也发现，每一种特质的重要性会因为情境的不同而不同，并且没有发现一种特质是成为一名成功的领导者所必需的。

1974年，斯托迪尔对1948—1970年间的163篇文献进行综述，发现了与以前综述类似的结果，只是在所包括的特质中增加了一些新的特质，比如能承受压力、表达能力强、创造性高等。同样，这次文献综述还发现：没有一种特质是成为一名成功的领导者所必需的。正是这些原因，使得人们对特质理论产生了怀疑，认为特质极有可能与情境相互影响而产生相应的行为，进而影响领导有效性，仅仅把特质作为领导有效性的预测源可能会有失偏颇。

读一读·想一想

现阶段，领导力的培养和开发的目的更多的是服务于企业业务增长的核心指标——利润、营收增长、创新和服务，往往忽略了对领导力软性能力的培养。对于大多数企业来说，软性素质能力的培训最为欠缺，尤其对于活跃在企业的 80 后、90 后员工来说，软性素质能力的应用也是最受期待的。那么究竟应该怎样避免上述误区，有效发展领导力呢？

首先，定制化构建领导力发展模型。正如前面提到的，不少企业在建立领导力发展模型时，通常是借鉴其他企业的模型，殊不知，每个企业存在着自身的特殊性，必须与自身行业特征和发展阶段相匹配，取他家之经验，才可以真正定制化搭建出符合企业实际情况的领导力发展模型。

其次，领导力模型持续调整和更新。随着企业战略的变化，根据雇员现状的调查以及市场现状的分析，重新定义企业对领导力发展的要求显得尤为重要。企业的"一把手"要定期对之前制定的 2～3 年领导力模型进行审视，看现在的领导力模型是否符合现有战略发展需要和经营结果，是否对变化中企业的抱负与方向、战略思维、变革管理能力有更明确的指向性，更新后的领导力界定应更加稳健并富有挑战性。

想一想为什么企业在进行领导力开发时不能直接借鉴其他企业的模型，并且要进行持续的调整和更新？由于没有一种领导特质是领导者所必需的，不同企业的领导者所需要的特质是不相同的，因此进行领导力开发时不能套用其他企业的模型。随着企业不断发展，领导者所需要的特质也是不断更新的，因此领导力发展模型也要不断地完善和改进。

资料来源：中国人力资源网，http：//www. hr. com. cn/p/19069. html。

二、领导行为风格理论

由于特质理论没有给出我们满意的解释，从 20 世纪 50 年代末期开始研究者开始关注相对来说更能观测的行为，希望通过研究来发现有效的领导者的外显行为是否有什么独特之处。行为理论关注的重点主要包括：领导行为究竟可以划分为哪些类别、维度或者风格（styles）；比较有效的领导者与一般的领导者在行为方面的区别。

领导行为风格理论与特质理论存在两个明显的区别。首先，领导行为风格理论不再关心那些看不到、摸不着的所谓特质，而是直接研究领导者的外在行为，也就是说，不再推测优秀领导者的脾气、性格和能力方面有哪些不同，只关心优秀领导者展现出来的最常见的一些行为特点（在这里需要说明的是，行为和脾气、性格和能力之间并不存在必然的联系，有时候人的行为是由情境决定的）。

再者，领导行为风格理论比特质理论更有诱惑力的地方在于：如果我们接受了领导行为风格理论，就意味着可以通过恰当的培训将一个人"改造"成优秀的领导者。由于领导特质理论假定领导者是天生的，因此无论如何培训也无法"创造出"一个优秀的领导者来。那么你认为什么样的行为才是领导者所特有的？

下面我们来看看三种比较经典的领导行为风格理论。

（一）俄亥俄州立大学的研究

20 世纪 40 年代，俄亥俄州立大学的学者在多项研究的基础上，将领导风格归纳为结构维度和关怀维度两大类。

结构维度表示的是领导者为了实现自己的目标而对自己与下属的角色进行界定和构建的程度。高结构维度的领导者主要关注工作任务的完成情况，强调工作目标的达成和工作绩效的提高。

关怀维度表示的是领导者尊重和关心下属的看法与情感，建立相互信任的工作关系的程度。高关怀的领导者关注下属的成长与发展，并帮助下属解决个人问题，平等对待每一位下属。

研究表明，高关怀领导的下属有更高的工作满意度和积极性，也更加尊重他们的领导。高结构的领导所管理的团队和组织具有更高水平的生产率。一般而言，高—高（高结构、高关怀）的领导行为风格比其他三种类型的领导者更能提高下属的工作效率和满意度，但是高—高的行为风格并不是总能带来好的效果，比如，当下属从事的是例行性的常规任务时，高结构的领导行为会导致下属抱怨，下属的满意度也会降低（参见图 10—1）。

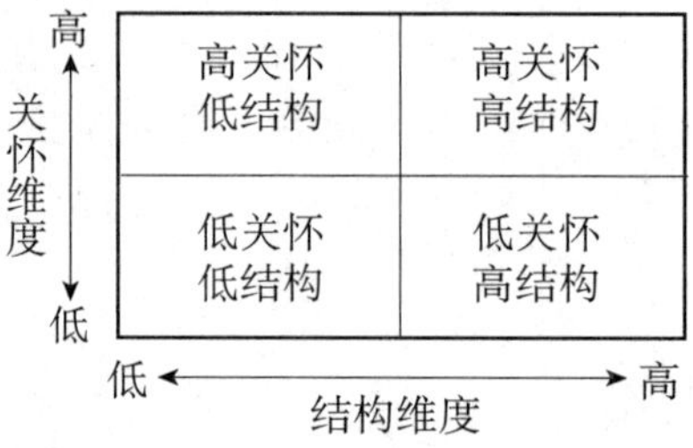

图 10—1　俄亥俄州立大学的研究

（二）密歇根大学的研究

密歇根大学的学者们在俄亥俄州立大学研究的基础上，也将领导行为风格划分为两个维度，分别为员工导向维度和生产导向维度。员工导向维度得分较高的领导者，通常会非常重视人际关系，与下属保持较好的沟通，会站在下属的角度来考虑其个人能力、兴趣和需求，并承认个人之间存在差异。生产导向的领导则会强调工作的技术或任务事项，主要关心任务的完成情况，而不重视与下属之间的人际关系。

很多研究都表明，员工导向的领导行为风格通常会与员工的高生产率和高工作满意度联系在一起。生产导向的领导者则与低生产率和低工作满意度有关。

（三）管理方格理论

布莱克（Blake）和莫顿（Mouton）采用图表的方式发展了领导风格双维度观点，他们在以上两种理论的基础上，从“关心员工”和“关心生产”两个维度出发提出了管理方格理论。该理论将两个维度定位在两个坐标轴上，在每个坐标轴上划分出 9 个等级，1 表示最低的等级，9 表示最高的等级，5 表示中间的等级，这样就产生了 81 个领导类型细分位置（见图 10—2）。

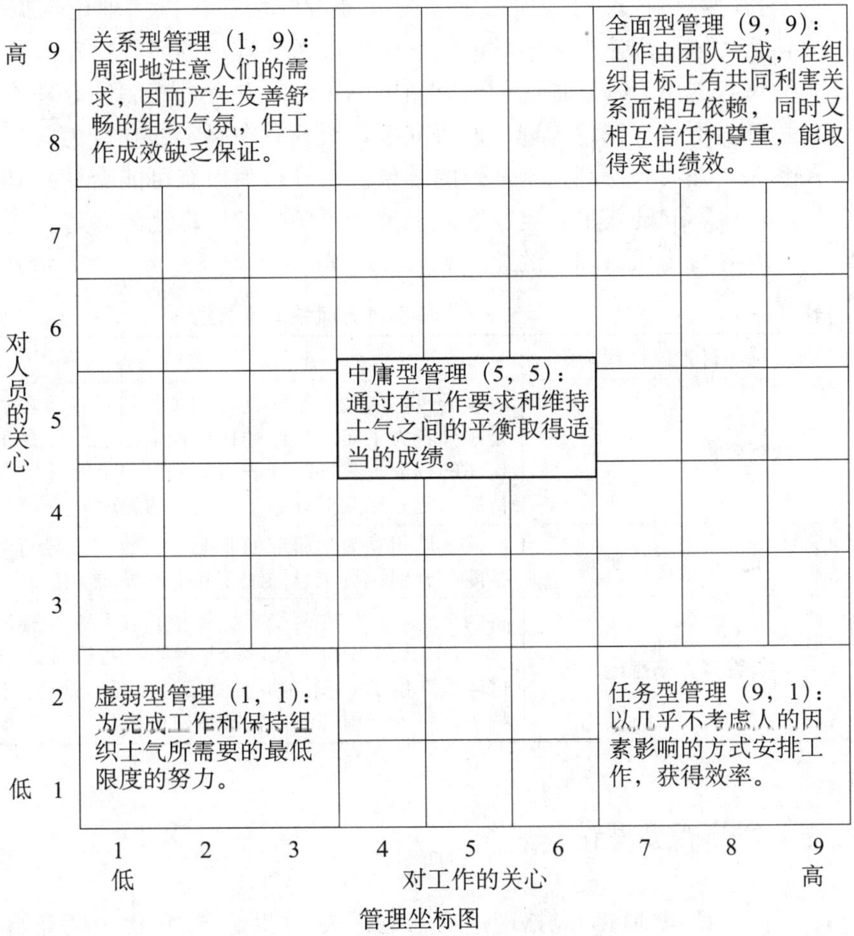

图 10—2　管理方格理论

管理方格理论总结出了五种领导行为：

（1）虚弱型（1，1）。这种类型的领导者对人、对工作都不关心，他们只以最小的努力来完成必须做的工作。还记得那些不负责的班主任吗？你成绩好不好，最近状态好不好，从来都不会过问。

（2）任务型（9，1）。这种类型的领导高度关心生产和效率，但不关心人，很少注意下属的发展和士气。数学课代表只管你交没交作业，至于你是不是累了，是不是心情不好了，他是不会管的。

（3）中庸型（5，5）。这种类型的领导在两个维度上都保持中等状态，只图维持一般的工作效率和士气。授课老师就是这类的典型，没有班主任那么关心你，不像班主任那样注重你的整体成绩，只关注他教的这门课的状况。

（4）关系型（1，9）。这类领导只关心人而不关心生产，倾向于做老好人。有的老师只关心你吃得好不好，有没有睡好，当成绩不理想时，总是说努力就好。

（5）全面型（9，9）。这类领导既关心人也关心生产。负责的班主任不仅关心你的学习成绩，也会关心你最近的心情状态，睡得好不好，吃得好不好。

行为风格理论的贡献在于它为领导者的培训提供了理论依据和实践工具。同时，行为风格理论把测量学的方法引入了领导理论的研究，对领导理论进行操作化和测量，这也为领导理论的研究做出了贡献，并且为其后领导理论的实证研究奠定了基础。不过，在行为理论的研究中，研究者在确定领导行为与领导有效性之间的关系时，并没有得到完全一致的结果。领导行为极有可能会受到其他情境变量的影响而产生不同的效果，这在客观上推动了领导权变理论的兴起。

领导行为风格理论的总结见表10—3。

表10—3　　领导行为风格理论总结

领导行为风格理论	主要内容
俄亥俄州立大学的研究	将领导风格归纳为结构维度和关怀维度两大类。结构维度表示的是领导者为了实现自己的目标而对自己与下属的角色进行界定和构建的程度。关怀维度表示的是领导者尊重和关心下属的看法与情感，建立相互信任的工作关系的程度。
密歇根大学的研究	在俄亥俄州立大学研究的基础上，也将领导行为风格划分为两个维度，分别为员工导向维度和生产导向维度。
管理方格理论	将两个维度定位在两个坐标轴上，在每个坐标轴上划分出9个等级，1代表最低的等级，9代表最高的等级，5代表中间的等级，这样就产生了81个领导类型细分位置。管理方格理论总结出了五种领导行为：虚弱型、任务型、中庸型、关系型、全面型。

三、领导权变理论

由于认识到行为风格理论的不足，从20世纪60年代中期开始，研究者开始在领导理论的研究中引入情境变量，来考虑领导行为、特质与领导有效性之间的关系。

领导权变理论认为，每个组织的内在要素和外在环境都各不相同，因而在实际管理活动中不存在普遍适用的原则和方法。有效领导的前提是能够在充分了解组织内外情况的基础上，采取各种灵活的应变策略。因此，人们把这种观点称为权变理论（contingency theory）或者情境理论（situational theory）。

与特质理论和行为风格理论相比，权变理论考虑了一些干预变量（intervening variables）的影响，这样就能够解释为什么在不同的情境会有不同的结果。目前比较有影响力的权变理论包括：菲德勒的LPC权变理论（LPC contingency theory），路径—目标理论（path-goal theory），情境领导理论（situational leadership theory）等。

（一）菲德勒模型

伊利诺伊大学的菲德勒（Fred Fiedler）提出了“有效领导的权变模式”，即菲德勒模型。他认为领导的有效性主要取决于领导风格与其所处的环境是否匹配。他把领导者的领导风格分为关系取向型和任务取向型两种。

关系取向型和任务取向型的含义与行为风格理论的观点类似，在这里不再解释。菲德勒的主要贡献在于他开发了 LPC 问卷（国内学者将其翻译为最难共事者问卷）来确定一个人的领导风格。

该问卷由 16 组对照形容词组成（如快乐—不快乐、高效—低效、开放—防备、助人—敌意等）。测验过程中，要求你回想一下自己所有共过事的同事，并找出一个最难共事者，要求你对此最难共事者进行评价。如果你趋向于用积极的词汇对最难共事者进行评价，说明你就是关系取向型，如果你对最难共事者的看法比较消极，你就是任务取向型的。

同时，菲德勒认为，一个人的领导风格是固定不变的，个人不可能改变自己的风格去适应环境。因此，提高领导者有效性仅有两条途径：替换领导者以适应新环境，或者改变环境以适应领导者。

菲德勒把环境因素归纳为三个方面：职位权力、任务结构和上下级关系。所谓职位权力指的是领导者的正式职位所拥有的权力的影响力，如有的人拥有财权和人事任免权，这种权力的影响力就比一般的监督权要大很多。任务结构是指工作任务明确程度和有关人员对工作任务的职责明确程度。上下级关系是指下属对一位领导者的信任、爱戴和拥护程度，以及领导者对下属的关心、爱护程度。

菲德勒的权变理论见表 10—4。

表 10—4　　菲德勒的权变理论

菲德勒模型：个人与环境的匹配	主要内容
领导风格	领导者的领导风格分为关系取向型和任务取向型两种。 通过 LPC 问卷来确定一个人的领导风格。
环境因素	环境因素归纳为三个方面：职位权力、任务结构和上下级关系。 职位权力指的是领导者的正式职位所拥有的权力的影响力。 任务结构是指工作任务明确程度和有关人员对工作任务的职责明确程度。 上下级关系是指下属对一位领导者的信任、爱戴和拥护程度，以及领导者对下属的关心、爱护程度。

菲德勒通过研究 1 200 个工作群体的情况得出如下结论：任务取向型的领导在非常有利和非常不利的情境下工作效果更好，而关系取向型的领导在中等有利的情况下干得更好（见图 10—3）。

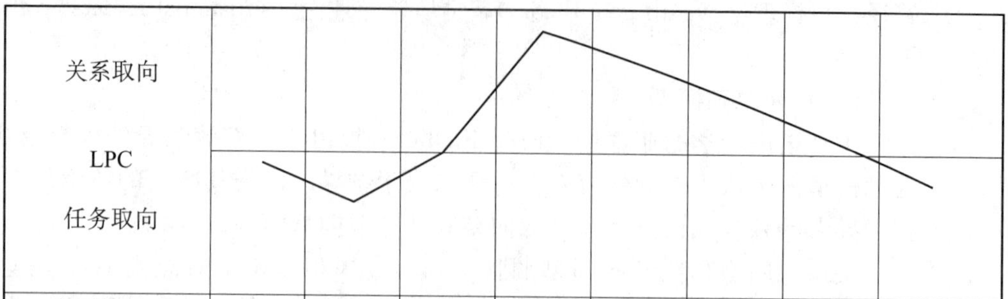

上下级关系	好	好	好	好	差	好	差	差
任务结构	明确	明确	不明确	不明确	明确	明确	不明确	不明确
职位权力	强	强	强	强	强	弱	强	弱
环　境	有利			中等			不利	
有效领导方式	任务取向型			关系取向型			任务取向型	

图 10—3　菲德勒的权变模型

视　窗

弗雷德·菲德勒

弗雷德·菲德勒

弗雷德·菲德勒（Fred E. Fiedler），美国西雅图华盛顿大学心理学与管理学教授，荷兰阿姆斯特丹大学和比利时卢万大学客座教授。

菲德勒早年就读于芝加哥大学，获博士学位，毕业后留校任教。1951 年移居伊利诺伊州，担任伊利诺伊大学心理学教授和群体效能研究实验室主任，直至 1969 年前往华盛顿。

弗雷德·菲德勒是美国当代著名心理学家和管理专家。他从 1951 年起由管理心理学和实证环境分析两方面研究领导学，提出了权变领导理论，使以往盛行的领导形态学理论研究转向了领导动态学研究的新轨道。他本人被西方管理学界称为“权变管理的创始人”。

资料来源：MBA 智库百科，http：//wiki. mbalib. com/wiki/%E8%B4%B9%E5%BE%B7%E5%8B%92。

（二）赫塞—布兰查德的情境理论

赫塞（Hersey）和布兰查德（Blanchard）提出了情境领导理论（situational leadership theory）。他们指出，领导者的领导风格必须与下属的成熟度相匹配，否则就不能达到好的效果。显然，赫塞等人的情境理论与菲德勒的理论在思路上是相同的，都是在考虑领导风格与情境的匹配。一个不同之处在于：赫塞所考虑的主要情境因素是下属的成熟度。在其理论中，赫塞等人将下属的成熟度定义为下属完成某一个具体任务的能力和意愿的程度。赫塞将下属按照成熟度分为四类：第一类对于完成某项任务既无能力也不愿意去做；第二类对于完成某项任务缺乏能力，但愿意从事这项任务，这类下属有积极性，但缺乏足够的技能；第三类有能力但不愿意干某项任务；第四类既有能力也愿意从事需要他们完成的任务。

情境理论所讨论的领导风格与菲德勒的相同，也包括关系取向和任务取向两个维度，但赫塞等人按照两个维度得分的高低进行组合，从而得出如下四种领导风格：指示（高任务—低关系），领导告诉下属干什么，怎么干，强调对下属的指导；推销（高任务—高关系），领导同时提供指导型行为和支持型行为；参与（低任务—高关系），领导和下属共同决策，领导者的主要任务是提供便利的沟通条件；授权（低任务—低关系），领导提供很少的指导和支持（见图 10—4）。

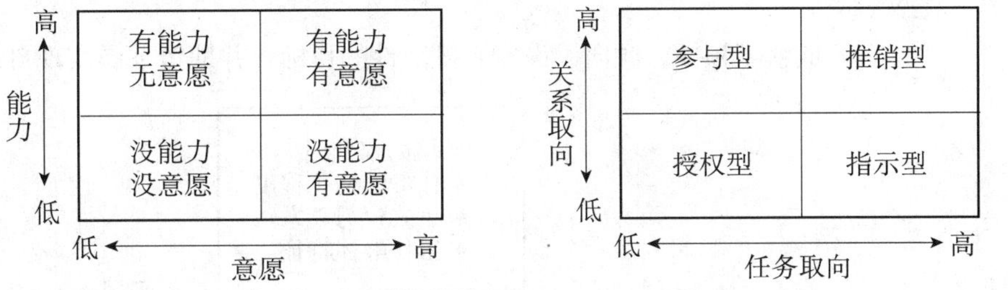

图 10—4　赫塞的权变理论

明白了该理论关于情境和领导风格的具体含义之后，我们很容易推测二者的匹配关系：对于某项任务既无能力也不愿意去做的员工应该采取推销（高任务—高关系）的领导风格；对于某项任务缺乏能力但愿意做的员工应该采取指示（高任务—低关系）的领导风格；对于某项任务缺乏热情但能够胜任的员工应该采取参与（低任务—高关系）的领导风格；对于某项任务既有热情又胜任的员工应该采取授权（低任务—低关系）的领导风格（见图 10—5）。

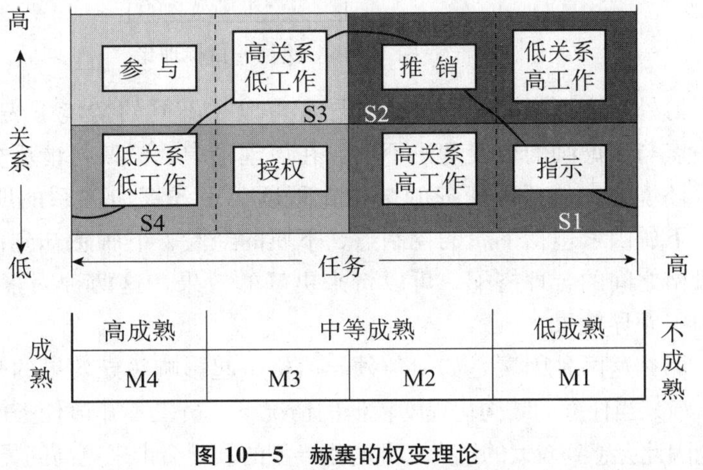

图 10—5　赫塞的权变理论

（三）路径—目标理论

路径—目标理论是罗伯特·豪斯（Robert House，1977）提出的一种新的领导权变理论。该理论的主要观点是：领导者的激励作用体现在能通过澄清要求、为员工提供支持和指导，增加员工达到目标，并获得所期望的回报的可能性。也正是因为领导者的主要作用是为员工设定工作目标，并为实现该目标扫除障碍，才把该理论命名为“路径—目标理论”（见图10—6）。在该理论中，豪斯将领导的行为风格分为四种：

(1) 指导型领导。让下属知道他们期望的是什么，并对完成工作的过程进行具体指导。这种领导风格类似于俄亥俄州立大学的结构维度。

(2) 支持型领导。对待下属十分友善，关心下属的需求。这种领导风格类似于俄亥俄州立大学的关怀维度。

(3) 参与型领导。在工作中注重与下属共同磋商，在决策之前充分考虑下属的建议。

(4) 成就型领导。倾向于设置有挑战性的目标，并期望下属实现自己的最佳水平。

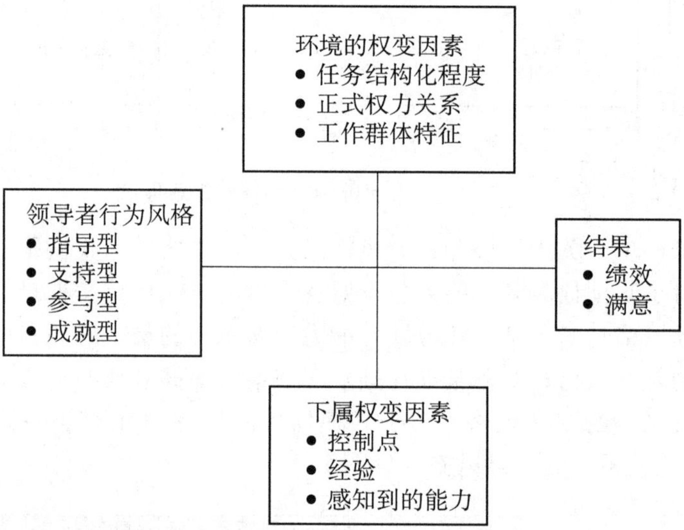

图10—6 路径—目标理论

另外，豪斯强调，同一个领导者可以在不同的情境下表现出不同的领导风格。这一点与菲德勒的权变理论不同。在该理论中，豪斯将情境分为环境因素和下属因素。环境因素包括：任务的结构化程度、正式权力关系的明确程度、工作群体特征。下属因素包括下属的控制点、下属的经验、下属感知到的能力。这些情境和领导风格之间的合理搭配，可以带来更好的效果。这两种因素与领导风格共同作用，影响了领导效果。

那么这两种因素是如何与领导风格一起影响领导效果的呢？

(1) 当任务的结构化程度较低的情况下，员工不知道任务的具体要求和操作步骤，他们因此会感到较大的压力，此时指导型的领导会带来更高的员工满意度。

(2) 如果任务的结构化程度较低，成就型领导会激励下属对取得卓越业绩的热情，下属会更加努力地工作以实现工作目标。

(3) 当任务的结构化程度较高时，下属熟知完成任务的步骤和技巧，此时支持型领导会使下属获得高绩效和高工作满意度，过多的指导反而会适得其反。

（4）在一个组织中，规章制度和组织运营流程越明确，越需要领导表现出更多的支持型行为，降低指导型行为。

（5）在一个组织中，如果工作群体内部的冲突比较激烈，意见也不一致，此时指导型的领导会带来更高的员工满意度。

（6）对于能力强、经验丰富的下属，指导型的领导行为可能会被视为累赘和多余。

（7）内控型的下属相信可以掌握自己的命运，事情会因为自己的努力而改变。外控型的下属认为不能掌握自己的命运，事情与自己的努力之间不存在必然联系。对于这两类下属，需要采用不同的领导风格。内控型的下属对参与型的领导更加满意，外控型的下属对于指导型的领导更加满意。

四、领导研究的新进展——交易型领导和变革型领导

巴斯首先提出了交易型领导（transactional leader）和变革型领导（transformational leader）的概念（Bass，1985；Gibson et al.，2006）。

要理解交易型领导，必须理解“交易”的含义。交易型领导方式的特点是：（1）领导会给员工设定确定的目标和任务；（2）领导会通过各种方式让下属知道，如何工作才能获得他们希望的报酬和奖励，这一特点体现了交易的主要特点；（3）领导会让下属为任务而自主地工作，而不进行干预，除非目标不能按照计划在合理的时间内以合理的成本完成。这就像有的家长不会管孩子什么时候写作业，只会告诉他们在什么时间内完成规定的作业，完成之后会有一定的奖励，而哪段时间写作业，哪段时间玩，由孩子自己决定。

变革型领导的核心是超越了交易型领导行为，具有下列特征：（1）具有领袖魅力。领导向下属灌输价值观和荣誉意识，能够让下属形成与领导一致的理想和抱负。（2）个别化关怀。领导会更多地关注下属的需要，并且结合下属的需要来分配工作，使其得到更多的成长。（3）感召力。传达高期望，使用各种方式强调努力的重要性，以简单明了的方式来表达自己的意图。（4）智力刺激。鼓励员工的智力活动，以使员工周到细致地解决问题。

第 3 节　东方文化背景下的领导理论

一、三隅二不二等人的 PM 理论

20 世纪 60 年代，日本大阪大学心理学家三隅二不二吸取前人的研究成果，提出了著名的领导行为 PM 理论。该理论在形式上与俄亥俄州立大学的二维模型相似，也是从两个维度来分析领导行为，不同之处在于三隅二不二的 PM 理论是把群

体作为一个整体来对领导行为和群体行为进行研究。

该理论认为，群体具有以下两种功能：一种功能是实现群体的特定目标，即绩效（performance，用P表示）。领导者通过设定工作规划、实现绩效成果等为群体目标的达成做出贡献。另一种功能是改善群体自身的正常运转，即维持（maintain，用M表示）。领导者主要通过维持及强化团体关系来发挥作用。

PM理论认为，领导者的功能就在于保证绩效和维持群体存在这两种功能。相应地，领导者的行为也就包括这两个因素。两个因素的高低结合，就构成了高绩效—高维持、高绩效—低维持、低绩效—高维持、低绩效—低维持四种领导类型。

三隅二不二对多个行业中各种类型的领导进行了广泛的研究，并以企业的生产性指标和员工的士气性指标为参考，他发现高绩效—高维持型的领导效果最好，高绩效—低维持型、低绩效—高维持型居中，低绩效—低维持型最差（见图10—7）。

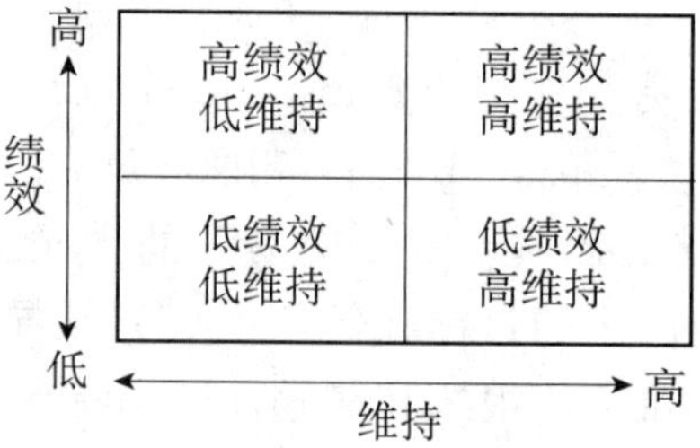

图10—7 PM理论

视 窗

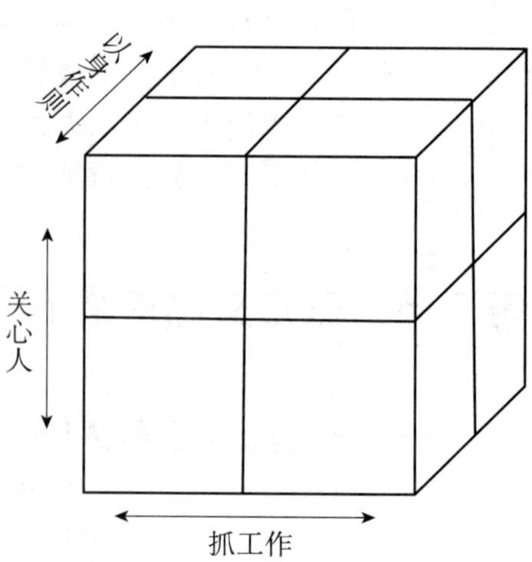

领导模式三维模型

在三隅二不二提出PM理论之后，中国学者俞文钊在“关心人—抓工作”二维领导行为划分中加入了第三个维度，即“以身作则”，因此，领导模式形成了一个三维立体模型。

“以身作则”是一个具有中国文化特色的维度，是指领导者能够发挥榜样作用，自觉遵守组织规定的程度。在中国文化背景下，领导者要与员工处于平等的地位，能够同甘共苦，只有领导者带头多干，才能获得员工的拥护和支持，而且中国人历来重视言传身教的作用，领导者的榜样模范作用是领导力的基础。

凌文辁、陈龙、王登等（1987）在将日本学者三隅二不二的 PM 量表标准化的过程中，发现除了 P（performance，绩效）和 M（maintenance，维持）两个因素外，中国人对领导的期望还包括一个重要的方面：德，即个人品德（character and moral，用 C 表示）。其中，P 和 M 属于领导者的直接影响力，C 则是强调领导者的榜样作用，属于间接影响力。

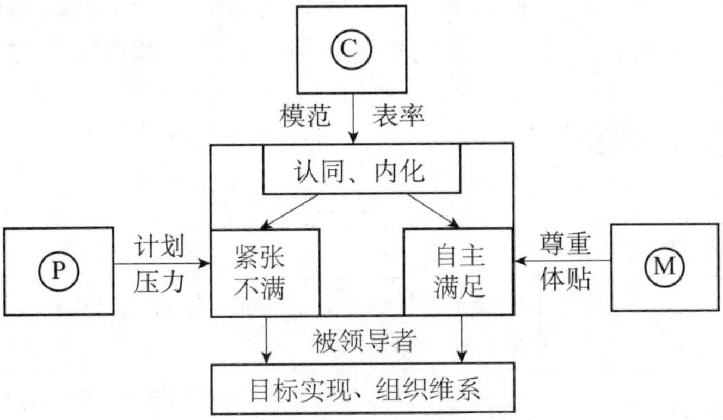

凌文辁等的 CPM 理论

最初，CPM 理论的研究是为了提出一套适应我国干部体制的领导行为评价量表，供组织和干部部门在考核干部时使用。之所以提出 C 这一维度，主要是考虑到中国历来推崇以德服人，品德好的领导者更容易获得人民的追随。此外，在中国现行的干部选拔和评价体制中，都将品德因素置于非常重要的地位加以衡量。

在 CPM 理论中，领导者的榜样示范对于绩效达成和维持具有放大作用。首先，在实现组织目标的过程中，领导者的模范作用有助于消除员工的不满，使其获得公平感；其次，员工通过模仿领导者的行为来加强角色认同和内化，促进群体目标的实现。

无论是俞文钊的三维领导模式还是凌文辁的 CPM 理论，都是在西方领导行为理论中加入了中国传统因素，从而形成了更适应中国国情的领导理论。

资料来源：俞文钊：《管理心理学（第二版）》，大连，东北财经大学出版社，2005。

二、家长式领导理论

家长式领导的文化根基是以“家”为核心的中华文化，因此，有学者认为家长式领导主要存在于我国及华人组织当中。后来有学者发现在一些具有集体主义和高权力距离文化特征的非西方国家和地区也存在家长式领导（Gelfand et al.，2007），甚至有证据显示，处于西方文化背景下的美国，也开始出现家长式领导的迹象。

郑伯薰与樊景立将家长式领导定义为：一种表现在人格中的、包含强烈的纪律性和权威、包含父亲般的仁慈和德行的领导行为方式。根据这一定义，家长式领导包含三个维度：威权领导、仁慈领导和德行领导。威权是指领导者对下属拥有绝对的权威和控制力，下属必须完全服从领导的控制。仁慈是指领导者对下属的领导行为表现出一定的个性化特点，并且对下属个人甚至其家庭成员表示一定的关心。德行则可以描述为领导者的行为表现出高度的个人美德，具有自律和无私等特点，这些美德为下属所崇拜和模仿。

与家长式领导所表现出来的权威、仁慈和德行等领导行为相对应的是下属的敬畏顺从、感恩图报以及认同效法。这种对应关系体现了这样一个基本假设：家长式领导的绩效是建立在领导者、下属对其角色的认同以及下属的追随之上的。一旦这种假设关系不复存在，就会导致管理绩效降低、人际和谐关系破坏，甚至是公开的冲突。

家长式领导理论见表10—5。

表10—5 家长式领导

家长式领导理论维度	主要内容
威权领导	威权是指领导者对下属拥有绝对的权威和控制力，下属必须完全服从领导的控制。
仁慈领导	仁慈是指领导者对下属的领导行为表现出一定的个性化特点，并且对下属个人甚至其家庭成员表示一定的关心。
德行领导	德行可以描述为领导者的行为表现出高度的个人美德，具有自律和无私等特点。

三、CPM领导理论

进入21世纪以来，由于美国一些大公司高管舞弊案屡屡曝光，美国学术界开始重视领导者的品德因素。针对伦理型领导、诚信领导和破坏型领导的讨论成为领导理论研究的热门话题，而在21世纪之前的西方领导理论中，几乎看不到领导者个人品德的影子，但在中国文化背景下，从古至今一直强调领导者品德的重要性。

在我国领导干部的选拔和任用上，始终坚持“德才兼备，以德为先”的用人标准。早在20多年前，凌文辁等人就提出了中国文化背景下的CPM领导行为模式，认为中国的领导行为评价模式由三个因素构成：目标达成（performance，P因素）、团体维系（maintenance，M因素）和个人品德（character and moral，C因素）。P因素和M因素反映了与西方类似的管理共性，而C因素则反映管理中的个性，即文化特异性。

他们还从社会文化角度进行了中国人内隐领导理论的探讨，得到了个人品德、目标有效性、人际能力和多面性四个因素。这一模式与外显领导理论所获得的CPM模型有着类似的结构，前三个维度分别对应于C，P，M这三个因素，第四个维度“多面性”的内容包含在P因素和M因素中。CPM理论提出了领导行为评价的中国模式，而内隐领导理论检验了CPM模式在中国的适用性，证明了CPM模式更符合中国文化和国情。

本章小结

1. 本书将领导定义为引导和影响他人（包括个体、团体、组织或社会）为实现特定目标而努力的行为过程和能力。领导与领导者既相区别又有联系。

2. 管理和领导是不同的概念：在活动的目的上，管理的重点在于效率和效益的提高，领导的目的主要在于引导变革；在活动方式上，管理是规范的、周而复始的过程，管理的方式侧重于程序化和规范化，管理解决的是常规性的问题，领导则是管理活动最富有创新性的活动，领导的方式表现出更大的灵活性和技艺性，具有较强的个人风格和灵活特色，解决的是非常规性的问题；在活动主体上，管理是组织所有成员应当参与的活动，领导则是组织中高层次成员的活动，是单向性的；在活动内容上，管理的对象包括人、财、物、时间、信息、技术等，而领导的侧重点主要是人。相应地，管理者和领导者也不同。

3. 领导影响力的来源可分为权力性来源和非权力性来源。权力性来源是指领导影响力来自于传统因素、职位因素和资历因素等；非权力性来源是指领导的影响力不是由外界所赋予的，而是由领导者自身因素，如道德品质、才能、学识、专长以及交往艺术等所产生的，是自然性的来源。

4. 领导理论经历了领导特质理论、领导行为风格理论和领导权变理论的阶段。

领导特质理论假设存在天生的个人特质的差别。

行为风格理论主要包括：俄亥俄州立大学将领导风格归纳为结构维度和关怀维度两大类；密歇根大学将领导行为风格划分为员工导向维度和生产导向维度；布莱克和莫顿采用图表的方式，从“关心员工”和“关心生产”两个维度提出了管理方格理论。

领导权变理论认为有效领导的前提是能够在充分了解组织内外情况的基础上，采取各种灵活的应变策略。主要包括：菲德勒模型，把领导者的领导风格分为关系取向型和任务取向型两种；赫塞—布兰查德的情境理论，认为领导者的领导风格必须与下属的成熟度相匹配；罗伯特·豪斯的路径—目标理论，认为领导者的激励作用体现在能通过澄清要求、为员工提供支持和指导，增加员工达到目标，并获得所期望的回报的可能性，因此领导可分为指导型领导、支持型领导、参与型领导和成就型领导。

新近出现的领导理论包括交易型领导和变革型领导。

5. 在东方文化背景下，三隅二不二提出了著名的领导行为 PM 理论，认为群体具有两种功能：(1) 实现群体的特定目标，即绩效；(2) 改善群体自身的正常运转，即维持。领导者的功能就在于保证绩效和维持群体存在这两种功能。

另一种东方特色理论是家长式领导。郑伯薰与樊景立将家长式领导定义为一种表现在人格中的、包含强烈的纪律性和权威、包含父亲般的仁慈和德行的领导行为方式。家长式领导包含三个维度：威权领导、仁慈领导和德行领导。

本章思考

1. 举例说明领导者与管理者的区别和联系。

2. 举例分析领导者影响力的不同来源。

3. 总结领导理论的发展历程，并举例说明你最赞同哪种领导理论。

管理游戏一：他的授权方式

目的：让学员体会及学习，一位主管在分派任务时通常犯的错误以及改善的方法。

形式：8人一组为最佳。

时间：30分钟。

辅助设备：眼罩1个，20米长的绳子一条。

步骤：

1. 教师选出一位总经理、一位总经理秘书、一位部门经理、一位部门经理秘书、四位操作人员。

2. 教师把总经理及总经理秘书带到一个角落，而后向他们说明游戏规则：

（1）总经理要让秘书给部门经理传达一项任务，该任务就是由操作人员在戴着眼罩的情况下，把一条20米长的绳子做成一个正方形，绳子要用尽。

（2）全过程不得直接指挥，一定是通过秘书将指令传给部门经理，由部门经理指挥操作人员完成任务。

（3）部门经理有不明白的地方也可以通过秘书请示总经理。

（4）部门经理在指挥的过程中要与操作人员保持5米以上的距离。

3. 游戏开始。

相关讨论：

1. 作为操作人员，你会怎样评价你的这位主管经理？如果是你，你会怎样来分派任务？

2. 作为部门经理，你对总经理的看法如何？对操作人员在执行过程中看法如何？

3. 作为总经理，你对这项任务的感觉如何？你认为哪方面是可以改善的？

管理游戏二：教练的技术

目的：体会如何指导下属。

时间：30分钟。

辅助设备：七巧板若干套。

步骤：

1. 将学员分成若干组，每组选出一名教练。

2. 教师先教教练，大约3～4分钟。具体方法是定义目标、定义形状、定义多边形的每条边。

3. 然后由小组教练教所在组的小组成员，看谁教的快，再由小组抽签决定谁来代表小组进行比赛。

4. 可增加12秒限时完成项目，正确的进行加分。

5. 3 分钟练习，有谁摆不出来要罚分。

教练技术的四个口诀：“先说说看、做给他看、让他试试看、旁边再指导看看”。

相关讨论：

指导任务时要注意哪些问题？

心理测试一：你有领导力吗

1. 别人拜托你帮忙，你很少拒绝吗？A. 是 B. 否

2. 为了避免与人发生争执，即使你是对的，你也不愿意发表意见吗？
A. 是 B. 否

3. 你遵守一般的法规吗？A. 是 B. 否

4. 你经常向别人道歉吗？A. 是 B. 否

5. 如果有人笑你身上的衣服，你会再穿一遍吗？A. 是 B. 否

6. 你永远走在时髦的前沿吗？A. 是 B. 否

7. 你穿过那种好看却不舒服的衣服吗？A. 是 B. 否

8. 开车或坐车时，你曾经咒骂过别的驾驶者吗？A. 是 B. 否

9. 你对反应比较慢的人没有耐心吗？A. 是 B. 否

10. 你经常对人发誓吗？A. 是 B. 否

11. 你经常让对方觉得不如你或比你差劲吗？A. 是 B. 否

12. 你曾经大力批评电视上的言论吗？A. 是 B. 否

13. 如果请的工人没有做好，你会反对吗？A. 是 B. 否

14. 你惯于坦白自己的想法，而不考虑后果吗？A. 是 B. 否

15. 你是个不轻易忍受别人的人吗？A. 是 B. 否

16. 与人争论时，你不在乎输赢吗？A. 是 B. 否

17. 你总是让别人代替你做重要的事情吗？A. 是 B. 否

18. 你喜欢将钱财投资在财富上，而胜过个人成长吗？A. 是 B. 否

19. 你故意在穿着上吸引他人的注意吗？A. 是 B. 否

20. 你不喜欢标新立异吗？A. 是 B. 否

计分方法：选择“是”得 1 分，选择“否”得 0 分。

分数解释：

14～20 分：你是个标准的跟随者，不适合领导别人。你喜欢被动地听人指挥。在紧急的情况下，你多半不会主动出头带领群众，但你很愿意跟大家配合。

7～13 分：你是介于领导者和跟随者之间的人。你可以随时带头，或指挥别人该怎么做。不过，因为你的个性不够积极，冲劲不足，所以常常扮演跟随者的角色。

6 分以下：你是个天生的领导者。你的个性很强，不愿意接受别人的指挥。你喜欢使唤别人，如果别人也愿意听从的话，你不肯轻易地服从别人。

资料来源：盛乐：《心灵解码：心理学趣味测试与自我调节大全》，85 页，北京，新世界出版社，2007。

心理测试二：领导者素质层次测评

指导语：先阅读下面的各个选项，选择其中三四个、最多不超过六个你认为正确的选项或适合你的选项，并在其后的括号内打“√”；将你打“√”选定的诸选项对照“分值标准”中的分值，再将这些分值累加，得出一个和；根据计算出的和，到“结果和简要评议”中对照查核，得出你的基本状况。

对于一把手，你通常认为：

1. 那是一个可以为所欲为的位置。(　　)
2. 那是一个随心所欲的代名词。(　　)
3. 那是一个拥有丰富资源，能够充分实现自我的机会的概念。(　　)
4. 那是可以扬眉吐气、今生无憾的事业。(　　)
5. 那是可以大有作为的机会。(　　)
6. 那是可以畅通无阻的“硬通货”。(　　)
7. 那是呼风唤雨、高扬一世、有威有福的东西。(　　)
8. 那是容易招惹是非、引起腐化、造成堕落的危险物。(　　)
9. 那是一块“闻起来臭，吃起来香”的臭豆腐。(　　)
10. 那是一个容易浪费、失误和犯罪的位置。(　　)
11. 那是一个容易干，也经常干缺德事却又不被认为是缺德的家伙。(　　)
12. 那是一个可以为他人多干实事、好事的极好的条件。(　　)

分值标准：

(1) 0分	(2) 1分	(3) 4分	(4) 4分
(5) 5分	(6) 0分	(7) 0分	(8) 3分
(9) 3分	(10) 3分	(11) 4分	(12) 6分

结果与简要评议：

0分：表明应测者对领导的意义、作用与功能均不能做出正确的认识，而只有错误的理解和偏见，只知道领导之形，而不知道领导之实，思维能力低下，不能透过现象看本质，总是惑于表面虚荣而看不到问题的实质，心理极不成熟，思想尽是一些垃圾废物。这种人的素质极其低下，只是一个没有文化的小市民或者干脆就是一个文盲。

1～7分：表明应测者并非文盲，而是一个不注重思想道德修养的逐利者和虚荣者，非常庸俗，层次低下，不知道领导的本质与责任，只知道领导的好处与荣光，把领导看成能够为自己谋取财富的最有效手段和途径，骨子里装满了腐朽没落的封建官僚意识、市侩意识和剥削压迫意识。这种人是害人害事、腐败堕落的料。

8～17分：表明应测者具有一定的思想境界、理论水平和道德修养，能够从社会和公共的角度来看待领导、理解领导和把握领导，并能因此形成一定的对自己的约束意识，使得其内心深处对领导具有比较客观正确的认识，因而，这种人一般具有优良的领导品格，比较适合担任领导职务，从事领导工作。

18分以上：表明应测者具有很高的思想觉悟、很高的道德水平和深厚的理论功底，对领导具有非常正确的认识，不会为领导的外在荣光所迷惑，更不会为领导所能带来的巨大方便和机会所吸引，深知领导的责任重于泰山，领导的事没有小事，领导的作用和价值在于为集体、为大家服务。这种人光明磊落，充满正气，富有魄力。

资料来源：邱霈恩：《现代领导测评：理论量表及其应用》，486～488 页，北京，中国财政经济出版社，2002。

章末案例：任正非的领导力

任正非是一个非常低调的人，他不愿接受记者采访，也很少参加令许多商界精英趋之若鹜的媒体盛事，尽管如此，其杰出的领导力依然能够“引无数英雄竞折腰”。

关于领导，美国前国务卿基辛格博士有一个非常著名的说法：领导就是要让跟随他的人，从他们现在的地方，努力走向他们还没有去过的地方。

这一说法很容易理解，但是在具体操作中对领导者提出了非常高的要求，因为人不是机器，不会无条件地按照领导的意图去努力工作，特别是对于以聪明善变著称的国人来说，要做到这一点就更加困难。

华为已经成为一家名副其实的全球化公司，产品及解决方案推广至全球 100 多个国家和地区，在海外设立了 22 个地区部和 100 多个分支机构，在全球拥有员工八万多名。对于这样一家精英云集、发展迅速的高科技企业来说，任正非需要具有怎样的领导力才能使它高效运转呢？

结合华为的发展历程，可以将任正非的领导力总结为以下几点：

明确的发展纲领

早在 1996 年，正当国内许多企业还在追逐飘忽不定的发展机会时，任正非就开始酝酿起草《华为基本法》——一个清晰界定公司使命、愿景、经营哲学、人才理念、核心价值观等决定企业长远发展的纲领性的文件。这可以说是中国民营企业第一次对追求基业长青所做出的全面思考，也在迄今为止的十多年里确保了华为的正确航向——专注于通信设备供应，永不进入信息服务业，更不为深圳如火如荼的房地产和股票炒作所诱惑。

良好的开端是成功的一半。《华为基本法》的出台，使华为这家不断发展、快速壮大的高科技公司，在遇到各种各样的挑战和诱惑时能够始终有一个正确的导向，在面临前所未遇的问题时，各级员工也非常清楚地知道如何去开创性地开展工作，而不是坐等上级的指示。

如果我们把华为比作一列高速行驶的列车，那么《华为基本法》就可以视为任正非为这趟列车精心铺设的轨道。通过这个轨道，任正非巧妙地将一己之谋、一己之力，转化成全公司八万多名员工共同奋斗的方向和目标。

规范的 HR 机制

1997 年，任正非开始谋划人力资源开发与管理系统的规范化变革。在世界顶尖咨询公司美国合益集团（Hay Group）的帮助下，华为逐步建立并完善了职位体系、薪酬体系、任职资格体系、绩效管理体系，以及各职位系列的能力素质模型。在此基础上，华为逐渐形成了自己成熟的干部选拔、培养、任用、考核与奖惩机制。

其核心包括以下三个方面：

在职务晋升上，任正非提出“要让最有责任心的人担任最重要的职务”。这里所说的“责任心”，不是传统意义上的对领导个人负责，而是对事物、对工作结果负责，并以绩效目标的改进作为晋升的主要依据。

在薪资问题上，任正非提出我们“决不羞羞答答”，而是“坚定不移地向优秀员工倾斜”。具体做法是：以能力、贡献和岗位的重要性来确定员工的报酬，使那些认真负责、业绩出众的员工能得到丰厚的回报。

在股权分配上，员工的持股份额根据“才能、责任、贡献、工作态度、风险承诺”等情况综合确定，从而形成了优秀员工集体控股、骨干员工大量持股、低级员工适当参股的股权分配格局。

三者综合起来就形成了这样的效果：你想晋升吗？你想加薪吗？你想增加持股比例进而实现股权致富的梦想吗？那就认真学习、努力工作、以身作则、提高绩效吧！

更为关键的是，在规范的HR机制之下，华为的人力资源部每天可以对数万名员工进行精确的绩效考核，这使得人力资源配置、职务晋升、加薪、配股等关键问题逐步摆脱了人为因素的影响，从而使敏感问题不再敏感，各类能人志士所渴望的公平竞争也因此水到渠成。

严密的运营机制

现代企业间的竞争已不再是单一产品、服务或品牌的竞争，而是整条供应链的竞争，特别是对像华为这样处于激烈竞争环境下的高科技企业来说，流程管理水平的高低，足以决定外部竞争能力的高下。

1998年，华为不惜花巨资与IBM合作，在IBM及旗下顶尖咨询机构普华永道的帮助下，华为建立了在国内可以说是“最美国”的流程化管理。以产品的研发和推广为例，任何产品一经立项，就随即成立由市场、研发、服务、制造、财务、采购、质量等人员组成的“混成团队”（PDT），对产品的整个开发过程进行全面管理。通过服务、制造、财务、采购等后端部门的提前介入，在产品设计阶段就充分考虑到了能制造、好安装、易维护等后续需求，以及对产品整个生命周期投资回报率的精确测算。产品一经推出，全流程各个环节都做好了充分的准备，以确保随时满足客户可能出现的任何需求。

这样的流程安排，摆脱了原来各部门各自为政的割裂状态，有效地避免了部门之间的推诿扯皮现象，公司的运营效率、产品质量与服务水平也在整个流程的推动下迅速提高。

正如华为的一位重要客户所说的那样：“在华为，整个公司就像一部高速运转的机器，各级员工就像机器上大大小小的齿轮，前面的人会拉着你走，后面的人会推着你走，想不转都不行。”

朴实无华的宣教

任正非行伍出身，却有着一般人难以匹敌的宣教能力。他的宣教既不像枯燥乏味的思想教育，也不像按部就班的课堂教学，而是在朴实无华中闪烁着智慧、生动和乐趣，而且他的宣教并非漫无目的的“才艺展示”，而是有针对性地对自己的战略思路进行解释，对公司中存在的问题进行适度的矫正。现举两三例进行说明。

“减人、增效、涨工资”。华为的发展速度很快，但任正非不希望是低效率的外延式扩张，而是希望“人员的增长要低于产值和利润的增长”，希望通过内部挖潜、提高效率来实现效益的增长，同时又“不能让雷锋吃亏”。那怎么办呢？“减人、增效、涨工资”三个精炼的词汇，就说明了任正非想要追求的一切。

“烧不死的鸟是凤凰”。在前所未遇的困难面前，在重大变革推进的关键环节，人们总是习惯性地表现出畏惧、逃避甚至是抵制。每当遇到这种情况，任正非总是会在恰当的时机“跳”将出来，用生动的语言向大家解释，以美好的前景给大家打气。“烧不死的鸟是凤凰”便是一例，它被用来肯定一位在“内部集体大辞职”后被“发配”到山东，然后又忍辱负重、积极开拓并最终创造了辉煌业绩的市场部经理的感人事迹。

多年来，任正非所提出的口号往往都很实在，因此常有人说是“灰色的”，但是华为的员工们都觉得很亲切、很现实，于是就跟着做了起来。这些宣教的效果经过一段时间的积累、沉淀与叠加，在潜移默化之中影响了员工的精神面貌，确保了华为的健康发展，并逐渐形成了华为的企业文化，而这正是任正非所想要的。

资料来源：吴晓波：《激荡三十年》，北京，中信出版社，2008。

[思考题]

1. 任正非是一名领导者还是一名管理者？
2. 任正非身上有哪些特质促进了华为的成功？
3. 根据路径—目标理论，任正非的领导风格属于哪种？

第 11 章

组织文化

不伴随力量的文化，到明天将成为灭绝的文化。

——丘吉尔

学习目标

1. 了解组织文化的概念及相关理论；
2. 理解组织文化的作用并应用于解释企业管理现象；
3. 理解组织文化的形成、传承及变革。

开篇案例

米汤中的组织文化

大盛魁是清代山西人开办的对蒙贸易的最大商号，是晋商的典型代表。极盛时有员工 6 000 多人，商队骆驼近 20 000 头，活动地区包括喀尔喀四大部、科布多、乌里雅苏台、库伦（今乌兰巴托）、恰克图、内蒙古各盟旗、新疆乌鲁木齐、库车、伊犁和俄国西伯利亚、莫斯科等地，其资本雄厚，声称其资产可用 50 两重的银元宝，铺一条从库伦到北京的道路。

大盛魁的创办起源于康熙时，在平定准噶尔部噶尔丹的叛乱中，特准商人随军贸易。在随军贸易的商人中，有三个肩挑小贩，即山西太谷县的王相卿和祁县的史大学、张杰。他们三人虽然资本少，业务不大，但买卖公道，服务周到，生意十分兴隆。清兵击溃噶尔丹军后，三人便在杀虎口开了个商号，称吉盛堂，康熙末年改名为大盛魁。

该商号在初创时，营业很不顺利。在过大年时，王相卿、史大学、张杰已经揭不开锅，只能喝些米汤过年。就在这个时候，来了一位身穿蒙古袍、背着一个包裹的壮汉，要吃饭充饥。他们三人见是过路人，便热情接待，把自己仅有的米汤让给壮汉喝。这个壮汉喝完米汤后说是出去办点事，便留下包裹走了，此后，这个壮汉再未返回。

三人打开包裹一看，原来是一包白银。以后，多次查访壮汉，亦无下落。三人商量后，决定暂时挪用壮汉留下的银子作为商号资本，扩大经营。此后，商号生意十分顺利，赚了不少银两。三人觉得在他们最困难的时候，是财神变化成壮汉给他们送来了资本，便把原来那位壮汉包裹里的银数留足，作为财神股，把此股所分红利记入“万金账”，作为护本。同时，为了纪念他们创业时过大年喝米汤的日子，规定每年正月初一商号要喝一顿米汤。“米汤”的故事也体现出了三个人不贪便宜，诚信为先的精神。大盛魁的经营延续了三位创始人“买卖公道，服务周到”的原则，这种诚信表现在大盛魁对手工业品的订货活动中：凡选中的手工业户，世代相传，不随便更换加工户；当手工业户资金短缺、周转困难时，便借垫银两，予以扶持。另外，每年正月初一商号喝米汤的习俗也成为“忆苦思甜”的载体，传承着大盛魁艰苦创业的奋斗精神。

资料来源：邓九刚：《大盛魁商号》，北京，中国画报出版社，2008。

米汤的故事体现了大盛魁的组织文化。那么什么是组织文化？组织文化能产生什么样神奇的力量？这是本章要介绍的内容。

第 1 节　什么是组织文化

一、组织文化概念的兴起与发展

我们都知道，19 世纪末到 20 世纪初，基于“理性经济人”假设的西方工业化发展采纳了科学管理的思路，忽视了人本管理的理念。直到霍桑实验的研究产生影响之后，人们才开始重视和强调人际关系在管理中的重要性。从此之后，研究者们关心的重点不再局限于工作场所的“硬性”物质环境，而是转而注重“软性”的心理环境。20 世纪五六十年代，组织气氛成为研究者关注的热点问题。

组织气氛是指一个人共享的知觉或个体的认知地图之间相同或相似的部分。组织气氛研究发展的必然结果就是“组织文化”。①

小链接

高考那些年

同学们还记得高中时代那些“别的班的学生”吗？这么多年他们还是你心中挥之不去的阴影吗？每当晚自习教室里出现不和谐的声音时，班主任都会及时出现并大声说：“你看看别的班的学生多安静，我们班学习气氛怎么这么差?!”

① 唐京，陈卫旗：《从“组织气氛”到“组织文化”——概念发展的逻辑》，载《心理学动态》，2001，9（1）：63。

你是否意识到这其实是一种组织氛围，甚至是组织文化的灌输？

第二次世界大战以后，西方学术界特别注重人的主体性研究，致力于探求人的深奥莫测的精神世界和千变万化的行为表现，高扬人的价值、尊严和主体性。哲学、文学、人类学、心理学、文化人类学等学科都贯穿着这一特征。

随着关注人的尊严和价值的思想日益深入人心，组织成员的文化和科学水平普遍提高，企业规模也不断扩大，国际化、信息化的趋势日益明显，企业内部的向心力和凝聚力问题显得十分重要。这些新情况、新问题要求西方国家，特别是美国，逐渐改变从前在企业管理中过分相信科学的理性模式做法，开始关注人的主观能动性的重要作用。

20 世纪 70 年代，在日本企业逐渐取得全球性竞争优势的严峻形势面前，美国大量的专家、学者和企业家纷纷到日本考察、研究，探索日本成功的奥秘。经过认真研究后发现，美国人在企业管理中注重“硬”的方面，强调理性主义的科学管理，而理性主义管理缺乏灵活性，不利于发挥人的创造性和与组织长期共存的信念。日本人则不但注重“硬”的方面，还特别注重“软”的方面。所谓“软”的方面，就是日本企业具有一种共同遵循的目标、战略、价值观念、行为方式、道德规范等精神因素，这些精神因素的综合，便构成了组织文化。

1970 年，美国波士顿大学组织行为学教授 S. M. 戴维斯在其《比较管理——组织文化展望》一书中，率先提出组织文化这一概念。1981 年，美国加利福尼亚大学美籍日裔教授威廉·大内出版了他的专著《Z 理论——美国企业界怎样迎接日本的挑战》，该书分析了组织管理与文化的关系，提出了“Z 型文化”、“Z 型组织”等概念，认为组织的控制机制是完全被文化包容的。

从上面的分析可以看出，组织文化的兴起是当代学术思潮发展的必然结果，是美日经济竞争的产物，更是对管理实践变化的回应。

20 世纪 80 年代，组织文化的研究以探讨基本理论为主，如组织文化的概念、要素、类型以及组织文化与组织管理各方面的关系等。1985 年，沙因（Schein）所写的《组织文化与领导》一书，标志美国组织文化的研究突破了经验的羁绊，进入真正的理论研究阶段。同时，对组织文化的经验主义研究也在继续进行。

组织文化的研究在 20 世纪八九十年代已经成为管理学、组织行为学和工业组织心理学研究的一个热点，组织文化学派成为管理丛林中的一个重要分支，因此八九十年代也称为管理的组织文化时代。进入 90 年代以来，西方组织文化理论研究出现了四个走向：一是企业文化基本理论的深入研究；二是企业文化与企业效益和企业发展的应用研究；三是关于企业文化测量的研究；四是关于企业文化的诊断和评估的研究。

作为四大文明古国之一的中国，在历史上就非常重视文化对人的影响。尽管没有提出组织文化的概念，但早在 20 世纪五六十年代，各工矿企业中普遍提倡一种“三老四严”的“铁人精神”，爱厂如家、忘我工作的高尚品格，以及将高涨热情与严格的科学态度结合起来所展示的健康向上的精神风貌。[①] 20 世纪 80 年代末 90 年代初，我国兴起了组织文化热潮，企业文化获得很大发展。在我国企业界，大部分企业领导人对“企业文化”概念已不再陌生，对其在企业经营管理中的功能也有所认识，更有不少企业身体力行，结合实际开展了有声有色的企业文化建设，取得了可喜的成就。从那时起，关于组织文化的研究一直是管理学者关注的热点问题。

西方组织文化概念的发展历程见表 11—1。

表 11—1　西方组织文化概念的发展历程

主要阶段	主要事件
20 世纪 70 年代的萌芽	日本企业的成功，吸引了大批学者、专家去探索日本企业成功的奥秘。人们了解日本企业不仅有“硬”的方面，还有“软”的方面。
组织文化概念的提出	美国波士顿大学组织行为学教授 S. M. 戴维斯在其《比较管理——组织文化展望》一书中，率先提出组织文化这一概念。
20 世纪 80 年代的发展	组织文化的研究以探讨基本理论为主，如组织文化的概念、要素、类型以及组织文化与组织管理各方面的关系等。
20 世纪八九十年代进一步发展	组织文化的研究在 20 世纪八九十年代已经成为管理学、组织行为学和工业组织心理学研究的一个热点，组织文化学派成为管理丛林中的一个重要分支，因此八九十年代也称为管理的组织文化时代。
20 世纪 90 年代至今	组织文化理论研究出现了四个走向：一是企业文化基本理论的深入研究；二是企业文化与企业效益和企业发展的应用研究；三是关于企业文化测量的研究；四是关于企业文化的诊断和评估的研究。

二、文化与组织文化

你觉得生活中哪些方面属于文化呢？一般认为，文化是指一系列习俗、规范和准则的总和，它起着规范、导向和推动社会发展的作用。文化的定义包括广义和狭义两方面。广义的文化是指人类在社会历史实践中所创造的物质财富和精神财富的总和，例如考古学中的“仰韶文化”、“龙山文化”等，其中，物质文化可称为“器的文化”和“硬文化”，精神文化可称为“软文化”。狭义的文化是指社会的意识形态，以及与之相应的礼仪制度、组织机构、行为方式等，尤其是指教育、科学、文化、艺术、卫生、体育等方面的知识和设施，特指人类的精神生产能力和精神产品。

---

① 王华生：《现代企业文化建构的思考》，载《河南大学学报（社会科学版）》，1994（6）：50。

想一想

以下哪些属于上面说的狭义的文化和广义的文化：

A. 仰韶文化是黄河中下游地区重要的新石器时代文化，距今约 7 000 年。

B. 许多地方以赛龙舟、包粽子的方式过端午节。

C. 龙山文化泛指中国黄河中下游地区约新石器时代晚期的一类文化遗存。

D. 蒙古族在给客人敬酒时会唱祝酒歌。

霍夫斯泰德用一个“洋葱图”解释不同深度层次的文化表征（如图 11—1 所示）。最外层的“符号”包括语词、姿势、图表或物体，其特殊含义只有共享同一文化的人才能识别；“英雄”指某一文化中备受推崇的人物形象；“礼仪”指社交、宗教仪式等，是一种集体的文化活动。以上三层可总结为“实践”，其行为表现可以被观察到，但其文化含义是无形的，必须由这一文化圈的人通过实践来确切地表示。“价值观”则是文化的核心，是指人们喜欢某种事物而不喜欢其他的普遍的倾向性。①

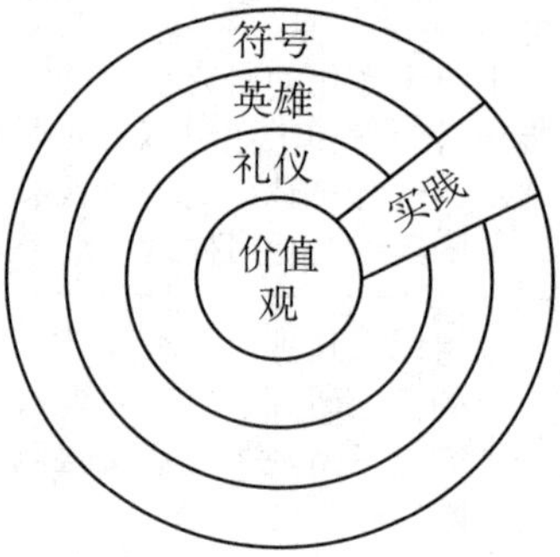

图 11—1　霍夫斯泰德的“洋葱图”

组织文化从“文化”发展而来，存在于企业、学校、卫生部门、政府部门、社会团体等组织中。任何一个组织，由于受到自身环境条件和传统文化的影响，会形成特有的哲学信仰、意识形态、价值取向和行为方式，从而形成了自己独具特色的组织文化。目前，学者们对组织文化的定义很多，对此概念有影响力的解释包括以下几个：

（1）从组织文化形成的角度来定义组织文化。

霍夫斯泰德认为，组织文化是一种“组织心理”及组织的潜意识，它一方面在组织成员的行为中产生，另一方面作为“共同的心理程序”引导这些成员的行为。

希恩（1984）认为，组织文化是特定组织在处理外部环境适应和内部整合过程中出现的种种问题时所发明、发现或发展起来的基本假说的规范。

① G. 霍夫斯泰德：《跨越合作的障碍——多元文化与管理》，7～9 页，北京，科学出版社。1996。

汪勇认为，组织文化是指组织在长期生存和发展中所形成的，为本组织所特有的，并为组织多数成员共同遵循的最高目标、行为方式、价值观念和道德规范的总和。

余凯成认为，组织文化是在一定的历史条件下，某一组织在其发展过程中形成的共同价值观、精神、行为准则及其在规章制度、行为方式和物质设施中的外在表现。

（2）从组织文化的应用、传承的角度来定义组织文化。日裔美籍学者威廉·大内在他的《Z理论》中指出："公司文化是由其传统风气所构成的。同时，公司文化意味着一个公司的价值观，诸如进取、保守或是灵活，这些价值观构成公司员工活动、意见和行为的规范，管理人员身体力行，把这些规范灌输给员工并代代相传。"

（3）从组织文化的构成要素的角度来定义组织文化。迪尔和肯尼迪认为，企业文化由价值观、神话、英雄和象征凝聚而成。

（4）从系统的观点来定义组织文化。日本学者今西伸认为，组织文化是特定组织中具有固定特征的价值体系，由价值体系、行为体系、经营风尚三个子系统组成，其中价值体系指精神方面，如企业哲学、经营观念和信条等，行为体系指行为方面，如工作结构、组织环境、组织结构、战略、规章制度、习惯、惯例等，经营风尚即基础方面，如组织风尚、传统、行为规范、成员行为能力等。

我国管理学者周三多认为，组织文化是组织在长期的实践活动中所形成的并且为组织成员所普遍认可和遵循的具有本组织特色的价值观念、团队意识、工作作风、行为规范、思维方式等的总和。

较为综合的组织文化定义有：刘光明认为组织文化有广义和狭义之分，广义的组织文化是指企业物质文化、行为文化、制度文化、精神文化的综合，狭义的组织文化是指以企业价值观为核心的企业意识形态；孙健敏和李原认为，组织文化是组织成员的共同价值观体系，它使组织独具特色，区别于其他组织。

视　窗

吉尔特·霍夫斯泰德（Greet Hofstede）1928年生于荷兰的哈勒姆。他参过军，又做过多年的工程师。1965年，他加入IBM公司的人事部门。1971年他进入学术界，先后在欧洲多所大学任教，1993年从马斯特里赫特大学退休。霍夫斯泰德教授通过对IBM跨国工作人员的问卷调查，提出了五个反映各国文化差异的指标：权力距离、不确定性规避、个人主义与集体主义、男性化与女性化、长期取向与短期取向。

吉尔特·霍夫斯泰德

威廉·大内（William Ouchi）是日裔美籍管理学家，美国斯坦福大学企业管理硕士，在芝加哥大学获企业管理博士学位。是加利福尼亚州立大学洛杉矶分校的管理学教授。他从1973年开始转向研究日本企业管理，经过调查比较日美两国管理的经验，于1981年出版《Z理论——美国企业界怎样迎接日本的挑战》一书，提出Z理论，并最早提出企业文化的概念。

威廉·大内

资料来源：分别根据网络资料 http://baike.baidu.com/view/3265802.htm 与 http://baike.baidu.com/view/499362.htm 整理而成。

以上各位学者的定义，尽管角度不同、表述各异，但基本都认为组织文化表现在外是一种组织成员共享的行为规范，其内在本质则是成员共有的核心价值观。

本书采用了石伟等人的定义：组织文化是组织在其内外环境中长期形成的以价值观为核心的行为规范、制度规范和外部形象的总和。

读一读·想一想

有人把五只猴子关在一个笼子里，笼子顶上挂一串香蕉，同时安装了一个喷水装置，只要有猴子试图摘香蕉，装置就会喷出水。开始时，几乎每只猴子都试图去摘香蕉，但是无一例外所有猴子都会被淋得浑身湿透。一段时间后，再没有任何一只猴子去摘这串香蕉。后来，人们用一只新猴子换出原来的一只猴子，并撤掉了喷水装置。这只新猴子看到笼子顶上的香蕉，也试图去摘，但每次就会遭到其他猴子的暴打，一段时间后，新猴子也放弃了摘香蕉的企图。

［问题］请根据组织文化的定义，分析这个试验中猴子群体是否形成了一种“组织文化”？

三、组织文化的结构、特征与类型

（一）组织文化的结构

根据前文所述的内容不难看出，组织文化大致包括组织宗旨、组织价值观、组织作风与传统习惯、组织行为规范和规章制度、组织形象等几个方面。组织文化的结构如何呢？目前来看，有两元说、三层次说、四层次说和七特征论四种观点。

1. 两元说

有的学者认为，组织文化是组织中物质文化和精神文化的总和，是硬件和软件的结合。物质文化是组织中的外显文化，包括组织办公设备、原材料、产品等，是有形可见的东西；精神文化是组织中的隐性文化，是以人的精神世界为依托的各种文化现象，包括组织的共同价值观、传统、行为准则等。

2. 三层次说

三层次说认为组织文化由三个层次的内容组成：第一层次是指企业组织中的厂房、设施、机器、装备、产品、服务、厂容厂貌等外显的、物质形态的东西；第二层次为制度文化，指组织的规章制度、公约、纪律等制度形态的东西；第三层次为精神文化，指组织的价值观念、信念、理想等意识形态的东西。这三个层次综合起来，便是组织文化。

3. 四层次说

有学者认为，组织文化由四个层次的内容构成：

层次一：观念层。这是组织文化的核心和主体，是指组织的全体员工共同潜在的意识形态，它体现在组织经营哲学、宗旨、方针、目标等方面，称为组织精神，是比较稳定的层次。

层次二：制度层。这是指组织各具特色的规章制度、员工行为准则和道德规范的总和，是组织价值观和信念的体现，是组织文化的中介，也构成了各个组织在管理方面的差异性。

层次三：行为层。这是指组织中的员工在生产经营、学习娱乐的过程中产生的活动文化，它包括组织整个物质和精神活动过程的外在表现形式。

层次四：物质层。这是指由组织员工创造的产品和各种物质设施等构成的器物文化。它包括组织生产的产品、组织提供的服务和组织创造的实体性的设备设施、工作环境、广告等。它往往能折射出组织的经营思想、管理哲学、工作作风和审美意识。

4. 七特征论

罗宾斯认为，有七个方面的特征可以更加具体地刻画一个组织的文化：

特征一：创新与冒险。指组织在多大程度上鼓励员工创新和冒险。

特征二：注意细节。指组织在多大程度上期望员工做事缜密、善于分析和注意细节。

特征三：结果导向。指组织在多大程度上把注意力集中在结果上，而不是集中在达到结果的手段和过程上。

特征四：人际导向。指组织在多大程度上关注决策结果对人的影响。

特征五：团队定向。指组织在多大程度上以团队而不是以个人来组织活动。

特征六：进取心。指组织在多大程度上强调员工的进取心和竞争性。

特征七：稳定性。指组织是注意维持现状还是注意企业的成长。

以上七个方面表现为从高到低的连续体，用这七个特征来评价一个组织，就能够得到组织文化的构成图。

读一读・想一想

华为公司基本法摘引

第一条 我们的追求是在电子信息领域实现顾客的梦想，并依靠点点滴滴、持之以恒的艰苦追求，使我们成为世界级领先企业。

第二条 认真负责和管理有效的员工是我们公司最大的财富。新生知识、新生人格、新生个性，坚持团队协作的集体奋斗和决不迁就有功但落后的员工，是我们事业可持续成长的内在要求。

第三条 广泛吸收世界电子信息领域的最新科研成果，虚心向国内外优秀企业学习，独立自主和创造性地发展自己的核心技术和产品系列，用我们卓越的技术和产品自立于世界通信列强之林。

第四条 爱祖国、爱人民、爱事业和爱生活是我们凝聚力的源泉。企业家精神、创新精神、敬业精神和团结合作精神是我们企业文化的精髓。我们决不让雷锋们、焦裕禄们吃亏，奉献者定当得到合理的回报。

第五条 我们主张在顾客、员工和合作者之间结成利益共同体，并力图使顾客满意、员工满意和合作者满意。

第六条 我们以产业报国、科教兴国为己任，以公司的发展、为所在社区做出贡献。为伟大祖国的繁荣昌盛，为中华民族的振兴，为自己和家人的幸福而不懈努力。

第七条 我们的目标是以优异的产品、可靠的质量、优越的终生效能费用比和周到的服务满足顾客的最高需求，并以此赢得行业内普遍的赞誉和顾客长期的信赖，确立起稳固的竞争优势。

第八条 我们强调人力资本不断增值的目标优先于财务资本增值的目标。具有共同的价值观和各具专长的自律的员工，是公司的人力资本。不断提高员工的精神境界和相互之间的协作技巧，以及不断提高员工独特且精湛的技能、专长与经验，是公司财务资本和其他资源增值的基础。

第九条 我们的目标是在开放的基础上独立自主地发展具有世界领先水平的通信和信息技术支撑体系。通过吸收世界各国的现代文明，吸收前人、同行和竞争对手的一切优点，依靠有组织的创新，形成不可替代的核心技术专长，持续且有步骤地开发出具有竞争优势和高附加值的新产品。

第十条 我们将按照我们的事业可持续成长的要求，设立每个时期的足够高的利润率和利润目标，而不单纯追求利润的最大化。

第十一条 只有当我们看准了时机和有了新的构想，确信能够在该领域中对顾客做出与众不同的贡献时，才进入新的相关领域。

第十二条 机会、技术、产品和人才是公司成长的主要牵引力。这四种力量之间存在着相互作用。机会牵引人才，人才牵引技术，技术牵引产品，产品牵引更多、更大的机会。

第十三条 我们追求在一定利润率水平上成长的最大化。我们必须达到和保持高于行业平均的增长速度和行业中主要竞争对手的增长速度，以增强企业的实力，吸引最优秀的人才，和实现公司各种经营资源的最佳配置。

第十四条 我们不单纯追求规模上的扩展，而是要使自己变得更优秀。因此，高层领导必须警惕长期高速增长有可能给公司组织造成的紧张、脆弱和隐藏的缺点，必须对成长进行有效的管理。在促进公司迅速成为一个大规模企业的同时，必须以更大的管理努力，促使公司更加灵活和更为有效。始终保持造势与务实的协调发展。我们必须为快速成长做好财务上的规划，防止公司在成长过程中陷入财务困境而使成长遭受挫折，财务战略对成长的重要性不亚于技术战略、产品战略和市场战略。我们必须在人才、技术、组织和分配制度等方面，及时地做好规划、开发、储备和改革，使公司获得可持续的发展。

资料来源：根据百度百科 http：//baike. baidu. com 整理而成。

［问题］华为基本法的这些内容对应了上面所述组织文化结构的哪些方面？

（二）组织文化的特征

组织文化具有以下几个主要特征：

（1）特殊性。每个组织都有其独特的文化，这是由组织所处的国家、地域、民族、时代背景、行业特点和群体的个性特征所形成的。在组织的发展过程中必然会形成独具特色的价值观、经营准则、经营作风、道德规范和发展目标等。这也是识别组织个性特征的标志。就像美国人更倾向短期取向，注重当下，贷款买房买车非常常见，而中国人更倾向长期取向，总是能想到未来，注重勤俭节约，做长远打算。

（2）无形性。组织文化所包含的共同理想、价值观念和行为准则是作为一个群体心理定式及氛围存在于组织员工中的。在这种组织文化的影响下，员工会自觉地按组织的共同价值观念及行为准则去工作、学习和生活，这种作用是潜移默化的，是无法度量和计算的，因此组织文化是无形的。还记得高考的经历吗？当你走进安静的自习室，你总会自觉地走到座位上打开书本开始复习，没有人告诉你应该怎么做，但你还是自觉地做了，你是否看到了背后那只无形的“组织文化之手”？

组织文化虽然是无形的，却是通过组织中有形的载体（如组织成员、产品、设施等）表现出来的。没有组织、员工、设备、产品、资金等有形的载体，组织文化便不复存在。

（3）约束性。组织文化之所以对组织经营管理起作用，不是靠规章制度之类的硬约束，而主要是靠其核心价值观对员工的熏陶、感染和诱导，使员工产生对组织目标、行为准则及价值观的认同感，自觉地按照组织的共同价值观及行为准则去工作，组织文化对员工有规范和约束的作用，而这种约束作用总体来看是一种软约束。

员工的行为会因为合乎组织文化所规定的行为准则受到群体的承认和赞扬，从而获得心理上的满足与平衡。反之，如果员工的某种行为违背了组织文化的行为准则，群体就会来规劝、教育说服这位员工服从组织群体的行为准则，否则他就会受到群体意识的谴责和排斥而产生失落感、挫折感及内疚，甚至被群体抛弃。设想高中时代安静的自习教室，若你在教室里大声喧哗，你无疑会受到同学的厌恶和鄙视。

（4）稳定性。组织文化在组织的长期发展中逐渐形成后，一般具有较强的稳定性，不会因组织结构的改变、战略的转移或产品与服务的调整而变化。精神文化比物质文化更具稳定性。组织文化的稳定性是相对的，组织文化也要随着组织内外环境的变化不断充实和变革，这样才能保持组织充沛的活力。你可能不会相信，某天因为换了一位班主任，头一天还安安静静的晚自习变成了同学们的茶话会，但如果新来的班主任对叽叽喳喳的行为不进行阻止的话，茶话会也许真的会在不久后变成现实！

读一读·想一想

接着前面的猴子与香蕉的故事，人们逐一将原来的猴子换成新猴子，而每只新猴子试图摘香蕉时都会遭到暴打，直到放弃摘香蕉。经过很长一段时间后，笼子里的猴子已经全部是新猴子，从未被喷水装置淋湿过，但只要有新进来的猴子试图去摘香蕉都会遭到其他猴子的暴打。至于为什么不能摘香蕉，没有一个猴子知道原因，但每个猴子都很自觉地养成了这样的习惯。

［问题］请根据以上组织文化的四个特征，分析试验中猴子群体的行为体现了哪些组织文化的特征？

（三）组织文化的类型

由于不同的外部环境和内部条件，以及不同的分类标准，组织文化呈现出不同的类型。

1. 迪尔等人的分类

迪尔等人在《企业文化》一书中，把组织文化划分为四种类型：

第一类：挑战型组织文化。具有这种文化的企业往往风险很高，决策结果反馈最快。这类企业决策时赌注高，决心大，冒大风险，企业内充满竞争气氛。由于要求在短期内获得利益，企业人员合作精神差，不重视长期投资，人员流动率高。一些以销售为主的公司往往具有这种文化。

第二类：柔性组织文化。这种文化要求工作时精力充沛，拼劲十足，工作之后尽情玩乐，工作与玩乐并重。此种公司一般风险不大，但工作紧张。一些以研发为主的公司往往具有这种文化。谷歌就是典型的柔性文化。在谷歌，人们基本上是不拘礼节的，公司几乎没有什么层级。由于工作场所密集度很高，往往三四个人共用一个地方，里面还有沙发和狗。

第三类：长期赌注文化。这是一种风险很大的文化，其价值观集中在对未来的投资，需要人们具有坚强的自信和长期经受考验的能力。这类文化的优点是有助于发明创造和技术突破，缺点是行动速度缓慢，对迅速变化的环境不会作出灵敏的反应。

第四类：过程文化。这是一种低风险、慢反馈的文化。员工对自己工作效果的好坏全无观念，因此会促使他们把注意力放在“如何做”，而不是“做什么”上。这种文化下的人，工作井然有序，完全照章行事，因而容易抑制人的创造性，产生僵化体制和官僚主义。公务员体系就是一种典型的过程文化，完全按规则办事，员工服从上级的指挥，缺乏创造性。

2. 哈里森的分类

哈里森也将组织文化分成四类，但与迪尔等人的分类不同。

第一类：权力文化。这种文化的结构像一张蜘蛛网，整个组织在核心人物的领导下，以权力逐层下放为连接，构成组织结构。这种组织只有很少的规则和工作程序，不注重规范化的形式。具有这种文化的组织能对威胁和危险做出很好的反应，但它面临的风险是过多依赖处于中心地位的人物。一般公司早期的创业阶段就是这样一种情况，缺乏明确的规则和制度，组织成员的活动比较灵活，可以对各种威胁做出及时反应。

第二类：角色文化。简单来说就是以职位为基础的文化。在这种文化中，角色或职务表述，通常要比担任职务的人更重要，角色通常指某一职位承担的责、权、利。角色文化中的主要权力来源是职位，规章制度是主要发挥影响作用的手段。角色文化的效率取决于工作和责任分配的合理性，而不依赖于人的个性。

角色文化在处于稳定环境中的组织内将会取得成功。角色文化给个人提供了安全感和可预期性，其安全过分依赖于组织而很少依赖于个人能力。举个极端的例子，生产线上的工人就处于角色文化中，不管个体差异，他们都按照标准化的工作职责和流程操作，即决定他们行为和绩效的因素是职位的设置和相应的工作内容，而非个人的能力。

第三类：任务文化。任务文化以项目制为基础，当接到任务时，临时把适当的资源积聚在一起，把适当的人安置在适当的层次上，组成一个应对任务的团队，并放手让他们工作。任务文化是一种团队文化，它利用团队统一的力量去提高效率。

这种文化适应性极强，适合需要灵活性和敏感性的市场和环境。在任务文化的组织中，实行控制较为困难，本质上属于不稳定的文化，是一种强调专家权力、奖励工作结果、把个人与群体目标结合起来的文化。例如，一些公司的研发部门就是以项目为基础，员工平时不分团队，当接到项目时，根据需要抽调技术专长适合的员工组建团队。

第四类：人的文化。在这种文化中，个人是中心点，与其相应的组织只是为了服务和帮助其中的个人。成员们的心理契约表明，组织从属于个人并依赖于个人而存在。具有个人取向的人员是不易管理的，也难以对他们施加影响。例如，自行车赛中的车队基本是围绕参赛选手组成，为参赛选手个人服务。

3. 杰弗里·桑南菲尔德的分类

第一类：学院型文化。学院型公司是为那些想全面掌握每一种新工作的人准备的地方。在这里他们能不断地成长、进步。公司喜欢雇用年轻的大学毕业生，为他们提供大量培训，然后指导他们在特定的职能领域内从事各种专业化工作。如有些公司的管理培训生计划就具有学院型文化的特点，它们首先招聘优秀的应届毕业生，进入公司后接受大量培训和三个月左右的轮岗，再正式入职。

第二类：俱乐部型文化。俱乐部型公司非常重视适应、忠诚感和承诺。公司中资历是关键因素，年龄和经验都至关重要。与学院型公司相反，这种公司把管理人员培养成通才。事业单位多属于俱乐部文化，强调秩序、论资排辈、遵守和服从。

第三类：棒球队型文化。这种公司是冒险家和革新家的天堂。公司根据员工产出状况付给他们报酬。基于这种奖酬制度，员工一般都拼命工作。例如销售团队是典型的棒球队型组织，销售员工的薪酬基本由销售量决定，因而他们工作动力十足，不断创造出行之有效的销售和服务计划。

第四类：堡垒型文化。棒球队型公司重视创造发明，而堡垒型公司则着眼于公司的生存。处于衰退期的企业倾向于建立堡垒型文化，目标是尽量保存尚未被销蚀的财产，努力使处于衰落时期的企业生存下来。

组织文化类型的总结见表11—2。

表11—2　　组织文化类型总结

组织文化类型	主要内容
迪尔等人的分类	挑战型组织文化：企业往往风险很高，决策结果反馈最快，决策时赌注高，决心大，冒大风险，企业内充满竞争气氛。 柔性组织文化：这种文化要求工作时精力充沛，拼劲十足，工作之后尽情玩乐，工作与玩乐并重。 长期赌注文化：这是一种风险很大的文化，其价值观集中在对未来投资，需要人们具有坚强的自信和长期经受考验的能力。 过程文化：这是一种低风险、慢反馈的文化。员工对自己工作效果的好坏全无观念，因此会促使他们把注意力放在“如何做”，而不是“做什么”上。
哈里森的分类	权力文化：这种文化的结构像一张蜘蛛网，整个组织在核心人物的领导下，以权力逐层下放为连接，构成组织结构。 角色文化：简单来说，就是以职位为基础的文化。在这种文化中，角色或职务表述通常要比担任职务的人更重要，角色通常指某一职位承担的责、权、利。 任务文化：任务文化以项目制为基础，当接到任务时，临时把适当的资源积聚在一起，把适当的人安置在适当的层次上，组成一个应对任务的团队。 人的文化：在这种文化中，个人是中心点，与其相应的组织只是为了服务和帮助其中的个人。
杰弗里·桑南菲尔德的分类	学院型文化：学院型公司是为那些想全面掌握每一种新工作的人准备的地方，在这里他们能不断地成长、进步。 俱乐部型文化：公司非常重视适应、忠诚感和承诺，资历是关键因素，年龄和经验都至关重要。 棒球队型文化：这种公司是冒险家和革新家的天堂。公司根据员工产出状况付给他们报酬。 堡垒型文化：棒球队型公司重视创造发明，而堡垒型公司则着眼于公司的生存。

许多组织不能纯粹明晰地归于某种分类中的一种，因为它们拥有混合型的组织文化，或者处于转型之中。各种不同的文化能够吸引不同个性的人，员工个性与组织文化的匹配影响着一个人在管理层级上升迁的高度和难易程度。

（四）组织文化的作用

1. 组织文化的积极作用

组织文化的积极作用主要表现在以下几个方面：

第一，目标导向作用。组织文化的存在使得组织中的个体目标与组织的整体目标相一致，让组织目标成为个体发展的导向。例如，许多企业目前倡导学习型组织，为员工提供很多培训、探讨的机会，于是组织推崇的不断学习、不断进步的组织文化就为个人的发展指出了方向。文化像一只无形的手在背后指导员工该做什么，不该做什么。就像前面的例子一样，你走进安静的教室的第一感觉是你也要安静，而不是大声喧哗。

第二，凝聚作用。组织文化的凝聚功能是指它能把组织的成员紧紧地联系在一起，同心协力，为了实现共同的目标和理想，为了共同的事业而奋勇拼搏、开拓前进。例如，任何一所教育质量比较好的学校，都需要教师以教研室为单位，相互帮助、共同备课，以便提高授课水平，这其中就离不开学校文化的凝聚作用，让教师们更加开放、毫无保留地合作。

第三，激励作用。组织文化建立了一种精神目标和支柱，可以激励全体成员自强自信，团结进取，形成组织成员的统一意志，这种意志形成了自身的发展机制，并产生激励效应。你是否记得，当你看着身边的同学都为了考入理想的大学而奋斗时，你也感到热血沸腾，你也相信通过自己的努力终会得到满意的回报。

第四，约束作用。一种组织文化一旦确定，就会对组织的每个成员具有约束和规范作用，使他们的行为趋于一致。组织文化通过价值观、传统等软性因素约束，比用规章制度等硬性因素约束对员工具有更强大、更持久、更深刻的影响。例如，一个提倡谨言慎行的公司，无论进入公司的新人性格是开朗还是内向，一段时间后都会变得谨慎小心，少说多听。

第五，适应和辐射作用。组织文化指导员工如何迅速地对顾客需求或竞争对手的行动作出反应，并对社会产生一定的影响，以自己的方式作用于社会。例如，希尔顿酒店的文化就是要求酒店服务员全力满足客人的任何要求，即使是客人的私事也要尽力帮助，因此任何服务员无须特别的规范指导，在组织文化的辐射作用下，遇到客人提出要求时都会迅速反应。

第六，区分作用。一个组织的文化就像一个人的性格一样，可以把一个企业和另外一个企业区分开来，也能够把一个组织的成员和另外一个组织的成员区分开来。例如，我们常比较清华大学和北京大学的文化，认为清华强调严谨踏实，而北大推崇自由进步，两所学校的不同文化培养了学生的不同特质，旁人可以从这些特质区分出两所学校的学生。

第七，效率作用。组织文化一方面通过增强组织成员的个体活力来提高组织整体活力；另一方面通过协调、润滑组织内部的关系，减少不同部门之间、不同层级之间及不同个体之间沟通合作的障碍来提高组织整体效率。例如，文化氛围比较和谐的组织中，不同部门的员工在共事时会相互体谅，精诚合作，而不会为了自己部门或个人的利益而拒绝合作，这样能大大提高组织的运行效率。

2. 组织文化的消极作用

尽管组织文化具有上述的积极作用，但我们应该注意到，组织文化还可能成为组织变革和发展的潜在障碍。我们不应忽视文化的作用，特别是强有力的文化对整个组织和组织成员潜在的负面作用。

第一，变革与创新的障碍。当组织面对稳定的环境时，行为的一致性对组织而言很有价值，但是，当组织环境经历迅速的变革时，根深蒂固的组织文化就会束缚组织的手脚，使组织难以应付变幻莫测的环境。有些公司有强劲的组织文化，而且企业文化在过去起过非常积极的作用，但是随着企业战略的变化、环境的改变，这些强文化会成为变革的障碍。

读一读·想一想

TCL公司初创时，总裁李东生很重视下属的能力，尊重以至于依赖个人能力强的下属，这种能力重于一切的文化在创业初期为企业的迅速成长打下了基础，成为强大助力。然而随着蛋糕做大，利益冲突出现，能力强的中高层管理者开始出现价值观的分歧，这时李东生没有果断推行组织文化改革创新，过去优先“考虑企业业绩和个人能力”的文化束缚了领导者的管理，导致出现公司高层分裂的局面，对企业发展造成了巨大阻力。

资料来源：根据网络资料 http：//city. xizi. com/n/e/200712/18666. shtml 整理而成。

[问题] TCL的文化是如何制约其发展的？

第二，多元化的障碍。组织文化具有一种强制性，要求全体成员具有一致性，因此，组织领导往往希望甚至强迫新进组织成员适应、接受组织的核心价值观，但是当组织环境发生变化，进而要求组织文化发生变化时，组织往往将变化的力量寄托在新进组织成员身上。由于经济全球化的影响，不同种族、性别和道德伦理的员工越有可能在一个团队中工作。一般而言，管理人员既希望新成员能够接受组织的核心价值观，以免难以适应或不被组织接受，又想认可并支持这些员工带来的差异，因为这些差异可以为组织注入新鲜的血液，激活整个组织，这样矛盾就不可避免地出现了。

组织聘用各具特色、存在差异的成员，是希望这些各有特色的个体可以为整个组织带来多种选择、组合的优势，但由于强文化强调服从、适应，处于这种环境下的组织成员，往往只能尽力去适应组织原有文化的要求，照大多数成员的标准调整自己的行为，以缩短自己和组织的距离。这时，失去的不仅仅是差异，那种不同特色个体所带来的多样化优势也往往随之丧失。

第三，整合的障碍。现代环境下的激烈竞争呼唤合作、整合，以便于资源的优化配置，兼并和收购也就成了许多组织的迫切要求。以前，管理人员在进行兼并或收购决策时考虑的关键因素是融资优势或产品协同性。近几年，文化的相容性变成了他们主要关注的对象。虽然并购对象在财务和生产方面是否有利可图是必须考虑的因素，但并购对象与本公司的文化能否相容，越来越成为一个重要的因素。

第 2 节　组织文化的形成、传承与变革

一、组织文化的形成

你认为文化是如何产生的呢？文化人类学认为，一种文化的生成，意味着一种新的文化形貌（cultural configuration）的产生。从历史角度看，在人类社会发展的不同阶段，某种旧的文化出现危机、新的文化得以生成是由于内部因素、外部因素，或者二者共同作用的结果。内部因素是指既有文化模式内在的矛盾和冲突所引发的文化危机，这种危机会推动组织自身生发新的文化精神，产生一种新的文化范式。外部因素是指外来文化的入侵和冲击，但其深层原因仍然是文化内在的超越性和自在性的矛盾冲突。

组织文化的形成是一个历史过程，它不是凭空产生的，一旦形成又很难消失。它是随着组织的诞生、创始人的倡导、组织的各种规定和活动制度化以及组织成员对于基本的、有意义的行为的共同理解，并经过甄选、高层人士倡导、社会化逐步形成和发展起来的。

在组织行为学中，组织文化产生的一般模式可以用图示法表示，具体如图 11—2所示。

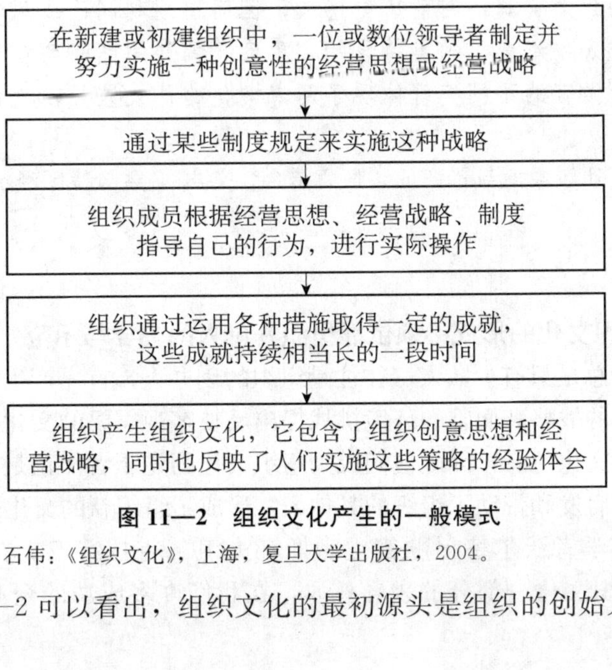

图 11—2　组织文化产生的一般模式

资料来源：石伟：《组织文化》，上海，复旦大学出版社，2004。

从图 11—2 可以看出，组织文化的最初源头是组织的创始人。组织的创始人对

组织的早期文化影响最大，他们规划了组织发展蓝图，把特定的理念和价值观表达出来并贯彻为愿景、哲学和商业战略。当这些理念和价值观使得组织成功后，它们就会被制度化，那些反映组织创始人和领导者愿景和战略的组织文化随之出现。从图 11—2 分析可以看出，组织文化生成必须具备几个条件。

（一）组织文化必须与环境文化相匹配

组织是一个开放系统，它不能脱离社会环境而存在，自然，组织文化也不能脱离社会环境而构造。组织文化就是在这种适应的过程中形成的。不言而喻，社会、政治、经济和技术环境都会制约组织文化的性质和发展方向。同时，组织文化根植于民族文化的土壤中，传统的民族文化是一个国家在长期历史发展过程中逐步形成的，有强大的渗透力。组织文化理念和价值观、行为规范等无不打上民族文化的烙印，这样必然造成世界各地各个民族组织文化建设的千差万别，丰富多彩。

视　窗

徽商与晋商

明清之际，活跃于中华大地的各大商帮中，以南方的徽商、北方的晋商最负盛名，所谓“富室称雄者，江南则推新安，江北则推山右”。两者形成的自然、历史环境不同，造就了两者的文化差异。

徽州是一个移民地区，汇聚了中原的传统文化，受儒家思想影响深远，因而对徽州商人而言，从商是不得已而为之，追逐财富不过是一种手段，求功名做大官才是最终归宿。贾而好儒，贾儒结合，徽商的入仕情结使得他们更多地注重与政治势力的结合。

山西拥有丰富的自然资源，经商历史悠久，因而追逐利润已成风气，冲击了中国传统的“读书做官”的观念，形成了独具特色的“重商轻儒”的民间商业精神。

徽商和晋商对于做官的不同偏好体现了两者文化的巨大差异，也能以此清晰地将两类商人区分开来。

资料来源：张晓：《比较徽商与晋商的“官商结合”文化》，载《特区经济》，2005（10），161～162 页。

（二）组织文化的形成必须依靠组织开创人的倡导与示范

一开始，总是只有少数人（往往是组织的创办人）首先产生建立文化的意识，他们根据本组织的战略和面临的环境挑战提出反映客观需要的文化主张，然后就刻意使组织凸显这种文化色彩，因此他们成为组织文化的先驱者。正是少数领袖人物和先进分子的示范，启发和带动了组织的其他人，形成了组织新的文化模式。

英国著名学者沃尔特·歌德史密斯和大卫·克拉特巴克在《制胜之道》中指出：“作为组织文化一部分的领导作风，在我们许多成功的企业中，受到企业创始人和最近几任董事长的性格和声誉的很大影响。”①

首先，组织文化的形成，常常与领导者和创始人的经营思想、管理艺术、工作风格，与他们个人的品格、胆识和魅力，与组织对过去成功历史的学习和强化有着直接关系。作为组织文化的主要发端者，他们勾画了组织的发展蓝图，依据其视野、认知、经验、知识与思想境界，靠着他们的洞察力、想象力、创造力和崇高的威望，不断地推进组织文化体系的生成，并不断丰富、而臻于完善。

其次，领导者作为组织的创始人或带领者，在决定组织发展方向的过程中居于举足轻重的地位，而组织的发展方向本身就体现着组织文化。

再次，领导者的管理风格形成后，对于组织成员有着极大的示范作用，进而对日后的组织文化的形成有着重要的作用。正是在这个意义上，一些组织文化的实践者提出组织文化就是“一把手文化”或者“老板文化”。

（三）组织文化的形成是制度化的结果

与一般文化积淀一样，如果任其自然发展，组织文化形成也会是非常缓慢的。在一个组织中，组织领导者一旦确认新文化的合理性和必要性，他们会有意识地在组织内部制定相应的行为规范和管理制度，通过制度来推动组织文化的生成。逻辑上，组织价值观与管理制度存在的关系如图 11—3 所示。

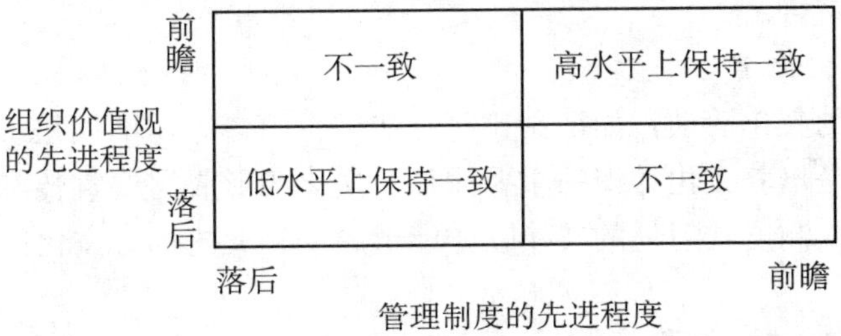

图 11—3　组织价值观与管理制度的关系

组织文化是看不见、摸不着的东西，不少人都感觉“虚”，不知道文化建设从哪入手。制度化是指要在组织中建立起一种能够使广大成员的自觉能动性得以充分发挥的制度机制，建立起一种广大成员能够自我管理的制度机制，借此成员可以进行自我管理，上下之间进行沟通，组织各部门之间可以默契配合、协调生产，保证成员尊严和个人价值得以实现。图 11—3 说明，组织的制度化建设是组织文化建设中的组成部分，组织在进行组织文化建设的过程中会产生一定的文化成果，这些成果也需要以制度的方式巩固下来。要强化组织文化在组织成员中的影响，必须使组织价值观与管理制度保持高水平的均衡或一致。

（四）组织文化的形成是组织成员认同的结果

在组织文化形成过程中，组织中的制度很重要，领导者自身具备文化自觉也很

① 沃尔特·歌德史密斯，大卫·克拉特巴克：《制胜之道》，158 页，上海，上海翻译出版公司，1987。

重要，同时，必须让成员认同组织文化，并转化为自觉的行为和心理。从社会学的角度分析，与一定文化相对应的价值观和行为准则被组织成员接受的过程称为文化的社会化过程。

社会化是指组织通过一定的形式不断向员工灌输某种特定的价值观念，比如组织培训、宣传和介绍代表特定价值观的英雄人物的事迹，借助正式或非正式渠道传颂体现特定价值观的企业内部的各种“神话”以及企业家在各种场合的言传身教，从而使组织成员逐渐接受这些价值观和行为准则。主要措施有：

1. 树立榜样人物

发挥榜样的作用是建设组织文化的一种重要而有效的方法。迪尔和肯尼迪在合著的《公司文化》一书中，把英雄楷模人物作为组织文化五大构成要素之一，其示范意义可见一斑。还记得那些“别人家的孩子”、“别的班的学生”吗？家长和老师的目的就是要给我们树立一个榜样！

2. 鼓励员工参与

尽管组织文化被认为是“老板文化”、“一把手文化”，但是只有得到成员广泛认同的文化才是有价值的组织文化。因此，应该创造各种机会让全体成员参与进来，共同提炼组织文化，同时，要让文化的提炼和总结与成员的日常工作结合起来，让每个成员结合自己的具体工作检视组织的文化特质，改变观念，使自己的工作与文化相结合。

3. 开展文化活动

有意义的文化活动，如征文比赛、演讲、酒会等，不仅是组织文化非常好的传播方式，也是培养文化共识的重要途径。文化的形成需要宣传和倡导，只有如此我们才能完成从制度到习惯的转换，才能形成一种文化场、文化氛围。

二、组织文化的传承

（一）内部传承与外部传承

传承和传播是文化的本质特征，没有传承就没有文化，因此，文化是传承的文化，传承是文化的传承。组织文化是文化的一种形式，也具有文化的一般特点，因此它也具有传承性。按照影响的方向不同，我们将组织文化的传承分为内部传承和外部传承。

组织文化的内部传承是指组织文化对组织内部成员的价值观和行为所产生的影响。在组织范围内的传承，可以使组织内所有员工共享组织的共同目标、价值观、行为准则等，并最终将组织精神内化为自己的价值观，通过自身行为表现出来，从而增强组织的凝聚力。当组织有新成员加入时，这种组织文化的传承能够使新成员快速地融入团队，理解组织的价值观、行为准则和共同目标。

组织文化的外部传承是指组织文化对于组织外部成员的价值观和行为所产生的影响。在组织外部环境中的传承，可以使有关机构、群体、个人更好地了解本组织。如组织与相关利益群体、党政机关、客户的沟通，组织举办的各种宣传、公关活动，都更有力地塑造和传播了组织形象，能够提高组织的知名度和美誉度。就像苹果公司对外树立的形象就是要做全球最好的智能手机，这就是组织文化外部传承的一种体现。

（二）组织文化传承的影响因素

一般认为，领导者的文化素养和组织的卓越文化会影响组织文化的传承。

1. 领导者的文化素养

对于高层管理者来说，传承组织文化首先要打破固化和“钙化”的思维定式，延长组织的生命周期，以动态的思维模式、开放的思维模式去思考问题。首要工作是创造出让员工们仰视的组织目标，进而将文化移植到员工心里，为组织文化传承创造有利条件。因此，高层管理者必须培植出一套组织哲学和组织价值观。

读一读·想一想

海尔文化的形成和传承都与企业家张瑞敏的个人素养息息相关。从1984年起，他在管理中发展出一系列对企业影响深远的组织文化，如OEC理论（日清日毕，日清日高），本土化理论（国际化就是本土化）等，但他从不把某种理论刚性化而视为神圣不可侵犯的东西。在文化的传承中，海尔十分强调对管理者的严格要求和持之以恒的坚持。例如，在砸冰箱事件中张瑞敏、杨绵绵主动承担责任，自罚工资；对管理者设立红黄榜考核监督，并在《海尔报》上进行直截了当的批评。这种干部带头的示范效应，有利于文化的传播，使海尔理念潜移默化地植入海尔人的心里。

资料来源：辛向阳：《成败之间——解读决策零失误》，336页，南昌，江西人民出版社，1999。

[问题] 请谈谈张瑞敏的个人因素如何影响了海尔文化的传承。

2. 组织的卓越文化

卓越的组织文化特质与组织文化的传承是密不可分的整体，正因为组织文化具有卓越的特征才得以很好地传承。组织文化的传承只有传承的是一种卓越的组织文化时才有意义。卓越的组织文化有三个重要特征：

第一，卓越的组织文化是强文化。强文化能够直指人心，使员工提高组织忠诚度，献身组织。在高绩效的组织中，这种强文化给人以深切的感受。第二，卓越的组织文化是适应性文化。卓越的组织文化能够适应变化，适应竞争，兼容吸纳，多元并存。在人类社会中，特别是商品经济社会中，竞争不断地推动并加快商品的生产和消费变化的速度，产品更新又促使社会进化。组织要生存、要发展，就要快速适应市场的变化。第三，卓越的组织文化是创新型文化。即能够遵循文化发展规律，敢于超越，勇于创新。组织文化具有内在的变革性，在不断传承的过程中新特质也在不断增加，这是一种更高层次的文化累积，有主动变革的冲动和良好的创新机制，会不断提升组织的生存能力。①

① 孙枫：《无形无限——企业人的另类感知》，66页，深圳，海天出版社，1998。

（三）组织文化内部传承的过程与途径

在组织文化的内部传承过程中，有三个因素起了举足轻重的作用：甄选活动、领导者的举措和社会化方法。详见图 11—4。

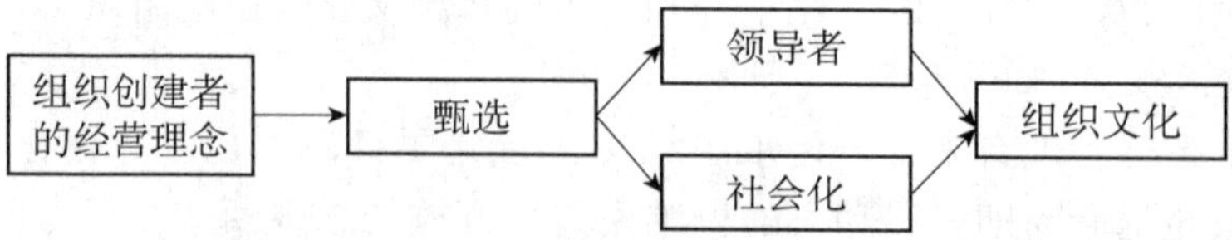

图 11—4　组织文化内部传承图

资料来源：斯蒂芬·罗宾斯：《组织行为学（第 12 版）》，北京，中国人民大学出版社，2008。

组织文化的内部传承的主要环节包括：

1. 甄选

组织的甄选过程有着明确的目标：识别并雇用那些有知识、技能和能力的人，从而成功完成组织中的工作。这一点和组织文化生成过程中注重成员的素质和构成相一致。重要的是，组织在甄选成员阶段要确保成员与组织相匹配，而不仅仅是和岗位匹配，因为成员个体的价值观与组织价值观一致时，成员的态度会更加积极，并且有着更高的个人效能。个体的价值观与组织价值观的一致性越高，新成员所需的组织社会化时间越短，工作满意度、工作积极性越高，离职率越低。

2. 领导者

领导者的活动也对组织文化有着重要影响。领导者通过自己的言行举止建立起规范，并将其渗透到组织当中。例如，是否鼓励冒险，领导者应该给自己的下属多大自由度，什么样的着装是得体的，什么样的活动可以得到加薪、晋升或其他奖励等。组织的领导者传输组织文化最方便、最有效的方法就是将自己塑造为组织文化的“化身”，使成员也能感同身受。

3. 社会化

组织成员的社会化是通过组织培训和个体内化实现的。组织培训和个体内化是相辅相成的。除了系统、正规的入职培训外，组织成员对组织中的惯例、亚文化、组织氛围都会在工作场所中感受到，因此，这些途径对成员在组织中的成长、心理成熟与变化以及行为方式的选择，往往起着潜移默化的作用。在个体内化过程中，各种社会化的形式既不是单独地，也不是平行地起作用，它们相互关联，共同实现个体的社会化，进而影响组织文化的传承。

（四）组织文化对外传承的途径

组织文化对外传承可以为组织的发展创造良好的社会环境，使组织的名声和名气得到扩大，为企业巩固和开拓市场服务。组织文化对外传承的途径很多，主要包括以下几种：

1. 员工行为

在一个分工体系高度发达的社会里，如果仅有社会正规教育，没有组织文化的教育和熏陶，这个社会的分工体系恐怕难以有效运转。组织文化的重要内容之一就是使组织成员内化文化，并在行为上符合组织文化的要求。

组织成员、管理者把在组织文化氛围中形成的行为习惯延续和转换到社会生活领域，完成自身的社会扩散。毫无疑问，这些凝聚着人们一生经历中最主要的经验教训，融于人生显著个性之中的行为文化，会通过成员的言行举止表现出来，从而形成具体而生动的文化示范效应。

这也是为什么越来越多的公司要求一线员工在面对客户时保持良好的行为习惯，目的是给客户树立一个正面的公司形象。例如，许多公司提供上门售后服务，都要求员工进门穿鞋套，与顾客对话时站姿恭敬、用语礼貌等。服务人员良好的态度会赢得顾客的尊重，使得顾客的举止和语言也更为礼貌。通过这样的服务，公司就将自己的文化、规范通过员工传递给了顾客，实现了一种社会扩散。

2. 各种传播媒介

每一种媒介发出的信息，都代表着规模、速度，或者类型的变化，所有这些都会介入人类的生活中。组织的一切存在，包括客观存在和主观存在，都是传播媒介。因此，大到组织的整体结构布局，小到一张废弃的纸屑都可以反映组织文化主张。组织文化传承常用的媒介包括内部刊物、社会报刊、文件与简报、组织简介手册、商标和产品包装、展览展销会、成员服饰、组织宣传栏和社会赞助等。

组织文化传承的类型与方法见表 11—3。

表 11—3　组织文化传承的类型与方法

组织文化的传承	传承的方法
内部传承	甄选：从组织招人开始就挑选那些与组织价值观和组织文化相符的候选人。 领导者：领导者的活动对组织文化有着重要影响。领导者通过自己的言行举止建立起规范，并将其渗透到组织当中。 社会化：组织成员的社会化是通过组织培训和个体内化实现的。组织培训和个体内化是相辅相成的。
外部传承	员工行为：组织成员、管理者把在组织文化氛围中形成的行为习惯延续和转换到社会生活领域，完成自身的社会扩散。 各种传播媒介：组织的一切存在，包括客观存在和主观存在，都是传播媒介。因此，大到组织的整体结构布局，小到一张废弃的纸屑都可以反映组织文化主张。

三、组织文化的变革

组织文化变革是组织生存、发展的客观需要，是组织生存发展的根本要求。一般而言，组织文化变革是组织变革的一部分。当组织原有文化体系难以适应组织经营发展的需要而陷入困境时，就必然通过文化变革创建新的组织文化。组织文化变革是组织文化产生飞跃的重要契机。通过组织文化变革，组织可以对其文化现状进行深刻剖析，广泛地吸取其他文化的精华，积极推动组织文化的发展。

（一）组织文化变革的特征

特征一，障碍性。变革在开始时总会遭遇普遍的阻挠，一旦处理不好，组织成员很容易产生抵触情绪。组织文化的变革肯定会与组织先前推崇的文化有冲突，员工短时间内很难适应，会对组织文化的变革产生抗拒。就像原来企业的文化是很轻松的，采用可变动的工作时间制度，现在突然变成固定的工作时间制度，员工肯定会产生不满情绪。因此，需要及时就组织文化变革与组织成员沟通，使其对变革做好充分的思想准备，从而确保组织文化变革顺利实施。

特征二，无序性。组织文化变革总是由无序状态过渡到有序状态。在旧的文化体系被组织文化变革破坏后，新的文化体系建立前，组织成员会对其产生不适应，这时会呈现一种分散、无序状态，但是经过一段时间后，人们对变革开始能够适应。就像上面提到的工作时间制度的变动，员工短时间内可能无法按照新规定的制度正常上班，可能今天不能按照新规定上班，明天尝试了一次新的制度，后天又不能按照规定上班，这本身就是一种对新变化的适应，会造成一定的无序性。

特征三，渐变性。组织文化变革总是由量变到质变。由一种文化到另一种文化的转变往往需要较长的时间，即使是组织外部环境发生巨大变化，使组织文化出现突发性变革，也是建立在量变积累基础之上的。还回到上面那个例子，员工会在一段时间后慢慢适应新的工作时间制度，这不是一蹴而就的，具有渐变性。

组织文化变革的类型与内容见表11—4。

表11—4　组织文化变革的类型与内容

组织文化变革的特征	主要内容
障碍性	变革在开始时总会遭遇普遍的阻挠，一旦处理不好，组织成员很容易产生抵触情绪。
无序性	组织文化变革总是由无序状态过渡到有序状态。在旧的文化体系被组织文化变革破坏后，新的文化体系建立前，组织成员会对其产生不适应，这时会呈现一种分散、无序状态，但是经过一段时间后，人们对变革开始能够适应。
渐变性	组织文化变革总是由量变到质变。由一种文化到另一种文化的转变往往需要较长的时间，即使是组织外部环境发生巨大变化，使组织文化出现突发性变革，也是建立在量变积累基础之上的。

（二）组织文化变革的动因

1. 组织文化变革是组织管理模式转换的需要

组织的各方面建设是相辅相成的。组织的结构改革、战略改革、人力资源改革、文化变革是一个有机的整体，任何一部分变化都需要其他部分的支持。如果组织要进一步发展，需要引入新的管理模式，模式的推广需要组织内外部的支持和推动，通过组织文化的建设便可实现，这样，组织文化变革便会出现。

2. 组织文化变革是组织实施差异化战略的需要

组织文化的独特性将越来越表现为组织差异化战略和组织的核心竞争力。组织文化、组织形象等都是组织的差异化战略。组织文化作为组织的核心竞争力的组成部分具有不可模仿性，这也正是组织文化的魅力所在。通过组织文化的变革，可以形成一种组织发展的文化支持，通过思想价值观念的导入使组织能够保持发展的态势，使不断创新的组织文化成为组织持续发展的源泉。就像海尔现在进行的组织文化变革，强调从顾客的角度为顾客提供所需服务，它进行了像自主经营体等形式的变革，这也形成了一种与国美、苏宁等供应商不同的产品差异化战略。

3. 组织文化变革是维护成员安全感的需要

组织变革的具体措施会从某些方面改变组织成员对工作的态度，从而引发某些与工作相关的后果，这些后果可能是好的，对组织有利，也有可能是坏的，对组织不利。因此，管理者要注意在推行变革措施的同时，保护成员的既得利益以及分享回报，维护组织成员的安全感。不要单一地从组织的角度考虑某项措施的推出能够起到什么样的作用，要有全局的眼光，了解组织管理是从整体着眼，任何措施的推出都是牵一发而动全身，会产生始料不及的后果。总之，在变革过程中，管理者要处处为员工的利益考虑，通过文化管理，使组织朝着变革的方向发展。

组织文化变革的动因与内容见表 11—5。

表 11—5　组织文化变革的动因与内容

组织文化变革的动因	主要内容
组织管理模式转换的需要	如果组织要进一步发展，需要引入新的管理模式，模式的推广需要组织内外部的支持和推动，通过组织文化的建设便可实现。
组织实施差异化战略的需要	通过组织文化的变革，可以形成一种组织发展的文化支持，通过思想价值观念的导入使组织能够保持发展的态势，使不断创新的组织文化成为组织持续发展的源泉。
维护成员安全感的需要	管理者要在推行变革措施的同时，保护成员的既得利益以及分享回报，维护组织成员的安全感。

（三）组织文化变革的阻力

组织文化构成因素具有相对稳定性和持久性，一旦形成，很难改变。正是这种惯性导致变革阻力。组织文化变革面临诸多压力，只有认真分析各种潜在的阻力来源，才能更好地推动组织文化变革的成功。我们一起来看看都有哪些方面的阻力：

1. 个体层面的阻力

组织文化变革中个体的阻力来源于人的特性。包括如下几个方面：

阻力一：沟通上的障碍。有的组织成员获得的信息是模糊的或者不全面的、不及时的。管理者没有将有关变革的全部信息清晰地传达到每个组织成员。也许对于管理者而言这种含糊不是故意的，他们以为已经把自己的想法清晰地传达给了其他人，但实际上他们并没有做到。管理者有时也可能故意遗漏一些细节，因为他们希望延迟对变革的讨论，直到制定出整个计划并准备宣布变革已经开始时才宣布。这种沟通上的障碍会造成员工对组织文化变革的恐慌，第一感觉就会对变革进行抵触。

阻力二：接受上的障碍。接受的主要障碍源于人们对安全的需求。员工在原有的组织环境中知道应该怎样行动，知道从哪里可以获得他们所需要的东西，觉得自己能把握在组织中的生活，因而觉得是安全的。

在变革初期，组织中工作的许多细节还有很多未知的东西，更重要的是，员工担心自己丧失在组织中的权力。组织中的权力是员工经过努力之后获得的，满足目前所拥有权力状态的员工更不会提倡变革，因为在新的组织中他们不能确定自己能获得多大权力，不知道重新获得权力需要付出多大努力，怎样努力，自己有没有这个能力，这些焦虑都会给组织成员带来很大的不安全感。例如，海尔组织变革的倒三角模型对中层员工的角色转换和自身权力的影响非常大，使他们从中层领导者的身份变成了基层员工的支持者和服务者的角色，这种转变无疑对中层员工来说是很难接受的。

阻力三：能力上的障碍。即使组织成员已获得详尽的信息，从心理上也接受了变革，但还有一个能力的问题。组织的变革常常伴随着技术变革或人员变革，每一次变革都对组织内的成员提出了更高的要求。先进生产线的引进、办公自动化的推行、新技术的应用都要求组织成员不断地提高自己的知识和能力，以适应组织变革的需要。如果变革的组织需要一些成员本身不具备的能力，变革就不能彻底进行，最终组织只能维持现状。

个体层面的阻力见表11—6。

表11—6　　组织文化变革的个体阻力

个体层面的阻力	主要内容
沟通上的障碍	组织成员获得的信息是模糊的或者不全面的、不及时的，管理者没有将有关变革的全部信息清晰地传达到每个组织成员。
接受上的障碍	接受的主要障碍源于人们对安全的需要。员工在原有的组织环境中知道应该怎样行动，知道从哪里可以获得他们所需要的东西，觉得自己能把握在组织中的生活，因而觉得是安全的。
能力上的障碍	每一次变革都对组织内的成员提出了更高的要求。先进生产线的引进、办公自动化的推行、新技术的应用都要求组织成员不断地提高自己的知识和能力，以适应组织变革的需要。如果变革的组织需要一些成员本身不具备的能力，变革就不能彻底进行，最终组织只能维持现状。

2. 组织层面的阻力

组织并不是个体的简单集合，而更多地表现为一种有机体，因此当变革发生时，所面临的障碍也更多地以一种整体性、系统性的方式体现出来。

阻力一：组织的思维惯性。组织一旦对某一新行为采取一种反应，在以后出现类似的行为时也会采取这种思维方式，所以说思维的惯性一旦形成，很难改变，这在很大程度上阻碍了组织的文化变革。例如，一家公司在建立初期，员工较少，可能所有员工都向老板一个人汇报工作，而当公司逐渐发展，人员增加后，管理层级相应增加，按照组织规范，应当逐层汇报工作，但过去形成的直接向老板汇报的思维惯性会持续，这可能导致组织管理混乱。

阻力二：组织变革的有限性。组织文化由一系列相互依赖的子系统组成，当对其中一部分变革时，可能因为更大系统的问题而变得无效。例如，人力资源管理的任何变革实际上和组织氛围、组织文化相关，没有文化的支持，人力资源管理变革常常无果而终。

阻力三：对组织既存利益的威胁。文化变革的过程往往伴随着组织内部权力的重新分配以及职能的调整。组织中控制一定数量资源的群体常常视变革为威胁，一旦变革，将意味着他们的固有预算或人员的减少。由于未来资源分配可能触及这些利益，他们往往对变革持抵触心理。

阻力四：组织中急于求成的心理。组织文化变革需要足够的时间，也需要足够的耐力。一个组织要真正实现从旧文化向新文化的转变至少需要3～5年。组织文化变革要想取得真正的成功，必须坚持不懈地长期努力。很多组织都因为浮躁和急于求成，导致组织文化变革半途而废。

阻力五：组织领导的言行不一。在组织文化变革中，组织的领导人必须言行一致。一方面，作为领导者，他们要以坚定的意志来倡导新理念和新行为；另一方面，作为执行者，他们又要以身作则扮演新的价值观念、新的管理方式的最忠实的执行者。应该清醒地意识到，领导的言行不一正是实施组织文化变革的一大障碍。

阻力六：组织资源的有限性。资源的有限性也是限制组织进一步变革的重要因素。组织文化变革需要耗费很多资源，需要方方面面的支持，比如人力、物力、财务资源等。一旦组织缺乏相应的资源，组织文化变革就很难开展了。

组织文化变革的组织阻力见表 11—7。

表 11—7　　组织文化变革的组织阻力

组织层面的阻力	主要内容
思维惯性	组织一旦对某一新行为采取一种反应，在以后出现类似的行为时也会采取这种思维方式，所以说思维的惯性一旦形成，很难改变，这在很大程度上阻碍了组织的文化变革。
变革的有限性	组织文化由一系列相互依赖的子系统组成。当我们对其中一部分变革时，可能因为更大系统的问题而变得无效。
既存利益的威胁	一旦变革，将意味着既存的固有预算或人员的减少。由于未来资源分配可能触及这些利益，往往会产生对变革的抵触心理。
急于求成的心理	组织文化变革要想取得真正的成功，必须坚持不懈地长期努力。很多组织都因为浮躁和急于求成，导致组织文化变革半途而废。
领导的言行不一	一方面，作为领导者，他们要以坚定的意志来倡导新理念和新行为；另一方面，作为执行者，他们又要以身作则扮演新的价值观念、新的管理方式的最忠实的执行者。
资源的有限性	资源的有限性也是限制组织进一步变革的重要因素。组织文化变革需要耗费很多资源，需要方方面面的支持，比如人力、物力、财务资源等。

（四）组织文化变革的步骤

组织文化变革是一项系统工程。如果在组织文化的变革过程中不注意流程的系统化，那么变革的效果往往会不尽如人意，甚至会功亏一篑，因此，理想的组织文化变革需要遵循严格的程序和步骤。我们到底该如何进行这种变革呢？大概有如下7个步骤：

1. 构建适于进行文化变革的文化氛围

组织文化变革并不是孤立存在的，它的顺利推行需要调整组织氛围以适应新的组织文化。顺利实施组织文化变革的氛围包括营造部门文化和学习型组织的文化氛围。在动态的环境中，单一、分散的个体是无法完成组织布置的各项任务的。在管理学研究中，根据不同的工作任务，将组织内有特殊专长的组织成员集合起来，归在一个部门或团队，由一个管理者统一领导，这就是部门化。

另外一个适合进行文化变革的组织氛围是创建学习型组织。1990年，彼得·圣吉（Peter M. Senge）出版了《第五项修炼——学习型组织的艺术与实务》一书①，提出了著名的学习型组织理论。书中提出了学习型组织的五项核心能力（五项修炼）为：自我超越、改善心智模式、建立共同愿景、团队学习，以及系统思考。在学习型组织中开展文化变革，组织成员会很容易接受新的文化，并迅速融入组织文化，指导整个组织的实践。

2. 建立变革委员会

组织文化变革需要一个推进主体，因此需要成立变革委员会。变革委员会主要负责组织文化变革的目标、方案的制定，以及具体实施与控制等工作。

3. 组织内外环境调查

在成立了组织变革委员会后，就要调查组织的内部环境和外部环境，选择适合的条件，这有助于组织文化变革的顺利实施。

4. 组织文化诊断

如果说组织内外环境的调查为变革实施提供了客观基础，那么组织文化诊断则为组织文化变革提供了依据与坐标。不仅需要对现有文化进行盘点，更需要了解现实与期望状态之间的差距。

5. 制定新的组织文化规划

前期的组织文化诊断为组织文化变革提供了有用的素材。为了使组织文化变革做到有章可循，应当在进行组织文化需求评估的基础上，依据对组织内外条件的把握，从组织理念文化、组织制度文化、组织物质文化三个方面制定组织文化变革的战略方案。

6. 抓住时机开展文化变革

在变革实施过程中，要注意把握时机，因为文化变革涉及价值观等，需要给予充足的时间以保证新的组织文化能够渗入组织的方方面面。另外，组织文化的变革一经确定，应坚持不懈，贯彻到底，朝令夕改只会引起组织成员价值观的混乱和对

① 彼得·圣吉：《第五项修炼——学习型组织的艺术与实务》，上海，上海三联书店，1994。

组织的不信任。

7. 强化沟通与广泛开展培训

无论什么形式的组织在变革的过程中都要重视成员的意见和感受。在组织文化变革过程中，前期的沟通与后期的培训十分重要。及时与组织成员进行沟通，可以了解其对变革的态度和看法，然后对某些阻碍变革的成员进行培训，以此来保证变革的顺利进行。

本章小结

1. 组织文化是组织在其内外环境中长期形成的以价值观为核心的行为规范、制度规范和外部形象的总和。

2. 关于组织文化的结构，包括两元说、三层次说、四层次说和七特征论几种观点。两元说认为组织文化包括物质文化和精神文化；三层次说认为组织文化包含外显的、物质形态的东西，制度形态的东西和意识形态的东西；四层次说提出组织文化包括观念层、制度层、行为层、物质层；七特征论认为组织文化有创新与冒险、注意细节、结果导向、人际导向、团队导向、进取心和稳定性等特征。

3. 组织文化的类型有多种分类方法：迪尔将组织文化分为挑战型组织文化、柔性组织文化、长期赌注文化和过程文化四种类型；哈里森提出权力文化、角色文化、任务文化、人的文化；杰弗里·桑南菲尔德提出学院型文化、俱乐部型文化、棒球队型文化和堡垒型文化。

4. 组织文化的积极作用主要有目标导向作用、凝聚作用、激励作用、约束作用、适应和辐射作用、区分作用和效率作用。

组织文化的消极作用是组织文化可能成为变革与创新的障碍、多元化的障碍、整合的障碍。

5. 组织文化的生成需要几个条件：组织文化要与环境文化相匹配，要依靠组织开创人的倡导与示范，是制度化的结果，是组织成员认同的结果。

6. 组织文化的传承包括内部传承与外部传承两种形式，其中领导者的文化素养和组织的卓越文化都会影响组织文化的传承。内部传承途径包括甄选、领导者和社会化；外部传承途径包括员工行为和各种传播媒介。

7. 组织文化变革的特征有障碍性、无序性和渐变性。

8. 组织文化变革的动因：变革是组织管理模式转换的需要，是组织实施差异化战略的需要，是维护成员安全感的需要。

9. 组织文化变革的阻力可能来源于个体层面和组织层面。

本章思考

1. 比较文化和组织文化的结构理论。
2. 结合企业案例分析组织文化的作用。
3. 举例说明组织文化变革的必要性和难点。

团队作业：它们的文化相同吗

目的：加深对文化的理解，学习区分不同组织文化的特征。

步骤：

步骤一：将学员分组，5～6人一组。

步骤二：要求学员找到2家业务接近的公司。

步骤三：要求学员查找资料（包括调研、收集二手资料等），来分析这2家公司的文化差异和相同点。

步骤四：请每组学员报告本组的分析结果。分析为什么业务相同，文化却不同？

测试一：哪种组织文化最适合你

指导语：阅读以下问题，根据个人感觉，圈出适合表达你的感觉的答案。

SA=很同意；A=同意；U=不确定；D=不同意；SD=很不同意。

1. 我愿意成为工作团队中的一员，希望组织以我对团队的贡献来衡量我的绩效。SA　A　U　D　SD
2. 为了实现组织目标，任何个人的利益都可以有所牺牲。SA　A　U　D　SD
3. 我喜欢从冒险中找到刺激和乐趣。SA　A　U　D　SD
4. 如果一个人工作绩效不符合标准，他做了多大努力都白费。SA　A　U　D　SD
5. 我喜欢稳定和可以预见的事情。SA　A　U　D　SD
6. 我喜欢能对决策提供详细合理解释的管理人员。　SA　A　U　D　SD
7. 我希望工作压力不大、同事易于相处的环境。SA　A　U　D　SD

评分方法：对于1，2，3，4，7题，很同意=2分，同意=1分，不确定=0分，不同意=－1分，很不同意=－2分。对于5，6题，得分恰好相反，很同意=－2分，同意=－1分，不确定=0分，不同意=1分，很不同意=2分。

分数解释：得分越高，表明你在一种正式、机械的规则导向、有结构的组织中越适应，这类组织包括政府机关和大型公司；相反，得分越低，表示你喜欢不正式的、灵活和创新的组织，包括广告公司、高科技公司和小型企业。

资料来源：斯蒂芬·罗宾斯：《组织行为学（第七版）》，北京，中国人民大学出版社，1997。

测试二：评估你的班级文化

指导语：下面有10个陈述，根据你赞同的程度对每个小题加以评分。如果你强烈赞同，给5分；如果强烈不赞同，给1分。

1. 我的同学友好，乐于助人。
2. 我的指导教师友好，乐于助人。
3. 我的指导教师鼓励我和其他同学向他提问题，向他挑战。
4. 我的指导教师能够清楚明白地向全班同学表达他的期望。

5. 我认为，我的指导教师所用的评分系统是建立在明确的绩效标准基础之上的。

6. 考试期间，我的指导教师的表现说明，他认为学生是诚实、可信的。

7. 我的指导教师定期、及时地对我的表现作出反馈。

8. 我的指导教师严格地按照正态曲线来给学生评分。

9. 在如何提高教学质量上，我的指导教师乐于听取学生的建议。

10. 我的指导教师使我很愿意学习。

评分方法：除了第8题之外，把各小题的得分相加；对于第8题，按相反的评分标准（强烈赞同给1分，强烈不赞同给5分）给出分数，然后与其他9个小题得分之和相加。你的得分应该在10～50分之间。

分数解释：较高的得分（37分以上）表明，你所在班级的文化是开放的、温馨的、大家相互信任、相互支持的文化。较低的得分（25分以下）表明，你所在班级文化的特点是：封闭、冷漠、任务导向、专制、气氛紧张。

章末案例：古井集团的文化

古井酒厂建于1957年。建厂初期，共有32名职工，12间简陋的厂房，1口酿酒锅甑，7条发酵池。1963年“古井贡酒”被评为8大名酒第二名，荣获各种奖项近百种。目前，古井酒厂已发展成为以名优白酒生产为龙头，致力于多元化经营和国际化发展，集科工贸为一体的大型集团公司，拥有50多家子公司。古井集团现有员工6 000余人，总资产约25亿元，净资产15亿元。

古井集团在从一个传统的手工酿酒作坊向多元化经营的企业集团发展过程中，以“效忠古井，业绩报国”为使命，树立了“敢为人先”的古井精神，通过“两场效应”管理法，走出了一条“名牌、名企、名人”的发展道路，培育了独具特色的“以人为本、天人合一”的古井文化。

一、“四子”立业学说

所谓“四子”立业学说就是“抓班子、立柱子、上路子、创牌子”，这是古井文化的凝练。董事长王效金认为，企业家是企业凝聚力的核心，企业家并非企业中的某个人，而是由具有帅才、将才、管家、参谋和监督等才能且博与专相结合的一群人所组成的领导班子集体。企业要想取得良好发展，首先得有一个好的领导班子。王效金强调“立柱子”思想，高度重视企业的支柱性产品的发展，并形成支柱产品群，以支撑企业发展。古井人的“上路子”思想是指管理规范化、高效化、现代化，向管理要质量、要效益。强调企业管理练内功只有日积月累、执着追求、坚持不懈，才能不断优化。古井人力创民牌与名牌的统一，铸就属于广大消费者心目中的金牌，属于人民大众的名牌。

二、“三层文化”的系统运作

在精神文明层面上，古井人以“提高广大人民的生活质量，建设富有、文明、民主的新古井”的经营哲学思想为指导，以“爱国、爱厂、爱岗位”的爱国思想和敬业精神塑造企业全体员工的灵魂，树立企业的精神支柱。在制度文化层面上，古井人极力强化制度建设，制定了《生产工艺法规》、《产品质量法规》、《现场管理法规》等15种企业内部规章制度，以约束员工行为，维护企业经营活动的正常秩序。同时，古井人还坚持“以人为本”，讲求以情动人、以理服人、以德信人的“情、理、德”相结合的柔性管理，做到软硬结合，优化企业管理行为。在物质文化层面上，古井人在厂容、厂貌、产品构成和包装、装备特色、建筑风格、厂旗、厂服、厂标、纪念物、纪念性建筑物等方面大作“文化”文章，创建了“花园式工厂”。“古井亭”、“古井”、“古槐”、“古井酒文化博物馆”向人们展示了千年古井酒文化的历史渊源。

三、“两场效应”的管理文化

古井的“两场效应”管理法，简单来说就是“抓市场、促现场，抓现场、保市场”。利用现场与市场之间的促保互动关系，下真功夫做实做细。古井人抓市场就是抓经营，眼睛向外，开辟市场、培育市场、建设市场，不断提高产品市场占有率、覆盖率和品牌美誉度；抓现场就是抓管理。古井人实行综合管理，质量、成本、设备、技术、人事、信息、纪律、工艺安全等系统运作达到整体优化，形成了“一严、二细、三洁、四无、五不准、六统一”的14字现场管理标准。市场的深入发展，不断向企业管理提出新要求，古井人始终围绕着市场需求不断改进管理，进而保证满足市场需求，“两场”彼此促进，周而复始，螺旋上升，形成良性循环。

资料来源：http：//www.zjccn.com/NewsContent.asp? Newsid=12775&NewsTypeI D=32.

［思考题］

1. 古井文化的核心内容是什么？

2. 古井文化是如何形成、如何传承的？

3. 古井文化带来的积极意义是什么？可能带来什么消极影响？

第12章

组织与变革

任何一个伟大的人物（在老的人事管理体制下）都不能和一批经过适当组织因而能够有效协作的普通人去竞争。过去，人是第一位的，将来，体制必须是第一位的。

——泰勒

学习目标

1. 了解组织的概念和组织设计的相关理论；
2. 熟悉并能举例说明组织的不同结构形式；
3. 理解组织变革的动力与阻力；
4. 初步掌握组织变革的模型和方式。

开篇案例

成长中的冰激凌小店

最近，大学城里新开了一家叫做斯派尔的冰淇淋美食连锁店，老板张晓斌是南京财经大学财政与税务专业的大四学生，他风趣地说："现在工作不好找，与其找个不满意的工作，还不如给自己打工。"张晓斌的搭档是同学张冬冬。

在开店前，张晓斌和张冬冬对商店周围的客流量进行了详细的统计分析，并对开店的成本进行了精密的预算。当然，他们也经历了预想不到的艰辛。"开店前，我们自己去买原料、买设备，为了节约成本，脚上都跑出了血泡，有时忙了一整天都顾不上吃顿饭。"张晓斌说。

谈及开店感受，张晓斌很乐观："有人觉得，我们上了4年大学出来就开个小店，太不值得。其实，利用我们所学，比如我们对税务、财务知识很熟悉，对办理营业执照、税务登记的政策非常了解，加上国家对大学生自主创业的相关优惠政策，我们相信一定会取得成功的！"

"麻雀虽小，五脏俱全"。这家冰淇淋店虽小，却俨然是一个有分工、有合作的小组织。张晓斌和张冬冬两位老板分头负责采购和财务管理等工作，店面的销售服务则两个人一块或轮流负责。可以想象，随着生意红火，两个人忙不过来时，他们可能会雇用员工，到时就会出现分工的调整，运营流程的改变，新规范的制定，利益的重新分配等一系列的变革。

什么是组织？组织都有哪些形式？组织的发展过程中可能会遇到什么变化？这是本章要回答的问题。

第1节　组织行为学的内涵与作用

一、组织的含义

（一）组织的定义

组织可不是一个很好解释的概念。在汉语中，组织既可以作动词使用，也可以作名词使用。作为动词，组织是指根据群体的目标，将实现这一目标所需要进行的各项活动进行划分和归类，包括设立部门、委派人员、赋予职责、授予权力、分工负责并进行协调等一系列的管理活动。在本章中，我们主要讲的是作为名词来使用的含义。

作为名词，组织是指人们为实现一定的目标，互相协作结合而成的集体或团体。从这个定义不难看出，要想构成一个组织，要有两个先决条件：第一，组织中至少要有两个或两个以上的人。这是显而易见的道理，因为一个人根本不需要自己跟自己协作。第二，组织是有目标的。没有目标，一群人是零散的，他们没有协作的理由，当然也就不能称之为一个组织。

组织是相对于部门来讲更高一级的群体，如某家企业、某一学校、某级地方政府都算一个组织，在这些组织内部，又可以划分为很多部门。

（二）描述组织的六个角度

我们都知道，地球上的人口以10亿计。然而，不论什么样的人，我们都可以从国家、种族、年龄、性别、身高、体重、教育背景、性格等几个角度对他们的特征进行刻画与描述。类似地，社会中组织的数量以千万计，组织之间特征的差别非常大，然而，不论组织间的差别有多大，我们都能从以下六个方面对它们的特征进行描述。

第一，正规化程度。有些组织中的政策、制度以及所有成员的职责和相互关系是有成文、正式规定的，而有些组织中则缺少这些成文的规定。例如，跨国公司有大量的书面文件，而一些小企业由于刚刚成立可能还没有来得及制定明文的规章制度。显而易见，跨国公司比小企业的正规化程度要高一些。

第二，集权化程度。集权化程度是指组织中的决策权下放到较低层次的程度。如果决策是由组织中的高层人士做出的，那么这个组织就算是高集权化程度的；如果决策是由组织中较低层次的员工做出的，那么这个组织就是分权化的。例如，有些在全国开设子公司的公司，将全国子公司的日常人力资源管理决策，细致到普通员工的休假批准，都集中到母公司进行，这就是典型的集权化程度较高的管理模式；反之，一些大型集团公司将战略制定、财务管理等较为关键的活动都交由各部门自行管理，这就是集权化程度低的表现。

第三，专业化程度。专业化程度是指组织中的工作细分到具体工作岗位的程度。在专业化程度高的组织中，工作进行了细致的专业分工，每个部门或岗位负责具体明确的一类工作。许多成熟的企业如华为、联想，往往清晰地划分了研发、生产、市场、销售、财务、行政等部门，并且明确地界定了各个部门、各个岗位的权责界线和上下级关系，可以说专业分工明显、责权利明确，而一些新兴企业可能由老板同时兼任研发、市场、销售、财务的负责人，并无专业化分工。

第四，标准化程度。标准化程度是指工作活动用同样方式执行的程度。高度标准化的组织在定义工作时很少有变化。例如，许多成熟的企业会将部门间的日常沟通活动标准化地确定下来，如例会、定期面谈等，这就是一种沟通标准化的体现。

第五，复杂程度。复杂程度是指组织中活动的数量，以及组织内部需要分工的程度。例如一家生产、加工服装并批发给销售商的厂家与一家整合了服饰设计、生产、批发、零售等活动的公司相比，前者的组织复杂程度低于后者。

第六，权力等级。权力等级是指通过报告关系体现出来的纵向分工和组织结构内的管理幅度，其中，管理幅度指每一位管理者需要直接管理的下级人数。在组织的管理人员总数一定的情况下，纵向分工的细致程度与管理幅度呈负相关关系，即纵向层级越多，每一层级的管理幅度越小。一般而言，规模较大的企业通过权力等级的设置实现逐层管理，等级较多，而近来提出的组织扁平化理念提倡减少权力等级，以提高应对市场变化的反应速度。

二、组织设计

盖一栋大楼之前，需要进行周详的设计，否则一定会发生楼毁人亡的悲剧。同样的道理，要建立一个组织，特别是一个有成千上万人的大型组织，必须进行精心的设计，否则这个组织的运行效率就不会太高，组织的存在与发展必然会受到影响。在这一小节你将看到在组织设计中需要注意的几个问题。

（一）组织设计的关键任务

大家都知道，分工可以提高单个员工或者单个部门的工作效率，然而，如果单个员工和部门的工作不能与其他人的工作整合在一起，整个组织的效率也不会提高，因此，分工（differentiation）和整合（integration）是组织设计要完成的两项关键任务。将分工与整合完美地结合在一起是组织设计所追求的直接目标。

分工是将组织的目标按照横向的职能和纵向的流程进行分解，通过部门分工和工作岗位划分的方式来明确权力和职责链条。整合是为分工后的部门或工作岗位设计正式的沟通、协作系统来保证它们之间的互动与合作。分工和整合的目的都是搭建组织框架以保证组织目标的实现。

1. 分工

分工决定了在组织中如何划分工作。通过分工，保证组织中所有必要的工作任务都分配到一个或一个以上的工作岗位。在分工中需要考虑横向分工、纵向分工和地域分工。

横向分工是指组织的各个分支单位（部门或工作岗位）之间的分工。横向分工主要依据专业进行。例如，许多企业包含研发部、生产部、销售部、财务部、人力资源部等。一般来说，组织中工作的专业性越强，其部门化的程度就越高，也就是部门的设置越来越多。例如，许多公司的销售类工作按照客户类型或特殊客户来划分销售团队。

纵向分工主要指组织层级中职权和责任的划分。例如，人力资源管理类工作中人力资源总监、人力资源部经理、人力资源业务主管和人力资源部专员之间的分工就是纵向分工。纵向分工可以让不同层级的员工负有不同的责任和工作权限，使组织结构中责权明确，这有利于进行严格的监督和紧密的控制，但加长了组织的沟通链条。

地域分工是指组织中的管理机构、工厂和人员由地理上的分布情况而产生的分工问题。例如，跨国公司都在跨国经营，由于不同国家的政治、经济、文化和法律不同，总部对不同地域的分支机构赋予了很大的自主权。

2. 整合

整合是对组织中具有不同分工的各个分支单位进行协调、建立联系的过程，其目的是使不同分支机构、不同部门、不同岗位的人员在实现组织目标和任务的过程中能够形成一个步调一致的总体。整合机制可以分为纵向和横向两种。

纵向整合机制就是在组织中协调垂直报告链中的上下层级之间活动的机制。较低层级的员工需要依据上级的目标和指令开展工作，而上级管理者需要了解下级的工作活动和任务完成情况。

横向整合主要指的是组织中各部门之间横向的沟通和协调。团队是最强有力的横向整合方式。团队是一种长期的任务组，经常和专职整合结合使用。当组织中需要几个部门在一个较长的时间内协调活动，往往就会设立跨职能团队。这种团队跨越了现有组织结构的界线，产生了一个新的实体，来实现组织的目标。

（二）组织设计的基本要素

在进行组织设计时，为了将分工与整合完美地结合在一起，需要做一些具体设计。一般而言，组织设计要考虑管理层次的多少与管理幅度的大小，同时，还要考虑职权的分配方式。

1. 管理层次与管理幅度

正式组织都有较为稳定的结构，用来描述正式组织结构的两个维度是管理层次与管理幅度。

(1) 管理层次。在一个正式组织的组织结构图中，我们可以看到一个明显的特点就是具有清晰的层级关系，也就是一些人领导着另外一些人，一些人要向另外一些人汇报。在任何一个具有一定规模的组织中，最高管理者由于受到时间、精力等诸多因素的限制，他不可能直接领导整个组织的所有人，只能直接领导有限数量的下级管理人员，这些下级管理人员可能又领导着若干下属。依此类推，就形成了组织中由最高主管到最基层员工之间的不同层级的管理层次。

(2) 管理幅度。管理幅度是指组织中每个主管人员直接指挥与监控的下属人数。管理幅度太大，管理人员无法有效地指挥和控制；管理幅度太小，又不利于充分利用资源。通常有效的管理幅度是在7～12个人。管理幅度的大小也因人、因工作而异。

很明显，管理层次、管理幅度和组织规模之间存在着一定的关系。在组织规模一定的情况下，每个主管所直接领导的下属人数越多，所需的管理层次就越少。在管理幅度一定的情况下，组织的规模越大，人员数量越多，那么所需要的管理层次就越多。

2. 职权的分配

职权是组织中赋予某一管理职位做出决策、发布命令和进行奖惩的权力。职权与组织内的一定职位相关，是依附于职位而不是具体人的，因此通常也称作制度权力或法定权力。

(1) 集权与分权。职权在整个组织中的分布可以是集中化的，也可以是分散化的。集权指决策权在很大程度上向处于较高管理层次的职位集中；分权是指决策权在很大程度上分散到处于较低管理层次的职位上。

在实际管理中，不论是集权还是分权都要掌握在一定的范围内，在任何一个方向上走得太远都会给组织带来灾难。过度集权往往会降低决策的质量，致使高层管理者陷入日常管理事务中，难以集中精力处理企业发展中的重大问题，降低组织成员的工作热情和工作满意度，妨碍对后备管理队伍的培养等。同样，过度分权也有一些弊端，例如，增加决策时间、降低决策速度、决策者之间的冲突增加等。因此，组织设计时需要在集权和分权之间找到一个平衡点，实行适当的分权和集权。

(2) 直线职权和参谋职权。在组织中，直线职权与参谋职权是两类不同的职权关系。直线职权关系本质上是指挥和命令的关系，直线人员所拥有的是一种决策和行动的权力；相反，参谋职权关系则是一种服务和协助的关系，授予参谋人员的只是思考、筹划和建议的权力，扮演类似决策者的智囊团的角色。

为了更好地理解直线职权和参谋职权，还需要将直线部门和参谋部门的概念区分开来。直线部门和参谋部门是根据不同管理部门或人员在实现组织目标过程中的作用而进行区分的，将那些对组织目标的实现有直接责任的部门称为直线部门，而把那些协助直线人员工作而设置的辅助组织基本目标实现的部门称为参谋部门。例如，销售部门往往承担了实现公司年度财务指标的大部分责任，为组织战略目标的实现做主要贡献，因此属于直线部门；与此相对，为销售部门提供后勤服务的行政部门就属于辅助性质的参谋部门。

读一读

毛奇元帅和他的普鲁士军队奇迹

普鲁士的陆军元帅毛奇伯爵不是那种足蹬高筒靴、满身军国主义味道的典型普鲁士军官，相反，他是一个很敏感的人。毛奇伯爵崇拜英国诗人，喜欢把英国诗人拜伦的诗歌翻译成德文，乐于谈论哲学和音乐，还曾经写过一本小说。他很可能是历史上唯一的一位具有这种风格的陆军元帅。毛奇元帅也没有什么军队指挥经验，在普法战争前，他仅指挥过一次小型战役。然而，就是这样一位军人打败了当时世界上最强大的法国军队。

开战时，普鲁士在军事装备上远远不及法国，普鲁士步兵团配备的步枪射程只有法国军队的一半。普鲁士军队没有什么作战经验，而法国军队和将军在意大利、北非和墨西哥战场上得到了磨炼。然而奇特的是，在短短的4个星期内，普鲁士的骑兵就攻入了巴黎，用凡尔赛宫前的喷泉饮他们的战马。世界上最强大的法军被轻易击垮，法国皇帝拿破仑三世被俘，法国被迫投降。

这个奇迹是如何产生的？美国的管理专家埃默森指出，毛奇元帅取得胜利的核心秘诀是他将普鲁士的作战部队和参谋部完美地合二为一。

三、常见的组织结构形式

在自然界中，生命的形态可以说异彩纷呈。长颈鹿站立时可高达6～8米，体重约700公斤，而最小的哺乳动物小飞鼠的体重约为2克，体长仅3厘米。为什么动物之间会有这么大的差别呢？动物学家的回答是：为了适应它们所处的环境。

类似地，一个组织为了适应所处的环境，也会采用不同的形式。一般而言，组织经常采用的组织结构形式主要有直线制、职能制、直线职能制、事业部制、矩阵制等。

（一）直线制

直线制是一种最古老的组织形式，最初广泛在军事系统中应用，后推广到企业管理工作中来。其突出的特点是，高层决策，集权程度高，只设直线部门，不设参谋部门，至多只有几名助理协助厂长（或经理）工作。这种方式只有在一些小型企业中才使用（见图12—1）。

（二）职能制

职能制组织形式的主要特点是，采用专业分工的职能管理者代替直线制的全能管理者，设立各专业领域的职能部门和职能主管，由职能主管在各自负责的业务范围内向直线系统直接下达命令和指示。各级直线管理者除了服从上级直线领导的指

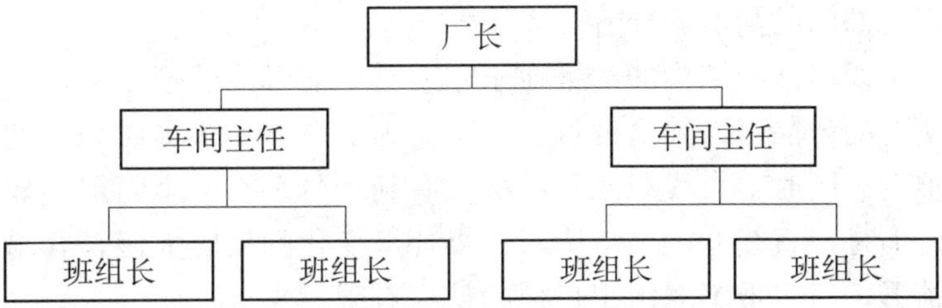

图 12—1　直线制

挥，还要服从上级职能部门在其专业领域的指挥（见图 12—2）。职能制在现实中并没有得到广泛使用，用得更多的是它的变形——直线职能制。

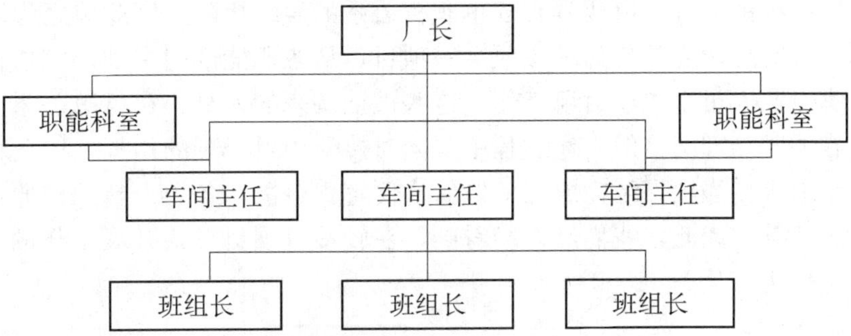

图 12—2　职能制

（三）直线职能制

直线职能制是对职能制的一种改进。与职能制相同的是进行专业化分工，但是负责某一专业领域管理工作的职能部门只具有参谋职权，不具有直线职权，只有各级直线主管才具有对下级进行指挥和下达命令的权力（见图 12—3）。直线职能制在一些面临较稳定环境的中小企业中使用较多。

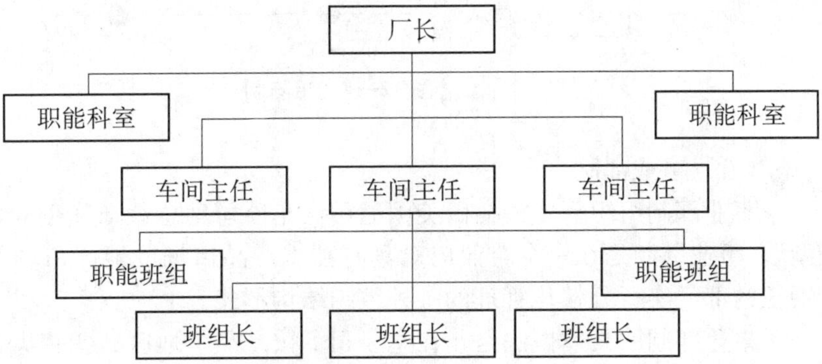

图 12—3　直线职能制

直线职能制组织结构适应的情况是外部环境比较稳定，技术相对固定，不同部门之间的相互依存性较小，在这种情况下，实行直线职能制组织结构是比较有效的。这种组织结构不需要太多的横向协调，可以主要通过纵向的层级实现控制和协调。在公司中，员工被安排去完成各自职能部门的工作目标。正式的权力和影响来自职能部门的高层领导者。

直线职能制结构的优势在于它鼓励职能部门的规模经济。例如，在一家工厂生产所有的产品可以共享设备，而不是为每个产品线提供独立的设备，减少重复建设和浪费。同时，直线职能制结构也有利于员工在一个固定的职能领域内技能不断提高。但是，直线职能制结构对外界环境变化的反应太慢，容易出现纵向层级超负荷的情形，每个员工对组织目标的认识有限。

（四）矩阵制

矩阵制组织结构形式是在直线职能制垂直指挥链系统的基础上，再增设一种横向指挥链系统，形成具有双重职权关系的组织矩阵，因此称之为矩阵制组织。

矩阵制通常是为了完成某一项目，从各职能部门中抽调完成该项目所必需的各类专业人员组成项目组工作。这些被抽调来的人员，在行政关系上仍旧归属于原所在的职能部门，但工作过程中要同时接受项目经理的指挥，因此他们实际上拥有两个上级。当项目组完成任务以后，便宣告解散，各类人员回到原属部门等待分派新的任务。因此，我们经常会看到，在较多以项目形式开展工作的组织中，矩阵制广泛使用（见图12—4）。

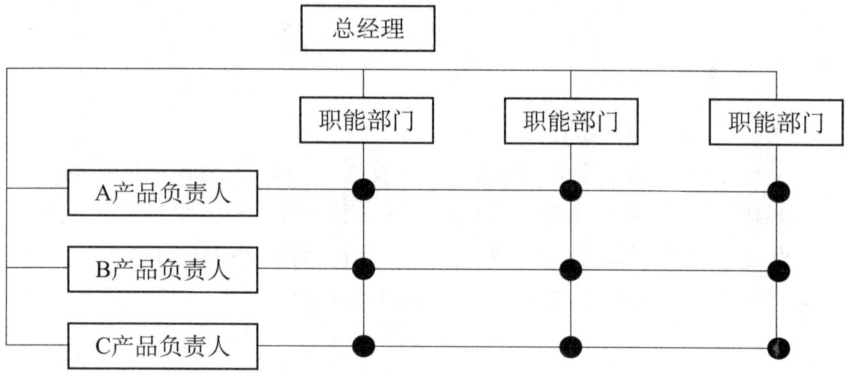

图12—4 矩阵制

（五）事业部制

事业部制组织形式最初由美国通用汽车公司副总裁斯隆创立，故称作“斯隆模型”。事业部制是在一个企业内对具有独立产品市场或地区市场并拥有独立利益和责任的部门实行分权化管理的一种组织结构形式。

事业部制的具体做法是，在总公司下按产品、地区、销售渠道或顾客分设若干事业部或分公司，使它们成为自主经营、独立核算、自负盈亏的利润中心（见图12—5）。总公司只保留方针政策制定、重要人事任免等重大事项的决策权，其他权力尤其是供、产、销和产品开发方面的权力尽量下放。通过实行“集中政策下的分散经营”，将政策控制集中化和业务运作分散化有机地统一起来，使企业最高决策机构能集中力量制定公司总目标、总方针、总计划及各项政策。事业部在不违背公司总目标、总方针和总计划的前提下，充分发挥主观能动性，自主管理其日常的生产经营活动。

我们经常会看到，事业部制是在多个领域、多个地域从事多种经营的大型企业所普遍采用的一种典型的组织结构形式。

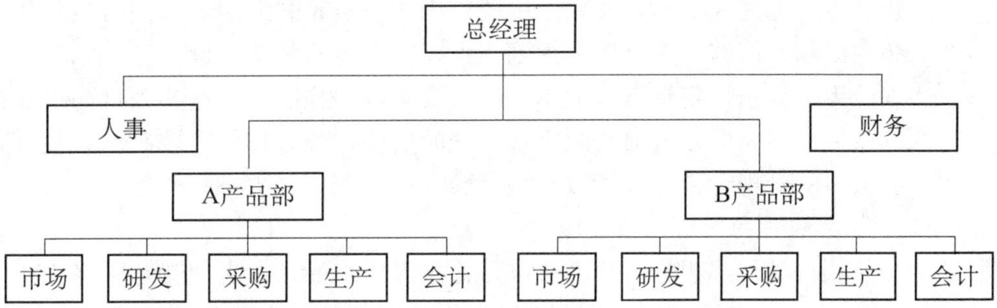

图 12—5　事业部制

（六）组织结构发展的新趋势

以上几种组织结构形式还不能完全适应环境的变化，特别是随着全球化和知识经济的发展，企业所面临的新挑战使得组织结构形式朝着更加灵活的方向发展。其中，一个比较重要的变化趋势是组织中纵向的层级减少，横向的整合加强，组织呈现扁平化和横向化的特征。另一个比较重要的趋势是组织内部门之间以及组织与组织之间的边界变得模糊，呈现网络化和虚拟化的趋势。

1. 扁平化组织

扁平化的组织结构弱化了纵向的层级，打破刻板的部门边界，注重横向的合作与协调。这种组织结构具有以下四个特征：

第一，组织结构是围绕工作流程或者过程建立起来的，而不是围绕部门职能建立起来的，传统的部门边界被打破。

第二，减少纵向的组织层级，使组织扁平化。

第三，管理者更多地授权给较低层级的员工。员工经常运用自我管理的团队形式工作。

第四，体现出顾客和市场导向。经常围绕顾客和市场的需求组织工作流程，建立相应的横向联系。

2. 无边界组织

在传统的组织结构形式中，无论采取哪种形式，一个组织与另一个组织的界线以及组织内部不同部门之间的界线都是清晰的。由于人们能够清楚地将责任区分开来，你就会经常听到这样的话："这不是我的事情"或者"这件事不归我管"。每个人、每个部门、每个组织都被明确地划分了自己该做什么，不该做什么，这样的安排非常不灵活，难以适应迅速变化的环境。

在无边界组织中，指挥链减弱，控制范围减少，僵化的部门划分让位于得到授权的团队。组织中个体的职责也不像原来那么固定不变，而是成为具有流动性、没有清晰界定的角色。

在无边界组织中，例如在一个制造业的企业里，人们再也不像传统的组织那样依次完成设计产品、生产、市场销售，而是由来自不同专业领域的人（研发、设计、生产、市场、销售等，甚至包括供应商和客户）形成团队，大家协同努力，更快、更好地完成工作，消除了传统组织内外边界的限制，人们再也不用受到狭隘的角色限制，能够更充分地发挥创造力，以更高的效率进行工作。

无边界组织要想有效运作，必须要满足一些条件，这些条件与成功的团队运作的条件大体相同，包括彼此之间充分的信任，各方都拥有较高的技能（这样就不需要太多的管理者指导），管理者必须愿意放弃自己的一部分权力等。

3. 组织的网络化与虚拟化

从打破外部边界的角度来讲，无边界组织的基本表现就是网络化和虚拟化。

（1）网络化组织。组织的网络化是针对某一企业组织而言的，以该企业为核心，由相关企业组织联合而成的一种企业组织网络。在组织网络中有主次之分，网络中其他企业可以看作核心企业组织边界的扩展，或者看作核心企业组织边界的模糊地带。

例如，世界著名的运动服装和运动鞋公司锐步（Reebok）本身并不拥有厂房，它将自己的生产业务都外包给东亚等地的一些工厂。一方面，这些工厂的劳动力成本比较低廉；另一方面，锐步就可以更专注地进行消费者偏好的研究，不断提高产品的市场竞争力。

（2）虚拟组织。虚拟组织是利用现代信息技术手段建立和发展起来的一种新型组织结构。现代信息技术使企业与外界的联系加强了，利用这一有利条件，企业可以重新考虑自身机构的边界，不断缩小内部生产经营活动的范围，相应地扩大与外部单位之间的分工协作。

虚拟组织只保留很精干的中心机构，以契约关系的建立和维持为基础，通过一种互惠互利、相互协作、相互信任和支持的机制来进行密切的合作。虚拟组织往往是在某个项目上与另外几个组织合作，暂时性地形成一个新组织，项目结束之后合作就结束了，在其他的项目中可能又与其他组织进行合作。组织的这种网络化结构大大提高了效率。

例如，IBM公司能在不到一年的时间内成功开发PC机，依靠的就是微软公司为其提供的软件，英特尔公司为其提供的芯片。虚拟的网络型结构使组织可以利用社会上现有的资源快速发展壮大起来，因而成为目前国际上流行的一种新形式的组织设计。

第2节　组织变革

一、组织变革的含义

中国古代典籍《周易》中有这样的说法：穷则变，变则通，通则久。这句话的意思是，当事物发展到极点的时候，便要加以变化，以求通达长久。这个道理用在个人身上成立，同样也适合组织的变化。

管理学家对组织变革（organization change，OC）从不同角度给出了定义。

大部分学者认为组织变革是组织主动地、有计划地发起变化的行为，如波克和斯克米特（W. W. Burkeal & W. H. Schmidt，1971）认为组织变革是通过应用行为科学的知识和方法，把人的成长和发展的希望与组织的目标相结合，以提高组织效益的活动过程。米纳（J. B. Miner）认为组织变革是在一个组织或在一个组织中的大型部门进行收集信息、诊断、执行行动计划、干涉、变化、结果评估的活动过程。一般来说，组织变革是一种在一定时期内包括整个系统在内的有计划变化的尝试，这些变化的尝试与组织的任务相联系。

部分学者从应对变化的角度定义组织变革。如比尔（M. Beer，1980）认为组织变革就是适应变化的过程，是应用行为科学的知识，帮助组织适应内外环境的变化而建立起来的一门新学科。另外，杜布林（1978）将组织变革定义为技术和思维模式，而非行为，他认为组织变革是指用以改善个体、群体与组织效能的各种技术，以及关于工作生活质量的思维模式。

总而言之，组织变革是指根据组织内外变化的要求，运用组织行为学以及相关学科的原理和方法，在组织内部强调改变人的态度、行为和人际关系，以保持和促进组织效率，更快达成组织目标的过程。该领域的研究包括组织诊断，组织反馈机制，辅导，对人员流程、技术结构、人力资源管理以及全球战略层面的干预手段等。

二、组织变革的动力与阻力及克服

我们都知道，任何事物都是有惯性的，改变并不会自然而然地发生。就像我们要改变自己晚睡晚起的坏习惯一样，总会有些积极的条件刺激我们去做出改变，比如保持白天精力充沛、保持身体健康等，同时我们也会遇到很多阻力，比如寝室同学的干扰、晚上的卧谈会等。类似地，组织的变革也不是自然发生的。一个组织在变革中既会有推动力，也会遇到阻力。

（一）组织变革的动力

既然组织变革是企业应对内外环境变化，从而更好地生存、发展所必不可少的过程，那么具体来看，什么因素可能引起组织环境的变化进而引起变革呢？

1. 外部动力

组织变革的外部动力主要有四种：人口统计学特点、技术进步、市场变化以及社会与政治压力。组织不能像控制内部因素一样去控制外部环境，因为对一个组织的外部环境来说，其中相当重要的组成部分是其他社会组织，这些社会组织的存在往往是互为条件又互相竞争的。组织要适应这种竞争性的外部环境，就必须不断地进行自我革新。

（1）人口统计学特征。人口统计学特征主要指外部劳动力市场中人员的年龄、性别、受教育程度、技能水平、出生地等。从发展趋势来看，人口统计学特征的趋势是多样化，即人员的构成越来越复杂。例如，我国的许多棉纺厂一般雇用女性工人，假如这些棉纺厂在海外开设新工厂，而当地妇女几乎不就业，那么工厂只能雇用男性工人。由于男性工人与女性工人存在许多差异，为了适应劳动力的变化，工厂的许多管理规定可能都需要相应地变革。

（2）技术进步。新技术革命以空前的深度和广度影响和改变着社会生产和生活的各个方面，它对组织结构和社会心理系统所产生的影响是重大的。无论是生产型企业还是服务型企业，为了提高生产率，为了更有利地参与市场竞争，都在尽量使用新的技术，尤其是计算机技术。技术进步主要有两大趋势：生产自动化与办公自动化。

例如，一家公司原本采用纸质文件记录公司所有的经营活动和人事变动，有许多员工从事记录、整理档案的工作，当公司引入办公自动化信息系统后，所有的记录都实现了无纸化，相应地，原有的档案管理职位取消了，增设了信息管理部门负责软硬件系统的维护，许多运营规程也相应发生了改变。再比如，由于移动互联网技术的出现和普及，很多企业的销售部门都发生了重大变化。

视　窗

变身中的海尔

中国海尔创立于 1984 年，经过 30 多年创业创新，从一家资不抵债、濒临倒闭的集体小厂发展成为全球家电第一品牌。从 1984 年创业至今，海尔集团经过了名牌战略发展阶段、多元化战略发展阶段、国际化战略发展阶段、全球化品牌战略发展阶段四个发展阶段，2012 年 12 月，海尔集团宣布进入第五个发展阶段——网络化战略阶段。海尔的高层管理团队认为，互联网时代带来营销的碎片化，传统企业的“生产—库存—销售”模式不能满足用户个性化的需求，企业必须从“以企业为中心卖产品”转变为用户驱动的“即需即供”模式。为此，海尔在 2013 年 2 月 27 日至 3 月 8 日借道天猫进军电商 C2B 市场，大象也跳起了互联网舞步！

资料来源：根据百度百科（http：//baike. baidu. com）整理而成。

（3）市场变化。目前，企业面对的是一个全球性的市场。在这个市场上，兼并浪潮此起彼伏，竞争日趋白热化。面对这样一个变幻莫测的市场，企业都希望降低成本，提高产品质量，以便能争得一席之地，但是企业中人力资源的成本越来越高，要创造企业与员工双赢的局面，非进行有效的变革不可。

例如，TCL 总裁李东生在《鹰的重生》中谈到：“过往十年经济全球化的趋势已经越来越清晰，中国市场的竞争已经逐步变成另外一种形态的国际竞争，不管企业是否走出去，都将面临经济全球化竞争的考验。事实上，可以清楚地看到，在我们所处的产业当中，已经高度国际化竞争，能够生存下来的企业几乎都是成功地进行全球化经营的。中国国内市场虽然很大，但我相信，从长远的发展趋势来看，未来中国的消费电子企业如果不能成功跨越国际化经营这个阶段，是很难生存下去的，所以，国际化是中国企业发展的必由之路。”

(4) 社会与政治压力。社会与政治压力是企业进行组织变革的强大动力。例如，发生战争、国家领导人更换、人们价值观的转变、重大政策法规的颁布等都会推动组织进行变革。

视　窗

2008 年新《劳动合同法》实施至今，对我国企业带来了一定的影响，最显著的莫过于企业人力资源管理制度的完善。程迟见等人（2009）通过对浙江省部分企业和员工的调查发现，由于新《劳动合同法》对企业内部规章制度的制定程序提出了更严格的要求，将制定权由用人单位改为用人单位与劳动者平等协商，同时对用人单位单方面解除劳动关系的情况做了更加严格的规定，因此企业的相关管理都更加规范。员工反映，企业的许多规定公示比例有所提高。同时，企业更多地选择劳务派遣的劳动力，减少正式职工的雇用，招聘员工时也更为谨慎。这些都是新《劳动合同法》为企业管理带来的变革。

2. *内部动力*

内部动力是指企业内部要求变革的动力，可以归纳为以下四方面：

第一，目标和价值观。组织目标的变化是组织变革的一大动因，同样，价值观系统的变化是很重要的，它可能引起目标的变化，也可能保持目标不变，从而使人们往“适宜”的行为方面变化。如企业过去可能会认为完成产值、任务是最有价值的，而现在却认为不断生产满足社会所需的产品，不断提高经济效益和社会效益才最有价值。这种价值观上的变化必然会引起组织的一系列变革。

第二，组织结构。任何组织的结构都有一个逐步完善的过程，在这个过程中，最典型的结构改变是对现有部门再划分或合并，这种变化往往会影响整个系统。另外，权力结构的变化，如采取首长制还是委员制，集权还是分权，增加还是减少权力层次，增加还是减少职能部门等，都与组织结构直接相关。组织结构本身的某些调整虽然并不直接就是组织本质的变化，但结构的重大变化必然导致组织的部分质变。

第三，企业员工的社会心理因素。充分发挥人的因素，是任何一个组织成功地实现预定目标的关键。组织成员的士气、动机、态度、行为等的改变，对于整个组织及其变革都有重要作用。例如，组织要进行一项技术变革，组织中的大部分成员都持支持的态度，那么这项变革比较容易实现。

第四，管理。管理无疑是组织变革的关键性动因。当管理行为与决策中出现了问题，如管理者之间的冲突、领导方式不适应企业的发展、奖励系统出了问题、组织结构落后于市场竞争的发展等，组织为了寻求一种符合组织活动的要求，并能带来组织高效率的管理方式，就需要推行组织变革。例如，许多公司引入目标管理、质量管理等较为先进的管理模式时，可能引起组织的部门和层级重新划分，内部流程和沟通渠道的重新设计。

3. 组织变革的目标

上述的内外部动力都要求企业积极推行组织变革，那么组织变革的目标是什么呢？一般而言，组织变革需要实现以下几方面的目标：

第一，提高工作效能。企业的一个重要目标是创造更多的利润。如果工作效能不提高，就不可能获取更多的利润。由于内外环境的变化，企业员工的工作效能往往会降低，尤其在市场竞争激烈的情况下，工作效能不提高，几乎无法参与竞争。

第二，有效地激励员工。企业中的一切业绩都是靠员工的努力获得的，因此，管理者的一项重要工作就是激励员工。但是，由于员工在变，环境也在变，如果激励的理念和方法不变，则可能收不到良好的激励效果。组织应该不断进行变革，根据员工年龄结构、文化层次，针对员工的需求、希望、动机进行相应的变革，这样才能更好地满足员工的心理需求，有效地激励员工。

第三，鼓励技术革新。现代企业面临着空前发展的科学技术和变幻莫测的市场。有人甚至说：凡是生产着的产品，都是落后的产品。现在市场上有55%的商品是十年前没有的，而十年前的商品有40%已经被淘汰。一个企业如果不鼓励技术革新，老是抱着定型产品不放，那么一定会被竞争机制淘汰。技术革新的前提是组织变革，一个不善于或不重视组织变革的企业是不可能进行有效的技术革新的。

第四，适应环境。任何一个组织都不可能完全控制环境，因此，每个组织都在为适应环境而不断地斗争。有的组织信奉“以不变应万变”，这种组织抗拒变革，最终不可能很好地适应环境。有的组织信奉“以动制动”，强调为了应对变化的环境，组织要不断地进行变革，这种组织对变革持积极的态度，能真正地适应环境，使组织在环境出现变化的前夕已做好了准备，就能立于不败之地。

第五，提高企业的竞争能力。主要包括增强员工的归属感；发展、创造新的解决问题的方法；重新确立企业的憧憬目标；产生客观认识组织的机制；产生欢迎挑战与竞争的动力等。

（二）组织变革的阻力

如前面所讲，任何一种组织变革都不可避免地要遇到阻力。比如，调换一批经理、贯彻一套新的规章制度、引进一条新的生产线等，往往会引起一些人的反对。一般认为，组织变革的阻力分为组织阻力和个体阻力。

1. 组织的阻力

阻力一：组织结构惯性。组织中设有不同层级的管理机构，并对各项工作进行了细致的规定，对权力、责任也作了明确的说明。这样的细致管理对保持员工的行为稳定是有利的，但是不利于组织变革。这种阻力又称结构惯性，是来自组织的一个最主要的阻力，几乎在每一次组织变革中均会遇到。如果某项变革要求改变原有的结构体制和信息沟通系统，处于不利地位的某个层次就会反对，精简机构和减少层级更是如此。

比如一家公司近年来销售业绩不佳，销售部门的成本消耗却很高，公司总经理有意精简销售团队，合并一些销售小区。这样的变革一旦实施，会导致一些小区经理降职或失业，大区经理则要承担变革期间的大部分压力和风险，因此，此时整个销售部门可能都会坚决反对这样的变革。销售部门是公司的核心盈利部门，因此他们的抵制可能直接影响总经理的决策，这样，一个可能有利于组织整体利益的变革计划便会搁浅。

阻力二：资源的限制。如果一项变革会改变组织的资源结构，由于资源有限，现有的资源会限制变革的幅度，而另有一些原有资源会闲置，造成资源浪费，对固定资产投资高或技术相关性强的组织更是如此，因此，资源的总量和配置都可能限制变革的推行。

例如，一家公司想在海外建立分支机构，需要从公司内部提拔一个了解公司文化和经营模式，又能适应当地语言、生活的区域总裁，却一直找不到合适的人选，没有主持工作的总裁，这个建立分支机构的设想只好作罢，资源的缺乏直接导致了变革的流产。

阻力三：经济原因。组织变革总是需要有一定的人力、财力、物力的投入，经济基础脆弱的组织对变革的承受力也弱。

阻力四：组织间的协议。组织间的协议通常给人们规定了道义上、法律上的责任，这种协议可以约束人们的行为。如终身雇佣制度可能导致减少劳动力需求的改变难以进行；与另一组织签订了某种合同，要改变组织的目标就不那么容易；所作变革如波及其他组织的成员，那些组织也会通过某种方式进行干预。

阻力五：狭隘地集中于变革。有时，一些组织狭隘地集中于变革，千方百计地强调一切以变革为重，结果忽视了其他重要因素，如任务、结构、人员、信息系统等，结果，良好的愿望反而成为变革的阻力。变革造成了许多负面影响，使人们不愿意进行变革，普遍认为原有状态比新状态更好。

2. 个体的阻力

个体的阻力主要根源于人类的一些特点，如态度、需要、观念等。

特点一：习惯。除非情况发生了显著变化，人们总是按照自己的习惯对外来刺激作出反应。某种习惯一旦形成，就可能成为个人获得满足的源泉。人们较长时间从事某项职业活动，对工作环境、工作方法、职业用语、职业习惯等形成了职业认同，变革一旦改变人们熟悉的工作方式、职业习惯，会使某些人由于心理上的不适而产生不快或抵触情绪。

特点二：对未知事物的恐惧。为病人做手术之前，谁都不能保证手术会 100％成功。变革就像给一个人动手术，任何一次组织变革的结果都难以精确地、科学地预测，也就是说，变革往往产生未知事物，而面对未知事物，大多数人都会感到焦虑不安或恐惧。许多员工由于不知道变革后自己要面对什么样的同事、上级或下级，不知道自己以后要做什么事，能作出多大贡献，以致从内心深处反对变革。

特点三：对失败的恐惧。组织变革很可能使员工变换工作，而新工作有可能使员工显得无能，进而对自己的能力产生怀疑，最终导致失败的结果。因此，一部分员工由于害怕失败而反对变革。

特点四：对人际关系的威胁。一些组织变革会引起技术上的变革，但人们反对技术变革的深层原因是技术变革有可能引起人际关系的变化。另一些组织变革直接引起人际关系的变化，因此，组织变革会遭到相当一部分人的反对。

特点五：不信任的气氛。在一些组织内，有一种不信任的气氛存在，尤其是基层员工不信任高层管理人员。一旦高层管理人员决定组织变革，基层员工就会认为对他们没什么好处，因此反对变革。

特点六：经济上的原因。当变革还没有充分显示其结果时，人们还无法亲身体会到变革所带来的利益，在具体变革过程中，完全有可能产生某些不利的因素，从局部或短时期内损害某些人的利益，这种对经济利益的担心和顾虑，往往是人们抵制变革的一个原因。

特点七：缺乏全局观念。由于不少员工所处的地位不同，对很多事情漠不关心，或者只是有限地参与，在认识组织的整体变革必要性方面有一定的局限性，因此，不支持组织变革。例如，运作良好的销售部的推销员对总经理要进行组织机构变革十分反感，但实际上其他部门已出现严重问题，到了非变革不可的地步。

（三）如何减少对组织变革的阻力

企业要进行组织变革，或多或少会遇到一些阻力，当这些阻力相当大时，会使变革进程严重受阻，甚至使变革流产。那么如何减少变革的阻力呢？学者们认为，可以从以下三方面来考虑减少阻力的方法：

（1）改变阻力方向。就是使原来反对变革的阻力变为支持变革的动力，或变成一种中性的力量。例如，一家公司宣布要裁员，尚未公布裁员的部门和范围时，人心惶惶，全体员工肯定都十分抵制这一变革。若此时公司明确了裁员的部门，而无须裁员的部门可能获得更多的资源支持，那么那些无须裁员的部门可能持中立态度，甚至支持裁员计划。

（2）削弱反对变革的力量。即从激烈反对到有点儿反对。例如上述公司宣布裁员时会尽量缩小范围，并且给被辞退的人员提供较为可观的经济补偿，那么可能受影响的员工即使仍旧抵制这一计划，其不满的程度也会有所下降。

（3）允许某些阻力存在。要想完全排除阻力，几乎是一件不可能的事，因此，只要使动力强于阻力，使变革顺利进行就可以了，不必千方百计地消除一切阻力，以免坐失良机，或者造成新的阻力而得不偿失。上例的裁员计划中，必然存在一些劳动者始终反对裁员，但公司在实施计划时应该尽量争取多数人的支持，即使存在少数反对意见，也应该强势推行对公司有益的变革。

三、组织变革的模型

（一）三阶段模型

1. 卢因模式

心理与行为学家库尔特·卢因（Kurt Lewin）是计划变革理论的创始人。他特别重视组织变革过程中人的心理机制，“解冻—变革—再冻结”就是他针对组织成员的心理态度和行为提出的变革三步骤。

步骤一：解冻（unfreezing）——创造变革的动力。创造变革的动力就是使组织的成员受到激励，从而否定目前的行为或态度。这一阶段特别要注意收集有关令人不满的现状资料，与其他组织作比较，请外部专家来证明变革的必要性。

步骤二：变革（changing）——指明改变的方向，实施变革，使成员形成新的态度和行为。第一阶段的结果是使个人接受新的信息和新的概念，或新的看待老信息的方法（即认识的重新定义），这一阶段要特别注意事先向成员提供有关变革的情报资料，鼓励成员参与变革计划的拟订，提供对变革问题的咨询，与成员协商谈判变革所引起问题的解决办法。

步骤三：再冻结（refreezing）——稳定变革。当变革措施顺利实施后，还要采取种种手段不断强化新的心态、行为规范和行为方式，使之巩固并持久化。这一阶段特别要注意系统地收集变革获得成功的客观证据，并把这些信息及时地提供给变革的参与者，注意使参与变革的成员在物质需求和社会需求上得到变革带来的利益。

2. 杜布林的组织变革模型

杜布林认为，组织变革是一系列变量影响个体、群体和组织的过程，其结果可以是积极的，可以是中性的，也可以是消极的。他于1978年提出了一个组织变革模型。该模型由三个阶段组成：输入阶段、干涉变量阶段和输出阶段。

在输入阶段主要产生直接引起组织变革的动力。在干涉变量阶段，一些因素（干涉变量），比如组织的性质、员工的素质和管理层的态度都会影响变革的过程。在输出阶段，体现了变革对组织的影响，这些影响可能是积极的，可能是消极的，也可能是中性的。

（二）五阶段模型

1. 摩—格的组织变革模型

这个模型由摩海德和格里芬于1995年共同提出。该模型认为组织变革共分为五个步骤：第一步是变革的动力；第二步是认识和界定问题；第三步是问题求解过程；第四步是实施变革方案，其中有过渡管理在起作用；第五步是测量、评价与控制。最后再反馈到第二步，看是否解决了原来的问题。

2. 卡斯特模式

卡斯特把他的组织变革的过程分为五个步骤：

步骤一：对组织作回顾、反省、批评，对组织内外环境进行研究。

步骤二：感知问题。承认变革的必要性。

步骤三：辨明问题。找出现在的状态与所希望的状态之间的差距。

步骤四：解决问题的办法。产生可供选择的多种方法，对这些方法进行评定，讨论怎样行动及测量绩效的方法，经过讨论作出选择。

步骤五：反馈。根据组织变革的效果，评定效果与计划有什么问题，若有问题，根据上述步骤再次循环。

（三）八阶段模型

1. 唐纳利的八阶段模型

唐纳利等人在《管理学基础》中对组织变革的全过程进行了系统研究，所提出的组织变革模式分为八个阶段：

（1）变革的力量，即要求变革的压力，包括外部和内部的力量。

（2）认识变革的需要，要求领导者能敏锐地在组织发生重大问题之前就认识变革的需要，善于捕捉组织内需要变革的信息。

（3）诊断问题，要弄清问题的实质，即应进行些什么变革，变革的目标是什么，如何对这些目标进行衡量等。

（4）确定可供选择的组织发展的方法和策略。

（5）认识限制条件，摸清这些限制条件及其影响程度。

（6）选择方法与策略。

（7）实施变革，要注意选择变革的时机和范围。

（8）评价变革。对实施变革和变革的力量这两个阶段都要提供反馈。

2. 约翰·科特的八阶段模型

约翰·科特（John P. Kotter）是哈佛商学院终身教授，他出版了数部畅销的商业经管类著作。在其著作《变革之心》中，科特提出了变革所包含的八个阶段。包括：

（1）强紧迫感，让组织内成员认识到变革的必要性，以及马上采取行动的重要性。

（2）组建一个变革的领导团队。

（3）建立合理、明确、简单而振奋人心的变革愿景以及变革策略。

（4）通过有效沟通，让尽可能多的人理解并接受变革愿景和策略。

（5）通过有效授权，尽可能为那些愿意投身变革的人扫除障碍。

（6）创造短期成效，尽快取得一些看得见的胜利成果，以鼓舞变革的士气。

（7）再接再厉，取得最初的成功后要加倍努力，不断地进行变革，直至将愿景变为现实。

（8）巩固变革成果，打造新的文化，坚持新的行为方式，确保它们成功并且日益强大，新文化取代旧传统。

四、组织变革的方式

采取什么样的方式进行组织变革，这是有计划变革过程所要注意解决的基本问题。国外学者有的着眼于变革的过程，有的着眼于变革的对象，从而形成了两种有代表性的观点。

（一）格雷纳模式

格雷纳（L. E. Greiner）模式依据组织内“权力分配丛集”来加以区分，可分为单方的权力、分享的权力和授权的权力。根据这三种权力的运用，区分出七种不同的变革方式。

1. *单方的权力*（unilateral power）

指组织的领导者依靠职位的权力及权威，单方面提出变革。有如下三种变革方式：

（1）凭借命令。由上级单方面宣布变革，传达至基层组织及员工。

（2）更换人员。在与下级无磋商的情况下，以其他人代替一个或更多职位上的人员，借以增进组织绩效。

（3）调整结构。通过改变组织的层级、部门等正式结构，来影响组织成员的行为、绩效。

2. *分享的权力*（shared power）

指在组织变革阶段，仍然注重职权和地位运用，并注意行使权力的主动与分享。有如下两种变革方式：

（1）群体决策。组织成员参与选择预先由上级拟定的多种变革方案。这种变革方式不涉及问题的确定与解决，只是强调群体对其中一种方案有比较一致的看法。

（2）群体解决问题。经由群体讨论的方法来确定组织存在的问题并提出解决问题的方法。

3. *授权的权力*（delegated power）

指在变革阶段将变革的权力移交给下级，让下级主持变革。有如下两种变革方式：

（1）案例讨论。鼓励成员对变革案例提出自己的看法与分析，并研究可取的变革方案。

（2）敏感性训练。主要强调人际关系中的相互了解，提高成员个体的自觉性，从而达到增进组织绩效的目的。

对于上述三种变革权力的运用方式，格雷纳认为分享的权力比其他方式更有效，这是一种“尽量增强的独立感与执行政策及权威需要的平衡”。

格雷纳的模式只是指出了怎样变革，强调变革的权力方式，并没有解决要变革什么的问题。另外一种有代表性的模式是以莱维特提出的四个变量为基础的变革模式。

（二）莱维特模式

莱维特认为，组织是一个多变量的系统，其中任何一个变量发生变化，其他变量也将发生相应的变化。在有计划的组织变革过程中，相互间起显著作用的四个变量为：结构、任务、技术、人员，它们是相互依赖的。组织变革可以通过改变其中任意或几个变量来进行。在莱维特构想的基础上，一般将组织变革归纳为三种变革方式：

1. 以组织结构为重点的变革方式

结构的改变，也就是对组织成员及领导者所担负的责任和相互关系进行调整，包括划分和合并新的部门、协调各部门工作、调整管理幅度和管理层次等。组织结构的变革是完成组织变革任务的一种最直接和最基本的方式，一般见效快，可以使组织发生根本的改变。

2. 以工作任务和技术为重点的变革方式

这种变革方式主要是指对组织部门、层次、工作任务进行重新组合，改变原有的工作流程；更新完成工作和任务的技术工具，改变解决问题的机制和研究解决问题的方法，以及采用这种新方法的程序。两者可以是独立的，但变革工作任务势必要与变革应用于工作的技术工具结合起来。这种变革方式主要有以下几个方面：

（1）工作扩大化。指横向扩大工作范围，主要是在一些重复性的工作中，为减少员工工作的单调、乏味而扩大工作内容，使一个人同时承担几项或周期性更长的工作。

（2）工作丰富化。指纵向丰富工作内容，让员工有自主权，有时会参加计划和设计，获得信息反馈，评估和修正自己的工作。

（3）自治群体。指让基层组织安排自己的工作计划，自己控制工作的进度和管理，以及自己进行许多常规决策。它有两个特点：一是把工作上相互依赖的人组织为关系密切的小群体；二是员工有有效地控制自己工作任务的权力。

3. 以人为重点的变革方式

这是实现所有变革的基础，无论是组织结构的变革，还是任务和技术的变革，都离不开人的重要作用。以人为重点的变革主要是知识的变革、态度的变革、个人行为的变革以及整个群体行为的变革。通常包括的内容有：

（1）人员更新。指组织成员在组织系统中的进出、升降。必要的流动会给组织带来新的朝气和活力，为组织成员的晋升、成长创造更多的机会。

（2）改变激励的机制。指通过改进报酬制度、考核制度和奖惩制度等，直接影响个体行为，进而间接影响组织行为。

（3）素质的更新。指通过调查反馈、班组建设、咨询活动等方法来改变成员的动机、态度、知识（技能）和价值观，进而影响成员的行为。

（三）欧文斯模式

由于组织系统具有整体性的特点，人们更多地倾向于采取组织变革的系统方式。欧文斯把这种方式归纳为以下几点：

（1）为了使变革长期有效，不仅要改变组织系统的组成部分，即子系统，而且必须改变整个系统。

（2）由于各个子系统之间相互关联和依存，一个子系统的任务发生重大变化，都将在其他子系统中产生补偿性或报复性变化。

（3）处理事务时要统观全局，考虑有关力量、争论、问题、原因、现象和条件的重要性，不能把事件看做孤立的或单因素的。

（4）组织变革要依据人们当时的行为方式。必须注意这些行为不是静止不变的，而是处于一种能动的平衡状态之中。对人们行为模式的分析，不能停留在一般性的历史资料的分析，而要作一定时期内特定的力场分析。

本章小结

1. 组织设计的两项关键任务是分工和整合。分工决定了在组织中如何划分工作，包括横向分工、纵向分工和地域分工；整合是对组织中具有不同分工的各个分支单位进行协调、建立联系的过程，可以分为纵向整合和横向整合。

2. 组织设计的基本要素包括管理层次、管理幅度、职权。

3. 常见的组织结构形式有：直线制、职能制、直线职能制、矩阵制、事业部制。目前出现的组织结构发展的新趋势有组织扁平化、无边界组织和组织的网络化与虚拟化。

4. 组织变革是指根据组织内外变化的要求，运用组织行为学以及相关学科的原理和方法，在组织内部强调改变人的态度、行为和人际关系，以保持和促进组织效率，更快达成组织目标的过程。

5. 组织变革的动力包括外部动力和内部动力。

6. 组织变革的目标包括提高工作效能、有效地激励员工、鼓励技术革新、适应环境和提高企业的竞争能力。

7. 组织变革的阻力分为个人阻力和组织阻力。三种减少阻力的方法是改变阻力方向、削弱反对变革的力量、允许某些阻力存在。

8. 组织变革的模型有：卢因模式，即解冻—变革—再冻结；杜布林的组织变革模型由三个阶段组成，即输入阶段、干涉变量阶段和输出阶段；摩—格的组织变革模型和卡斯特模式将组织变革分为五个步骤；另有唐纳利的八阶段模型。

9. 组织变革的方式包括：格雷纳模式，是依据组织内“权力分配丛集”分为单方的权力、分享的权力和授权的权力，进而区分出七种不同的变革方式；莱维特模式，提出三种变革方式，即以组织结构为重点的变革方式、以工作任务和技术为重点的变革方式、以人为重点的变革方式；欧文斯模式，总结了组织变革的系统方式。

本章思考

1. 运用组织设计的知识，设计一个简单组织。

2. 举例分析不同组织结构形式的特点。

3. 如果你的学院或学校要进行组织变革，分析潜在的动因和阻力，并提出减少阻力的方法。

品牌的影响力

游戏目的：揭示跨国公司在全球的影响力。

游戏程序：

第一步：游戏协助者每读出一件物品，各组组员尽量举出他们熟悉的品牌名，例如，鞋子的牌子、牙膏的品牌、巧克力的品牌、饮品的品牌等。

第二步：从学员列举的品牌中讨论：

1. 这些跨国公司属于哪个国家？

2. 这些跨国公司的产品的原产地在哪里？（可从商品的包装上找到，如没有，可讨论原因。）

3. 这些跨国公司通常是否出产一种商品？它们是否会以不同品牌去推销同一类商品？

4. 如果由少数跨国公司控制了大量同类食品、消费品的加工和销售，会有什么后果？消费者和生产者会受到什么影响？

5. 如何塑造我们的品牌？可以采取哪些行动？

准备资料：有关跨国公司的报纸和资料。

资料来源：胡铨：《管理核变来自于互动》，北京，中国标准出版社，2002。

自我测试：你的模糊耐受性如何

指导语：按照大卫·A·威坦的观点，模糊耐受性（tolerance of ambiguity）是指个体在多大程度上受环境威胁或难以应付环境，如模糊性的情境、变化速度过快或无法预测、信息不充分或不清晰，或存在复杂性的情境。模糊耐受性得分较高的管理者，在行动上更可能具有企业家精神，更可能在复杂环境中甄选出更少的信息，更可能在他们的职业中选择拥有较少结构化任务的专业，他们也能更有效地应对大的组织变革、裁员、角色压力及冲突。

模糊耐受性测验题目

下面的描述，1 表示“强烈不同意”；2 表示“基本不同意”；3 表示“比较不同意”；4 表示“无所谓”；5 表示“比较同意”；6 表示“一般同意”；7 表示“完全同意”。

描述	1	2	3	4	5	6	7
1. 一位不能给出明确答案的专家可能知道的并不多。							
2. 我喜欢在陌生的环境（如国外）中住一段时间。							
3. 实际上没有什么不能解决的问题。							
4. 那些按部就班过日子的人可能失去了生活的大部分乐趣。							
5. 好的工作在应该做什么和如何做这些方面总是很明确的。							
6. 解决一个复杂的问题比解决一个简单的问题要有趣。							
7. 从长远来说，解决小而简单的问题可能比解决大而复杂的问题获得更多的乐趣。							
8. 最有意思和最使人兴奋的人，是那些不在乎自己是否与众不同，并且富有首创性的人。							

续前表

下面的描述，1 表示“强烈不同意”；2 表示“基本不同意”；3 表示“比较不同意”；4 表示“无所谓”；5 表示“比较同意”；6 表示“一般同意”；7 表示“完全同意”。

描述	1	2	3	4	5	6	7
9. 我们习惯的往往是那些相对于陌生来说我们更加偏好的事。							
10. 坚持“是/否”答案的人不知道问题实际上是错综复杂的。							
11. 过着平静而有规律的生活，几乎没有意外或者惊奇发生的人，实际上是有很多乐趣的。							
12. 许多重要的决定是基于不充分的信息做出的。							
13. 我喜欢参加那些大多数人我都认识的聚会，而不喜欢参加那些大多数人我都不认识的聚会。							
14. 做出模糊性安排的教师和上司，是给人开创性和创造性的机会。							
15. 我们接受相似思想的速度越快越好。							
16. 一个好的老师是使你怀疑自己看待问题方式的人。							

计分方法和解释：

本测验得高分表明对模糊情境不能容忍的程度高。双数题目反向计分（反向题的计分方法为：$8-x$。例如，你第 2 题选的是 5，则你在这个题目上的得分是：$8-5=3$。测验包含了三个分量表，测量对新问题、复杂问题和不能解决的问题的耐受性。分量表对应的题目如下：

模糊耐受性测验计分方法

维度	题目	得分
新问题	2，9，11，13	
复杂问题	4，5，6，7，8，10，14，15，16	
不能解决的问题	1，3，12	

153 名中国在校本科生的模糊耐受性测验的参照结果

维度	前 25%	25%～50%	50%～75%	后 25%
新问题	19 分或以上	17～18 分	15～16 分	14 分或以下
复杂问题	39 分或以上	36～38 分	33～35 分	32 分或以下
不能解决的问题	13 分或以上	11～12 分	9～10 分	8 分或以下
总计	66 分或以上	64～65 分	60～63 分	59 分或以下

资料来源：大卫·A·威坦：《管理技能开发》，北京，清华大学出版社，2004；徐世勇等：《管理技能开发》，北京，中国轻工业出版社，2010。

章末案例：青岛啤酒的组织结构变革

青岛啤酒公司（简称青啤）创立于 1903 年，1993 年 6 月 16 日公司注册成立，并于同年在香港和上海成功发行上市了H股和A股。1996年，彭作义出任青岛啤酒总经理，自此确定了青啤的发展目标是充分发挥品牌及技术优势，以民族资本为主，实现高起点发展，低成本扩张，尽快扩大规模经济。为实现这一战略目标，青啤实施了长达5年的大兼并战略，收购了43家企业。

在青啤集团的发展初期，公司根据啤酒行业的需要，设计简单的、必要的职能部门。青岛啤酒总部管辖几个子公司，每个子公司都有自己的组织架构，都是一个生产、经营、销售和利润中心。这种组织结构在青啤创业初期起到了精简人员的作用，同时也节省了大量成本，有利于企业当时的发展。随着青岛啤酒的不断扩张，1996—2001年公司下属公司（不包括原先的子公司）有43家之多，青岛啤酒原有的组织架构就难以为继了。总部直接控制的子公司过多，每个子公司又都有独立的架构，这样各子公司各自为政，不但浪费了资源，而且造成了总部管理困难，无法集中整合资源实现公司价值最大化。依靠有限的、高度集权的经营班子成员，控制各地的项目进度，造成了高层管理者忙于处理事务性工作，反而对企业发展方向与发展定位没有时间进行深刻思考，其根本原因是青岛啤酒的组织结构没有随其规模与技术的发展做相应的调整。因此，对现有的组织结构进行变革，转向分权特征更为明显的事业部制是很有必要的。

事业部制组织起源于20世纪20年代，是由通用汽车公司总裁斯隆在公司多元化经营背景下，为解决内部管理矛盾而建立起来的。它是指企业按照所经营的事业，包括按产品、地区和顾客（市场）等要素来划分部门，设立若干事业部，各事业部独立核算，并且在内部的经营管理上拥有自主权的一种组织形式。各事业部既是受总公司控制的利润中心，又是产品责任单位和市场责任单位，每个事业部就是一个利润点。这种组织结构形式最突出的特点就是“集中决策，分散经营”。

首先，每个企业集团高层领导者的管理都受到管理内容、业务性质、成员企业分布和个人因素等方面因素的影响，因此存在一定的管理幅度。如果单独依靠青啤集团在山东青岛本部的管理者对外地区域啤酒厂协调管理，显然啤酒行业自身的复杂性决定了现在的管理幅度和真正有效的管理幅度不一致。在当前高度集权的模式下，各地分公司基本没有决策权，在经营过程中出现问题只能逐层汇报，而高层管理人员则成了消防员，忙于四处“救火”，哪里出了问题就往哪里赶。随着青啤集团跨地域性发展，外地啤酒厂越来越多，而每个厂所面临的当地的政治、经济、文化环境各不相同，经营管理日趋复杂。因此，采用事业部制这一组织形式，将集权与分权相结合，有助于缩小青啤集团高层管理者的管理幅度。

其次，按照事业部制的组织结构模式，青啤集团总部进行战略决策和统一协调，各区域事业部独立经营完成总部制定的战略目标，这样的组织结构可解决在原直线结构中的区域项目临时性的问题。由于成立区域事业部后，各事业部将着眼于青啤集团在当地的可持续性发展，而不是仅仅局限于一个项目的开发，区域事业部必将着手于自身人才队伍的建设、在当地的公关形象建设及青啤品牌塑造。因此，采用事业部制，向区域性事业部适当分权并进行合理控制，有利于解决青啤集团当前在进军西北啤酒市场中面临的本地化问题。

最后，实行事业部制后，青啤集团的高层领导将部分权力下放给区域事业部，理顺公司治理结构，从而摆脱了日常经营活动的束缚。这样一来，高层领导可以专业化地致力于制定公司整体战略计划、有效地在事业部之间分配资源与做好事业部的监督激励工作，有利于青啤集团全面提升资产运行效率，完成既定的战略目标。

组织结构变革为事业部制，形成了“三个中心”的架构，不但精简了机构，而且方便管理，降低了成本。青啤采用事业部制有以下优势：首先，事业部制使青岛啤酒具有高度的稳定性和良好的适应性。各事业部都有自己的产品和市场，能够规划其未来发展，也能灵活适应市场出现的新情况。其次，有利于青岛啤酒管理层摆脱日常事务，真正成为决策机构，既能提高决策效率，又能使各事业部发挥经营管理的积极性和创造性。再次，由于事业部自成系统、独立经营，有利于培养全面型管理人才，为青啤集团未来发展储备干部。另外，事业部作为利润中心，既便于建立衡量事业部及其经理工作绩效的标准，又使得公司高层领导易于评价各项目对利润的贡献，以做出战略决策。

事业部制虽然比原有组织结构有无可比拟的优势，但是其本身也存在许多缺陷。“三个中心”的架构，虽然有高度的稳定性和良好的适应性，但由于事业部自成系统、独立经营，容易造成各事业部之间各自为政，总公司不能在短时间内集中所有的资源面对外部激烈的竞争。同时，事业部作为利润与管理中心，每个事业部都有自己的子公司，为了本部的利益很可能与总部发生冲突，不利于管理协调，浪费了资源。

资料来源：龚平安:《浅析青岛啤酒公司的组织变革》，网易博客，http：//tbea163. blog. 163. com/blog/static/9102732020087162194212/。

[思考题]

1. 结合本章内容和案例，谈谈青岛啤酒是在什么样的内外部环境中做出组织变革决定的。

2. 青岛啤酒的组织变革由什么动力推进，可能遇到怎样的阻力？

3. 组织变革为青岛啤酒带来了哪些益处和坏处？

参考文献

[1] 胡君辰等．组织行为学．北京：中国人民大学出版社，2010.

[2] 张德，吴志明．组织行为学．大连：东北财经大学出版社，2010.

[3] 孙健敏，李原．组织行为学．上海：复旦大学出版社，2005.

[4] 于凯成．组织行为学．第三版．大连：大连理工大学出版社，2010.

[5] 魏国江等．组织行为学．厦门：厦门大学出版社，2009.

[6] 王志电等．组织行为学．郑州：郑州大学出版社，2010.

[7] 关培兰．组织行为学．第三版．北京：中国人民大学出版社，2011.

[8] 徐建平．组织行为学．第三版．北京：中国人民大学出版社，2008.

[9] 里基·W·格里芬，格利高里·摩海德，唐宁玉．组织行为学．北京：中国市场出版社，2010.

[10] 陈春花等．组织行为学．北京：机械工业出版社，2010.

[11] Paul E. Spector. Industrial and organizational psychology：research & practice (Fourth Edition)．John Wiley& Sons，INC，2006.

[12] 陈国海．组织行为学．第二版．北京：清华大学出版社，2006.

[13] 陈维政，余凯成，黄培伦．组织行为学高级教程．北京：高等教育出版社，2004.

[14] 陈国权．组织行为学．北京：清华大学出版社，2010.

[15] 陈力．组织行为学．北京：人民卫生出版社，2005.

[16] 窦胜功，张兰霞，卢纪华．组织行为学教程．北京：清华大学出版社，2005.

[17] 彭聃龄．普通心理学．北京：北京师范大学出版社，1988.

[18] 郑雪．人格心理学．广州：广东高等教育出版社，2004.

[19] 张爱卿．人才测评．北京：中国人民大学出版社，2005.

[20] 大卫·A·威坦，金·S·卡梅伦．管理技能开发．北京：清华大学出版

社，2004.

[21] 周渝霞．论商务谈判中气质类型与人员组织管理的关系．湖北成人教育学院学报，2010，16（6）．

[22] 徐建生，张志，吴保群，秦襄培，团队凝聚力的构成要素及形成过程．武汉工程大学学报，2009，31（4）．

[23] 尤瑾，郭永玉．“大五”与五因素模型：两种不同的人格结构．心理科学进展，2007，15（1）．

[24] 邢群麟．世界上最经典的 1 500 道心理测试题．北京：中国言实出版社，2006.

[25] 周瑛，胡玉平．心理学．长春：吉林大学出版社，2007.

[26] 阴国恩，梁福成，白学军．普通心理学．天津：南开大学出版社，1998.

[27] 刘萍．新编心理学．大连：大连理工大学出版社，2009.

[28] 苏勇，何智美．组织行为学．北京：汉语大词典出版社，2009.

[29] 章志光．社会心理学．北京：人民教育出版社，2008.

[30] 李晔，龙立荣．工作卷入研究综述．社会心理研究，1999（4）．

[31] 陈国海等．管理心理学．北京：清华大学出版社，2008.

[32] 彭聃龄．普通心理学．第三版．北京：北京师范大学出版社，2004.

[33] 孙煜明．动机心理学．南京：南京大学出版社，1993.

[34] L. A. 珀文．人格科学．上海：华东师范大学出版社，2001.

[35] 高玉祥．个性心理学．修订版．北京：北京师范大学出版社，2002.

[36] 张彬，陈加洲．工作投入、工作卷入与工作嵌入的研究综述．华东经济管理，2009（12）．

[37] 奚菁．组织认同与组织承诺之比较及其对管理实践的启示．前沿，2009（11）．

[38] 陈加洲，方俐洛，凌文辁．心理契约的测量与评定．心理学动态，2001（3）．

[39] D. 赫尔雷格尔等．组织行为学．第九版．俞文钊等译．上海：华东师范大学出版社，2001.

[40] Myers，G. D. 社会心理学．第 8 版．侯玉波等译．北京：人民邮电出版社，2006.

[41] 肖建中．管理人员十项全能训练．北京：北京大学出版社，2006.

[42] 张德．组织行为学．第 2 版．北京：高等教育出版社，2005.

[43] 斯蒂芬·P·罗宾斯．组织行为学．第 10 版．孙健敏，李原译．北京：中国人民大学出版社，2005.

[44] 弗雷德·鲁森斯．组织行为学．第 9 版．王垒等译．北京：人民邮电出版社，2004.

[45] 曾仕强等．领导与激励．北京：清华大学出版社，2003.

[46] 杨忠等．组织行为学——中国文化视角．南京：南京大学出版社，2006.

[47] 周文霞．管理中的激励．北京：企业管理出版社，2004.

[48] 理查德·格里格，菲利普·津巴多．心理学与生活．王垒等译．北京：人民邮电出版社，2003.

[49] 刘亚，李晔，龙立荣．组织公平感对组织效果变量的影响．管理世界，2003（3）．

[50] Cascio，W. F.，Aguinis，H. Applied psychology in human resource management. 6th ed. Englewood Cliffs，NJ：Prentice Hall，2004.

[51] 黄希庭．心理学导论．北京：人民教育出版社，1991.

[52] 李健，李浇．现代管理学基础．大连：东北财经大学出版社，2009.

[53] 张继志．实用方法与技巧．哈尔滨：哈尔滨船舶工程学院出版社，1990.

[54] 陈仲庚，张雨新．人格心理学．沈阳：辽宁人民出版社，1986.

[55] 孙健敏，徐世勇．管理沟通．北京：清华大学出版社，2006.

[56] 胡铨．管理核变来自于互动——管理培训互动游戏 100 例．北京：中国标准出版社，2002.

[57] 菲利普·L·赖斯．压力与健康．石林等译．北京：中国轻工业出版社，2000.

[58] 菲利普·L·赖斯．健康心理学．胡佩诚等译．北京：中国轻工业出版社，2000.

[59] 徐世勇．压力管理．北京：企业管理出版社，2004.

[60] 徐世勇．压力管理——一种人力资源管理的视角．甘肃社会科学，2007（3）．

[61] Van Der Doef M，Maes S.. The job demand-control (-support) model and psychological well-being：a review of 20 years of empirical research. Work & Stress，1999（2）：87－114.

[62] Siegrist J. Adverse health effects of effort-low reward conditions at work. Journal of Occupational Health Psychology，1996（1）：27－43.

[63] 张德，吴志明．组织行为学．第三版．大连：东北财经大学出版社，2011.

[64] 徐世勇等．管理技能开发．北京：中国轻工业出版社，2010.

[65] 罗伯特·爱泼斯坦．压力缓解游戏．上海：上海科学技术出版社，2003.

[66] 俞文钊．管理心理学．第二版．大连：东北财经大学出版社，2005.

[67] 李超平．变革型领导的结构、测量及其作用机制的研究．中国科学院博士学位论文，2003.

[68] 吴晓波．激荡三十年．北京：中信出版社，2008.

[69] 王晶晶．组织行为学．北京：机械工业出版社，2009.

[70] 斯蒂芬·P·罗宾斯．组织行为学精要．郑晓明，葛春生译．北京：电子工业出版社，2005.

[71] G. 霍夫斯泰德．跨越合作的障碍——多元文化与管理．北京：科学出版社，1996.

[72] 邓九刚．大盛魁商号．北京：中国画报出版社，2008.

[73] 斯蒂芬·P·罗宾斯．组织行为学．第12版．孙健敏，李原等译．北京：中国人民大学出版社，2008.

[74] 时巨涛．组织行为学．北京：石油工业出版社，2003.

[75] 石伟．组织文化．上海：复旦大学出版社，2010.

[76] 孙枫．无形无限——企业人的另类感知．深圳：海天出版社，1998.

[77] 唐京，陈卫旗．从“组织气氛”到“组织文化”——概念发展的逻辑．心理学动态，2001，9（1）．

[78] 王华生．现代企业文化建构的思考．河南大学学报（社会科学版），1994（6）．

[79] 沃尔特·歌德史密斯，大卫·克拉特巴克．制胜之道．上海：上海翻译出版公司，1987.

[80] 辛向阳．成败之间——解读决策零失误．南昌：江西人民出版社，1999.

[81] 张晓．比较徽商与晋商的“官商结合”文化．特区经济，2005（10）．

图书在版编目（CIP）数据

组织行为学/徐世勇主编．—2版．—北京：中国人民大学出版社，2015.8
教育部经济管理类主干课程教材·人力资源管理系列
ISBN 978-7-300-21816-8

Ⅰ.①组… Ⅱ.①徐… Ⅲ.①组织行为学-高等学校-教材 Ⅳ.①C936

中国版本图书馆CIP数据核字（2015）第198227号

教育部经济管理类主干课程教材·人力资源管理系列
组织行为学（第2版）
徐世勇 主编
孙健敏 主审
Zuzhi Xingweixue

出版发行	中国人民大学出版社		
社　　址	北京中关村大街31号	**邮政编码**	100080
电　　话	010－62511242（总编室）		010－62511770（质管部）
	010－82501766（邮购部）		010－62514148（门市部）
	010－62515195（发行公司）		010－62515275（盗版举报）
网　　址	http://www.crup.com.cn		
经　　销	新华书店		
印　　刷	北京密兴印刷有限公司	**版　　次**	2012年3月第1版
规　　格	185 mm×260 mm　16开本		2015年9月第2版
印　　张	21.25 插页1	**印　　次**	2021年5月第6次印刷
字　　数	456 000	**定　　价**	36.00元

教师教学服务说明

中国人民大学出版社管理分社以出版经典、高品质的工商管理、统计、市场营销、人力资源管理、运营管理、物流管理、旅游管理等领域的各层次教材为宗旨。

为了更好地为一线教师服务，近年来管理分社着力建设了一批数字化、立体化的网络教学资源。教师可以通过以下方式获得免费下载教学资源的权限：

在中国人民大学出版社网站 www. crup. com. cn 进行注册，注册后进入“会员中心”，在左侧点击“我的教师认证”，填写相关信息，提交后等待审核。我们将在一个工作日内为您开通相关资源的下载权限。

如您急需教学资源或需要其他帮助，请在工作时间与我们联络：

中国人民大学出版社　管理分社

联系电话：010－82501048，62515782，62515735

电子邮箱：glcbfs@crup. com. cn

通讯地址：北京市海淀区中关村大街甲 59 号文化大厦 1501 室（100872）